Gerd Brenner (Hrsg.)

Fundgrube
Deutsch

W0053998

**Kostenloses Zusatzangebot
für die Käufer der Fundgrube:**

Kopiervorlagen und Materialien im Internet

Kopiervorlagen und Materialien dieser Fundgrube bieten wir Ihnen als
kostenloses Zusatzangebot auch online an.

Sie können diese Materialien und Kopiervorlagen verändern und Ihren
Bedürfnissen anpassen, da diese im Word-Format angelegt sind.

Als Bonus stehen Ihnen online weitere ausgewählte Cornelsen-Materialien
für Ihre Unterrichtsvorbereitung kostenfrei zur Verfügung.

Wie finden Sie diese editierbaren Versionen der Kopiervorlagen?
Rufen Sie einfach die Internetseite www.cornelsen.de/fundgruben auf
und geben Sie dort Ihren unten genannten Webcode ein. Sie werden
dann unmittelbar zu den Materialien weitergeleitet.

 http://www.cornelsen.de/fundgruben

Ihr Webcode für den Zugriff auf das Material: 221763 FGDE221763

Die Autoren

Dr. Gerd Brenner, Lehrer für Deutsch und Englisch an einem Gymnasium in Schwalmtal/Niederrhein, Ausbildungskoordinator, Moderator für Lehrerfortbildung bei der Bezirksregierung Düsseldorf, ist Autor vieler Lehrwerke für den Deutschunterricht sowie pädagogischer Fachliteratur.

Dr. Rolf Keuchen, Lehrer für Deutsch und Philosophie, arbeitet in der erweiterten Schulleitung eines Gymnasiums in Mönchengladbach und ist Mitglied von Prüfungsämtern.

Edmund Wild ist Deutschlehrer an einer Gesamtschule, Ausbilder am Studienseminar in Wetzlar und Autor von Lehrbüchern für den Deutschunterricht.

Alle nicht mit Namen versehenen Kapitel bzw. Texte stammen vom Herausgeber.

Bildquellen

S. 61 links: Dressler Verlag, Hamburg; Mitte: Diggler Records, Köln; rechts: Timm-Thaler-Zeichentrick, Berlin
S. 88 links: aus: E. Kästner, Till Eulenspiegel, Dressler Verlag, Hamburg; rechts: aus: W. Hauff, Das kalte Herz, © Insel Verlag, Frankfurt am Main
S. 112: otenso GmbH, Karlsruhe
S. 135 links: Reclam Verlag, Leipzig; Mitte: © Diogenes Verlag AG, Zürich; rechts: © Suhrkamp Verlag, Frankfurt am Main
S. 156 links: absolut Medien GmbH, Berlin; rechts: Trigger Happy Productions, Berlin

Gerd Brenner (Hrsg.)

Fundgrube
Deutsch

[Neue Ausgabe]

Die in diesem Werk angegebenen Internetadressen haben wir überprüft (Redaktionsschluss 15.6.2006). Dennoch können wir nicht ausschließen, dass unter einer solchen Adresse inzwischen ein ganz anderer Inhalt angeboten wird.

 http://www.cornelsen.de fundgruben

Bibliografische Information: Die Deutsche Bibliothek verzeichnet diese Publikation in der Deutschen Nationalbibliografie; detaillierte bibliografische Daten sind im Internet über http://dnb.ddb.de abrufbar.

Dieser Band folgt den Regeln der deutschen Rechtschreibung, die von August 2006 an gelten.

5.	4.	3.	2.	1.	Die letzten Ziffern bezeichnen
10	09	08	07	06	Zahl und Jahr der Auflage.

© 2006 Cornelsen Verlag Scriptor GmbH & Co. KG, Berlin

Redaktion: Maria Bley, Baldham
Herstellung: Brigitte Bredow, Berlin
Layout und Satz: Fromm MediaDesign GmbH, Selters/Ts.
Umschlagentwurf: Simone Büchner, Berlin,
unter Verwendung einer Zeichnung von Klaus Puth, Mühlheim
Zeichnungen: Roland Beier, Berlin
Druck und Bindearbeiten: Clausen & Bosse, Leck
Printed in Germany
ISBN-13: 978-3-589-22176-9
ISBN-10:   3-589-22176-3

 Gedruckt auf säurefreiem Papier,
umweltschonend hergestellt aus chlorfrei gebleichten Faserstoffen.

Inhalt

Höhepunkte im Jahr

Besondere Herausforderungen

Einführung

Wie kann ich in einer neuen Klasse die erste Deutschstunde gestalten? Kann ich spielerisch in ein Thema einsteigen? Welche Lektüre ist lohnend und mit welchen Methoden kann man Lesestoff zum Leben erwecken? Wo können Literaturverfilmungen eingesetzt werden? Wie kann ich Rechtschreibung und Zeichensetzung auf interessante Weise üben? Und wie kann ich in der Klasse eine Gesprächs- und Erzählkultur aufbauen? Wo werde ich im Internet fündig, wenn ich Informationen für das Fach Deutsch suche? Wie kann ich zusammen mit den Betroffenen Noten finden? Und welche Formulierungen kann ich für Notenbegründungen wählen?

Welche besonderen Höhepunkte kann es in meinem Deutschunterricht geben? Wie kann ich meinen Deutschunterricht in die Gemeinde oder die Region hinein öffnen? Was kann man im Fach Deutsch zu Weihnachten oder zu Karneval anbieten? Und schließlich: Wie kann ich – mit Mitteln des Deutschunterrichts – von Schülerinnen und Schülern Abschied nehmen, die ich längere Zeit unterrichtet habe?

Was mache ich in einer Vertretungsstunde Deutsch, was an den Tagen nach der Zeugniskonferenz? Was hat ein Fachvorsitzender Deutsch zu tun? Und was gebe ich den Eltern mit, wenn sie zum Elternsprechtag kommen?

In diesem Band finden sie viele Antworten auf solche Fragen. Die Autoren haben ihre Aktenordner und Festplatten geplündert und ein breites Spektrum von Alltags-Know-how zusammengetragen, das man im Deutschunterricht immer wieder benötigt, das aber oft nicht sofort greifbar ist. In dieser *Fundgrube* finden Sie es an einer Stelle versammelt.

Zunächst lesen Sie Tipps für den täglichen Unterricht, also Ideen, mit denen Sie Variationen in Ihren Alltag bringen können. Daran schließen sich Vorschläge für besondere Höhepunkte im Jahresverlauf an, z. B. für Projekte, Fahrten oder Feste. Zum Schluss finden Sie Anregungen für besondere Herausforderungen wie Stunden außer der Reihe, Fachvorsitz oder Elternsprechtag. Die Materialien für Vertretungsstunden lassen sich sicherlich auch zur Auflockerung Ihres regulären Unterrichts verwenden.

Die Ideen und Materialien sind für die Sekundarstufen I und II gedacht. In vielen Bereichen ermöglichen Ihnen Altersangaben einen schnellen Zugriff. Diese Angaben sind freilich nur als Vorschläge zu verstehen; denn vielleicht kommen Sie im Hinblick auf Ihre eigene Klasse zu etwas anderen Einschätzungen.

Gerd Brenner (Hrsg.)

Interessanter Alltag

Der Lehreralltag ist heute stark von Zeitökonomie geprägt. Gerade im Fach Deutsch sind die Belastungen oft so stark, dass wenig Zeit bleibt für umfangreiche fachliche Erkundungen. Unmerklich verfallen wir dann in Alltagsroutinen; viele Ideen zur Gestaltung des Unterrichts geraten dabei leicht in Vergessenheit. Immer wieder meldet sich aber auch das Bedürfnis, die Palette von Handlungsoptionen wieder zu verbreitern – mit einem vertretbaren zeitlichen Aufwand. Die folgenden Vorschläge für den Unterrichtsalltag sind daher kompakt und zugleich so konkret wir möglich angelegt. Sie dienen dazu, das Unterrichtsrepertoire im Alltag zu erweitern und dabei auch die eine oder andere Neuentdeckung zu machen. Es geht um Einstiege in Unterrichtsreihen und einzelne Stunden, um methodische Ideen zur Lesekultur, um Lektüren und Filme, methodische Tipps zur Belebung der Schreibkultur inkl. Rechtschreibung und Grammatik, Methoden für sonstige Herausforderungen des Lehreralltags, Tipps für Recherchen im Internet und Hinweise, wie man Bewertung und Benotung im Schulalltag bewältigen kann.

1 Einmal anders anfangen

A Die erste Stunde in einer Lerngruppe

Eine neue Klasse, ein neuer Kurs, viele neue Gesichter, ein neuer Raum – auch nach vielen Jahren Unterrichtspraxis bedeutet diese Situation für Lehrerinnen und Lehrer eine besondere Herausforderung. Wird der Funke sofort überspringen? Wie kann ich mich auf die Schülerinnen und Schüler einstellen? Wie wird die Klasse, der Kurs mich als Person wahrnehmen? Kann ich in den ersten Stunden eine entspannte und zugleich produktive Atmosphäre schaffen? Solche Fragen gehen einem durch den Kopf, wenn man die Tür aufschließt und einige Minuten später die – mehr oder weniger – erwartungsvollen Augen von 20, inzwischen wohl eher 30 Schülerinnen und Schülern auf sich gerichtet sieht. Die folgenden Handlungsideen können helfen, diese ersten Stunden produktiv und situationsangemessen zu bewältigen.

Ideen für völlig neu zusammengesetzte Lerngruppen

Steckbriefe   5–7

Jeweils zwei Schüler, die sich möglichst noch nicht kennen sollten, setzen sich zusammen und entwerfen für den Partner einen „Steckbrief". Darauf sollen – zunächst außer dem Namen – alle möglichen Details notiert oder gezeichnet werden, die für diese Person charakteristisch sind. Im Gespräch erkundigt man sich z.b. nach den Vorlieben bei Musik, Lektüre, Kleidung, Reisen, aber auch nach Merkmalen wie der Körper- und Schuhgröße. All das wird auf einem Blatt notiert, dessen erster Teilsatz lautet: „Gesucht wird ..." Es kann auch eine Porträtzeichnung versucht werden. Sind alle Steckbriefe (ohne Namen!) fertiggestellt, werden sie gestapelt. Aus dem Stapel zieht nach und nach jeder einen Steckbrief heraus, liest das Notierte vor oder zeigt die Zeichnung und versucht die zugehörige Person zu finden. Dauert das zu lange, können die anderen nach der Methode „Heiß/Kalt" helfen. Ist die Person identifiziert, schreibt sie ihren Namen auf den Steckbrief. Die Lehrperson nimmt die Steckbriefe zunächst mit nach Hause, um sich mit den neuen Schülern vertraut zu machen. Anschließend werden sie in der Klasse ausgehängt.

Namenliste   5/6

Alle Schüler nennen ihre Namen und drücken beim Aussprechen des Namens ein besonderes Gefühl aus (z.B. Freude, Hass, Angst, Langeweile, Stolz ...). Einige andere Schüler stehen an der Tafel, schreiben die Namen arbeitsteilig auf und versuchen dabei das mitgeteilte Gefühl in der Schrift auszudrücken. Soll z.B. Angst ausgedrückt werden, so kann ganz zittrig geschrieben werden. Auf spaßige Weise lernen Schüler und Lehrer so die neuen Namen.

Überblick   5–8

Mit diesem Spiel erhält die Lehrperson Informationen über die Gruppe, die für die Arbeit in der Klasse und im Fach Deutsch von Interesse sind.

Die Spielanweisung lautet: „Alle bitte aufstehen, die
- in den Ferien mehr als zwei Bücher gelesen haben,
- in den Ferien keine Bücher gelesen haben,
- Geschwister haben,
- keine Geschwister haben,
- in ... wohnen,
- ab und zu/öfter/nie die Tageszeitung lesen,
- ältere/jüngere Geschwister auf derselben Schule haben,
- mit dem Fahrrad zur Schule kommen,
- sich zum Klassensprecher wählen lassen würden,
- öfter in der Woche drei Stunden und mehr fernsehen,
- ab und zu jemandem einen Brief schreiben,
- im letzten halben Jahr keinen Brief geschrieben haben,
- ...“

Schon lange her   5–11
Alle Schüler bringen ein Foto mit, auf dem sie etwa sieben Jahre jünger sind. Die eine Hälfte der Klasse legt ihre Fotos mit der Rückseite nach oben auf einen Stapel. Nun zieht jeder Schüler der zweiten Hälfte aus diesem Stapel ein Foto heraus und sucht die abgebildete Person. Haben sich beide Spieler gefunden, setzen sie sich zusammen und erzählen sich, ausgehend von ihren beiden Fotos, etwas von früher.

Verteilungskuchen   7–10
Jeder Schüler erhält ein Blatt mit einem großen Kreis. Dieser soll wie ein Kuchen in einzelne Stücke aufgeteilt werden, die allerdings unterschiedlich groß sein können. Jeder schreibt seinen Namen auf das Blatt und konfrontiert sich dann mit der Frage: „Was mache ich gern?“ Antworten auf diese Frage können mithilfe der unterschiedlich großen Stücke des „Kuchens“ ausgedrückt werden. Die „Kuchen“ werden für einen Rundgang der Klasse ausgelegt oder aufgehängt. Anschließend kann die Lehrperson die Blätter mitnehmen.
Variation: Jeder erhält ein Blatt mit zwei „Kuchen“. Mit den Kuchenstücken soll ausgedrückt werden: „Auf was verteile ich während der Schulzeit tatsächlich meine Energie?“ „Wie möchte ich sie gerne verteilen?“

Wurfpuppe   5/6

Alle sitzen im Kreis. Eine lustige „Wurfpuppe" wird benutzt, um die Vorstel-
lungssituation zu entkrampfen. Die Lehrperson beginnt mit einem Satz
„Ich heiße …" und wirft die Puppe anschließend einem Schüler zu. Dieser
stellt sich nun mit zwei Sätzen vor, z.B.: „Ich heiße … und esse gerne …"
und wirft die Puppe weiter. Der nächste soll drei Sätze über sich sagen.
Sind sieben Sätze erreicht, geht es wieder mit zwei Sätzen los.

Stühlewechseln   5–8

Alle Schüler sitzen im Kreis. Je zwei Namen werden aufgerufen und die
beiden Genannten tauschen die Plätze. Die Schüler, die sich in der Regel
zunächst neben Mitschüler setzen, die sie schon kennen, kommen so mit
anderen in Kontakt. Schüler und Lehrer lernen die Namen.

Fangen im Kreis   5–8

Auch bei diesem Spiel werden mit viel Spaß die Namen gelernt. Die Schüler
sitzen im Kreis, während einer mit verbundenen Augen in der Mitte steht.
Alle Plätze müssen besetzt sein (evtl. einen Stuhl aus dem Kreis herausneh-
men). Im Raum muss es mucksmäuschenstill sein. Die Lehrperson ruft zwei
Namen auf. Die Genannten erheben sich so leise wie möglich von ihren
Stühlen und schleichen auf den jeweils anderen Platz zu. Dabei können sie
jedoch von dem Spieler mit verbundenen Augen abgeschlagen werden. Wer

abgeschlagen wird, ist der neue Fänger. Tipp für die Fänger: Unverhoffte Schritte zur Seite machen und mit den Armen weit ausladend immer wieder die „Fluchträume" einengen!

Zwiebel 5–10

Die Schüler bilden einen gleich großen Innen- und Außenkreis, sodass sich je zwei Schüler gegenüberstehen oder -sitzen. Alle im inneren Kreis gehen nach jeder Übung drei Plätze nach links, um Zufallskombinationen zu erreichen. Die beiden, die sich nun gegenüberstehen oder -sitzen, sollen z. B.

- gemeinsam ein Lied summen,
- sich erzählen, wen sie in der Klasse bereits kennen,
- sich Rücken an Rücken stellen, sich einhaken und vorsichtig ihre Kräfte messen,
- sich von Büchern erzählen, die sie in letzter Zeit gelesen haben,
- die Mimik des Partners (eine Grimasse) nachahmen,
- sich erzählen, was sie am liebsten schreiben,
- ein Geräusch des Partners nachahmen,
- ihre Lieblingssendung im Fernsehen nennen.

Namenlexikon 11–13

Anhand eines Namenlexikons beschäftigen sich die Schüler mit ihren Vornamen. Die Lehrperson geht die Namenliste durch und fordert die Lerngruppe auf, zu den Vornamen nacheinander etwas zu sagen.

- Wer weiß, wo der Name herkommt?
- Wer weiß, was er ursprünglich bedeutete?

Eine Person wird zum Experten gemacht: Sie erhält ein Namenlexikon, kann die in der Lerngruppe vorkommenden Vornamen nachschlagen und jeweils kurz aus dem Lexikon vortragen. Das Buch kann ab und zu weitergereicht werden. Die Lehrkraft hat sich vorab einiges zu den Vornamen der Klasse/des Kurses notiert, um Pausen überbrücken zu können. Anschließend können einige Fragen und Thesen besprochen werden:

- Wisst ihr etwas darüber, wie ihr zu euren Vornamen gekommen seid?
- Welche Vornamen findet ihr zurzeit interessant?
- Die meisten Vornamen sind Ableitungen von wenigen gesamteuropäischen Standardnamen. So sind die Namen Jörg, Jürgen, Hans, Hannes, Jan, Jean, Johann, John von Johannes abgeleitet. Von *Johannes* abgeleitete Kurzformen: Hensel, Hennes, Händel, Hanke.

● Sehr viele (Vor-)Namen wurden aus einer anderen Sprache übernommen. Beispiel: Johannes, hebräisch: Joachanán = Gott ist gnädig.

Literaturhinweis: Harm Mögenburg: Mein Vertretungskoffer. In: Geschichte
lernen, 28/1992, S. 59–61.

Ideen für Lerngruppen, deren Mitglieder sich bereits kennen

Begrüßung   5–11

Die Lehrperson heißt jeden Schüler an der Klassentür mit Handschlag willkommen und wechselt ein paar Worte mit ihm. (Gibt es gemeinsame Bekannte wie ältere Geschwister? Wohnort?)

Namen   7–11

Jeder Schüler stellt sich nicht nur mit Vor- und Nachnamen vor, sondern
auch mit dem, was er mit dem eigenen Namen verbindet. (Woher kommt
der Familienname? Woher der Vorname? Welche besonderen Erlebnisse
sind mit dem Namen verbunden? Gibt er ab und zu in der Klasse oder anderswo Anlass zu Bemerkungen?) Anschließend können einige Mitschüler
den Bericht ergänzen und evtl. auch etwas über den Spitznamen des Schülers erzählen.

Lehrerbefragung   5–11

Je drei Schüler setzen sich kurz (drei bis fünf Minuten) zusammen und
überlegen sich möglichst viele Fragen, die an die Lehrperson gerichtet
werden sollen. Diese Fragen werden kurz notiert. In einer ersten Frage-
runde stellt jede Gruppe zunächst eine Frage, die die Lehrperson sofort beantwortet. In einem zweiten Durchgang können die Gruppen weitere Fragen stellen. Wiederholungen sollten dabei vermieden werden.
Variation: Die Kleingruppen überlegen sich Fragen, die mit „Ja" oder
„Nein" beantwortet werden können. Zugleich fertigen sie sich – ebenso wie
die Lehrkraft – Entscheidungszettel an, auf denen „Ja" bzw. „Nein" steht.
Das Spiel geht dann folgendermaßen: Eine Gruppe trägt eine Frage vor. Alle überlegen kurz, wie die Lehrperson wohl antworten wird. Auf Kommando heben dann alle – auch die Lehrperson – entweder den „Ja-" oder den
„Nein-Zettel" hoch. Kommt es zu Abweichungen, kann dies kurz erörtert
werden.

Zuschreibung 7–11

Alle Schüler schreiben den Satzanfang „Was würden Sie tun, wenn …" auf ein Blatt Papier und ergänzen die Frage auf unterschiedliche Weise. Dabei soll es um Sachverhalte aus der Schule gehen. Anschließend werden alle Blätter einen Platz nach links weitergegeben. Jetzt versucht jeder, sich in die neue Lehrkraft hineinzuversetzen und die Antwort aufzuschreiben, die diese wohl geben würde. Wieder werden die Blätter einen Platz nach links weitergegeben. Nun wird der Satzanfang „Ich glaube auch (Ich glaube nicht), dass Frau/Herr … so reagieren würde, weil …" notiert und ergänzt. Schließlich werden möglichst viele der Blätter mit allen Äußerungen verlesen. Wiederholungen sollten dabei allerdings vermieden werden. Die Lehrperson kann zu allen oder einigen der Äußerungen Stellung nehmen.

Heterogramme 7–11

Die Namen aller Schüler der Klasse werden zweimal aus dem Klassenbuch vorgelesen. Jeder hat die Aufgabe, zu den drei Namen, die auf den eigenen folgen, jeweils ein „Heterogramm" anzufertigen: Der Schrifttyp, die Dicke und Farbe des Stifts, die Größe der Buchstaben usw. sollen dabei etwas über die betreffende Person aussagen. Man kann den Namen winzig klein oder in riesigen Lettern schreiben, sauber oder verwischt, in Druckbuchstaben oder als Krickelkrakel. Dann schneidet jeder seine drei Schriftzüge auseinander und alle Zettel werden eingesammelt. Drei Schüler sortieren die Namen in alphabetischer Reihenfolge, sodass für jeden die drei Schriftzüge zusammen liegen. Zu jedem Namen werden nun die zugehörigen Schriftzüge gezeigt und der Lehrkraft erläutert.

Standbild 7–10

Die Klasse, die sich schon seit mehreren Jahren kennt, präsentiert sich der neuen Lehrperson in Form eines Standbildes. Dazu baut sich die gesamte Gruppe – wie für ein Foto – im Klassenraum oder anderswo auf, jedoch nicht in der üblichen Weise. Man kann sich hinstellen, hinlegen, hinsetzen, auf den Kopf stellen, in Gruppen umarmen, einzeln, einander zu- oder abgewandt stehen. Jeder stellt sich so, wie er gerne möchte. Ist das Standbild fertig, kann die Lehrperson ein Foto machen. Anschließend können einzelne Schüler erklären, was mit dem Standbild ihrer Meinung nach ausgedrückt worden ist. Die Lehrkraft bekommt so einen ersten intensiven Eindruck von der Klasse.

Für die ersten Stunden in einer Klasse, deren Schüler sich bereits kennen, eignen sich außerdem: „Überblick", → S. 10, „Schon lange her", → S. 11, und „Fangen im Kreis", → S. 12.

Tipps für die ersten Stunden in der weiterführenden Schule

Das Fach „Deutsch" kurz vorstellen   5–7

Bisher kennen die Schüler aus der Grundschule die Bereiche Lesen, Mündlicher Sprachgebrauch, Schriftlicher Sprachgebrauch und Rechtschreibung (NRW-Bezeichnungen; in anderen Bundesländern ähnlich). Diese Bereiche werden nun im Fach „Deutsch" miteinander verbunden. Hinzu kommen evtl. schauspielerische und andere Praxisbereiche. Den Schülern erscheint „Deutsch" als ein sehr vielschichtiges Fach.

Schulführung   5–7

Die Schüler werden durch das neue Schulgelände geführt. Anschließend kann ein kleiner Reader „Interessantes über die neue Schule" angefertigt werden, der vervielfältigt und bei der „Einschulung" des nächsten Jahrganges von den „Autoren" verteilt wird.

Brief an den Deutschlehrer   5–7

Als Hausaufgabe kann ein Brief an die Lehrperson geschrieben werden zum Thema „Deutschunterricht – meine Wünsche, meine Befürchtungen".

B   Aufwärmen in fünf Minuten

Edmund Wild

An einem Vormittag haben Schülerinnen und Schüler fünf und mehr Unterrichtsstunden zu bewältigen. Da geschieht es leicht, dass die Stunden ineinander verschwimmen. Dieses Kapitel bietet Ihnen Material für die ersten fünf Minuten, mit dem Sie die Schüler zur konzentrierten Mitarbeit veranlassen: Kurzdiktate, die es in sich haben, knifflige Grammatikaufgaben, Rätsel ... Die Anregungen können ohne Vorbereitung übernommen oder leicht an die jeweilige Deutschgruppe angepasst werden. Das Material ist nicht an ein bestimmtes Stoffgebiet gebunden, hat aber immer ein Ziel: Die Schülerinnen und Schüler setzen sich denkend, forschend, ratend und spielend mit dem Medium Sprache auseinander. Das stimmt sie auf die Deutschstunde ein – und sie haben dabei ihren Spaß.

Superdiktate, Konsonantenwörter und anderes Rätselhafte

Kurzdiktate, die es in sich haben 5–8

Die Lehrperson diktiert die Sätze und macht je nach Leistungsstärke der Gruppe auf die Schwierigkeiten aufmerksam. Die Schüler schreiben die Kurzdiktate ins Heft.

Superkurze Superdiktate

1. Fiel vielleicht viel Vieh in den Vierwaldstätter See?
2. Die wahren Waren waren wahrlich gut verwahrt.
3. Willst du mir weismachen, weiße Weise seien weiser als schwarze Weise?
4. Willst du es wagen, auf diesen Wagen Waagen zu tragen?
5. Kannst du die Kunst ein Gespinst zu spinnen?
6. Man kannte den Mann, der auf einer Kante Kunststücke konnte.
7. Ein Direktor in einer Republik aß Schokolade, trank Kakao, hörte Musik, rauchte Tabak und übte Kritik an der Politik.
8. Mit schickem Jackett und einer Perücke kam der Scheckbetrüger in die Bank.
9. Das Herz klopft, wenn man voller Schmerzen zum Arzt stürzt.
10. Vom Kai aus sah der Kaiser den Hai in der Bai und warf ihm einen Laib Brot zu.
11. Wenn im Mai der Laie auf der Geige die Saiten streicht, erbleicht die Maid, denn er hat ihr Herz erweicht.
12. Auf einmal kommt er nämlich vielleicht gar nicht.
13. Ein Wirt wird sich todsicher nicht totarbeiten.
14. Zwei Balletttänzer aus einer Bonner Balletttruppe mussten Brennnesseln platttrampeln.
15. Man sah die Hasen über den Rasen rasen, obwohl sie immer das Hasten hassten.
16. Wer im Zoo spät späht, ob sich die Schlangen heute häuten, versäumt den Feierabend, zu dem die Glocken den Leuten läuten.
17. Als Kolumbus Amerika endlich entdeckt hatte, war das Mittelalter endgültig vorbei.
18. In den meisten Bergstädten hatte er Werkstätten und in der Hauptstadt eine Ruhestatt.
19. Bei diesen Liedern senkte er die Lider und sagte, er werde immer wieder gräulichen Widerstand gegen solche widerlichen musikalischen Gräuel leisten.
20. „Lass das Faulenzen und lies bitte die Geschichte vor!", sagte Herr Lässig zu Lars und ließ ihn lesen. Lars las gut.

Endungen   5–8
Die Lehrperson schreibt die Endungen an die Tafel und die Schüler suchen
Wörter mit dieser Endung.

Substantive		Adjektive		Verben	
-ung	Eignung	-isch	brasilianisch	-en	spielen
-nis	Ereignis	-lich	herzlich	-ern	klettern
-heit	Eigenheit	-ig	innig	-eln	rätseln
-keit	Eitelkeit	-sam	seltsam	-ieren	diktieren
-tum	Eigentum	-bar	sonderbar		
-schaft	Eigenschaft	-haft	rätselhaft		
-sal	Schicksal				
-tät	Identität				

Gegensätze   6–8
Die Schüler ergänzen zu jedem diktierten Wort einen gegensätzlichen
Begriff.

Adjektive

mausetot	–	quicklebendig	kerngesund	–	sterbenskrank
strohdumm	–	blitzgescheit	bildschön	–	stockhässlich
steinreich	–	bettelarm	federleicht	–	zentnerschwer
bienenfleißig	–	stinkfaul	steinhart	–	butterweich
nudeldick	–	spindeldürr	kreidebleich	–	feuerrot
brühwarm	–	eiskalt	stockfinster	–	taghell
himmelhoch	–	abgrundtief	stundenlang	–	sekunden-
zucker-/	–	gallenbitter			schnell
honigsüß			schneeweiß	–	pechschwarz

Substantive

Pechvogel	–	Glückspilz	Reichtum	–	Armut
Berg	–	Tal	Krieg	–	Frieden
Hitze	–	Kälte	Tag	–	Nacht

Verben

werfen	–	fangen	sitzen	–	liegen
lieben	–	hassen	gehen	–	stehen
loben	–	tadeln	hasten	–	ruhen
sprechen	–	schweigen	lachen	–	weinen
leben	–	sterben	säen	–	ernten

Ganz schön mutig! 6–8

Die Lehrperson schreibt einen Begriff der linken Spalte an die Tafel. Die Schüler suchen das passende Synonym mit der Endsilbe -mut.

Suche Zusammensetzungen mit -*mut*, die Folgendes bedeuten:

Grazie	Anmut	Risikobereitschaft	Wagemut
Melancholie	Schwermut	Trauer	Wehmut
Überheblichkeit	Hochmut	Ausgelassenheit	Übermut
Offenheit	Freimut	Milde	Sanftmut
Geduld	Langmut	Ergebenheit	Demut
Verdrossenheit	Missmut	Unzuverlässig-	Wankel-
Ängstlichkeit	Kleinmut	keit	mut
Ärger	Unmut	Hochherzigkeit	Edelmut
Besitzlosigkeit	Armut	Generosität	Großmut

© Cornelsen Verlag Scriptor, Berlin • Fundgrube Deutsch

Konsonantenwörter 5/6

Die Lehrperson sagt Sätze und schreibt Konsonanten, die mit ihrem Vokal gesprochen ein Wort ergeben, an die Tafel. Die Schüler schreiben die richtigen Wörter ins Heft.

Merkwürdige Tiere

Die	Q	gibt Milch.	= QU	Kuh
Der	V	schlägt ein Rad.	= VAU	Pfau
Der	SL	ist störrisch.	= ES + EL	Esel
Die	KC	jagt Mäuse.	= KA + CE	Katze
Der	KTR	jagt mit.	= KA + TE + ER	Kater
Der	WLP	bewacht unser Haus.	= WE + EL + PE	Welpe
Die	NT	schwimmt auf dem Wasser und watschelt auf dem Land.	= EN + TE	Ente
Der	RPL	watschelt auf dem Land und schwimmt auf dem Wasser.	= ER + PE + EL	Erpel
Der	BR	tanzt gerne und liebt Honig.	= BE + ER	Bär
Die	WSP	sticht.	= WE + ES + PE	Wespe

© Cornelsen Verlag Scriptor, Berlin • Fundgrube Deutsch

Wir über uns

RD	Darauf leben wir.	= ER + DE	Erde
WLN	Darauf surfen wir.	= WE + EL + EN	Wellen
DGN	Damit stechen wir.	= DE + GE + EN	Degen
W	Das schmerzt uns.	= WE	Weh
GL	Damit schmieren wir uns ein.	= GE + EL	Gel
TLR	Davon essen wir.	= TE + EL + ER	Teller
BRN	Die mögen wir.	= BE + ER + EN	Beeren
SR	Das sind wir.	= ES + ER	Esser
NGL	Das möchten wir sein.	= EN + GE + EL	Engel
BNGL	So sehen uns die anderen.	= BE + EN + GE + EL	Bengel.
ND	Damit hören wir auf.	= EN + DE	Ende

Verben

1.	Die Kinder werden ihre Eltern brbn.	= BE + ER + BE + EN	beerben
2.	Die Häuser bbn.	= BE + BE + EN	beben
3.	Diese schlechte Nachricht wird ihm nicht bhgn.	= BE + HA + GE + EN	behagen
4.	Hunde, die bln, beißen nicht.	= BE + EL + EN	bellen
5.	Er hat seine Zeit zu kurz bmsn.	= BE + EM + ES + EN	bemessen
6.	Wir wollen jetzt den Streit bndn.	= BE + EN + DE + EN	beenden
7.	Der Fels war nicht zu bwgn.	= BE + WE + GE + EN	bewegen
8.	Mit dieser Entschuldigung lassen wir es bwndn.	= BE + WE + EN + DE + EN	bewenden
9.	Soll ich mich wirklich als Verkäuferin bwrbn?	= BE + WE + ER + BE + EN	bewerben
10.	Herr Keller muss die Arbeit noch bwrtn.	= BE + WE + ER + TE + EN	bewerten
11.	Lumpi soll nicht so an der Leine crn.	= CE + ER + EN	zerren
12.	Möchtest du ihm das Geschenk nicht gbn?	= GE + BE + EN	geben
13.	Die Regeln müssen für alle gltn.	= GE + EL + TE + EN	gelten

Oberbegriff   7/8
Die Lehrperson diktiert die Begriffe, die Schüler ergänzen den Oberbegriff.

1. Nacht, Morgen, Abend, Mittag	Tageszeiten
2. Volkswagen, Mercedes, Opel, Ford	Automobilmarken
3. Dreirad, Skateboard, Lastwagen, Mountainbike	Fahrzeuge
4. Füller, Kuli, Bleistift, Griffel	Schreibwerkzeuge
5. Raub, Diebstahl, Mord, Einbruch	Verbrechen
6. Hammer, Zange, Schraubenzieher, Meißel	Werkzeuge
7. Regen, Schnee, Nebel, Hagel, Tau	Niederschläge
8. Adler, Buchfink, Falke, Blaumeise, Milan	Vögel
9. Dezember, April, August, Januar	Ferienmonate
10. Diktate, Aufsatz, Test, Klassenarbeit	Prüfungen
11. BigMac, Schnitzel, Haxe, Kotelett	Fleischgerichte
12. Flegeljahre, Lehrzeit, Wachstum, Pubertät	Jugend
13. Chanson, Arie, Kanon, Schlager	Lied
14. Weitspringer, Eistänzer, Radfahrer, Dauerläufer	Sportler
15. Bad, Küche, Saal, Keller, Klassenraum	Zimmer
16. Drama, Komödie, Schattenspiel, Tragödie	Schauspiel
17. Lexikon, Duden, Zitatenschatz, Atlas	Nachschlagewerke
18. Nacherzählung, Erörterung, Bericht, Beschreibung	Aufsätze
19. Buch, Comic, Zeitung, Pamphlet	Lektüre
20. Restaurant, Kneipe, Bar, Wirtschaft	Gaststätten

Präpositionswörter   5–7
Die Schüler erraten das an der Tafel notierte „Präpositionswort".

RICHT DEUTSCH	DEUTSCH unter RICHT	Deutschunterricht	Ⓦ	W in D	Wind
Ⓗ	H im L	Himmel	Ⓚ	K in D	Kind
HL	H am L	Hammel	Ⓢ	S in D	sind
Ⓗ	H um L	Hummel	Ⓓ	L in D	lind
Wⅅ	W an D	Wand	Ⓛ	4 L in G	Vierlinge

Versteckt!   5–7

Die Lehrperson schreibt die Wörter oder Sätze (mit Überschriften) an die
Tafel oder diktiert sie. Die Schüler unterstreichen das „Wort im Wort".

- *Tarnfarben:* Begründung, Kugelblitz, Brosamen, Schweißfüße, Reblaus,
  Trottel, Froschwarzen, Müsliladen

- *Merkwürdige Zahlwörter:* Moselfahrt, Schachtelhalm, Rundreise,
  Klavierstunde, Pelzwölfe, Verzweiflungstat, Steinschlag, Zehnagel,
  Kaffeesiebentleerung, Zähneungeheuer, Galapagosechsen

- *Schattenpflanzen:* Bürosessel, Tunnelkehrer, Heftkrakeleien, Kinderwindeln,
  Schulbucheinband, Bleichemie, Schreinerlehre, Dreschesel,
  Spontannennung, Katasteramt

- *Höhlentiere:* Freigelände, Felsterrassen, Unratterrain, Drehleiter,
  Jugendstiltisch, Tischwein, Dachschindel, Ziegelei, Plastikrebstock,
  Hammerstiel, Pomadendose, Beulenpest, Straßengraben,
  Sumpfdotterblume, Sauerampfer, Babyrassel, Dschunke, Schaftstiefel,
  Stoffröschen, Witzecke, Interviewanzeige, Spiegelei, Nadelwald, Festsaal,
  Festtagsschmaus, Leselampe, Schundliteratur, Startbahn

- *Land in Sicht:* „Ja, und wo trefft ihr den Scheich?" „In Arabien, natürlich!" –
  „Iss deine Suppe ruhig. Sie ist gesund!" – Wenn diese Tür keinen Griff hat,
  lässt sie sich auch nicht öffnen. – Markus hatte ja panische Angst vor der
  Arbeit. – Ob an einem so wüsten Ort je Menschen wohnen werden? – Nicht
  einmal in die Nähe eines Vulkans würde ich mich trauen. – „Und jetzt? Was
  unternehmen wir?" „Angeln, schage ich vor." – „Die Einflugschneise ist zu
  eng!" „Landen müssen wir auf jeden Fall!"

Vom selben Stamm   5–7

Die Lehrperson diktiert das erste Wort, die Schüler ergänzen den zweiten
Begriff und schreiben beide.

blättern	Blatt	mächtig	Macht	bisschen	beißen
fügen	Fuge	kläglich	Klage	pfiffig	pfeifen
zählen	Zahl	spärlich	sparen	schmissig	schmeißen
fällen	Fall	hässlich	Hass	griffig	greifen
säen	Saat	prächtig	Pracht	knifflig	kneifen

Abkürzen (Der Aküfi)   5–7

Die Abkürzungen werden an der Tafel notiert, die Schüler schreiben sie ins Heft und ergänzen die Bedeutung.

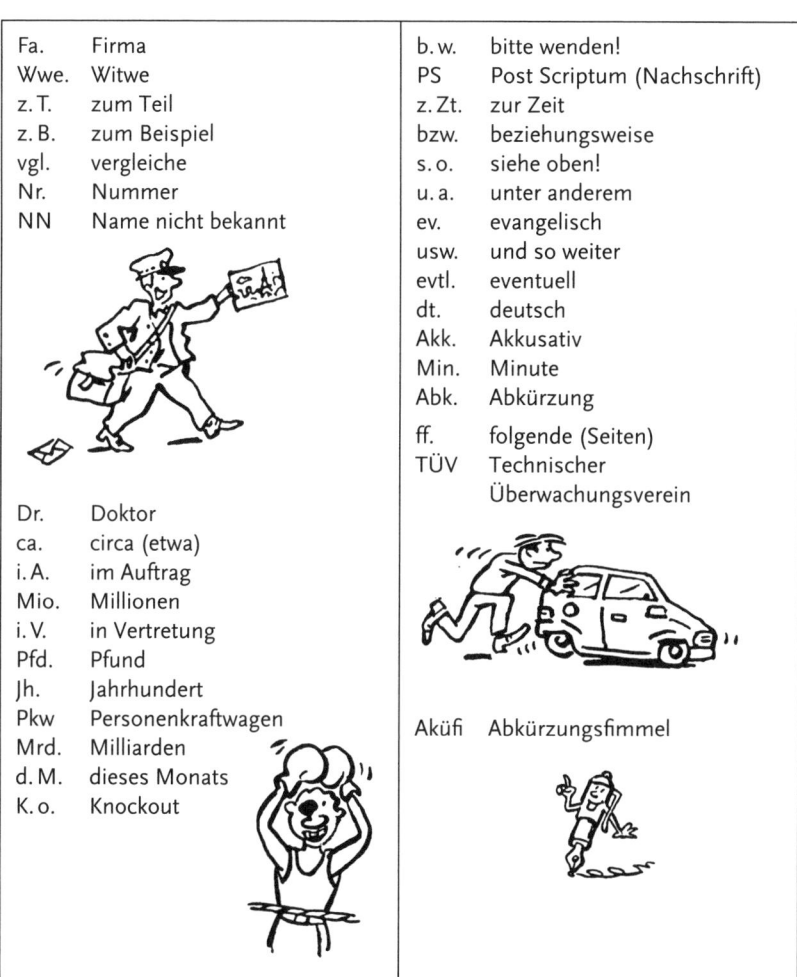

Fa.	Firma
Wwe.	Witwe
z. T.	zum Teil
z. B.	zum Beispiel
vgl.	vergleiche
Nr.	Nummer
NN	Name nicht bekannt

Dr.	Doktor
ca.	circa (etwa)
i. A.	im Auftrag
Mio.	Millionen
i. V.	in Vertretung
Pfd.	Pfund
Jh.	Jahrhundert
Pkw	Personenkraftwagen
Mrd.	Milliarden
d. M.	dieses Monats
K. o.	Knockout

b. w.	bitte wenden!
PS	Post Scriptum (Nachschrift)
z. Zt.	zur Zeit
bzw.	beziehungsweise
s. o.	siehe oben!
u. a.	unter anderem
ev.	evangelisch
usw.	und so weiter
evtl.	eventuell
dt.	deutsch
Akk.	Akkusativ
Min.	Minute
Abk.	Abkürzung
ff.	folgende (Seiten)
TÜV	Technischer Überwachungsverein

Aküfi   Abkürzungsfimmel

Weitere Anregungen für die ersten fünf Minuten einer Unterrichtsstunde → Sprachwitze und Rätsel, S. 197; Lustige Rechtschreibung und Zeichensetzung, S. 183; Grammatik-Spiele, S. 192; Die Tage nach der Zeugniskonferenz, S. 301.

C   Spielerischer Themeneinstieg

Wenn ein neues Unterrichtsvorhaben interessant beginnt, ist bereits viel gewonnen. Oft ist ein spielerischer Einstieg möglich, der wichtige Aspekte des Themas situativ vergegenwärtigt und zugleich einen dynamischen Anfang setzt. Die folgenden Vorschläge können mit leichten Abwandlungen auch auf andere Unterrichtsvorhaben übertragen werden.

Puzzle – z. B. zum Thema „Freundschaft"   5–10

Mehrere Abbildungen, die einen Bezug zum Thema „Freundschaft" haben, werden zuvor zerschnitten. Das Unterrichtsvorhaben beginnt damit, dass jeder Schüler aus einer großen Schachtel ein Puzzle-Teil entnimmt. Die Schüler suchen nun diejenigen in der Klasse, die passende Puzzle-Teile gezogen haben. So ergeben sich Arbeitsgruppen. Sind diese komplett, stellt jede Gruppe Überlegungen zu ihrem Bild an. Diese werden anschließend im Plenum zusammenfassend vorgetragen. Das Thema der Unterrichtsreihe ist so vielschichtig und anschaulich eröffnet.

Denkmal – z. B. beim Thema „Fernsehen"   8–13

Die Schüler erhalten zu Beginn des Unterrichtsvorhabens die Aufgabe, in Kleingruppen ihre Ansichten zum Thema auszutauschen und ein Denkmal vorzubereiten, das wichtige Aspekte des Themas symbolisch ausdrücken soll. Sind die Vorüberlegungen abgeschlossen, können sich alle Gruppen nacheinander in Form eines Denkmals vor der Klasse aufbauen. Dabei soll nicht gesprochen werden. Das Standbild bleibt etwa eine Minute stehen und wird evtl. fotografiert. Nach jeder Präsentation unterhalten sich die übrigen Schüler der Klasse darüber, was sie dem Denkmal entnommen haben. Erst ganz zum Schluss erklären die Darsteller, was sie ausdrücken wollten.

Beispiel: Dargestellt wird ein Ehepaar vor einem Fernseher (eine Person, die die Arme rechtwinklig über den Kopf hält und grinst), wobei die beiden Zuschauer durch eine menschliche Wand (drei Personen, die sich breitbeinig in einer Reihe zwischen die „Ehepartner" stellen) voneinander getrennt sind.

Ideenstern – z. B. bei der Erarbeitung von Goethes „Faust"   8–13

Noch vor der häuslichen Lektüre des Textes finden sich die Schüler in Vierergruppen zusammen und setzen sich jeweils um einen kleinen Tisch herum. Jede Gruppe erhält ein großes Blatt Papier. Die Lehrperson verteilt nun an jede Gruppe ein wichtiges Zitat aus dem zu lesenden Text. Dieses wird in großer Schrift in die Mitte des Blattes geschrieben und eingekreist. Die Schüler an den vier Seiten des Tisches schreiben jetzt gleichzeitig strahlenförmig zum Blattrand hin Assoziationen zu dem Ausgangszitat auf. Diese können sich auf den gelesenen Text beziehen, aber auch die Aussage des Satzes zu aktuellen Erfahrungen in Beziehung setzen. Nach einer festgesetzten Zeit (z. B. drei Minuten) wird ein Zeichen gegeben (z. B. gut vernehmbares Klopfen auf einen Tisch), dass alle Gruppen ihr Blatt um 90 Grad im Uhrzeigersinn drehen sollen. Jeder liest nun erneut das Ausgangszitat und anschließend das, was der Vorgänger notiert hat. Er führt diese Gedanken fort oder widerspricht. Nach weiteren drei Minuten wandert der Ideenstern im Uhrzeigersinn weiter, bis nach mehrmaligem Wechsel das Blatt vollgeschrieben ist. Anschließend werden einige oder alle Ergebnisse im Plenum vorgetragen. Es schließen sich jeweils ausführliche Erörterungen an. Die Ideensterne können wieder aufgegriffen werden, wenn die Schüler den Text gelesen haben.

Dieses Verfahren eignet sich gut zur Themenentwicklung oder ersten Annäherung an einen Text. Dabei werden persönliche Reaktionen auf zentrale Aussagen eines Textes festgehalten. Es kommen viele Ideen zur Sprache, und zwar von vielen Schülern und nicht nur von den Wortführern.

Beispiel: (zu Beginn der „Faust"-Lektüre)
Der vorgegebene Satz lautete:

> „Ihm hat das Schicksal einen Geist gegeben,
> der ungebändigt immer vorwärts dringt ..." (Z. 1856 f.)

Zwei „Strahlen" auf dem Blatt lauteten:

> Seine Gedanken und sein Verstand setzen sich über sämtliche Grenzen hinweg. Er gibt sich nie mit dem zufrieden, was er im Moment weiß und was ihm im Augenblick klar ist, sondern er will sein jeweiliges Wissen immer weiter ausdehnen. Er wird nie völlig zur Ruhe kommen. / Der Wissensdrang steht im Vordergrund. Ob man sich deshalb glücklich schätzen kann oder ob es eher quälend ist, diese Frage bleibt offen. / Positiv an dem Zitat ist, dass das ein Gegenbeispiel zu dem heutzutage weitverbreiteten Desinteresse und der Denkfaulheit vieler Leute darstellt. / Daraus kann man folgern, dass dieses Zitat auch für unsere heutige Zeit von Belang ist.

Dieser Mensch scheint wissbegierig zu sein. Er ist glücklich zu schätzen, da er ständig auf der Suche nach Wissen ist, und das aus eigenem Antrieb. Er hinterfragt Dinge und nimmt nichts als selbstverständlich hin. / Ich bin nicht unbedingt der Meinung, dass dieser unheimliche Wissensdurst dazu beiträgt, diesen Menschen glücklich zu machen. Denn er wird von seinem unbändigen Geist ständig aufgefordert, alles zu hinterfragen. Er ist gezwungen, alles zu erforschen, was ihm eventuell die Ruhe stiehlt. / Dieser Satz beinhaltet also weder nur eine positive noch eine nur negative Aussage.

Als spielerischer Einstieg für eine Lektüre eignen sich ebenfalls: „Zettellawine", → S. 178, „Denkblasen", → S. 35, „Brainstorming", → S. 177.

Vier-Ecken-Entscheidung – z. B. zum Thema „Ausländer"   7–10
Mit Filzstift werden zuvor auf vier Blättern vier kurze Sätze notiert, die Wesentliches zum Thema aussagen. Alle Sätze sollten so formuliert sein, dass sie ein Identifikationsangebot machen und nicht auf Anhieb abgelehnt werden können. Die Unterrichtsreihe beginnt damit, dass die Lehrperson die Sätze vorliest und in jeder Ecke des Raumes ein Blatt an die Wand heftet. Die Schüler werden anschließend aufgefordert, sich für diejenige Äußerung zu entscheiden, mit der sie sich am ehesten identifizieren können. Jeder begibt sich dann in „seine" Ecke. Dort unterhalten sich die Gruppen, warum sie sich für „ihren" Satz entschieden haben und warum sie die anderen Sätze nicht gewählt haben. Nach einer gewissen Zeit gehen alle an ihren Platz zurück und das Gespräch wird im Plenum fortgesetzt.
Beispiel: In seinem Buch „Das Fremde überwinden – Vom Umgang mit sich und anderen" (Offenbach 1991, S. 97) schlägt Hajo Bücken zum Thema „Ausländer" folgende Sätze vor:

1. „Ausländer sind wir alle."
2. „Ausländer sind anders als wir, aber das finde ich gerade spannend."
3. „Ausländer sind ganz anders, das macht mir oft Angst."
4. „Ausländer sind ganz anders, das muss man hinnehmen."

**Kontrastierung – z. B. bei Lyrikreihen zu den Themen
„Natur" und „Kinder"**   9–13
Bevor die ersten Gedichte analysiert werden, sammeln die Schüler in einem spielerischen Verfahren zunächst die Vorstellungen, die sie mit dem Thema verbinden, und halten sie schließlich schriftlich fest. Dabei arbeiten sie in Kleingruppen nach dem Prinzip „Ja, aber ...". Jeweils ein Schüler nennt ei-

ne positive Naturvorstellung (z. B. frische Blumen). Die anderen sind dann aufgerufen, das „aber ..." zu formulieren: Sie benennen zu der positiven Naturvorstellung Bedrohungen, Einschränkungen, Desillusionierungen usw.

Die positiven Vorstellungen werden in einer „Ja-Spalte", die negativen in einer „Aber-Spalte" notiert. Aus der Materialsammlung wird durch Kombinationsproben (Welches „Ja-Element" ergibt mit welchem „Aber-Element" den interessantesten Gegensatz?) ein Kontrasttext zusammengestellt, der möglichst wenige Wörter enthalten, also lapidar sein sollte. Die Schüler haben sich mit diesen Arbeiten bereits in einige lyrische Gestaltungsweisen eingearbeitet, die im Fortgang der Unterrichtsreihe thematisiert werden können.

Beispiele: (aus einem Deutschkurs der Jahrgangsstufe 12)

Thema: Natur

Blühende Felder	durch Stacheldraht eingezäunt
Frische Blumen	aus dem Entsorgungspark
Strahlender Sonnenschein	über den Smogwolken
Vogelgezwitscher	auf Tonband
Lange Spaziergänge	auf der Baustelle
Unberührte Natur	auf dem Grünstreifen
Große Wälder	gestreichelt durch die Zähne der Säge

Thema: Kinder

Liebevoll	das Auto waschen
Liebe	in den Pullover stricken
Fürsorglich	zur Oma schicken
Verständnisvoll	Krieg führen
Vertrauenswürdig	Spiele in die Kiste packen
Sanftmütig	den Hahn zudrehen

Lexikon-Quiz – z. B. zum Thema „Zeitung" 7–13

Dieser Einstieg bietet sich bei Themen an, die eine umfangreichere Fachterminologie erfordern. Einige Schüler erhalten die Aufgabe, sich zu Hause oder in der (Schul-)Bibliothek in die entsprechenden Lexikonartikel einzulesen, über die Querverweise weiterzuforschen und für ein Quiz drei nicht allzu bekannte Fachbegriffe zu notieren. Jeder Schüler soll sich außerdem Notizen machen, mit deren Hilfe die Begriffe später definiert werden können. In der nächsten Stunde wird dann jeweils ein Begriff vorgelesen und die Mitschüler raten, um was es sich handelt. Nur wenn keiner auf die richtige Definition kommt, greifen die „Experten" auf ihr notiertes Wissen zurück und versuchen eine Definition.

2 Ideen zur Lesekultur

In jeder Jahrgangsstufe stehen Ganzschriften auf dem Lehrplan: erzählende Texte (Kinder- und Jugendbücher, Novellen, Romane) und Dramen. Sie in einem endlosen fragend-entwickelnden Unterrichtsgespräch zu erschließen führt rasch zu Ermüdungserscheinungen: Die Schülerinnen und Schüler sind gelangweilt. Daher sind Methoden gefragt, die die Lernsituation beleben und zusätzliche Zugangswege zum literarischen Text eröffnen. Die folgenden Kurzvorschläge sind so vielfältig, dass für jede Ganzschrift eine angemessene Auswahl getroffen werden kann. Die angegebenen Verfahren helfen, die unterrichtliche Auseinandersetzung mit literarischen Texten aus der Analyse-Monokultur herauszubringen, die vielen Schülerinnen und Schülern das Lesen verleidet. Um solche unerwünschten Effekte zu vermeiden, müssen neben den analytischen Aktivitäten auch eine ganze Reihe synthetischer stehen – oder solche, mit denen Schülerinnen und Schüler ihre persönlichen Leseerfahrungen umsetzen und erweitern können.

A   Methodische Anregungen zum Lesen

Die Lektüre vorbereiten

Zu Beginn der Unterrichtsreihe und noch vor der eigentlichen „Besprechung" der Ganzschrift sind oft einige Vorbereitungen sinnvoll, um die Schüler für das Thema der Lektüre zu sensibilisieren. Hier einige Handlungsideen zur Vorbereitung der Lektüre:

- Umfrage zu einer zentralen Fragestellung (mit Kassettenrekorder).
- Biografische Informationen über den Autor/die Autorin, insbesondere solche, die für die Lektüre von Bedeutung sind.
- Zeichnungen, Bilder, Skizzen deuten, die mit zentralen Aussagen des Werkes in Verbindung stehen (eine Geschichte zum Bild schreiben, einen passenden Hintergrund zeichnen usw.).

- Eine unvollständige Inhaltsangabe des Textes, die zentrale Gesichtspunkte noch nicht vorwegnimmt, von den Schülern zu Ende fantasieren lassen (Ausgestaltung eines Erwartungshorizonts).
- Ein interessantes historisches oder aktuelles Dokument zum Themenbereich der geplanten Lektüre an die Schüler ausgeben, sie Vermutungen über Herkunft, Funktion und Wirkung des Dokuments anstellen und einen Entwurf für ein Drama/einen Roman erfinden lassen (Figurenkonstellation, Konflikte, Handlungshöhepunkte).
- Brainstorming zum Titel der geplanten Lektüre mit Spekulationen zum vermutlichen Inhalt.

Texte lesend interpretieren 5–8

Die Kunst des Textvortrags ist bei Schülern oft sehr unterentwickelt. Da ihnen zum „Vorlesen" meist Texte gegeben werden, mit denen sie sich vorher gar nicht auseinandersetzen konnten, ist dies nicht verwunderlich. Ein Textvortrag, der den Inhalt erschließt und deutende Strategien erkennen lässt, muss gut vorbereitet werden.

Folgende Schritte, die sich auf den Vortrag eines *erzählenden* Textes beziehen, sind hilfreich:

- *Höhepunkte*. Bei ihrer individuellen Lektüre sollen die Schüler ab und zu innehalten und notieren, wo für sie ein erzählerischer Höhepunkt vorliegt. Zugleich sollen sie Vorschläge machen, wie diese Höhepunkte vorgetragen werden sollten. (Besonders schnelles/langsames Lesen? Lautes oder leises Lesen?)
- *Vortragston*. Die Schüler notieren außerdem individuell, welche Gefühle der Vortragende zum Ausdruck bringen sollte und wie er das am besten macht. Dabei geht es um *Lautstärke*, *Intonation* (Anteile von Normallage, Höhen und Tiefen der Stimme), *Vortragstempo*, *Besonderheiten der Artikulation* (Nuscheln durch die Zähne, Sprechen mit weit geöffnetem Mund usw.). Beispiele: Hass: nur wenig geöffneter Mund, durch die Zähne gepresster Vortrag; Langeweile: leiser, ziemlich monotoner, langsamer Vortrag ohne besondere Höhen und Tiefen der Stimme; Freude: sehr variable Intonation.
- *Vortragsstrategien*. Die Schüler bringen ihre Vorschläge für den Textvortrag im Plenum ein und entwickeln gemeinsam eine Vortragsstrategie – die immer zugleich auch eine Interpretation des Textes ist.

Leseverzögerung

Die folgenden Vorschläge provozieren ein „Innehalten" des Lesers, eine Verzögerung und damit Intensivierung des Leseprozesses, einen Blick zurück oder eine nach vorne gerichtete Spekulation, um eine Textpassage besser verstehen zu können.

Lückentexte   5–13

Sie sind als Methode der Lernerfolgskontrolle weithin bekannt. Weniger gebräuchlich ist die Verwendung von Lückentexten als Anregung zum lesenden Interpretieren. Das Verfahren eignet sich besonders zur methodischen Variation der Lyrikinterpretation, aber auch für erzählende Texte. Die Schüler erhalten in Kleingruppen den Abzug eines Gedichtes, in dem – je nach Schwierigkeitsgrad des Textes und Leistungsvermögen der Gruppe – ein Teil der Wörter unlesbar gemacht wurde. Die Aufgabe besteht darin, eine sinnvolle Ergänzung des Textes vorzunehmen. Dazu muss der erhaltene Rest des Textes genau studiert werden. Auf der Suche nach einem passenden Wort erarbeiten die Schüler diskursiv eine Interpretation des Textes. Im Plenum stellen sie ihre Entscheidung für bestimmte Lücken-Wörter vor und begründen sie. Damit kommen verschiedene Interpretationsansätze in die Diskussion. Auch in Prosatexten können Kernstellen zunächst ausgespart und von den Schülern aufgrund eines genauen Studiums der Text-Umgebung zunächst selbst geschrieben werden, bevor das Original zur Kenntnis genommen wird.

Die Textanordnung rekonstruieren   5–13

Hierfür erhalten die Schüler einen Text in falscher Zusammensetzung. Durch genaue Prüfung der Textteile, deren Anfang und Ende markiert sein sollten, gelangen sie zu begründeten Annahmen darüber, welche Abfolge der Teile der Gesamtaussage am ehesten entspricht. Die Struktur des Textes wird so auf eine ungewöhnliche Weise lesend erschlossen.

Textaussagen visualisieren

Bebilderung   5–7

Wichtige Figuren eines erzählenden oder dramatischen Textes stellen sich Schüler oft sehr genau vor. Diese Vorstellungen können – vor allem in jüngeren Klassen – in Bildern festgehalten werden. Besonders lohnend ist es, die Gesichter der Figuren zu malen und dabei eine besondere Mimik erkennen zu lassen. Diese Zeichnungen sind dann Ausgangspunkte für deutende Gespräche, in denen es schwerpunktmäßig um eine Charakterisierung der gezeichneten Figuren gehen kann.

Polaritätsprofil   5–8

Die Schüler fertigen für die Hauptfiguren eines Werkes ein Profil aus gegensätzlichen Eigenschaften an. Diese Methode eignet sich für den Anfang der Textlektüre und für eine spätere geeignete Stelle.

Polaritätsprofil

für _____

	trifft zu					Belegstellen (Seite):
	stark	mäßig	mäßig	stark		
sympathisch					unsympathisch	_____
drauf- gängerisch					gehemmt	_____
energisch					antriebslos	_____
zielstrebig					planlos	_____
mutig					feige	_____
ehrlich					verlogen	_____
hilfsbereit					egoistisch	_____
verständnis- voll					unsensibel	_____
gesellig					zurück- gezogen	_____
vergnügt					missmutig	_____
nüchtern					verträumt	_____
kühl					hitzig	_____
empfindlich					dickfellig	_____
friedlich					aggressiv	_____
...					...	_____

© Cornelsen Verlag Scriptor, Berlin • Fundgrube Deutsch

Andere Gegensatzpaare können hinzugefügt, vorhandene gestrichen werden. Eventuell kann das Profil auch im Unterrichtsgespräch gemeinsam entwickelt werden. Am Rand können die Schüler Textstellen (Seitenzahlen) notieren, die ihre Einschätzung belegen. Das Polaritätsprofil eignet sich gut als Vorbereitung einer Personencharakterisierung.

Tableau   **8–13**

Die Figurenkonstellation in verschiedenen Stadien eines Romans oder eines Dramas wird in Standbildern dargestellt. Dazu kommen jeweils einige Schüler vor die Klasse. Zwei oder drei Mitschüler erhalten den Auftrag, diese „Figuren" so im Raum zu arrangieren, dass sich ein möglichst intensiver symbolischer Ausdruck ihrer Beziehung zueinander ergibt. Sie können einander zugewandt oder voneinander abgewandt stehen, einige können liegen, andere knien, wieder andere stehen. Auch Mimik und Gestik können genau überlegt und im Standbild umgesetzt werden. Alle anderen Schüler beobachten den Standbildaufbau einige Minuten lang. Dann greifen sie mit Korrekturvorschlägen ein. Ohne dass die Lehrperson steuert, kommt es so oft zu intensiven interpretierenden Gesprächen über die Textgrundlage. Neigen einige zu eher spekulativen Äußerungen, so kann man sie auffordern, für Standbild-Vorschläge Belege bzw. Anhaltspunkte im Text zu benennen. Die fertigen Bilder können fotografiert werden.

Umrissfigur 7–10

In Partnerarbeit wird der Umriss einer Figur des Textes gezeichnet. Befindet sie sich in einem Konflikt, so können an ihren Armen verschiedene Kräfte „ziehen". Innerhalb des Figurenumrisses werden verschiedene Stichworte notiert, die den Bereichen „Gefühl" (Herz), „Denken" (Kopf) und „Tun" (Muskeln) zugeordnet werden. Die Figur kann auch janusköpfig gezeichnet werden (mit einem Gesicht vorne und hinten, so zur Seite gedreht, dass beide Gesichter im Profil sichtbar sind), wenn ausgedrückt werden soll, dass es sich um einen zwiespältigen Charakter handelt. Oft liegen ja in einer Figur Gefühle und Einsichten im Widerstreit. Dies kann auch durch Gegensatzpfeile oder andere Symbole ausgedrückt werden.

Lebenskurve 7–13

Das Leben einer Figur, soweit es der Lektüre entnommen werden kann, wird mithilfe eines Koordinatensystems visualisiert (x-Achse: Lebensalter; y-Achse: Hoch-, Wende- und Tiefpunkte). An einigen Stellen der Lebenskurve können andere wichtige Figuren, Ereignisse usw. notiert werden.

Texte aktional interpretieren

Schüler können besonders dann sinnvoll in Texte eingreifen, wenn Erzählschritte ausgespart sind oder einzelne Schritte der Handlungsfolge vom Autor nicht ausgestaltet wurden. Hier sind mögliche Methoden:

Telefonkette 7–11

Zugespitzte Handlungssituationen oder Probleme in Romanen, Novellen und Dramen werden in Form mehrerer fingierter Telefongespräche aufgearbeitet. All diejenigen im literarischen Text vorkommenden Figuren, die sich zu der zugespitzten Handlungssituation äußern könnten, telefonieren miteinander. Zunächst wird entschieden, wer welche Figur spielen soll. Anschließend verbindet die Lehrperson jeweils zwei der Figuren miteinander, die sich über den zu besprechenden Sachverhalt austauschen sollen. Dabei sollen sich die Schüler bemühen, die von ihnen gespielten Figuren in Charakter, Interessenlage und Redeweise möglichst genau zu treffen. Nach einer Reihe von „Telefonaten" wird erörtert, ob die Figuren in den Telefongesprächen angemessen dargestellt wurden. Zur Unterstützung der Argumentation können dabei Textbelege hinzugezogen werden.

Rollenspiel/Stegreifspiel (bei erzählenden Texten)   5–8
Wichtige Textpassagen, die nicht ausführlich in wörtlicher Rede gestaltet
sind und zu denen wir als Leser uns also die genauen Abläufe selbst aus-
malen müssen, werden mit verteilten Rollen „erspielt".

Interview mit einer Figur   5–8
Ein Schüler spielt eine Romanfigur, einige andere stellen der Figur ein paar
Fragen.

Reportage   5–10
Ein Schüler stellt sich – mit einem imitierten Mikrofon – irgendwo im Klassenraum auf, tut so, als ob er das Roman- bzw. Dramengeschehen aus einer
gewissen Distanz beobachte, und berichtet im Reporterstil, was zu sehen
und zu hören ist. Es können auch mehrere Reporter an verschiedenen fik-
tiven Standorten postiert werden, die mehrfach nacheinander berichten.
Auf diese Weise wird eine zusätzliche Perspektive eingenommen und zugleich eine andere Äußerungsform gewählt.

Flugblatt/Poster   7–10
Die Schüler entwickeln in Gruppen ein Flugblatt oder ein Poster, mit dem
in eine im Text dargestellte Handlungssituation eingegriffen werden kann.

Milieuwechsel   8–11
Die Handlung wird in ein ganz anderes Milieu verlegt und in diesem Milieu
nachgespielt. Was passiert mit den Figuren? Wie ändert sich die Sprache?

Figuren-Verpflanzung   5–8
Eine wichtige Figur des Buches wird in eine aktuelle, den Schülern bekannte Situation „verpflanzt". Die Situation wird mit verteilten Rollen
gespielt.

Schreibend auf Texte reagieren

Leerstellen erzählen   5–13
Anspruchsvollere Erzähltexte enthalten „Leerstellen", wo erzählerische
Schritte, die im Gesamtzusammenhang unerlässlich sind, vom Autor be-
wusst ausgespart wurden. Die Klasse kann solche „Leerstellen" (oft
Zeitsprünge) zunächst selbst entdecken. Anschließend kann dann mitei-
nander überlegt werden, wo eine erzählerische Ausfüllung der „Leerstelle"

besonders interessant wäre. Jeder Schüler schreibt dann individuell ein „Zusatzkapitel". Diese Zusatzkapitel werden vorgetragen und miteinander verglichen. Dabei ergeben sich in der Regel interpretatorische Strategien für den Gesamttext (→ S. 30, „Lückentexte").

Tagebuchblätter   5–10
Für eine Hauptfigur werden Tagebuchnotizen geschrieben (Was würde dieser Figur wohl durch den Kopf gehen, wenn sie sich abends hinsetzen und in ihr Tagebuch schreiben würde?). Das stellvertretende Tagebuchschreiben kann auch die gesamte Lektüre begleiten: Die Lehrperson fordert jeden auf, ein besonderes Tagebuchheft zu gestalten. Nach jedem Kapitel – oder nach kleineren Erzähleinheiten – schlüpfen die Schüler in die Rolle der ausgewählten Figur und formulieren eine Tagebucheintragung. Zusätzlich können aktuelle Alltagsdokumente eingeklebt werden, die die Schüler mit der Lektüre in Zusammenhang bringen. Oft sind die Schüler am Ende ihrer Arbeit stolz darauf, ein so umfangreiches Produkt zustande gebracht zu haben. Zuweilen sind die Hefte liebevoll mit zusätzlichen Ornamenten und Illustrationen ausgestattet.

Denkblasen   5–10
Manchmal scheinen an wichtigen Stellen eines Textes Äußerungen zentraler Figuren oder die Schilderung des inneren Geschehens zu fehlen. Für solche Stellen können – ähnlich wie in Comics – „Denkblasen" geschrieben werden. Diese sollten ausführlicher sein als in Comics und differenziert mögliche Gedankengänge der jeweiligen Figur entfalten.

Thematisches Tagebuch   8–11
Einige Schüler setzen sich mit der Problemstellung der Lektüre auseinander, indem sie ein oder zwei Wochen lang ihren eigenen Alltag, ihr eigenes Erfahrungsfeld genau beobachten und in einem Tagebuch möglichst detailliert Ereignisse und Beobachtungen wiedergeben, die für sie einen Bezug zur Problemstellung der Lektüre ergeben. Die „thematischen Tagebücher" werden in der Klasse verlesen. Anschließend kann versucht werden, eine Figur der Lektüre in eine der aktuellen Realsituationen eingreifen zu lassen (zusätzliches Romankapitel; zusätzliche Szene).

Anzeige   8–11

Figuren einer Erzählung oder eines Theaterstücks wird – bezogen auf eine bestimmte Phase der Handlung – eine Kontaktanzeige zugeschrieben. Die Anzeige soll die Figur möglichst genau treffen.

Umwandlung in ein Hörstück   5–10

Ein Auszug des Buches, der hierfür besonders geeignet erscheint (interessante Dialoge, gut herstellbare Hintergrundgeräusche usw.), wird in einen Hörspiel-Text umgeschrieben. Anschließend kann der Vorschlag zur akustischen Umsetzung realisiert werden.

Andere Weichenstellung   7–10

An einer Stelle, an der der Autor bzw. die Autorin eine wichtige Entscheidung über den Fortgang der Handlung getroffen hat, wird „umgesteuert". Kleingruppen überlegen sich, welche alternativen Handlungsverläufe – ausgehend von der vereinbarten Stelle – möglich gewesen wären. Sie schreiben dazu eine Verlaufsskizze.

Brief aus der Zukunft   8–13

Eine Figur des Buches schreibt 10, 20 oder 30 Jahre nach dem Handlungsende einen „Brief aus der Zukunft". Sie schaut darin auf die Ereignisse zurück, die in dem Roman/der Novelle/dem Drama dargestellt wurden. Aus dieser zeitlichen Distanz setzt die Figur sich persönlich mit diesen Ereignissen auseinander, wertet sie.

Traumgeschichte   5–10

In einem Traum wird vieles übersteigert und verzerrt erfahren. Eine Figur träumt von einem Ereignis, das sie vor kurzem erlebt hat. Der Traum soll möglichst genau ausfantasiert und detailliert schriftlich wiedergegeben werden.

Erfundene Biografie   8–13

Nach der Lektüre des Buches erfinden die Schüler eine passende Biografie des Autors. Wie stellt man sich das Leben der Person vor, die ein solches Buch geschrieben hat? Die erfundene Biografie wird aufgeschrieben und dann mit der tatsächlichen Biografie verglichen.

Brief an Verlag oder Autor (bei zeitgenössischer Literatur) 5–13
Eventuell als Hausaufgabe entwerfen die Schüler einen Brief an Autor oder
Verlag, in dem sie etwas über ihre Erfahrungen bei der Lektüre eines
Buches mitteilen. Die Äußerungen können durchaus wertend sein.

Anregungen, die auch für kürzere Texte geeignet sind

Die Perspektive ändern 7–10
Statt in der Er-Perspektive wird der Text in der Ich-Perspektive geschrie-
ben. Jeder Schüler sucht sich eine Figur aus, aus deren Perspektive er die
Geschichte gerne umschreiben würde.

Textsortenwechsel 5–8
Das Geschehen wird z. B. als Zeitungs- oder Polizeibericht wiedergegeben.

Erfindung einer Vorgeschichte 7–10
Nach einer ersten gründlichen Auseinandersetzung mit einer Figur erfinden die Schüler eine Vorgeschichte, die vor Beginn der eigentlichen Handlung spielt. Sie soll verdeutlichen, warum die Figur so geworden ist, wie sie
ist.

Bild-Text-Collage zu einem Gedicht 8–13
Die Schüler erhalten den Auftrag, sich aus einer kleinen Gedichtsammlung
einen Text auszuwählen und zu diesem – aus Illustrierten, Zeitungen usw. –
ein aktuelles Foto zu suchen, das für sie einen gedanklichen Bezug zu dem
Gedicht hat. Text und Bild werden auf einem Blatt zu einer Collage zusam-
mengeklebt. Diese Collagen werden im Unterricht vorgestellt und sind Anlass zu einer rezeptionsorientierten Interpretation der Texte.

B Anregungen zur Leseförderung

In allen Jahrgangsstufen sind Anregungen zum Lesen Bestandteil des
Deutschunterrichts. Die Lehrpläne sehen lesefördernde Unterrichtsaktivi-
täten in vielfältiger Form vor. Trotz der Übermacht elektronischer Medien
können viele Schüler mit solchen Anregungen erreicht werden. Hier sind
einige Beispiele für Aktivitäten zur Leseförderung.

Ideen zur Leseförderung für die Sekundarstufe I

Buchvorstellungen

Die Schüler stellen in regelmäßigen Abständen Bücher vor, die sie gerade gelesen haben und weiterempfehlen können. Sie tragen eine besonders witzige bzw. besonders spannende Stelle (ein bis drei Seiten) vor, verraten aber noch nicht alles und erklären, was ihnen an dem Buch besonders gefallen hat.

Bücher-Tauschbörse

In der Klasse wird eine Tauschbörse organisiert. Auf einer Wandzeitung notieren die Schüler, wer welchen Titel wann an wen ausgeliehen hat und welche Ausleihzeit vereinbart worden ist. Die Lehrperson achtet darauf, dass nach einer gewissen Zeit jeder Schüler in der Liste auftaucht.

Leseecke

In der Klasse wird für die kleinen Pausen und für sonstige freie Zeiten eine Leseecke (einige Sessel, Regal mit Büchern) eingerichtet. Als Regel wird vereinbart, dass diejenigen vorzugsweise dort sitzen dürfen, die in einem Buch schmökern möchten.

Videokassetten der Stiftung Lesen

Die Klasse schaut gemeinsam eine der Kassetten der Stiftung Lesen (→ S. 40) mit Ausschnitten aus Jugendbuchverfilmungen an, um neuen Lesestoff zu entdecken.

Eine Stunde in der Schülerbücherei

Eine Unterrichtsstunde findet in der Schülerbücherei statt. Mögliche Fragestellungen: Welche Abteilung/welches Regal interessiert euch am meisten? Wieso? Wer kennt einige Bücher und kann sie vorstellen? Welche Bücher, die ihr hier vermisst, sollten demnächst angeschafft werden? (Eine Hitliste der Wünsche geht an die für die Bücherei verantwortliche Lehrkraft.)

Besuch einer Bibliothek

Die Klasse besucht eine nahe gelegene Bibliothek mit Kinder- und Jugendbuchabteilung und lässt sich von einer Bibliothekarin den Bestand zeigen und in die Struktur einer Bibliothek einführen.

Lesetagebücher

Die Schüler schreiben Lesetagebücher zu ihren laufenden Lektüren, aus denen zu festgesetzten Zeiten regelmäßig vorgelesen wird. Die Lektüren, um die es geht, sollten mitgebracht und von den Mitschülern angeschaut werden können.

Einen Buchhändler einladen

Ein ortsansässiger Buchhändler bzw. eine Buchhändlerin kommt in den Unterricht und stellt einige aus seiner/ihrer Sicht interessante Bücher sowie diejenigen Titel vor, die er/sie in den letzten Jahren an 13- bis 16-Jährige besonders häufig verkauft hat.

Ideen zur Leseförderung für die Sekundarstufe II

Besuch einer Buchmesse

Der Kurs besucht (evtl. in Zusammenarbeit mit einer Buchhandlung) eine Buchmesse (Frankfurt, Leipzig).

Rezensionen

Die Schüler vereinbaren am Anfang des Schuljahres mit der Lehrperson eine Lektüreliste, die sie arbeitsteilig in Angriff nehmen. In regelmäßigen Abständen und zu vereinbarten Terminen trägt jeder nach und nach eine Rezension zu einer Lektüre vor. Leitfragen können sein: Was ist das Thema? Um welche Auseinandersetzung geht es? Wie wird das Thema angepackt? Welche Handlungsideen hat der Autor? Was ist an der Machart/der

Struktur/dem Stil des Buches interessant/weniger interessant/störend?
→ „Schriftstellerlesungen", S. 256, und „Lesenacht, Jugendwoche, Film-nacht", S. 244.

Materialien und Hilfen zur schulischen Leseförderung

Bei der Leseförderung kann man auf einige Hilfen von außen zurückgrei-fen. Mehrere Institutionen bieten Informationsmaterial, Datenbanken mit Rezensionen, Veranstaltungen und weitere Anregungen zur Leseförderung an.

● *Stiftung Lesen* – Römerwall 40, 55131 Mainz, www.stiftung-lesen.de. Um den Rückgang der Lesekultur und das Anwachsen des funktionalen Analphabetismus in einer zunehmend elektronisch bestimmten Medi-enkultur einzudämmen, setzt die Stiftung Schwerpunkte in der Leseför-derung von Kindern und Jugendlichen. Im Stiftungsrat dieser Instituti-on sind einige Bundesländer, führende Verlage, Industrieunternehmen und Banken vertreten. Ihm gehören außerdem Lehrer- und Elternver-bände, Kirchen u. a. an. Die Stiftung entwickelt laufend neue Förderim-pulse für die Lesekultur in Schule und Freizeit.

● *Arbeitsgemeinschaft Jugendliteratur und Medien (AJuM) in der GEW* – Bahnhofstr. 43, 88662 Überlingen, www.ajum.de. Die AJuM sichtet und prüft Kinder- und Jugendliteratur unter dem Gesichtspunkt der Verwend-barkeit in pädagogischen Arbeitsfeldern und stellt Rezensionen in einer Datenbank zusammen.

● *Arbeitskreis für Jugendliteratur e. V.* – Metzstr. 14c, 81667 München, www.jugendliteratur.org. Der Arbeitskreis gibt Verzeichnisse heraus, in denen die mit dem Deutschen Jugendliteraturpreis ausgezeichneten Bücher sowie die Bücher der Auswahlliste zum Deutschen Jugendlite-raturpreis zusammengestellt sind. Außerdem veröffentlicht er Medien-verzeichnisse für Kinder und Jugendliche, die von Pädagogen, Buch-händlern und Bibliothekaren zusammengestellt werden.

● *Börsenverein des Deutschen Buchhandels* – Großer Hirschgraben 17–21, 60311 Frankfurt/M., www.boersenverein.de. Das Referat Leseförde-rung des Börsenvereins organisiert in jedem Jahr einen Vorlesewett-bewerb für Schüler der 6. Klassen (www.vorlesewettbewerb.de). Die Unterlagen hierfür, die u. a. detaillierte Handlungsanregungen umfas-sen, werden jährlich an die Schulen verschickt.

● *Bundesverband der Friedrich-Bödecker-Kreise e. V.* – Künstlerhaus/ Sophienstr. 2, 30159 Hannover, www.boedecker-kreis.de. Die Bödecker-

Kreise in den Bundesländern fördern Autorenlesungen in Schulen, aber auch in Kindergärten, Bibliotheken usw.

- *Deutsche Akademie für Kinder- und Jugendliteratur e.V.* – Hauptstr. 42, 97331 Volkach, www.akademie-volkach.de. Herausgabe von Leseempfehlungen, Veranstaltung von Fortbildungen.
- *Gesellschaft für Medienpädagogik und Kommunikationskultur in der Bundesrepublik e.V.* (GMK) – Körnerstr. 3, 33602 Bielefeld, www.gmk-net.de. Die GMK, ein Zusammenschluss von Fachleuten aus den Bereichen Bildung, Kultur und Medien, vermittelt medienpädagogische Informationen, Projekte und Referenten.
- *Internationale Jugendbibliothek* (IJB) – Schloss Blutenburg, 81247 München, www.ijb.de. Das Angebot zur Leseförderung umfasst Publikationen, Ausstellungen, Veranstaltungen und Programme für Schulklassen.

Fachzeitschriften zur Kinder- und Jugendliteratur

- *Beiträge Jugendliteratur und Medien* – vierteljährlich; Juventa Verlag, Weinheim. Vormals „Informationen Jugendliteratur und Medien (Jugendschriftenwarte)", seit 1993 zusammengelegt mit der Zeitschrift „Beiträge zur Kinder- und Jugendliteratur", die von der Arbeitsgemeinschaft Jugendliteratur und Medien in der GEW (s.o.) herausgegeben wurde. Älteste Zeitschrift auf dem Gebiet der Jugendlektüre im deutschsprachigen Raum.
- *Bulletin Jugend und Literatur* – monatlich; Neuland Verlag, Geesthacht.
- *Eselsohr* – monatlich; Verlag Leseabenteuer, München.
- *Forum Lesen* – vierteljährlich; Zeitschrift der Stiftung Lesen (s.o.); Nachrichten, Berichte und Meinungen aus der Leseförderungsszene.
- *JuLit* – vierteljährlich; Bezug über den Arbeitskreis für Jugendliteratur (s.o.).

C Know-how Sachtextanalyse

Spätestens seit der ersten PISA-Studie ist die Lesekompetenz (*Reading Literacy*) von Schülern ein zentrales Thema der Deutschdidaktik. Ins Zentrum der Aufmerksamkeit gerückt sind dabei besonders verschiedene Formen von Sachtexten (kontinuierliche Texte und diskontinuierliche Texte, also Textverbünde, die einen Sachverhalt mit mehreren Informationsansät-

zen unter Einbeziehung von Grafiken, Tabellen, Karten, Bildern usw. beleuchten). Nach der PISA-Studie wird von Lehrenden verstärkt erwartet,
dass sie Schülern Kompetenzen der Organisation *selbstständiger Sachtexterschließung* vermitteln, so wie sie internationalen Vergleichstests (z. B. PI-
SA-Studie) zugrunde liegen. Erwartet wird auch die Fähigkeit, Schülerdefi-
zite in diesem Bereich genau zu diagnostizieren und als Reaktion darauf
passende Lernarrangements zu planen. Um solche Unterrichtsplanungen
zu unterstützen, werden auf Seite 43 bis 45 wichtigen *Kompetenzen der
Sachtexterschließung* verschiedene Trainingsansätze und methodische Op-
tionen des Deutschunterrichts zugeordnet. Dabei wird auch auf die Termi-
nologie der internationalen Fachdiskussion Bezug genommen.

Literaturhinweise

Brenner, Gerd: Methodentraining – Projekt Medien und Meinungsbildung.
(Reihe „Kursthemen Deutsch", hrsg. von Dietrich Erlach und Bernd Schurf)
Cornelsen, Berlin 2002.

Brenner, Gerd: Die Facharbeit – Von der Planung zur Präsentation. (Reihe
„Trainingsprogramm Deutsch Oberstufe", hrsg. von Bernd Schurf, Heft 4)
Cornelsen, Berlin 2002.

Deutsches PISA-Konsortium (Hrsg.): PISA 2000. Basiskompetenzen von
Schülerinnen und Schülern im internationalen Vergleich. Leske + Budrich,
Opladen 2001.

Fingerhut, Karl-Heinz: Die Evaluation des Leseverständnisses durch die
PISA-Studie und der Literaturunterricht in der Sekundarstufe I. In: Deutschunterricht, 3/2002, S. 39–45.

Fix, Martin/Jost, Roland: Sachtexte im Deutschunterricht. Schneider,
Baltmannsweiler 2005.

FWU (Hrsg.): Die Textagenten Deutsch. CD-ROM, erarb. von Scheimann
u. Team sowie Gerd Brenner, Cordula Grunow, Ute Fenske, Heinz Gierlich
und Markus Langner, München 2002.

Hackenbroich-Krafft, Ida/Parey, Evelore: Aktiv lesen! Methodentraining
für die Arbeit mit Sachtexten. (Reihe „EinFach Deutsch Lesestrategien")
Schöningh, Paderborn 2005.

Morgenthau, Lena: Textverständnis trainieren. Arbeitstexte und Förderauf-
gaben. Verlag an der Ruhr, Mülheim/Ruhr 2004.

Sachtexterschließung

Kompetenzen	Trainingsansätze
1. *Gelingende Textwahrnehmung:*	*Übungen zur Verbesserung der Textwahrnehmung:*
1.1 Persönliche Positionierung im Thema eines Textes und damit Aufbau eines Aufnahmehorizonts für den *Textinhalt*	● Vorweg-Fragen an den Text („Schau die Überschrift an. Womit könnte sich der Text beschäftigen?") und damit Aufbau einer ersten kritischen Einordnungskompetenz ● Einstimmung auf ein Textthema (*awareness-* Übungen und *pre-reading activities* im angelsächsischen Sprachraum) – Vorweg-Präsentation eines Bildes/Fotos zum Thema (*thematic anticipation*) – Präsentation von Zitaten aus einem Sachtext, die nach einem angegebenen logischen Gesichtspunkt geordnet werden sollen (*patchwork anticipation*) – Brainstorming zu einem Wort/dem Thema des Textes – Blitzlicht zu einem Themen-Stichwort – Anspiel zum Thema des Textes – Zettellawine zum Thema – Fragen-Baum zum Thema ● Kontextuierungsübungen (Cluster zu „Was fällt dir zum Thema des Textes ein?"/ Gedächtnis nach relevantem Vorwissen absuchen)
1.2 Kritische Distanz zur *Textgestalt* (Entwicklung der Fähigkeit, in Gestaltungsalternativen zu denken)	● Ankreuzen von Optionen in einem Entscheidungsbaukasten („Welche Entscheidungen zur Gestaltung hat der Sachtext-Autor hier getroffen?")
2. *Verstehen der Textaussage:*	*Übungen zur Stützung der Verstehensleistung:*
2.1 Überwindung sprachlicher Zugangsbarrieren	● „Übersetzungen" aus der Sachtextsprache (z. B. Zeitungssprache) in die Alltagssprache der Schüler (z. B. Eintragungen in ein anzulegendes „Wörterbuch der Zeitungssprache/Wissenschaftssprache")

Kompetenzen	Trainingsansätze
2.2 Innere Kontextuierung von Textaussagen (Fähigkeit, Textteile im Hinblick auf ihre Evidenz für ein vorläufiges Gesamtverständnis zu prüfen)	● aktives Lesen mit Lesespuren/Notizen im Text ● Rückwärtslesen (bei schwieriger Textstelle: „Welche vorherigen Textstellen können diese Aussage erklären helfen?") ● Lupenfunktion (Segmentierung sowie Nach- und-nach-Präsentation komplexer Sätze in Textwahrnehmungs-Software, dabei Herausarbeitung der Tiefenstruktur von Sätzen, z. B. Sichtbarmachen der Verbklammer; vgl. FWU 2002)
2.3 Geistige Verarbeitung der Gesamtaussage (z. B. Fähigkeit zur Komplexitätsreduktion und Fähigkeit, ein angemessenes Situationsmodell des Textes mit räumlichen, zeitlichen, personalen und kausalen Zusammenhängen anzulegen)	● Reduzieren von Komplexität, Verdichtung des Textes auf das Wesentliche als Element strategischer Bedeutungsentnahme durch – tabellarische Wiedergabe der Aussagen zu Raum (Orte), Zeit und beteiligten Personen – Unterteilen des Textes in Sinnschritte – Markieren von Schlüsselwörtern/Kernaussagen – Formulieren von Leitfragen, mit denen der Text sich beschäftigt – Memos (Überprüfung des Textverständnisses durch Wiedergabe einzelner Textabschnitte in verschiedenen Korrektheitsstufen bzw. mehr oder weniger passender Fragen an einen Textabschnitt in Multiple-Choice-Form) ● Erarbeitung der Logizität/der Aussagehierarchie eines Textes durch: – Mind-Map – Konzept – Treppenmethode – Spinnwebanalyse – Markieren von Kohäsionssignalen (logisch verknüpfenden Konjunktionen, Adverbien usw.)

Kompetenzen	Trainingsansätze
	⊙ Aufbau eines Situationsmodells des Textes (vgl. PISA, S. 72); (Selbst-)Kontrolle der beim Lesen abgelaufenen Verstehensprozesse, z. B. durch: – Paraphrasieren – Flussdiagramm – Matrix – Diagramme – Umwandlung eines kontinuierlichen Textes in einen diskontinuierlichen und umgekehrt (vgl. FWU 2002)
3. *Strategisches Lesen und metakognitive Kompetenz* (Fähigkeit, Lesetechniken zu überblicken und über methodische Optionen des Verstehens selbst zu entscheiden)	⊙ Entwicklung strategischer Lesetechniken – Unterscheidung zwischen dem Überfliegen eines Textes (*skimming*) und der gezielten Suche nach Informationen im Text (*scanning*) – 5-Schritt-Lesemethode ⊙ Aneignung des Know-hows, einen Lese- und Verstehensprozess eigenständig zu bewältigen (u. a. Nutzung von Erfahrungen der Freiarbeit)
4. *Einordnungs- und Merkfähigkeit im Hinblick auf Textinformationen* (Äußere Danach-Kontextuierung eines Textes; Kompetenz, Textaussagen auf Vorwissen zur angesprochenen Thematik zu beziehen, das Textverstehen damit zu stützen und die Textaussagen der Kritik zugänglich zu machen; Fähigkeit, die Evidenz von Textaussagen auf der Basis von Allgemeinwissen zu prüfen)	⊙ Aufbau einer Textrepräsentation/eines inneren Abbildes der Textaussage im Gedächtnis durch Konfigurationsübungen, z. B. – Gedächtnislandkarten/Cluster – Themenbaum – Zeitleiste ⊙ Verknüpfung von Textinformationen mit bereits vorhandenem Wissen, Rekonstruktion von Textaussagen in Form von – Cluster – Tabelle – Grafik

Viele der in der Aufstellung aufgeführten Methoden können Sie nachlesen in: Gerd Brenner/Kira Brenner: Fundgrube Methoden I – Für alle Fächer. Cornelsen Scriptor, Berlin 2005.

3 Lektüre- und Filmempfehlungen

A Kinder- und Jugendbücher für die Klassen 5 bis 10

Jährlich erscheinen in Deutschland mehr als 5000 Kinder- und Jugendbücher, über 3000 davon in Erstauflagen. Rund 60 Verlage sind in Deutschland auf Kinder- und Jugendbücher spezialisiert und das Angebot für Lehrerinnen und Lehrer ist ziemlich unübersichtlich. Die Auswahl für den Unterricht reduziert sich zunächst dadurch, dass aus Kostengründen meist nur Taschenbuchausgaben in Frage kommen. Aber auch der Taschenbuchmarkt für Kinder und Jugendliche ist inzwischen so umfangreich, dass eine Auswahl schwerfällt.

Die folgende Titelzusammenstellung orientiert sich an Empfehlungen, die Kenner des Jugendbuchmarktes aus den Bereichen Wissenschaft und Pädagogik in den letzten Jahren in einschlägigen Fachzeitschriften publiziert haben. Sie ist nach Jahrgangsstufen geordnet und enthält neben einer kurzen Vorstellung der Titel eine Begründung der Klassenzuordnung, Fundstellen für Praxisanregungen und z.T. auch Vorschläge zur ergänzenden Lektüre, Hinweise auf Auszeichnungen, auf Verfilmungen (🎬) und Audio-Versionen. Die Titelauswahl ist nicht im Sinne eines Kanons zu verstehen. Auf Seite 47/48 finden Sie die berücksichtigten Autoren und Titel zunächst in einer alphabetischen Übersicht.

In diesem Kapitel verwendete Reihen-Abkürzungen

detebe	Diogenes Taschenbuch
dtv	Deutscher Taschenbuch Verlag
es	edition suhrkamp
it	insel taschenbuch
RBL	Reclam Bibliothek Leipzig
Reclam UB	Reclams Universalbibliothek
rororo	Rowohlts Rotationsromane
st	suhrkamp taschenbuch

Erzählende Literatur

Boie:	Man darf mit dem Glück nicht drängelig sein, S. 5
	Nicht Chicago. Nicht hier, S. 64
Brandes:	Fototermin, S. 78
Carroll:	Alice im Wunderland, S. 51
Cross:	Auf Wiedersehen im Cyberspace, S. 67
Defoe:	Robinson Crusoe, S. 69
Dunker:	Helden der City, S. 80
Edelfeldt:	Briefe an die Königin der Nacht, S. 70
Ende:	Die unendliche Geschichte, S. 54
	Momo, S. 54
Engelhardt:	Hexen in der Stadt, S. 65
Fährmann:	Der lange Weg des Lukas B., S. 70
	Es geschah im Nachbarhaus, S. 60
Feid:	Keine Angst, Maria, S. 56
Frank, Anne:	Das Tagebuch, S. 68
George:	Julie von den Wölfen, S. 66
Härtling:	Ben liebt Anna, S. 51
	Oma, S. 51
Haugen:	Die Nachtvögel, S. 50
Hühnerfeld:	Der Kampf um Troja, S. 57
Jung:	Mord in der Sierra, S. 71
Kästner:	Das fliegende Klassenzimmer, S. 53
	Emil und die Detektive, S. 52
	Till Eulenspiegel, S. 52
Kerner:	Blueprint/Blaupause, S. 74
	Lise, Atomphysikerin, S. 73
Kleinbaum:	Der Club der toten Dichter, S. 79
Korschunow:	Die Sache mit Christoph, S. 72
Krausnick:	Die eiserne Lerche, S. 79
Krüss:	Timm Thaler oder Das verkaufte Lachen, S. 61
Kuhn:	Mit Jeans in die Steinzeit, S. 57
Ladiges:	„Hau ab, du Flasche!", S. 62
Lechner:	Die Abenteuer des Odysseus, S. 58
Levoy:	Der gelbe Vogel, S. 77
Lindgren:	Mio, mein Mio, S. 49
Longos von Lesbos:	Daphnis und Chloé, S. 77
Lowry:	Hüter der Erinnerung, S. 75
Mankell:	Der Hund, der unterwegs zu einem Stern war, S. 58
McLean:	Am Berg des Roten Fuchses, S. 62
Nilsson:	So lonely, S. 77

Noack:	Rolltreppe abwärts, S. 65
Nöstlinger:	Wir pfeifen auf den Gurkenkönig, S. 49
O'Dell:	Insel der blauen Delphine, S. 62
Ossowski:	Die große Flatter, S. 72
	Stern ohne Himmel, S. 76
Pausewang:	Die letzten Kinder von Schewenborn, S. 67
	Die Wolke, S. 69
Plenzdorf:	Die neuen Leiden des jungen W. , S. 80
Pohl:	Nennen wir ihn Anna, S. 73
Pressler:	Bitterschokolade, S. 75
	Malka Mai, S. 74
Preußler:	Krabat, S. 59
Rhue:	Die Welle, S. 65
Richter:	Damals war es Friedrich, S. 63
	Die Zeit der jungen Soldaten, S. 66
Rowling:	Harry Potter, S. 55
Schädlich:	Der Sprachabschneider, S. 60
Spillner:	Taube Klara, S. 59
Steenfatt:	Hass im Herzen, S. 64
Strachan:	Moses Beech, S. 72
ter Haar:	Behalt das Leben lieb, S. 63
Timm:	Rennschwein Rudi Rüssel, S. 50
Twain:	Tom Sawyers Abenteuer, S. 61
Vinke:	Das kurze Leben der Sophie Scholl, S. 71
von der Grün:	Vorstadtkrokodile, S. 56
Welsh:	Johanna, S. 70
Wölfel:	Der rote Rächer, S. 56
Zac:	Pumas Tochter, S. 68

Theaterstücke für Kinder und Jugendliche

Bukowski:	Ob so oder so, S. 78
Dorst:	Korbes, S. 81
Gori:	Ein Mensch vor dem Gericht der Tiere, S. 54
Hübner:	Creeps, S. 76
Oberender:	Nachtschwärmer, S. 76
Rinke:	Republik Vineta, S. 81
Terfehr:	Bitterschokolade (vgl. Pressler, S. 75)

(Vgl. auch „Klassische Schullektüre", S. 81 ff.)

Christine Nöstlinger: Wir pfeifen auf den Gurkenkönig
(1972) Beltz & Gelberg/rororo rotfuchs 20153
Inhalt: Ein anmaßender Gurkenkönig, eine skurrile Fantasiefigur, nistet sich in einer Familie ein und stellt sich in Konflikten auf die Seite des Vaters und gegen den kindlichen Erzähler.
Klasse: 5 – weil die Erzählung viele alterstypische Erfahrungen mit Erwachsenen (z.B. mit Vater, Mutter, Großvater und Lehrer) zeigt; weil der Text die Schlagfertigkeit eines Kindes herausarbeitet und zeigt, wie sich der Selbstbehauptungswille eines Kindes entwickelt; weil familiäre und schulische Autoritätsstrukturen bloßgestellt werden.
Auszeichnungen: Deutscher Jugendbuchpreis; Hans-Christian-Andersen-Preis für das Gesamtwerk
Praxisanregungen: J. Ossner u.a. (Hrsg.): Interpretationen & Modelle für den Deutschunterricht. (CD-ROM) Cornelsen (s.u.); – Lehrermaterialien (kostenlos) als Download unter www.rowohlt.de/lehrermaterialien.
Weiterführende Literatur: Das gesamte Heft 1/92 der Zeitschrift „Informationen Jugendliteratur und Medien" (jetzt: Beiträge Jugendliteratur und Medien) befasst sich mit Christine Nöstlinger.

Astrid Lindgren: Mio, mein Mio
(1954; dt. 1955) Oetinger
Inhalt: Die Hauptfigur des Buches, das Waisenkind Mio, tritt in das fantastische „Land der Ferne" ein, wo es als Prinz Mio seinen Vater, den König, findet.
Klasse: 5 – weil die Angst einer Trennung von den Eltern in einer fantastischen Abenteuergeschichte thematisiert wird (das Wiederfinden des Vaters als eine fantastische Utopie); weil auf Sagen- und Märchenmotive zurückgegriffen wird.
Auszeichnungen: u.a. Friedenspreis des Deutschen Buchhandels; Internationaler Jugendbuchpreis; Internationaler Buchpreis der UNESCO
Audio: Hörspielfassung, Deutsche Grammophon.

Jakob Ossner u.a. (Hrsg.): Interpretationen & Modelle für den Deutschunterricht. CD-ROM mit Material zu 130 Schulklassikern und Jugendbüchern. Cornelsen.

Uwe Timm: Rennschwein Rudi Rüssel
(1989) Nagel & Kimche/dtv 70285; Verlag an der Ruhr 8285
Inhalt: Familienbeziehungen und Tierliebe. „Wir haben zu Hause ein Schwein. Ich meine damit nicht meine kleine Schwester …"
Klasse: 5 – weil Chancen für Entfaltung, Autonomie in der Familie und Möglichkeiten der Solidarität von Erwachsenen und Kindern aufgezeigt werden; weil eine turbulente Handlung geboten wird; weil Kinder sich mit dem Schwein in der Rolle des Schelms identifizieren können.
Auszeichnung: Deutscher Jugendbuchpreis
Praxisanregungen: Dorit Kock-Engelking: Rennschwein Rudi Rüssel. Ein Leseprojekt. (Reihe „einfach lesen!", inkl. einer vereinfachten Textversion für leseschwächere Schüler) Cornelsen; – Dieter Wrobel: Uwe Timm, Rennschwein Rudi Rüssel. (Reihe „Klasse! Lektüre" – Modelle für den Literaturunterricht, Bd. 12, für Jgst. 5/6) Oldenbourg; – Ulrich Falk: Uwe Timm, Rennschwein Rudi Rüssel. (Reihe „EinFach Deutsch Unterrichtsmodelle") Schöningh; – Lesen in der Schule mit dtv junior. Unterrichtsvorschläge für die Altersstufen 9–12 Jahre. Moderne Kinderromane. (Lehrer-TB 7, Kap. 7) dtv 8107; – dtv-Unterrichtsmodell. (dtv-Download); – Fritz Wehrenberg: Literatur-Kartei „Rennschwein Rudi Rüssel", Verlag an der Ruhr.
Audio: Lesung mit Musik, Hörverlag.
Weitere Titel zum Thema „Tiere": Günther Feustel: Hora. Ravensburger TB; Midas Dekkers: Auf eigenen Pfoten. Wie Tierkinder groß werden. Kinderbuchverlag Luzern; → W. Spillner (S. 59).

Tormod Haugen: Die Nachtvögel
(1978) Benziger/dtv junior 7420
Inhalt: Angsterlebnisse eines Jungen und ihre Bewältigung.
Klasse: 5 – weil kindliche Wahrnehmungsweisen der Angst ohne Anbiederung dargestellt werden; weil ohne pädagogischen Zeigefinger verdeutlicht wird, wie Angst aus Problemen des Vaters und einem versuchten Kaufhausdiebstahl resultiert; weil erzählt wird, wie Angst überwunden werden kann.
Auszeichnung: Deutscher Jugendbuchpreis
Praxisanregungen: Lesen in der Schule mit dtv junior. Unterrichtsvorschläge für die Altersstufen 9–12 Jahre. Moderne Kinderromane. (Lehrer-TB 7, Kap. 1) dtv 8107; – dtv-Unterrichtsmodell. (dtv-Download).

Peter Härtling: Oma

(1975) Beltz & Gelberg/Gullivers TB; Verlag an der Ruhr 8102

Inhalt: Kalle lebt nach dem Unfalltod seiner Eltern bei seiner Oma; am Ende muss er sich mit ihrem nahen Tod vertraut machen.

Klasse: 5 – weil Probleme des Zusammenlebens thematisiert werden; weil gezeigt wird, wie schwer es ist, im Spannungsfeld zwischen verschiedenen Werten zu einem angemessenen Verhalten zu finden (für 3.–5. Schuljahr).

Auszeichnung: Deutscher Jugendbuchpreis

Praxisanregungen: Bea Herrmann/Anneli Kinzel: Literatur-Kartei „Oma". Verlag an der Ruhr 2319; – Hannelore Daubert: Oma – Lehrerbegleitheft. Beltz & Gelberg.

Weiterführende Literatur: Alwin Binder: Zum „Elend unserer Jugendliteratur". Kritische Bemerkungen zu Büchern von Peter Härtling, Gudrun Pausewang und Janosch. In: Diskussion Deutsch, H. 119, 6/1991, S. 271–285.

Peter Härtling: Ben liebt Anna

(1979) Beltz & Gelberg/Gullivers TB; Verlag an der Ruhr 8101

Inhalt: Der 9-jährige Ben und das gleichaltrige Aussiedlermädchen Anna mögen sich und verschaffen sich in Familie und Klasse Spielraum für ihre Empfindungen.

Klasse: 5 – weil Freuden und Schwierigkeiten der „ersten Liebe" altersgerecht dargestellt werden; weil das Anderssein von Menschen und der konstruktive Umgang damit thematisiert werden; weil gezeigt wird, wie man seinen Gefühlen auch in einer widrigen Umwelt Ausdruck verleihen kann.

Praxisanregungen: J. Ossner u. a. (Hrsg.): Interpretationen & Modelle für den Deutschunterricht. (CD-ROM) Cornelsen (→ S. 49); – Marja Rauch: Peter Härtling, Ben liebt Anna. (Reihe „Klasse! Lektüre" – Modelle für den Literaturunterricht 5–10) Oldenbourg; – Markus Rolfes/Sigrid Südhoff: Literatur-Kartei „Ben liebt Anna". Verlag an der Ruhr 2161; – Hannelore Daubert: Lehrerbegleitheft zu P. Härtling, Ben liebt Anna. Beltz & Gelberg; – Ben liebt Anna. Literaturblätter. Stolz; – Bernhard Rank (Hrsg.): Erfolgreiche Kinder- und Jugendbücher. Was macht Lust auf Lesen? Schneider, Hohengehren 1999 (darin Kap. zu „Ben liebt Anna").

Lewis Carroll: Alice im Wunderland

(1865) Dressler; it 42; Arena Kinderbuch-Klassiker

Inhalt: Ein Mädchen langweilt sich, folgt einem weißen Kaninchen und erlebt unter der Erde viele Abenteuer.

Klasse: 5 – weil der junge Leser in einen Wirbelsturm von Unsinn und Abenteuern gerät; weil die Heldin zwischen Lachanfall und Verärgerung hin- und hergerissen wird; weil das Buch viele philosophische Fragen kindgerecht aufwirft.
Audio: Lesung, Cornelsen; Hörspielfassung, Hörverlag.

Erich Kästner: Till Eulenspiegel

(1938) Atrium/Dressler Kinder-Klassiker
Inhalt: Mit lustigen Streichen hält ein Straßenclown die Leute zum Narren.
Klasse: 5 – weil Kästner das Volksbuch kindgerecht umgearbeitet hat; weil Witz und Spott der Titelfigur dem kindlichen Selbstbehauptungswillen entgegenkommen; weil das Spiel mit der Mehrdeutigkeit von Wörtern viele Kinder interessiert.
Weitere Titel von Erich Kästner in derselben Reihe (in großer Schrift): Die Schildbürger; Don Quichotte; Münchhausen; Der gestiefelte Kater.
Weiterführende Literatur: Petra Bowien u.a.: Rund um Kästner. Kopiervorlagen für den Deutschunterricht. Cornelsen; – Bernd Dolle-Weinkauff/Hans-Heino Ewers (Hrsg.): Erich Kästners weltweite Wirkung als Kinderschriftsteller. Lang Verlag, Frankfurt/M. 2002; – Klaus Doderer: Erich Kästner. Juventa, Weinheim 2002.

Klassiker der Kinderliteratur als Briefmarkenmotive.

Erich Kästner: Emil und die Detektive

(1928) Dressler Kinder-Klassiker; Verlag an der Ruhr 8066
Inhalt: Emil bekommt im Zug ein Bonbon angeboten, das ihn betäubt. Ein Schurke klaut das Geld seiner Großmutter. In Berlin macht Emil sich mit Freunden auf die Jagd nach dem Schuft.

Klasse: 5 – weil das Buch dem Interesse dieser Altersgruppe an Verbrechens-
aufklärung und Verfolgungsjagden entgegenkommt; weil die Leistungs-
fähigkeit der jungen „Detektive" realistisch dargestellt wird; weil auch ein
Mädchen am Aufklärungserfolg beteiligt ist; weil Großstadtmilieu und Kin-
derbanden anschaulich vergegenwärtigt werden.
Praxisanregungen: Michaela Greisbach: Emil und die Detektive. Ein Leseprojekt. (Reihe „einfach lesen!", inkl. einer vereinfachten Textversion für
leseschwächere Schüler) Cornelsen; – Karl-Wilhelm Schmidt: Erich Kästner, Emil und die Detektive. (Reihe „Klasse! Lektüre" – Modelle für den Literaturunterricht 5–10) Oldenbourg; – Kerstin Sterz: Erich Kästner, Emil
und die Detektive. (Reihe „EinFach Deutsch Unterrichtsmodelle") Schöningh; – Annette Coen: Literatur-Kartei „Emil und die Detektive", Verlag an
der Ruhr 22571.
Weiterführende Literatur: Bernhard Rank (Hrsg.): Erfolgreiche Kinder- und
Jugendbücher. Was macht Lust auf Lesen? Schneider, Hohengehren 1999
(darin Kap. zu „Emil und die Detektive"); – Jubiläums-Sonderausgabe mit
einer 50-seitigen Broschüre „Auf Emils Spuren durch das Berlin der 20er-
Jahre". Dressler, Hamburg 2004.

Erich Kästner: Das fliegende Klassenzimmer
(1932) dtv junior 70947
Inhalt: Erzählt wird von erlebnisreichen Ereignissen in einem Schulinter-
nat in den letzten Tagen vor den Weihnachtsferien. Die Schüler leben im
Dauerkrach mit Gleichaltrigen in einer benachbarten Schule.
Klasse: 5/6 – weil das Sich-Bewähren in größeren Gruppen zum Thema
wird und weil auch die Beziehungen zu Erwachsenen (Lehrern und einem
interessanten Einsiedler) angesprochen werden können.
Praxisanregungen: Cornelia Witzmann: Das fliegende Klassenzimmer. Ein
Leseprojekt. (Reihe „einfach lesen!") Cornelsen; – Sonja Krack: Lektüre Kopiervorlagen. Erich Kästner, Das fliegende Klassenzimmer. Oldenbourg.

Kirsten Boie: Man darf mit dem Glück nicht drängelig sein
(1997) Oetinger
Inhalt: Die elfjährige Anna muss die Trennung ihrer Eltern bewältigen und
sich daran gewöhnen, dass der Vater eine neue Familie mit anderen, ihr
zunächst unbekannten Kindern hat. Anna hofft heimlich, dass Vater und
Mutter wieder zueinander finden.
Klasse: 5/6 – weil die Probleme von Scheidungskindern und Patchwork-
familien – und die Ängste aller Kinder, die davon erfahren haben – aufge-

arbeitet werden und weil dargestellt wird, wie Kinder in solchen Situationen ihre Einfühlsamkeit produktiv entwickeln können.
Praxisanregungen: J. Ossner u.a. (Hrsg.): Interpretationen & Modelle für den Deutschunterricht. (CD-ROM) Cornelsen (→ S. 49); – Jutta Hinne-Fischer: Man darf mit dem Glück nicht drängelig sein. Ein Leseprojekt. Cornelsen.

Helen Gori: Ein Mensch vor dem Gericht der Tiere

(1985) Lenos (Theaterwerkstatt für Kinder, Bd. 2)
Inhalt: Der Mensch wird angeklagt, das Leben der Tiere durcheinanderzubringen und sie zu schädigen.
Klasse: 5/6 – weil die Einladung, in der Konfrontation zwischen Mensch und Tier die Sicht der Tiere einzunehmen, der Tierliebe vieler Schüler dieser Klassenstufen entspricht.

Michael Ende: Momo

(1973) Thienemann
Inhalt: Die Erwachsenenwelt liefert sich einem Zeitdiktat aus, welches das soziale Leben der Menschen belastet; ein Kind gewinnt die Souveränität über die Zeit zurück.
Klasse: 5/6/7 – weil die innere Stärke eines Kindes Fehlentwicklungen der Erwachsenenwelt korrigieren hilft; weil der Roman fantasievoll-märchenhaft erzählt ist und weil er in weiten Teilen spannend ist.
Auszeichnung: Deutscher Jugendbuchpreis
Praxisanregungen: Christiane Michaelis: Michael Ende, Momo. (Reihe „Klasse! Lektüre" – Modelle für den Literaturunterricht, Bd. 1, für Jgst. 5/6) Oldenbourg; – Momo – Lehrerbegleitheft. Thienemann, Stuttgart 1993;
Audio: Hörspielfassung, Karussell.

Michael Ende: Die unendliche Geschichte

(1979) Thienemann
Inhalt: Alle wollen einem Jungen seine Fantasien ausreden; da entdeckt er eine Geschichte, die niemals endet; Abenteuer im Land Fantásien; Zusammenspiel von Fantasie und Realität.
Klasse: 5/6 – weil das Buch zeigt, „dass man mit Fantasien sehr glücklich sein kann; weil man anderen zeigen kann, dass man nicht nur mit den Armen, sondern im Kopf stark sein kann" (Schülerin); weil Selbstfindung und Selbststärkung in einer Fantasy-Welt wieder in die Lebensrealität einge-

bracht werden; weil Fantastik eine Hilfe zur Bewältigung der Wirklichkeit wird; weil das Buch viele spannende Elemente enthält.
Audio: Hörspielfassung, Karussell.

Joanne K. Rowling: Harry Potter und der Stein der Weisen u. a.
(dt. 1998) Carlsen TB 35401
Inhalt: Ein Junge erfährt, dass er von Zauberern abstammt und deshalb die Zauberinternatsschule Hogwarts zu besuchen hat. Dort erlebt er eine Reihe von Abenteuern und Schlüsselsituationen des Aufwachsens.
Klasse: 5/6 – weil kaum ein anderer Kinder- und Jugendroman junge Leser weltweit in den letzten Jahrzehnten so fasziniert hat; weil ein Kind der bedrückenden Enge und Ohnmacht im Haus von Onkel und Tante entflieht und sich entfalten kann.
Praxisanregungen: Kopiervorlagen und Materialien zu „Harry Potter und der Stein der Weisen". Cornelsen; – Kopiervorlagen und Materialien zu „Harry Potter und die Kammer des Schreckens". Cornelsen; – Karin Comfere: Interpretation zu Band 1 des Jugendbuchs von Joanne K. Rowling. (Reihe „Klasse! Lektüre") Oldenbourg; – Jana de Blank/Walther Wulf: Joanne K. Rowling, Interpretation zu Band V der Harry-Potter-Reihe. (Reihe „Klasse! Lektüre") Oldenbourg; – Katrin Manz: J. K. Rowling: Harry Potter und der Stein der Weisen. In: Carlsen in der Schule. Bd. 1: Ideen für den Unterricht Klassen 5–9; – Gabriele Bayersdörfer/Susanne Dierschke: Joanne K. Rowling: Harry Potter im Unterricht. (Reihe „EinFach Deutsch Unterrichtsmodelle") Schöningh; – Jörg Knobloch (Hrsg.): „Harry Potter" in der Schule. Didaktische Annäherungen an ein Phänomen. Verlag an der Ruhr; – :in Deutsch, 3/2001: Materialien zu J. K. Rowlings Bestseller, Bd. 1. Bergmoser + Höller; – Hans Peter Tiemann: Starke Stunden mit „Harry Potter und der Stein der Weisen". Bezaubernde Unterrichtsideen für die Klassen 5–7 zum Jugendbuch von Joanne K. Rowling. Auer; – Jörg Knobloch: Die Schule der Magier. Ein Leseförderprojekt zu „Harry Potter" für die ganze Schule. In: Deutschunterricht, 6/2003.
Weiterführende Literatur: Sylvia Zwettler-Otte: Harry Potter und die Bausteine eines Welterfolgs. In: dies. (Hrsg.): Von Robinson zu Harry Potter. Kinderbuch-Klassiker psychoanalytisch. dtv 36 278; – Jörg Knobloch: „Harry Potter" – Konflikt zwischen Literaturdidaktik und Kommerz. In: Beiträge Jugendliteratur und Medien, 1/2003, S. 19–27; – Jörg Knobloch: Harry-Potter-Forschung. In: Beiträge Jugendliteratur und Medien, 1/2004, S. 45–49.
Audio: Lesungen der Harry-Potter-Bände, Hörverlag.

Max von der Grün: Vorstadtkrokodile
(1976) Bertelsmann; Verlag an der Ruhr 8071
Inhalt: Integration eines querschnittgelähmten Jungen in die Krododiler-Bande; Mutproben, geheimer Treffpunkt.
Klasse: 5/6 – weil gezeigt wird, welche Rolle Cliquen, „Banden", im Kindesalter spielen; weil eindringlich dargestellt wird, wie schwer behinderte Kinder es haben, von Gleichaltrigen akzeptiert zu werden; weil die Handlung spannend ist.
Praxisanregungen: Simone Schlepp-Pellny: Vorstadtkrokodile. Ein Leseprojekt. (Reihe „einfach lesen!", inkl. einer vereinfachten Textversion für leseschwache Schüler) Cornelsen; – J. Ossner u.a. (Hrsg.): Interpretationen & Modelle für den Deutschunterricht. (CD-ROM) Cornelsen (→ S. 49); – Stephanie Reppin: Literatur-Kartei „Vorstadtkrokodile". Verlag an der Ruhr 2258; – Barbara Deiker/Wolfgang Gast: Film und Literatur I. Vorstadtkrokodile u.a. Diesterweg; – Franz Waldherr: Max von der Grün, Vorstadtkrokodile. (Reihe „EinFach Deutsch Unterrichtsmodelle") Schöningh; – Lesetagebuch zu Max von der Grün: Die Vorstadtkrokodile. Schroedel.
Weitere Bücher zum Thema „Behinderung": → J. ter Haar (S. 63).

Ursula Wölfel: Der rote Rächer
(1959) Hoch/Ravensburger TB
Inhalt: Ein Heimkind leidet darunter, ein Außenseiter zu sein. Da es von seiner Tante in den Sommerferien nicht – wie üblich – eingeladen wird, fährt es heimlich zu ihrem Haus, trifft dort aber auf Unbekannte.
Klasse: 5/6 – weil die Einsamkeit eines Außenseiters nachvollziehbar gestaltet wird; weil Ängste und Nöte von Kindern dieses Alters sowie Lösungsversuche der Hauptfigur dargestellt werden; weil gezeigt wird, wie ein Kind sich aus seiner Verzweiflung wieder herausarbeitet.
Praxisanregungen: Ravensburger Arbeitshilfen, Orientierungsstufe. Ursula Wölfel: „Der rote Rächer". O. Maier.

Anatol Feid: Keine Angst, Maria
(1985) Elefanten Press/rororo rotfuchs 20452
Inhalt: Marias Bruder wird bei einer Razzia von der Polizei erschossen; Kampf von Kindern gegen Vertuschungsversuche in einem Unrechtsstaat.
Klasse: 5/6 – weil eindrucksvoll über die Lebensverhältnisse von Kindern in der sog. Dritten Welt berichtet wird; weil Unterdrückungsmechanismen in einer Militärdiktatur und Auswirkungen auf das Leben verarmter Kinder

gezeigt werden; weil gezeigt wird, wie Mut und Solidarität etwas bewirken können.

Auszeichnungen: Gustav-Heinemann-Friedenspreis 1986; Katholischer Kinderbuchpreis 1987

Praxisanregungen: Malte Dahrendorf/Peter Zimmermann (Hrsg.): Lehrerhefte Sammelband 3. Taschenbücher im Unterricht. Rowohlt TB

Paul Hühnerfeld: Der Kampf um Troja
(1986) Carlsen; dtv 70084
Inhalt: Schicksalhafte Verstrickungen im Trojanischen Krieg.
Klasse: 5/6/7 – weil eine der bekanntesten Sagen des klassischen Altertums konsequent in die Sprache von heute übertragen wurde; weil spannende Abenteuer erzählt werden; weil altersgerecht in die griechische Mythologie eingeführt wird; weil das Kriegerisch-Heldische zurückhaltend dargestellt wird.
Praxisanregungen: Lesen in der Schule mit dtv junior. Unterrichtsvorschläge für die Sekundarstufen (Lehrer-TB 2, Kap. 3) dtv 8102; – dtv-Unterrichtsmodell. (dtv-Download).
Weiterführende Lektüre: Griechische Sagen. Bearbeitet von Richard Carstensen. 38. Aufl., Ensslin, Würzburg 2003.

Wolfgang Kuhn: Mit Jeans in die Steinzeit
(1984) Georg Bittner; dtv junior 70144; Verlag an der Ruhr 8254
Inhalt: Auf einer Erkundungstour in einer südfranzösischen Höhle werden die 13-jährige Isabelle und ihr Hund durch einen Erdrutsch von ihren Gefährten abgeschnitten. Das Mädchen macht eine unheimliche Entdeckung.
Klasse: 5/6 – weil das Abenteuerliche der Erzählung die Altersgruppe anspricht und weil eine interessante Konfrontation mit der Urgeschichte der Menschheit stattfindet.
Praxisanregungen: Lesen in der Schule mit dtv junior. Unterrichtsvorschläge für die Sekundarstufen (Lehrer-TB 2, Kap. 1), dtv 8102; – dtv-Unterrichtsmodell. (dtv-Download); – Michaele Greisbach: Mit Jeans in die Steinzeit. Ein Leseprojekt. Cornelsen; – Franz Waldherr: Wolfgang Kuhn: Mit Jeans in die Steinzeit. (Reihe „EinFach Deutsch Unterrichtsmodelle") Schöningh; – Uta Hartwig: Literatur-Kartei „Mit Jeans in die Steinzeit". Verlag an der Ruhr 2321.

Auguste Lechner: Die Abenteuer des Odysseus

(1978) Tyrolia/Arena TB

Inhalt: Odysseus nimmt am Trojanischen Krieg teil und überlistet die Trojaner mit dem „Hölzernen Pferd"; Irrfahrt und viele Abenteuer auf der Rückfahrt.

Klasse: 5/6 – weil das Buch spannend und fantasievoll erzählt; weil Kinder dieses Alters Interesse an Helden haben, die sich durch Gefahren hindurchkämpfen müssen.

Auszeichnungen: Premio Europeo di Letteratura Giovanile für das Gesamtwerk; Österreichischer Staatspreis

Weitere Romane von A. Lechner zu Sagenfiguren: Aeneas, der Sohn der Göttin; Ilias; Herkules; König Artus; Parzival; Die Nibelungen; Dietrich von Bern; Gudrun; Iwein; Die Rolandsage; Die Sage vom Goldenen Vlies; Don Quijote (alle Tyrolia, z. T. auch Arena TB)

Henning Mankell: Der Hund, der unterwegs zu einem Stern war

(1990, dt. 1992) Oetinger; dtv junior 70671; Junge Bibliothek der SZ

Inhalt: Erster Band der Joel-Tetralogie, der Joel im Alter von elf Jahren präsentiert. Der Junge lebt allein mit seinem Vater, da die Mutter sie verlassen hat. Als Einzelgänger kämpft Joel mit der Frage, warum die Mutter gegangen ist. Durch einen problematischen Freund gerät er in Lebensgefahr und wird vom Vater gerettet.

Klasse: 5/6 – weil der Verlust, aber auch die Verlässlichkeit von Beziehungen dargestellt wird und weil gezeigt wird, wie der Protagonist an Selbstvertrauen gewinnt.

Auszeichnung: Deutscher Jugendliteraturpreis

Praxisanregungen: J. Ossner u. a. (Hrsg.): Interpretationen & Modelle für den Deutschunterricht. (CD-ROM) Cornelsen (→ S. 49); – Dorit Kock-Engelking: Der Hund, der unterwegs zu einem Stern war. Ein Leseprojekt. (Reihe „einfach lesen!", inkl. einer vereinfachten Textversion für leseschwächere Schüler) Cornelsen; – Kirsten Köster/Verena Löcke: Henning Mankell: Der Hund der unterwegs zu einem Stern war. (Reihe „EinFach Deutsch Unterrichtsmodelle") Schöningh; – Lesen in der Schule mit dtv junior. Unterrichtsvorschläge für die Klassen 5–10. Außenseiter!? (Lehrer-TB 20, Kap. 6), dtv 8120; – dtv-Unterrichtsmodell. (dtv-Download).

Wolf Spillner: Taube Klara
(1987) Kinderbuchverlag Berlin/Klopp Verlag; Klett Leseheft
Inhalt: Innerer Konflikt eines Jungen zwischen Tierliebe und Verbundenheit mit der Mutter; Trauer über den Tod einer Taube und des Großvaters.
Klasse: 5/6 – da die Tierliebe eines 11-Jährigen mit widerstreitenden Interessen (Sauberkeitsbedürfnis der Mutter usw.) konfrontiert wird; da ein Kind in einen Konflikt zwischen verschiedenen Lebensmustern und geliebten Personen gerät, die unterschiedliche Lebensweisen repräsentieren; weil das Miteinander von drei Generationen gezeigt wird.
Auszeichnung: Deutscher Jugendbuchpreis
Weiterführende Literatur: Wolf Spillners Erzählung „Taube Klara". Gespräch mit dem Autor. In: Beiträge zur Kinder- und Jugendliteratur, H. 84 (1987), S. 34.

Otfried Preußler: Krabat
(1981) Thienemann/Thienemann Schulausgabe; dtv 25087
Inhalt: Ein sorbischer Bauernjunge verdingt sich als Lehrling in einer Mühle, deren Besitzer ein gefürchteter Zauberer ist; Kampf gegen dessen finstere Pläne und Befreiung in einem magischen Spiel.
Klasse: 5/6/7 – weil der Roman sehr spannend erzählt ist; weil Fantasy-Elemente (wendische Volkssagen) jugendgemäß verwendet werden; weil der Kampf zwischen Inhumanität und Mitmenschlichkeit altersgerecht dargestellt wird.
Auszeichnungen: u. a. Deutscher Jugendbuchpreis 1971; Eichendorff-Literaturpreis; Europäischer Jugendliteraturpreis
Praxisanregungen: Krabat – Lehrerbegleitheft. Thienemann; – Katrin Comfere: Otfried Preußler, Krabat. (Lektüre Kopiervorlagen für Jgst. 5–7) Oldenbourg; – Peter Mareis/Christian Rühle: Rund um „Krabat". Kopiervorlagen für den Deutschunterricht. Cornelsen; – Bernhard Rank (Hrsg.): Erfolgreiche Kinder- und Jugendbücher. Was macht Lust auf Lesen? Schneider, Hohengehren 1999 (darin Kap. zu „Krabat").
Weiterführendes Jugendbuch: Jurij Brezan: Die Schwarze Mühle. Klett Leseheft 261970, bearbeitet von Günter Lange (ebenfalls Geschichte des Zauberers Krabat; mit Informationen zur Krabat-Sage, zur „Schwarzen Mühle" und zur Zauberkunst).

Willi Fährmann: Es geschah im Nachbarhaus
(1968) Arena
Inhalt: Im 19. Jahrhundert wird einem Juden unberechtigterweise ein
Mord an einem Kind angelastet. Selbst als er aufgrund falscher Zeugenaus-
sagen verhaftet wird, kann sein Sohn auf dessen nichtjüdischen Freund
zählen.
Klasse: 5/6/7 – weil gezeigt wird, wie ein Junge – gegen den Widerstand einer vorurteilsbeladenen Umwelt – zu seinem jüdischen Freund hält, auch
nachdem dessen Vater ein Verbrechen in die Schuhe geschoben worden ist;
weil die Entstehung und die Wirkungsweisen von Hass und Vorurteilen al-
tersnah reflektiert werden können.
Praxisanregungen: J. Ossner u.a. (Hrsg.): Interpretationen & Modelle für
den Deutschunterricht. (CD-ROM) Cornelsen (→ S. 49); – Udo und Ute Volkmann: Willi Fährmann, Es geschah im Nachbarhaus. (Reihe „EinFach
Deutsch Unterrichtsmodelle") Schöningh.
Mögliche Anschlusslektüre: Will Fährmann: Unter der Asche die Glut. Arena TB 2710.

Hans Joachim Schädlich: Der Sprachabschneider
(1980) Rowohlt; rororo rotfuchs 20685; Schroedel „Texte.Medien" (Textausgabe mit Materialien, Arbeitsheft)
Inhalt: Der Junge Paul begegnet Herrn Vielolog, der ihm die Hausaufgaben
macht, dafür aber nach und nach Buchstaben, ganze Wortarten und die
Flexionsformen des Verbs abkauft. Pauls Sprache reduziert sich immer
mehr, bis er kaum noch verstanden wird. Mithilfe eines Freundes holt er
sich die Sprache zurück.
Klasse: 5/6 – weil ein sehr interessanter Zugang zu grammatischen Phänomenen angeboten wird; weil Sprachverlust und die daraus folgende Isolation ebenso klar werden wie die Bedeutung von Freundschaft und ungehin-
derter Kommunikation.
Praxisanregungen: P. Bekes/H. Reichling (Hrsg.): Hans Joachim Schädlich:
Der Sprachabschneider. Informationen für Lehrerinnen und Lehrer,
Schroedel.

Mark Twain: Tom Sawyers Abenteuer
(1876) it 1891; detebe 21369; Ravensburger TB
Inhalt: Zwei Jungen halten mit Streichen und Eskapaden eine ganze Stadt
in ständiger Aufregung.

Klasse: 6/7 – weil dieser Klassiker der Kinderliteratur nichts von seiner Faszination eingebüßt hat; weil Heucheleien der Erwachsenenwelt auf witzige Weise entlarvt werden.

Praxisanregungen: Michaela Greisbach: Tom Sawyer. Ein Leseprojekt. (Reihe „einfach lesen!", inkl. einer vereinfachten Textversion für leseschwächere Schüler) Cornelsen.

Mögliche Anschlusslektüre: Mark Twain: Die Abenteuer des Huckleberry Finn. Ravensburger TB.

Audio: Lesung, Hörverlag.

James Krüss: Timm Thaler oder Das verkaufte Lachen
(1962/Neuausgabe 1979) Oetinger

Inhalt: Durch einen Vertrag mit einem merkwürdigen Herrn verliert Timm sein Lachen, gewinnt aber jede Wette. Langes Suchen nach dem verlorenen Lachen (der Menschlichkeit).

Klasse: 6/7 – weil gezeigt wird, wie Geld und Macht humane Verhaltensweisen zersetzen können.

Auszeichnungen: Hans-Christian-Andersen-Medaille; Internationaler Jugendbuchpreis für das Gesamtwerk 1968

Praxisanregungen: Michaela Greisbach: Timm Thaler oder Das verkaufte Lachen. Ein Leseprojekt. (Reihe „einfach lesen!", mit einer vereinfachten Textversion für leseschwächere Schüler) Cornelsen.

Audio: Hörspielfassung von 1964, Igel-Records.

Mögliche Anschlusslektüre: Timm Thalers Puppen oder Die verkaufte Menschenliebe. Oetinger.

„Timm Thaler" als Buch, Fernsehserie und Zeichentrickfilm.

**Allan Campbell McLean: Am Berg des Roten Fuchses –
Abenteurer im schottischen Hochmoor**

(1968; dt. 1981) Bertelsmann TB

Inhalt: Reise eines Jungen in ein Abenteuer mit mehrfacher existenzieller Bedrohung; enttäuschtes Vertrauen und neu gewonnene Freundschaft.

Klasse: 6/7 – weil der Roman auf sensible Weise die Lösung eines Jungen von der Mutter thematisiert; weil er für die Altersgruppe spannend erzählt ist; weil für deutsche Leser eine exotische Landschaft und Alltagskultur geboten wird; weil gezeigt wird, wie ein Kind es lernt, sich in einem unbekannten sozialen Umfeld zu bewegen.

Mögliche Anschlusslektüre: A. C. McLean: Ein Dieb im Dorf. dtv; ders.: Der Herr der Morgana. Carlsen.

Ann Ladiges: „Hau ab, du Flasche!"

(1978) rororo rotfuchs 20178

Inhalt: Ein Junge wird mit seinen Problemen nicht fertig und greift zur Flasche. In Geldnot bestiehlt er seine Mutter.

Klasse: 6/7 – weil das Buch in einer problemorientierten erzählerischen Zuspitzung die Hintergründe und Umstände jugendlicher Drogenanfälligkeit verdeutlicht; weil gezeigt wird, wie ein Junge sich die Freundschaft eines anderen „erkaufen" will.

Praxisanregungen: Malte Dahrendorf/Peter Zimmermann (Hrsg.): Lehrerhefte Sammelband 1. Taschenbücher im Unterricht. Rowohlt TB.

Scott O'Dell: Insel der blauen Delphine

(1960 USA) Benziger/dtv junior 7257; Verlag an der Ruhr 8257

Inhalt: Ein junges Mädchen, das nach tragischen Ereignissen lange auf einer menschenlosen Insel lebt und dort um ihr Leben kämpft.

Klasse: 6/7 – weil das Buch Kindern zeigt, wie „sie auch alleine leben können ohne ständige Ratschläge von anderen; es zeigt, dass man ab und zu durch etwas durch muss, ohne dass man es will" (Schülerin); weil es zeigt, was Verbundenheit mit einem Tier bedeutet.

Auszeichnungen: Deutscher Jugendbuchpreis; Hans-Christian-Andersen-Preis

Praxisanregungen: Lesen in der Schule mit dtv junior. Unterrichtsvorschläge für die Sekundarstufen (Lehrer-TB 2, Kap. 4), dtv 8102; – dtv-Unterrichtsmodell. (dtv-Download); – Dorit Kock-Engelking: Die Insel der blauen Delphine. Ein Leseprojekt. (Reihe „einfach lesen!") Cornelsen; – Burkhard

Seidler/Dietmar Wagner: Literatur-Kartei „Insel der blauen Delphine", Verlag an der Ruhr 8257.
Weitere Titel zum traditionellen weiblichen Rollenbild: Othmar Franz Lang: Warum zeigst du der Welt das Licht? dtv; → J.C. George (S. 66).
Mögliche Anschlusslektüre: Scott O'Dell: Das verlassene Boot am Strand. dtv.

Jaap ter Haar: Behalt das Leben lieb
(1973 Ndl.; dt. 1979) Bitter/dtv junior 7805
Inhalt: Durch einen Unfall verliert der 13-jährige Beer sein Augenlicht. Mithilfe der Mitschüler gelingt es ihm, mit der Behinderung zu leben.
Klasse: 6/7 – weil die Hauptfigur mit viel Mut und Willensstärke den Kampf gegen ihr Schicksal aufnimmt; weil gezeigt wird, wie die Solidarität von Mitschülern menschliches Leid mildern kann.
Praxisanregungen: dtv-Unterrichtsmodell. (dtv-Download).
Weitere Titel zum Thema „Behinderung": Renate Welsh: Drachenflügel. dtv; Peter Härtling: Das war der Hirbel. dtv; An Rutgers: Das verlorene Licht. Oetinger; Irene Rodrian: Die Welt in meiner Hand. Die Geschichte eines mutigen Mädchens. Arena; Dennis Covington: Sie nannten ihn Eidechse. Aus dem Amerikan. von Hans-Georg Noack. Oetinger; → M. von der Grün (s.o.).

Hans Peter Richter: Damals war es Friedrich
(1969) Walter/dtv junior 7800-6; Verlag an der Ruhr 8200
Inhalt: Freundschaft zweier deutscher Jungen, einer davon jüdischer Abstammung; der Nationalsozialismus bringt die Freunde auseinander; aus der Perspektive des „deutschen" Jungen erzählt.
Klasse: 6/7/8 – weil Freundschaft, Nachbarschaft und Familie sowie deren Bedrohung dem eigenen Alltag nahe kommen; weil die Sprache besonders jugendgerecht ist.
Praxisanregungen: Franz Waldherr: H.P. Richter, Damals war es Friedrich. (Reihe „Klasse! Lektüre" – Modelle für den Literaturunterricht, Bd. 2, für Jgst. 6/7) Oldenbourg; – Wolfgang Vogelsaenger: Literatur-Kartei „Damals war es Friedrich", Verlag an der Ruhr 2124; – dtv-Unterrichtsmodell. (dtv-Download); – Regine Bielefeld: Gruppenarbeit nach dem Gruppenarbeitsmodell HAKI, dargestellt an einer Unterrichtsstunde zu H.P. Richters „Damals war es Friedrich". In: Diskussion Deutsch, H. 126, 8/1992, S. 322–339.

Kirsten Boie: Nicht Chicago. Nicht hier

(1999) dtv junior 70683

Inhalt: Erzählt wird von der täglichen Schikane eines Mitschülers, dem der dreizehnjährige Niklas und – nachdem Niklas sich mitgeteilt hat – auch seine Eltern hilflos ausgesetzt sind.

Klasse: 7/8 – weil alltäglich erlebte Gewalt und die Ohnmacht der Opfer so dargestellt werden, dass vor allem Jungen sie gut nachvollziehen können.

Praxisanregungen: Jutta Hinne-Fischer: Nicht Chicago, nicht hier. Ein Leseprojekt. (Reihe „einfach lesen!", inkl. einer vereinfachten Textversion für leseschwächere Schüler) Cornelsen; – Nicola König: Kirsten Boie, Nicht Chicago. Nicht hier. (Reihe „Klasse! Lektüre" – Modelle für den Literaturunterricht, Bd. 15, für Jgst. 7/8) Oldenbourg; – Lesen in der Schule mit dtv junior. Unterrichtsvorschläge für die Klassen 5–11. Gewalt, Mobbing & Zivilcourage. (Lehrer-TB 18, Kap. 1) dtv 8118; – dtv-Unterrichtsmodell. (dtv-Download).

Margret Steenfatt: Hass im Herzen

(1992) rororo rotfuchs 20648

Inhalt: Flucht aus Elternhaus und Schule in eine Jugendgang, die Spannung und Abenteuer verspricht; Aktionen gegen Ausländer.

Klasse: 7/8 – weil die rigiden Regeln von Jugendgangs, deren raue Sitten und die Abhängigkeit des Einzelnen von Gruppenzwängen geschildert werden; weil Versuche dargestellt werden, sich aus dem Bann eines ausländerfeindlichen Anführers zu lösen.

Praxisanregungen: Malte Dahrendorf/Peter Zimmermann (Hrsg.): Lehrerhefte Sammelband 3. Taschenbücher im Unterricht. Rowohlt TB; – Thema: Gewalt. Arbeitsblätter für einen fächerübergreifenden Unterricht. Klett, Stuttgart 1993.

Weitere Jugend(sach)bücher zum Thema „Gewalt": Gottfried Moeckl: Treffpunkt Clique. Jugend zwischen Langeweile und Gewalt. Spectrum; Regina Rusch (Hrsg.): Gewalt. Kinder schreiben über Erlebnisse, Ängste, Auswege. Eichborn (Ergebnisse eines Schreibwettbewerbs der Zeitschrift „Metall"/IG Metall); Marie Hagemann: Schwarzer Wolf, Skin. Thienemann; Dieter Schliwka: Hakenkreuz und Gänseblümchen. Dürr & Kessler.

Filme zum Thema „Gewalt": Die Clique, BRD 1992; Youth Wars, BRD 1991; Nordkurve, BRD 1992.

Ingeborg Engelhardt: Hexen in der Stadt

(1971) Union/dtv junior 7196

Inhalt: Erzählte Geschichte. Hexenverfolgungen. Verdächtigungen und Rufmordkampagnen.

Klasse: 7/8 – weil der (Kinder-)Alltag in einer verängstigten Stadt gezeigt wird; weil dargestellt wird, dass eine couragierte Frau den Weg zu mehr Toleranz und Humanität bahnen kann.

Praxisanregungen: Lesen in der Schule mit dtv junior. Unterrichtsvorschläge für die Sekundarstufen. (Lehrer-TB 2, Kap. 7) dtv 8102; – dtv-Unterrichtsmodell. (dtv-Download).

Weiterführende Literatur: Helmut Brackert/Hannelore Christ: Die Hexen. Zur Frage ihrer Aktualität für den Literaturunterricht. In: Der Deutschunterricht, 2/1992, S. 69–84; Stiftung Lesen (Hrsg.): Geschichte in Romanen. Mainz 1993 (Vorstellung von 54 historischen Romanen der Weltliteratur).

Hans-Georg Noack: Rolltreppe abwärts

(1974 bearb.) Signal/Ravensburger TB; Verlag an der Ruhr 8367

Inhalt: Identitätskrise eines Jungen, der immer mehr auf die schiefe Bahn gerät und vereinsamt; Auswirkungen der Scheidung seiner Eltern.

Klasse: 7/8 – weil gezeigt wird, was passiert, wenn ein jüngerer Jugendlicher sich vernachlässigt fühlt, wenn man mit Wut im Bauch unbedacht reagiert und dann zunehmend in soziale Isolation gerät.

Praxisanregungen: Simone Schlepp-Pellny: Rolltreppe abwärts. Ein Leseprojekt. (Reihe „einfach lesen!", inkl. einer vereinfachten Textversion für leseschwächere Schüler) Cornelsen; – J. Ossner u. a. (Hrsg.): Interpretationen & Modelle für den Deutschunterricht. (CD-ROM) Cornelsen (→ S. 49); – Bea Herrmann/Anneli Kinzel: Literatur-Kartei „Rolltreppe abwärts", Verlag an der Ruhr 2282; – Sekundarstufe I. Thema: Außenseiter. (Ravensburger Arbeitshilfen).

Morton Rhue: Die Welle

(1981; dt. 1984) Ravensburger TB; Verlag an der Ruhr 8334

Inhalt: Ein Experiment zur Verdeutlichung der Nazi-Gesellschaft, das außer Kontrolle gerät; Blindheit fanatisierter Jugendlicher.

Klasse: 7/8 – weil gezeigt wird, wie Gruppenzwänge und ein ideologisches Korsett Jugendliche in Bahnen bringen können, die sie vorher nicht für möglich hielten; weil erkennbar wird, dass Zivilcourage zunächst zwar Nachteile bringen, letztlich jedoch auch viele andere überzeugen kann.

Praxisanregungen: Sekundarstufe I. Thema: Faschismus – Ein Experiment und dessen Entstehung. (Ravensburger Arbeitshilfen); – Kathleen Ellenrieder: Lektüreschlüssel. Morton Rhue. The Wave (Reclam UB 15 355); – Burkhard Seidler/Dietmar Wagner: Literatur-Kartei Die Welle ... und andere Bewegungen. Verlag an der Ruhr 2075; – David Löw/Reiner Poppe: Morton Rhue, Die Welle. (Reihe „Blickpunkt – Text im Unterricht" Bd. 503) Beyer; – Burkhard Seidler: Das Helle im Dunkeln. Offener Unterricht mit Morton Rhues „Die Welle". In: Informationen Jugendliteratur und Medien (jetzt: Beiträge Jugendliteratur und Medien), 3. Beiheft, 1992, S. 58–68; – Barbara Schubert-Felmy: Das Jugendbuch „Die Welle" von Morton Rhue im Unterricht. In: Diskussion Deutsch, H. 109, 10/1989, S. 503–518; – Reinhold Tritt: Die Welle. Autorenagentur, Frankfurt/M. 1991 (Bühnenfassung des Buches); – Heide Fromm: Wir machen ein politisches Theaterstück frei nach Morton Rhue „Die Welle". Probleme der Inszenierung. In: Diskussion Deutsch, H. 109, 10/1989, S. 519–521.

Hans Peter Richter: Die Zeit der jungen Soldaten
(1980) Thienemann

Inhalt: Ganz junge Soldaten werden in ihrer Ausbildung geschunden, von Vorgesetzten unmenschlich behandelt, in den Kampf geschickt und verwundet.

Klasse: 7/8 – weil evtl. aufkeimendes Interesse am Kriegshandwerk mit erschütternden Episoden über die Sinnlosigkeit des Krieges konfrontiert wird; weil der Verherrlichung des Krieges der Boden entzogen wird.

Weitere „Anti-Kriegs-Titel": Frederik Hetmann: Der rote Tag. Loewe (engagiertes Buch gegen das Abschlachten von Indianern in Amerika); → G. Pausewang: (S. 67); → R. M. Remarque (S. 155).

Jean Craighead George: Julie von den Wölfen
(dt. 1974) Sauerländer/dtv junior 7351

Inhalt: Ein Eskimomädchen flüchtet aus einer nach altem Brauch geschlossenen Kinderehe, verirrt sich in der Tundra und schließt sich einem Rudel Wölfe an.

Klasse: 7/8/9 – weil gezeigt wird, wie ein Mädchen Selbstbewusstsein gewinnt; weil die Aufnahme und die Gestaltung einer Beziehung zu Tieren genau erzählt werden; weil Abenteuerliches und Erkenntnisse der Verhaltensforschung interessant miteinander verbunden sind.

Auszeichnung: Deutscher Jugendbuchpreis

Praxisanregungen: Burkhard Seidler/Dietmar Wagner: Eskimokartei. Zum Jugendbuch von Jean Craighead George „Julie von den Wölfen". Verlag an der Ruhr, Mülheim/Ruhr 1991; – Doris Frintrop-Bechthold/Bruno Bechthold: Projekte im Deutschunterricht. Bd. 2: Jgst. 7/8, Schöningh (u. a. ein Projekt zu „Julie von den Wölfen"); – dtv-Unterrichtsmodell. (dtv-Download). *Mögliche Anschlusslektüre,* in der es ebenfalls um ein selbstständiges, mutiges Mädchen geht: J. C. George: Stimme aus den großen Sümpfen. Ravensburger TB; Jack London: Eine Beute der Wölfe. Reclam UB.

Gillian Cross: Auf Wiedersehen im Cyberspace

(1994; dt. 1996) Ueberreuter; dtv pocket 78145

Inhalt: Miriam darf für eine Computerspielfirma ein neues Spiel testen. Es geht um eine neue Welt, die von der realen kaum zu unterscheiden ist. Mit ihrem Spielpartner Stuart gerät sie dabei in große Gefahr.

Klasse: 7/8 – weil Reize und Gefahren virtueller Welten und deren Einfluss auf die eigene Psyche reflektiert werden können.

Praxisanregungen: Lesen in der Schule mit dtv junior. Unterrichtsvorschläge für die Klassen 5–10. Spannung und Abenteuer. (Lehrer-TB 17, Kap. 5), dtv 8117; – dtv-Unterrichtsmodell. (dtv-Download).

Gudrun Pausewang: Die letzten Kinder von Schewenborn

(1983) O. Maier/Ravensburger TB

Inhalt: Eine Familie gerät auf der Urlaubsfahrt zu den Großeltern in einen Atomkrieg und erlebt persönliches Leid und katastrophale gesellschaftliche Desorganisation.

Klasse: 7/8 – weil diese Warnutopie die Darstellung einer katastrophalen Realität mit dem Appell verbindet, gesellschaftlich aktiv zu werden; weil das Elend eines Atomkrieges schonungslos und packend dargestellt, aber auch die menschliche Stärke der jugendlichen Hauptfigur gezeigt wird.

Auszeichnungen: Gustav-Heinemann-Friedenspreis u. a.

Praxisanregungen: J. Ossner u. a. (Hrsg.): Interpretationen & Modelle für den Deutschunterricht. (CD-ROM) Cornelsen (→ S. 49); – Sekundarstufe I. Thema: Leben nach dem atomar geführten Krieg. (Ravensburger Arbeitshilfen); – Celia Ndzala-Ballesteros: G. Pausewang: Die letzten Kinder von Schewenborn (Reihe „EinFach Deutsch") Schöningh; – :in Deutsch, 2/1999: G. Pausewang: Die letzten Kinder von Schewenborn. Bergmoser + Höller.

Weiterführende Literatur: Gabriele Runge (Hrsg.): Über Gudrun Pausewang. Ravensburg 1991.

Das Tagebuch der Anne Frank
(1947 Ndl.) Lambert Schneider/Fischer TB; Schöningh „EinFach Deutsch";
Verlag an der Ruhr 8030
Inhalt: In den von den Nazis okkupierten Niederlanden beginnt die 13-jäh-
rige Anne Frank ein Tagebuch; sie lebt mit ihrer Familie im Untergrund
versteckt in quälender Enge bis zur Denunziation.
Klasse: 7/8 – weil Isolation intensiv nachempfunden werden kann; weil
trotz aller Widrigkeiten eine ungebrochene moralische Kraft aus den Eintragungen spricht; weil das Buch erstaunliche Reflexionen über Glück,
Angst usw. und romantische Sehnsüchte Gleichaltriger spiegelt.
Praxismaterialien: Die Anne-Frank-Stiftung (Keizersgracht 192, NL-
1016 DW Amsterdam, Niederlande) gibt für Jugendliche einmal jährlich ei-
ne Anne-Frank-Zeitung heraus; – außerdem erhältlich: Wanderausstellung,
Projektpaket (mit A.-F.-Zeitung im Klassensatz, informatives Buch, Video-
film, Bezug: NBLZ, Postbus 93054, NL-2509 AB Den Haag).
Weiterführende Literatur: Willy Lindwer: Anne Frank. Die letzten sieben
Monate. Augenzeugen berichten. Fischer TB, Frankfurt/M. 1993; Anne
Frank Stiftung Amsterdam/Ruud van der Rol/Rian Verhoeven: Anne Frank.
Oetinger, Hamburg 1993; J. Ossner u. a. (Hrsg.): Interpretationen & Modelle
für den Deutschunterricht. (CD-ROM) Cornelsen (→ S. 49); Marion Siems:
Erläuterungen und Dokumente. Anne Frank: Tagebuch. Reclam UB 16039;
Anne Frank Haus: Anne Frank. (CD-ROM und Arbeitsheft) Klett; Uta Hart-
wig: Literatur-Kartei „Anne Frank Tagebuch". Verlag an der Ruhr 2406;
Tilmann Siebert: Anne Frank, Tagebuch. (Reihe „Klasse! Lektüre" – Modelle
für den Literaturunterricht, Bd. 3, für Jgst. 7/8) Oldenbourg; Johannes Diek-
hans u. a. (Hrsg.): Das Tagebuch der Anne Frank. (EinFach Deutsch Unterrichtsmodelle) Schöningh; Mirjam Pressler: „Ich sehne mich so" – Die Lebensgeschichte der Anne Frank. Beltz & Gelberg, Weinheim 1992.

Monica Zak: Pumas Tochter
(1990) Boje; dtv junior 78078
Inhalt: Hintergrund der Flucht eines Mädchens durch gefährliches Terrain
ist ein Massaker an Einheimischen in Guatemala.
Klasse: 7/8 – weil davon erzählt wird, wie ein Mädchen Angst überwindet
und sich alleine in gefährlichen Zeiten bewährt.
Auszeichnung: Deutscher Jugendbuchpreis
Praxisanregungen: Begleitheft zum Film und Unterrichtsmaterialien bei
KJF Medienverleih, 55020 Mainz, Postfach 3004, Tel.: 06131 28788-20.

Daniel Defoe: Robinson Crusoe
(1719) Arena; it 41 und it 3055 (Sonderausgabe); detebe 21364 u. a.
Inhalt: Robins Crusoe lässt sich auf mehrere riskante Abenteuer auf See ein, bis er als einziger Überlebender auf einer einsamen Insel strandet. Er richtet sich sein Leben mühsam ein. Als Kannibalen auf die Insel kommen, rettet er einen Weißen namens Freitag, den er zu seinem Diener erzieht.
Klasse: 7/8/9 – weil Abenteuerlust angesprochen und zugleich der uner-schütterliche Glaube der englischen Aufklärungsepoche an die Vervoll-kommnung des Individuums erarbeitet werden kann.
Praxisanregungen: Kirsten Großmann: Robinson Crusoe. Ein Leseprojekt. (Reihe „einfach lesen!") Cornelsen.
Weiterführende Literatur: Dieter Ohlmeier: Psychoanalytische Bemer-kungen zu Daniel Defoes Robinson Crusoe und zur Entstehung klassischer Literatur als „Jugendliteratur". In: Sylvia Zwettler-Otte: Von Robinson bis Harry Potter. dtv 36278, München 2002.
Interaktiv: Robinson Crusoe. Berlin 1999, Tivola (CD-ROM)
Audio: Hörspielfassung, Hörverlag.

Gudrun Pausewang: Die Wolke
(1987) O. Maier/Ravensburger TB; Junge Bibliothek der SZ
Inhalt: Auswirkungen eines SuperGAUs in einem Atomkraftwerk; Rück-sichtslosigkeit in Paniksituationen; Tod, Trauer und Durchhaltewillen.
Klasse: 8/9 – weil Jugendliche in realistischer Weise mit persönlichen und gesellschaftlichen Katastrophen konfrontiert werden, die aus Fehlverhal-ten der politischen Klasse resultieren; weil gezeigt wird, wie wenig selbst-verständlich und wie bedroht gesellschaftliche Strukturen und privates Glück sind; weil die Ehrlichkeit einer Jugendlichen gegen Verlogenheit in der Erwachsenenwelt steht.
Auszeichnung: Deutscher Jugendbuchpreis
Praxisanregungen: J. Ossner u. a. (Hrsg.): Interpretationen & Modelle für den Deutschunterricht. (CD-ROM) Cornelsen (→ S. 49); – Sekundarstufe I – Thema: Überleben nach der Atomkatastrophe. (Ravensburger Arbeits-hilfen).
Weiterführende Literatur: Alwin Binder: Zum „Elend unserer Jugendlitera-tur". Kritische Bemerkungen zu Büchern von Peter Härtling, Gudrun Pause-wang und Janosch. In: Diskussion Deutsch, H. 119, 6/1991, S. 271–285.
Weiterer Titel zum Thema „Atomkatastrophe": Dieter Schliwka: Kinder der Taublume. Hoch.

Renate Welsh: Johanna

(1979) Jugend und Volk/rororo rotfuchs 21202

Inhalt: Eine ganz junge Magd zurzeit des beginnenden Nationalsozialismus, die sich in Rechtlosigkeit und Abhängigkeit behaupten muss.

Klasse: 8/9 – weil das Überleben unter unmenschlichen Bedingungen altersgerecht thematisiert wird; weil die 13-jährige Protagonistin lernt, selbstständig und für sich selbst verantwortlich zu handeln; weil Geschichte in dem Buch lebendig erzählt wird; weil ein Empfinden für Recht und Unrecht entwickelt wird.

Auszeichnung: Deutscher Jugendbuchpreis

Literatur zum Thema „Mädchen": Bundesvereinigung Kulturelle Jugendbildung/Stadt Heidelberg – Amt für Frauenfragen (Hrsg.): Stärker als ihr denkt … Die neuen Bücher für Mädchen. Remscheid 1991 (Bezug: BKJ, Küppelstein 34, 42857 Remscheid).

Willi Fährmann: Der lange Weg des Lukas B.

(1980) Arena/Arena TB; Junge Bibliothek der SZ

Inhalt: Um 1870 bricht Lukas B. mit dem Großvater nach Amerika auf, um Geld zur Deckung der Schulden seines verschwundenen Vaters zu verdienen. Spuren des Vaters, die Suche nach ihm.

Klasse: 8/9 – weil gezeigt wird, wie ein Junge auf einer abenteuerlichen Reise um die halbe Welt seine Unselbstständigkeit verliert und zu einem verantwortungsvollen Handeln findet; weil sehr anschaulich in die harten Lebensverhältnisse im 19. Jahrhundert eingeführt wird.

Auszeichnungen: Deutscher Jugendbuchpreis 1981; Österreichischer Staatspreis für Jugendliteratur

Audio: Lesung, Hörverlag.

Inger Edelfeldt: Briefe an die Königin der Nacht

(1986) Spectrum

Inhalt: Existenzielle Identitätskrise eines sensiblen Gymnasiasten an der Bruchstelle zum Erwachsenwerden; Außenseitererfahrungen; Mischung aus Zärtlichkeit und Schroffheit, Anmaßung und Gehemmtsein, Versagensängsten und Selbstüberschätzung.

Klasse: 8/9 – weil die Intimität der Schilderung Jugendlichen den Anschluss an eigene Identitätsängste und Problembereiche ermöglicht; weil es sich um einen gelungenen Tagebuchroman handelt; weil alterstypische Selbstwidersprüche, aber auch schonungslose Selbstdiagnosen dargestellt werden; weil dem Leser zugleich Faszination, Kritik und Abstoßung nahegelegt werden. (Ursprünglich nicht als Jugendliteratur gedachte „novel of initiation".)

Auszeichnung: Deutscher Jugendbuchpreis

Weiterführende Literatur: Claus von Bormann: Aktuelle Jugendromane und psychoanalytische Aspekte ihres Interesses bei jungen Lesern und Leserinnen. Am Beispiel von drei Romanen der schwedischen Schriftstellerin Inger Edelfeldt. In: Der Deutschunterricht, 3/1990, S. 25–42.

Weitere Titel von I. Edelfeldt: Jim im Spiegel (dt. 1985; Identitätsfindung eines jungen Homosexuellen); Kamalas Buch (dt. 1988; weibliche Schönheits- und Verhaltensklischees und Flucht in Traumwelten; nicht gelingende Selbstfindung).

Reinhardt Jung: Mord in der Sierra. Spurensuche in Peru

(1991) Jungbrunnen

Inhalt: Ein Mädchen wird vom Vater an den Erstbietenden verkauft; sie nimmt die Identität eines Straßenjungen an – vergebens.

Klasse: 8/9/10 – weil das Buch krimihaft spannend ist und zugleich packende Sozialkritik beinhaltet; weil es menschenrechtsverletzende Zustände in einem Land der sog. Dritten Welt ohne erhobenen Zeigefinger darstellt.

Auszeichnung: Deutscher Jugendbuchpreis

Hermann Vinke: Das kurze Leben der Sophie Scholl

(1980) O. Maier/Ravensburger TB

Inhalt: Das Leben Sophie Scholls vor und während des Widerstands gegen den Nationalsozialismus in Berichten, Dokumenten, Briefen.

Klasse: 8/9 – weil ein Bewusstwerdungsprozess in schwieriger Zeit und eine konsequente Umsetzung der eigenen Ansichten in einem feindlich gesonnenen Umfeld gezeigt werden; nach Ilse Aichinger ist die Botschaft des Buches: „Sich nicht anpassen lassen."

Auszeichnungen: Deutscher Jugendbuchpreis 1981; Buxtehuder Bulle 1980; Jane Adam's Children's Book Award

Praxisanregungen: Sekundarstufe I. Thema: Widerstand im Nationalsozialismus – Eine Biografie über Sophie Scholl. (Ravensburger Arbeitshilfen).

Weitere Titel zum Thema „Nationalsozialismus": Alexander Goeb: Er war sechzehn, als man ihn hängte. Das kurze Leben des Widerstandskämpfers Bartholomäus Schink. Rowohlt TB; → Ch. Kerner (S. 73); M. Krausnick (S. 79); A. Frank (S. 68).

Jan Strachan: Moses Beech

(dt. 1985) Anrich/TB anrich extra

Inhalt: Jugendlicher Aussteiger/Verweigerer findet Aufnahme bei altem Mann, an dessen Schicksal er die Aussichtslosigkeit des eigenen Ausbruchsversuchs erkennt.

Klasse: 8/9 – weil Probleme der Verselbstständigung und der Rollenfindung im Reifungsprozess eines Jugendlichen dargestellt werden; weil in der ersten Begegnung mit einem Mädchen das Problem der Verantwortung füreinander erkannt und erzählerisch glaubwürdig realisiert wird; weil sich die Hauptfigur zu einem realistischen Lebenskonzept durchringt.

Weitere Jugendbücher zum Thema „Aussteiger": Malcolm J. Bosse: Ganesh oder eine neue Welt. Benziger/Jungbrunnen/dtv; Irina Korschunow: Ein Anruf von Sebastian. Benziger/dtv; Angelika Kutsch: Nichts bleibt, wie es ist. O. Maier; An Rutgers: Ich bin Fedde. Oetinger/dtv; Jo Pestum: Zeit der Träume. F. Schneider; Italo Calvino: Der Baron auf den Bäumen. O. Maier/dtv.

Irina Korschunow: Die Sache mit Christoph

(1978) Benziger/dtv junior 7811

Inhalt: Die Geschichte eines Schülers, der an der Schule, an seinen Lebensumständen, seiner Verletzlichkeit leidet; Einsamkeitserlebnisse; früher Tod.

Klasse: 8/9/10 – weil das Buch zeigt, aufgrund welcher Umstände sich ein Jugendlicher in Sinnlosigkeitsgefühle verlieren kann; weil gezeigt wird, wie man Hilfsangebote anderer übersehen und sich selbst egozentrisch-elitär zum Märtyrer machen kann; weil schulischer Leistungsdruck, angepasste Mitschüler und verständnislose Erwachsene dargestellt werden.

Praxisanregungen: Lesen in der Schule mit dtv junior. Unterrichtsvorschläge für die Sekundarstufen (Lehrer-TB 2, Kap. 9), dtv 8102; – dtv-Unterrichtsmodell. (dtv-Download).

Vergleichende Lektüren: H. Hesse: Unterm Rad; Th. Mann: Tonio Kröger; J. D. Salinger: Der Fänger im Roggen; → U. Plenzdorf (S. 80).

Leonie Ossowski: Die große Flatter

(1977) Beltz; Fischer TB

Inhalt: Geschichte zweier Jungen aus einer Obdachlosensiedlung, die mit Raubdelikten und Inhaftierung endet.

Klasse: 8/9 – weil Jugendliche die milieuspezifischen Zwänge kennen lernen, in denen benachteiligte Kinder und Jugendliche leben.

Auszeichnung: Jugendbuchpreis der Stadt Oldenburg

Praxisanregungen: Jutta Hinne-Fischer: Die große Flatter. Ein Leseprojekt. (Reihe „einfach lesen!", inkl. einer vereinfachten Textversion für leseschwächere Schüler) Cornelsen; – J. Ossner u.a. (Hrsg.): Interpretationen & Modelle für den Deutschunterricht. (CD-ROM) Cornelsen (→ S. 49). *Audio:* Lesung, Hörverlag.

Charlotte Kerner: Lise, Atomphysikerin

(1986) Beltz & Gelberg
Inhalt: Die Lebensgeschichte der Atomphysikerin Lise Meitner; individueller Antrieb in der Auseinandersetzung mit zeithistorischen Bedingungen und Widrigkeiten; Biografie einer großen Naturwissenschaftlerin.
Klasse: 8/9 – weil mit Biografien dieser Art in einer Entwicklungsphase, in der Jugendliche Lebenspläne zu entwerfen haben, der Blick auf eine ganze Lebensspanne mit all ihren Höhen und Tiefen geöffnet wird; weil die dargestellten Probleme (militärische Nutzung wissenschaftlicher Forschung, Verfolgung von Minderheiten) weiterhin aktuell sind.
Auszeichnung: Deutscher Jugendbuchpreis
Weitere Titel zum Thema „Lebensläufe": Arnulf Zitelmann: Widerrufen kann ich nicht. Die Lebensgeschichte des Martin Luther, Beltz & Gelberg; ders.: Keiner dreht mich um. Die Lebensgeschichte des Martin Luther King, Beltz & Gelberg; Frederik Hetmann: So leicht verletzbar unser Herz. Die Lebensgeschichte der Sylvia Plath, Beltz & Gelberg; Margret Steenfatt: Ich, Paula. Die Lebensgeschichte der Paula Modersohn-Becker, Beltz & Gelberg; Heiner Feldhoff: Vom Glück des Ungehorsams. Die Lebensgeschichte des Henry David Thoreau, Beltz & Gelberg; Lisa Heiss: Wider die Tyrannen! Schillers Jugend 1773–1782, dtv; Karla Höcker: Das Leben des Wolfgang Amadeus Mozart, dtv; Volker Lange: Mahatma Gandhi. Der gewaltlose Rebell, dtv; → H. Vinke (S. 71); M. Krausnick (S. 79); A. Frank (S. 68).

Peter Pohl: Nennen wir ihn Anna

(Schweden; dt. 1991) O. Maier
Inhalt: Ein 14-Jähriger wird in einem Sommercamp, da er klein und schwächlich ist, seelisch zerstört; ein 18-jähriger Sportleiter kann seine Hilferufe nicht früh genug wahrnehmen.
Klasse: 8/9 – weil Bosheit und Grausamkeit als menschliche Eigenschaften in erschütternder Weise dargestellt werden; weil die brutalen Folgen verkorkster Idealvorstellungen (Stärke, Männlichkeit) und die Feigheit bzw. Gleichgültigkeit von bloßen Zuschauern eindringlich erzählt werden.

Mirjam Pressler: Malka Mai

(2001) Beltz; Beltz & Gelberg TB

Inhalt: Das jüdische Mädchen Malka aus Galizien macht auf der Flucht existenzielle Erfahrungen, besonders ab dem Zeitpunkt, als sie von ihrer Mutter getrennt weiterleben muss. In einer zweiten personalen Perspektive wird die Geschichte eine Flucht aus der Sicht der Mutter erzählt.

Klasse: 8/9 – weil Orientierungslosigkeit und die Sehnsucht nach Schutz, Geborgenheit und Liebe, zugleich aber auch ein starker Lebenswille thematisiert werden.

Praxisanregungen: Annett Davideit/Jeannette Hoffmann: Was Menschen Menschen antun können. Ein Kind im Krieg ganz allein: Malka Mai von Mirjam Pressler. In: Praxis Deutsch, H. 188 (2004), S. 42–47.

Audio: Lesung, Hörverlag.

Charlotte Kerner: Blueprint/Blaupause

(1999) Beltz & Gelberg TB 853; Neuausgabe 2003 mit einem Essay zum Film, Beltz & Gelberg

Inhalt: Eine sehr erfolgreiche, aber an einer unheilbaren Krankheit leidende Musikerin lässt sich klonen, weil sie hofft, in ihrem genetisch identischen Kind weiterleben zu können. Die Tochter Siri kommt mit dem Leben als Blaupause ihrer Mutter immer weniger zurecht.

Klasse: 8/9/10 – weil eine kritische Auseinandersetzung mit Themen wie Gentechnik und Reproduktionsmedizin und insbesondere dem Klonen von Lebewesen möglich ist.

Auszeichnung: Deutscher Jugendliteraturpreis

Website zum Buch: www.blueprint-blaupause.de

Praxisanregungen: Martin Gerling: Charlotte Kerner, Blueprint/Blaupause. Die Mitverantwortung des Einzelnen in der gegenwärtigen wissenschaftlich-technischen Lebenswelt. Arbeitsheft für die Klassen 9–11. Beltz & Gelberg, Weinheim 2001; – Arbeitsheft zu Charlotte Kerner: Blueprint/Blaupause (Beltz-Download); – Deutsch betrifft uns: 3/2002: Charlotte Kerner: Blueprint/Blaupause, Bergmoser + Höller; – Brigitte und Herbert Wiesen: Charlotte Kerner, Blueprint/Blaupause. Lehrerheft mit Schülerheft. Krapp & Gutknecht, Ror a. d. Rot 2003; – Interpretationshilfe Deutsch: Ch. Kerner. Blueprint/Blaupause. Stark.

Themenverwandte Jugendbücher: Friedrich Ani: Das unsichtbare Herz, Hanser; Andreas Eschbach: Perfect Copy. Die zweite Schöpfung, Arena; Nancy Farmer: Das Skorpionenhaus, Loewe; Anthony Horowitz: Das Gemi-

ni-Projekt, Ravensburger; Marilyn Kaye: Amy No. 7, C. Bertelsmann; Char-
lotte Kerner: Geboren 1999, Beltz & Gelberg; Pascal Maret: Geklont. Der
Tag, an dem ich die Wahrheit erfuhr, Arena; Carol Matas: Mirando. Das
Klon-Projekt, Sauerländer; Nalcolm Rose: Lab 47. Gefahr aus dem Labor,
Arena.

Lois Lowry: Hüter der Erinnerung
(1993; dt. 1994) Loewe; dtv junior 70959
Inhalt: Jonas lebt in einer Gesellschaft, in der alle – unter Einsatz gefühls-
regulierender Drogen – persönlichkeitslos existieren und nur ein „Hüter
der Erinnerung" das kollektive Gedächtnis der Menschheit mit all seinen
Freuden und Leiden in sich trägt. Jonas soll der neue „Hüter der Erinnerung" werden, wählt aber statt der herausgehobenen Position in einer
oberflächlich-rituell gewordenen gesellschaftlichen Umgebung die gefährliche Rebellion gegen das gesamte System.
Klasse: 8/9 – weil mit Jugendlichen auf interessante Weise verschiedene
Dimensionen der Identitätssuche reflektiert und Prozesse der Individuati-
on und der Ich-Erkenntnis am literarischen Beispiel studiert werden
können.
Auszeichnung: John Newbery Medal (wichtigster US-amerikanischer
Jugendbuchpreis)
Praxisanregungen: Lesen in der Schule mit dtv junior. Unterrichtsvorschläge für die Klassen 5–10. Spannung und Abenteuer (Lehrer-TB 17, Kap. 8),
dtv 8117; – dtv-Unterrichtsmodell. (dtv-Download).

Mirjam Pressler: Bitterschokolade
(1986) Beltz; Beltz TB; Klett Werkstattheft; Verlag an der Ruhr 8104
Inhalt: Ein schwergewichtiges Mädchen will abnehmen, erleidet dabei jedoch Rückschläge. Am Ende akzeptiert es sich, wie es ist.
Klasse: 8/9 – weil eine Auseinandersetzung mit Schönheitsidealen und Problemen wie Magersucht und Bulimie möglich ist.
Praxisanregungen: Hannelore Daubert: Bitterschokolade – Lehrerbegleitheft. Beltz & Gelberg; – Stefanie Amsbeck: Literatur-Kartei „Bitterschokolade", Verlag an der Ruhr 2219; – Lesetagebuch zu Mirjam Pressler: Bitterschokolade, Schroedel.
Theaterfassung: Elise Terfehr: Bitterschokolade. (Nach dem Jugendbuch
von M. Pressler) Klett 30643.
Audio: Lesung, Beltz.

Thomas Oberender: Nachtschwärmer

(1999) in: Spielplatz 12. Sechs Theaterstücke für Jugendliche, Verlag der Autoren (S. 260–308)

Inhalt: Jugendliche, die sich verliebt haben, fordern von ihren Eltern mehr individuelle Freiheiten und geraten mit ihrem Fernsehkonsum, teurer Kleidung, hohen Handyrechnungen usw. in Konflikte. Dargestellt werden diese mit intertextuellen Rückgriffen auf Märchen.

Klasse: 8/9/10 – weil alterstypische Ablösungsprobleme, Konflikte mit den Eltern, die Flucht in Fantasiewelten und problematische Idealisierungen gezeigt werden; weil mit dem klar strukturierten Stück gut in die Gattung des Dramas eingeführt werden kann.

Auszeichnung: Deutscher Jugendtheaterpreis

Praxisanregungen: Reinhard Wilczek: Ein märchenhaftes Theaterstück über das Erwachsenwerden. Thomas Oberenders Nachtschwärmer. In: Praxis Deutsch, H.181 (2003), S.34–39 (mit Ausschnitten aus einer Aufführung auf DVD).

Lutz Hübner: Creeps

(Uraufführung 2000 in Hamburg) Hartmann & Stauffacher Verlag für Bühne, Film, Funk und Fernsehen, Köln

Inhalt: Im Mittelpunkt stehen Castings für Fernsehsendungen.

Klasse: 8/9/10 – weil gezeigt wird, wie insbesondere Fernsehsender den Wunsch von Jugendlichen, schnell berühmt zu werden, für ihre Zwecke (Steigerung der Einschaltquoten usw.) ausnutzen, und weil so eine kritische Distanz zu Medienverlockungen aufgebaut wird.

Praxisanregungen: Ina Rogge: „And don't forget: the world is waiting for you!" Jugendliche als Superstars und Marketingobjekte: Lutz Hübners Jugendstück Creeps. In: Praxis Deutsch, H.181 (2003), S.26–32 (mit Ausschnitten aus einer Aufführung auf DVD).

Leonie Ossowski: Stern ohne Himmel

(1978) Beltz & Gelberg

Inhalt: Am Ende des Krieges entdecken Jugendliche in einem Keller einen jüdischen Jungen, der vor den Nazis versteckt oder verraten werden kann.

Klasse: 8/9/10 – weil das Buch ein Lehrstück über den Krieg und die menschliche Verdorbenheit totalitärer Systeme ist; weil das Panorama einer vom Faschismus „erzogenen" Gesellschaft gezeigt wird.

Auszeichnung: Buxtehuder Bulle

Myron Levoy: Der gelbe Vogel

(1981) Benziger/dtv junior 7842

Inhalt: Ein junges Mädchen, unter den Nazis in Paris als Opfer des Krieges und Rassenhasses durchgedreht, wird von einem Freund behutsam wieder ins Leben zurückgebracht.

Klasse: 9/10 – weil die erste Beziehung zwischen einem Jungen und einem Mädchen und schmerzliche Probleme des Erwachsenwerdens dargestellt werden; weil gezeigt wird, wie ein Jugendlicher Selbstverantwortung übernimmt.

Auszeichnungen: Deutscher Jugendbuchpreis u. a.

Praxisanregungen: Lesen in der Schule mit dtv junior. Unterrichtsvorschläge für die Sekundarstufen (Lehrer-TB 2, Kap. 8), dtv 8102; – dtv-Unterrichtsmodell. (dtv-Download); – Sandra Graunke: Myron Levoy: Der gelbe Vogel. (Reihe „EinFach Deutsch Unterrichtsmodelle") Schöningh.

Longos von Lesbos: Daphnis und Chloé

(Antike) Reclam UB 6911

Inhalt: Zwei 15-jährige Hirtenkinder entdecken völlig ahnungslos und unvoreingenommen Schritt für Schritt gemeinsam die Liebe.

Klasse: 9/10 – weil das Geschehen unverhüllt, aber nicht aufdringlich dargestellt wird; weil Schwierigkeiten dargestellt werden, zu sich und zum anderen zu finden; weil Sexualität weder verteufelt noch vergötzt wird.

In Musik umgesetzt von: Händel, Gluck, Tschaikowsky, Ravel u. a.

Weitere Titel zum Thema „Liebe/Sexualität": Allan Frewin Jones: Sie liebt mich, sie liebt mich nicht ... dtv; Patrick Raymond: Daniel und Esther. Alibaba; Otto Pfeiffer: Zwischen Himmel und Hölle. dtv; Norma Klein: Leda und die Anfänge der Liebe. Alibaba; Max von der Grün: Friedrich und Friederike oder Ist das schon die Liebe? Rowohlt TB.

Per Nilsson: So lonely

(1992; dt. 1996) Oetinger; Oetinger Auslese; dtv pocket 78134

Inhalt: Eine Liebesgeschichte, die – so die Einschätzung der Jury des deutschen Jugendliteraturpreises – „Liebe und Liebesleid buchstabiert: von Angst bis Zorn, von Zärtlichkeit bis Alleinsein".

Klasse: 9/10 – weil das Buch Höhen und Tiefen des Verliebtseins nachempfinden lässt und weil es „den seltenen Blick in das Liebesjammertal eines männlichen Protagonisten gewährt" (Jury Deutscher Jugendliteraturpreis); weil Jugendliche sich mit Eifersucht auseinandersetzen können.

Auszeichnungen: Deutscher Jugendliteraturpreis, schwedischer Astrid-Lindgren-Preis für das Gesamtwerk
Praxisanregungen: J. Ossner u.a. (Hrsg.): Interpretationen & Modelle für den Deutschunterricht. (CD-ROM) Cornelsen (→ S. 49); – Lesen in der Schule mit dtv junior. Unterrichtsvorschläge für die Klassen 5–10. Außenseiter!? (Lehrer-TB 20, Kap.6), dtv 8120; – dtv-Unterrichtsmodell. (dtv-Download).
Weitere Titel zum Thema: Friedrich Ani: Durch die Nacht, unbeirrt. Hanser; Brigitte Blobel: Liebe wie die Hölle. Arena; Uwe-Michael Gutzschhahn (Hrsg.): Liebe bis aufs Blut. Geschichten über die Eifersucht. Hanser; Alexa Henning von Lange: Erste Liebe. Rowohlt; Cécilia Torudd: Hilfe, ich werde erwachsen. Oetinger; Christina Wahldén: Kurzer Rock. Oetinger; Margaret Wild: JINX. Hanser.

Sophie Brandes: Fototermin
(1991) Ueberreuter
Inhalt: Identitätssuche einer jungen Frau, die – in der Schule gescheitert – durch erste berufliche Erfahrungen in der Werbebranche in eine existenzielle Krise kommt.
Klasse: 9/10 – weil persönliche Entwicklungsmöglichkeiten in der Arbeitswelt bzw. ihre Einschränkungen genau entfaltet werden; Träume werden durch Verdinglichungszwänge zerstört; Selbstverwirklichung gelingt in der Welt der Mode und Werbung nicht, da diese menschliche Beziehungen verzerrt. Der Entschluss, ein Studium anzustreben, lässt sich auf die Entscheidung „Beruf oder weiterlernen" am Ende der Klasse 10 beziehen.
Praxisanregungen: Thomas Klaffke: Eine Reise in die Welt des schönen Scheins. In: Praxis Deutsch, 1/1992, S.48–50.

Oliver Bukowski: Ob so oder so
(1994) Kiepenheuer Bühnenvertrieb
Inhalt: Drei Personen finden in einer Welt der Orientierungslosigkeit zu Liebesbeziehungen, ohne sich aber eigentlich füreinander erwärmen zu können. Das jugendliche Paar Mona und Nick trifft in einem verkommenen Quartier auf eine ältere Frau, mit der Nick sexuellen Kontakt sucht. Am Ende stellt sich heraus, dass das clevere Pärchen die Frau ausnehmen wollte.
Klasse: 9/10 – weil die Gefährdungen für Liebesbeziehungen deutlich werden, gegen die sich viele Jugendliche wappnen möchten.

Auszeichnungen: Deutscher Jugendtheaterpreis; Gerhart-Hauptmann-Preis

Praxisanregungen: „Eine (hoffentlich) erotische Liebensgeschichte ohne Anfang, nicht mehr." Oliver Bukowskis „Ob so oder so". In: Deutschunterricht, 4/2003.

Nancy H. Kleinbaum: Der Club der toten Dichter

(1990, nachträglich zum gleichnamigen Film) Lübbe TB

Inhalt: Schüler eines Internats werden von einem charismatischen Lehrer durch die Kraft der Poesie zu Spontaneität und Selbsterfahrung erzogen, bis das gesellschaftliche System zum Schutz seiner konservativen Regeln zurückschlägt, der Lehrer entlassen wird und die Hauptfigur, ein schauspielerisch sehr begabter Schüler, von seinem Vater in den Selbstmord getrieben wird.

Klasse: 9/10 – weil Freiheitswünsche in einer Umgebung von Tradition, Disziplin und Leistungsdruck dargestellt werden.

Praxisanregungen: André Brandenburg: N.H. Kleinbaum, Der Club der toten Dichter. Anregungen zum produktionsorientierten Lesen. (Reihe „Blickpunkt – Text im Unterricht", Bd. 518) Beyer; – Stefan Munaretto u. a.: Nancy Kleinbaum „Der Club der toten Dichter". Bange.

Michail Krausnick: Die eiserne Lerche

(1990) Signal

Inhalt: Lebensgeschichte des Dichters und Rebellen Georg Herwegh und Schilderung seines Versuchs, die Ideale von Freiheit, Gleichheit und Brüderlichkeit zusammen mit seiner Frau umzusetzen.

Klasse: 9/10 – weil hier kein Einzelschicksal dargestellt wird, sondern Biografie als ein soziales Konstrukt „zur Ordnung von Ereignis- und Handlungszusammenhängen im Rahmen der Lebenszeit von Gesellschaftsmitgliedern" (D. Baacke) verstanden wird und weil Jugendliche sich in besonderer Weise vor diese biografische Ordnungsaufgabe gestellt sehen.

Auszeichnung: Deutscher Jugendbuchpreis (Sparte Sachbuch)

Praxisanregungen: Christa Bokemeyer/Bettina Hurrelmann: Wechselspiel zwischen Distanz und Annäherung. In: Praxis Deutsch, 1/1992, S. 51–60 (für Sek. II konzipiert).

Ulrich Plenzdorf: Die neuen Leiden des jungen W.
(1972) Suhrkamp/st 300; Suhrkamp BasisBibliothek 39 (Cornelsen); es
3420 (Die neuen Leiden des jungen W. und andere Stücke)
Inhalt: Ein Musterlehrling will sich nicht anpassen, „steigt aus" und ringt
in einer abweisenden Umwelt um Selbstverwirklichung.
Klasse: 9/10 – weil ein wichtiges alterstypisches Problem, die anscheinende
Unvereinbarkeit von persönlicher Autonomie und gesellschaftlicher Integration, dargestellt wird; weil die Auffassung des Helden von Unabhängig-
keit kritisch beleuchtet wird.
Praxisanregungen: J. Ossner u. a. (Hrsg.): Interpretationen & Modelle für
den Deutschunterricht. (CD-ROM) Cornelsen (→ S. 49); – Lektürehilfen
Ulrich Plenzdorf „Die neuen Leiden des jungen W.". Klett; – Reiner Poppe:
Erläuterungen zu Ulrich Plenzdorf, Die neuen Leiden des jungen W. (Königs
Erläuterungen) C. Bange; – Reiner Poppe: Ulrich Plenzdorf, Die neuen Leiden des jungen W. Anregungen für den Deutschunterricht. (Reihe „Analysen und Reflexionen", Bd. 20) Beyer.

Kristina Dunker: Helden der City
(1999) Arena TB 2806
Inhalt: Dargestellt wird eine Großstadtclique auf der Suche nach dem ulti-
mativen Kick. Die Jugendlichen haben zu wenige authentische Erlebnisse,
sie spüren Langeweile und versuchen, künstliche Thrill-Situationen zu er-
zeugen, die sie in Gefahr bringen. Aus dem nutzlosen Kick wird Ernst, als
die Clique sich plötzlich veranlasst sieht, in der U-Bahn ein wehrloses Mädchen gegen körperliche Attacken anderer Jugendlicher zu verteidigen und
Angriffe junger Rechtsradikaler auf ein Cliquenmitglied abzuwehren.
Klasse: 9/10 – weil gezeigt wird, wie sich Jugendliche mit „coolen Sprü-
chen" und Feigheitsunterstellungen wechselseitig unter Druck setzen, sich
in extreme und höchst riskante Situationen zu begeben; weil deutlich wird,
dass die Jugendlichen an der Verständnislosigkeit und dem Desinteresse
der Erwachsenen leiden und dass die Verhaltensexzesse mit dem inneren
Alleinsein der Jugendlichen zu tun haben.
Praxisanregungen: Helden der City. Ein Leseprojekt nach dem Roman von
Kristina Dunker. Arbeitsbuch mit Lösungen, Cornelsen.

Tankred Dorst: Korbes

(1988) Insel

Inhalt: Korbes, eine Figur, die an ein Märchen der Brüder Grimm angelehnt ist, ist „der von Gott verlassene Stoff der Welt". Seine Frau ist gerade gestorben. Er nimmt sich eine Haushälterin zur Geliebten und behandelt sie brutal. Über Nacht erblindet er und die Frau rächt sich. Er malträtiert sie jedoch so sehr, dass sie flieht. Mit einer Tochter geht es ähnlich.

Klasse: 10 – weil sich Zynisches, Ekelhaftes und Unheimliches, Phänomene, mit denen sich Schüler dieses Alters oft konfrontieren lassen müssen, in diesem Stück mischen.

Praxisanregungen: Peter Bekes: „Der von Gott verlassene Stoff der Welt". In: Deutschunterricht, 4/2003.

Moritz Rinke: Republik Vineta

(2000) Rowohlt Theater-Verlag; Schroedel „Texte.Medien"

Inhalt: Führungskräfte aus der Wirtschaft planen in einer abgeschiedenen Villa ein geheimes Projekt: einen idealen Staat auf einer unbewohnten Insel. Dabei entwickeln sie Rivalitäten und Machtkämpfe, bis sich das Treffen als psychologische Maßnahme für Manager herausstellt, die als von „Outsorcing" Betroffene auf das „Leben danach" vorbereitet werden sollen.

Klasse: 10 – weil die für ältere Jugendliche greifbaren wirtschaftlichen Folgen der Globalisierung und Mechanismen des Wirtschaftslebens thematisiert werden können.

Auszeichnung: Bestes deutschsprachiges Bühnenstück des Jahres 2001

Praxisanregungen: Peter Bekes/Heinz Reichling: Texte.Medien. Moritz Rinke: Republik Vineta (Arbeitsheft und Informationen für Lehrerinnen und Lehrer), Schroedel; – Rudolf Denk/Klaus Hoggenmüller: „Insel-Irrsinn". Dramaturgisch-didaktische Bausteine zu Moritz Rinkes „Republik Vineta". In: Deutschunterricht, 4/2003.

B Klassische Schullektüre für die Klassen 5 bis 10

Die folgenden Empfehlungen zu Werken deutschsprachiger Autorinnen und Autoren sind nach den Erscheinungsdaten der Werke angeordnet. Neben Anregungen für die Unterrichtspraxis finden Sie hier auch Hinweise auf Audio-Fassungen sowie auf Verfilmungen (🎞), die im Kapitel 3D vorgestellt werden. Eine erste Übersicht erlaubt die Zuordnung zu Jahrgangsstufen und Gattungen.

Jgst.	Erzählungen	Dramen	Gedichte
5/6	Hauff: Das kalte Herz, S. 88 Storm: Pole Poppenspäler, S. 91		Claudius: Abendlied, S. 83 Eichendorff: Mond- nacht, S. 89
7/8	Böll: Im Tal der donnernden Hufe, S. 97 Borchert: Kurzgeschichten, S. 95 Dürrenmatt: Richter, S. 96 Eichendorff: Taugenichts, S. 88 Kaschnitz: Popp und Mingel, S. 98 Keller: Kleider machen Leute, S. 91/Romeo und Julia a. d. Dorfe, S. 90 Storm: Der Schimmelreiter, S. 92	Brecht: Gewehre der Frau Carrar, S. 94 Frisch: Andorra, S. 99/ Biedermann u. d. Brandst., S. 98 Schiller: Wilhelm Tell, S. 85	Fontane: Brücke am Tay, S. 91/ John Maynard, S. 91 Goethe: Zauber- lehrling, S. 85/ Erlkönig, S. 84 Heine: Belsatzar, S. 87 Schiller: Bürgschaft, S. 85
9/10	Aichinger: Fenster-Theater, S. 96 Andersch: Sansibar, S. 97 Böll: Katharina Blum, S. 100 Chamisso: Peter Schlemihl, S. 87 Droste-Hülshoff: Judenbuche, S. 89 Gotthelf: Die schwarze Spinne, S. 90 Grass: Katz und Maus, S. 99 Hesse: Unterm Rad, S. 93 Kleist: Michael Kohlhaas, S. 86 Lebert: Crazy, S. 100 Nibelungenlied, S. 83 Remarque: Im Westen nichts Neues, S. 93 Schiller: Verbrecher, S. 84 Seghers: Das siebte Kreuz, S. 95 Torberg: Schüler Gerber, S. 93 Wohmann: Denk immer ..., S. 100 Zweig: Schachnovelle, S. 95	Borchert: Draußen vor der Tür, S. 96 Brecht: Der gute Mensch von Sezuan, S. 94 Dürrenmatt: Besuch der alten Dame, S. 97 Goethe: Götz v. Ber- lichingen, S. 83 Hauptmann: Biberpelz, S. 92 Schiller: Räuber, S. 84 Zuckmayer: Haupt- mann v. Köpenick, S. 93	Bachmann: Reklame, S. 97 Kaschnitz: Hiroshima, S. 96

Das Nibelungenlied (Mittelalter)
Klett „Texte & Materialien" (neu erzählt von Franz Fühmann); Reclam
UB 642; Reclam UB 18081 (Textauswahl); Reclam UB 644 (mittel- und neu-
hochdeutsche Textfassung); Hamburger Lesehefte 137; it 14; it 3133; dtv
Reihe Hanser (von Franz Fühmann neu erzählt)
Praxisanregungen: Heliane Becker u.a.: Rund um Sagen und Legenden.
Kopiervorlagen für den Deutschunterricht. Cornelsen; – U. Schulze: Das Ni-
belungenlied. Reclam UB 17604; – Arbeitsheft „Das Nibelungenlied". Klett;
– Peter Wapnewski: Das Nibelungenlied. In: Etienne François/Hagen Schul-
ze (Hrsg.): Deutsche Erinnerungsorte I. Beck, München 2001, S.159–169.

Johann Wolfgang Goethe: Götz von Berlichingen mit der eisernen Hand (1773)
Reclam UB 71; Suhrkamp BasisBibliothek (Cornelsen); Cornelsen „Klassische Schullektüre"; Cornelsen „Einfach klassisch"; Hamburger Lesehefte
9; Klett Leseheft
Praxisanregungen: J. Ossner u.a. (Hrsg.): Interpretationen & Modelle für
den Deutschunterricht. (CD-ROM) Cornelsen (→ S. 49); – Ekkehart Mittel-
berg/Heinz-Joachim Schüßler: J.W. Goethe, Götz von Berlichingen. Handreichungen für den Unterricht. Cornelsen; – Wilhelm Große: J.W. Goethe,
Götz von Berlichingen. (Oldenbourg Interpretationen 62); – Volker Neuhaus: Erläuterungen und Dokumente. J.W. Goethe: Götz von Berlichingen.
Reclam UB 8122; – Rainer Nägele: J.W. von Goethe „Götz von Berlichingen". In: Interpretationen. Dramen des Sturm und Drang. Reclam UB 8410,
S.7–32; – Ferdinand van Ingen: Goethe, Götz von Berlichingen. (Grundlagen
und Gedanken zum Verständnis des Dramas) Diesterweg; – Jörg Bohse/
Wolfgang Pasche: Stundenblätter Deutsch. Goethe „Götz von Berlichingen".
(Buch mit CD-ROM) Klett; – Cerstin Urban: J.W. Goethe, Götz von Berlichin-
gen. (Analysen und Reflexionen 79) Beyer.
Weiterführender Titel: Sinje Bowien u.a.: Rund um Goethe. Kopiervorlagen
für den Deutschunterricht. Cornelsen.

Matthias Claudius: Abendlied (1779)
Div. Gedichtsammlungen, u.a. it 2178
Praxisanregungen: Reiner Marx: Unberührte Natur, christliche Hoffnung
und menschliche Angst – Die Lehre des Hausvaters in Claudius' „Abendlied". In: Karl Richter (Hrsg.): Gedichte und Interpretationen. Bd.2: Aufklärung und Sturm und Drang. Reclam UB 7891, S.341–355.
Audio: Die Lieblingsgedichte der Deutschen. Patmos.

Friedrich Schiller: Die Räuber (1781)

Reclam UB 15; Suhrkamp BasisBibliothek 67 (Cornelsen); Cornelsen „Klassische Schullektüre"; Cornelsen „einfach klassisch"; Hamburger Lesehefte 48; Klett „Editionen mit Materialien"

Praxisanregungen: Ekkehart Mittelberg/Dieter Seiffert: F. Schiller: Die Räuber. Handreichungen für den Unterricht. Cornelsen; – J. Ossner u. a. (Hrsg.): Interpretationen & Modelle für den Deutschunterricht. (CD-ROM) Cornelsen (→ S. 49); – Reiner Poppe: Lektüreschlüssel. Friedrich Schiller. Die Räuber. Reclam UB 15328; – Klaus R. Scherpe: Friedrich Schiller „Die Räuber". In: Interpretationen. Dramen des Sturm und Drang. Reclam (UB 8410), S. 161–212; – Wilhelm Große: Schiller – Die Räuber. (Grundlagen und Gedanken zum Verständnis des Dramas) Diesterweg; – Barbara Schubert-Felmy: Friedrich Schiller: Die Räuber und andere Räubergeschichten. (EinFach Deutsch Unterrichtsmodelle) Schöningh; – Guido König u. a.: Rund um Schiller. Kopiervorlagen für den Deutschunterricht. Cornelsen; – weitere Praxisanregungen in den Reihen: Oldenbourg Interpretationen 79; Erläuterungen und Dokumente, Reclam UB 8134; Analysen und Reflexionen 51, Beyer.

Ergänzende Lektüre: Manfred Mai: Friedrich Schiller. Was macht den Mensch zum Menschen? (Jugendbuch u. a. mit einem Kapitel über „Die Räuber") Hanser, München 2004.

Johann Wolfgang Goethe: Der Erlkönig (1782)

Div. Gedichtsammlungen

Praxisanregungen: Gert Ueding: Vermählung mit der Natur. Zu Goethes „Erlkönig". In: Guter E. Grimm (Hrsg.): Gedichte und Interpretationen. Deutsche Balladen, Reclam UB 8457, S. 93–107; – B. Witte (Hrsg.): Interpretationen. Gedichte von Johann Wolfgang Goethe. Reclam UB 17504; – R. Stockhammer: Interpretationen zu Gedichten. Johann Wolfgang Goethe: Erlkönig. (Reclam-Download).

Audio: Die Lieblingsgedichte der Deutschen. Patmos.

Friedrich Schiller: Der Verbrecher aus verlorener Ehre (1786)

Reclam UB 8891; Hamburger Lesehefte 160; Schöningh „EinFach Deutsch"; Klett „Editionen mit Materialien"

Praxisanregungen: J. Ossner u. a. (Hrsg.): Interpretationen & Modelle für den Deutschunterricht. (CD-ROM) Cornelsen (→ S. 49); – Reiner Poppe: Lektüreschlüssel. Friedrich Schiller: Der Verbrecher aus verlorener Ehre. Reclam UB 15353; – Rainer Kawa: Friedrich Schiller – Der Verbrecher aus verlorener Ehre. (Grundlagen und Gedanken zum Verständnis erzählender Literatur) Diesterweg; – Hendrik und Rainer Madsen: Friedrich Schiller: Der Verbrecher aus verlorener Ehre. (EinFach Deutsch Unterrichtsmodelle) Schöningh.

Johann Wolfgang Goethe: Der Zauberlehrling (1797)

Div. Gedichtsammlungen, u. a. Echtermeyer: Deutsche Gedichte
Praxisanregungen: Anita Schilcher: „Der Zauberlehrling" – fünfmal gehört. In: Praxis Deutsch, H. 185 (2004), S. 27–34 (mit Audio-CD); – B. Witte (Hrsg.): Interpretationen. Gedichte von Johann Wolfgang Goethe. Reclam UB 17504.
Audio: Der Zauberlehrling. Hörverlag; Die Lieblingsgedichte der Deutschen. Patmos.

Friedrich Schiller: Die Bürgschaft (1799)

Div. Gedichtsammlungen, u. a. Echtermeyer: Deutsche Gedichte
Praxisanregungen: Jürgen Stenzel: Über die ästhetische Erziehung eines Tyrannen. Zu Schillers Ballade „Die Bürgschaft". In: Wulf Segebrecht (Hrsg.): Gedichte und Interpretationen. Bd. 3: Klassik und Romantik. Reclam UB 7892, S. 173–180; – Doris Heunisch/Elvira Langbein u. a.: Rund um Balladen. Kopiervorlagen für den Deutschunterricht. Cornelsen; – Norbert Oellers (Hrsg.): Interpretationen. Gedichte von Friedrich Schiller. Reclam UB 9473.
Audio: Die Lieblingsgedichte der Deutschen. Patmos.

Friedrich Schiller: Wilhelm Tell (1804)

Reclam UB 12; Suhrkamp BasisBibliothek 30 (Cornelsen); Cornelsen „Klassische Schullektüre"; Cornelsen „Einfach klassisch"; Hamburger Lesehefte 7; Klett Leseheft; Schöningh „EinFach Deutsch"
Praxisanregungen: Herbert Fuchs/Dieter Seiffert: F. Schiller: Wilhelm Tell. Handreichungen für den Unterricht. Cornelsen; – J. Ossner u. a. (Hrsg.): Interpretationen & Modelle für den Deutschunterricht. (CD-ROM) Cornelsen (→ S. 49); – Reihe „LiteraMedia" (CD-ROM/Audiobook). Cornelsen (s. u.); –

Reihe „LiteraMedia": Medienangebot zu bedeutenden Werken der deutschen Literatur (besteht meist aus einem Taschenbuch der SuhrkampBasisBibliothek, Handreichungen für den Unterricht, Audiobook, CD-ROM mit Such- und Bearbeitungsfunktionen). Cornelsen.

Heinrich Mettler/Heinz Lippuner: Friedrich Schiller. Wilhelm Tell: Drama der Freiheit. (Modellanalysen: Literatur) Schöningh; – G. Ueding: Friedrich Schiller, Wilhelm Tell. (Reclam-Download); – Rudolf Ibel: Schiller, Wilhelm Tell. (Grundlagen und Gedanken zum Verständnis des Dramas) Diesterweg; – Josef Esser: Unterrichtsideen. Dramen in den Klassen 7–10. Brecht: Die Gewehre der Frau Carrar. Schiller: Wilhelm Tell. Hauptmann: Der Biberpelz. Dürrenmatt: Romulus der Große. (Lehrerband und Materialienband) Klett; – Ingo Scheller: Friedrich Schillers „Wilhelm Tell" szenisch interpretiert. (Werkstattheft) Klett; – Friedrich Schiller: Wilhelm Tell. (Arbeitsheft) Klett; – Günter Schumacher/Klaus Vorrath: Friedrich Schiller: Wilhelm Tell. (EinFach Deutsch Unterrichtsmodelle) Schöningh; – Ulrich Schlemmer: Aufstieg und Fall eines Helden. Eine Unterrichtseinheit zur vergleichenden Behandlung von Friedrich Schillers Drama „Wilhelm Tell" und Max Frischs „Wilhelm Tell für die Schule". In: Diskussion Deutsch, H.124, 4/1992, S. 108–122; – Barbara Piatti: "Wilhelm Tell" zwischen Triumph und Verbot. In: Deutschunterricht, 2/2005; – weitere Praxisanregungen in den Reihen: Lektüreschlüssel, Reclam UB 15337; Erläuterungen und Dokumente, Reclam UB 16052; Blickpunkt 510, Beyer; Analysen und Reflexionen 5, Beyer.
Ergänzende Lektüre: Jürg Schubiger: Die Geschichte des Wilhelm Tell. dtv Reihe Hanser 62268 (Schweizer Kinder- und Jugendmedienpreis 2005); Manfred Mai: Friedrich Schiller. Was macht den Mensch zum Menschen? Hanser, München 2004 (biografisches Jugendbuch).

Heinrich von Kleist: Michael Kohlhaas (1808)

Reclam UB 218; Cornelsen „Klassische Schullektüre"; Cornelsen „einfach klassisch"; it 1352; Hamburger Lesehefte 35; Schöningh „EinFach Deutsch"; Klett „Editionen mit Materialien"; „Königs Lektüren" 3018 (C. Bange) *Praxisanregungen:* Herbert Fuchs/Dieter Seiffert: H. v. Kleist: Michael Kohlhaas. Handreichungen für den Unterricht. Cornelsen; – Lehrpraktische Analysen zu Kleist: Michael Kohlhaas und Kafka: Die Verwandlung. Reclam UB 900632; Paul Michael Lützeler: Heinrich von Kleist „Michael Kohlhaas". In: Interpretationen. Erzählungen und Novellen des 19. Jahrhunderts. Bd. 1. Reclam UB 8413, S.133–180; – P.M. Lützeler: Heinrich von Kleist, Michael Kohlhaas. (Reclam-Download); – R. Siegle: Lektürehilfen. Heinrich von Kleist „Michael Kohlhaas". Klett; – Klaus-Michael Bogdal: Geschichte in der Erzählung. Heinrich von Kleist: Michael Kohlhaas. F. Schiller: Der Verbrecher aus verlorener Ehre, Klett; – Erika Fischer-Lichte: Heinrich von Kleist

– Annegret Kreutz: Heinrich von Kleist: Michael Kohlhaas. (EinFach Deutsch Unterrichtsmodelle) Schöningh; – I. Scholz: Heinrich von Kleist, Prinz von Homburg – Michael Kohlhaas, Interpretationen und methodisch-didaktische Hinweise. Beyer; – Klaus Gerth: Vom preußischen Helden zum Terroristen. „Michael Kohlhaas" in der Rezeptionsgeschichte. In: Praxis Deutsch, H. 100, 3/1990, S. 55–62; – weitere Praxisanregungen in den Reihen: Erläuterungen und Dokumente, Reclam UB 16026; Lektüreschlüssel, Reclam UB 15334.

Adelbert von Chamisso: Peter Schlemihls wundersame Geschichte (1814)

Reclam UB 93; Suhrkamp BasisBibliothek 37 (Cornelsen); Cornelsen „Klassische Schullektüre"; Hamburger Lesehefte 44; it 27

Praxisanregungen: J. Ossner u. a. (Hrsg.): Interpretationen & Modelle für den Deutschunterricht. (CD-ROM) Cornelsen (→ S. 49); – B. Rosen: A. von Chamisso, Peter Schlemihls wundersame Geschichte. Handreichungen für den Unterricht. Cornelsen; – Winfried Freund: Adelbert von Chamisso. Peter Schlemihl. Geist und Geld. Ein bürgerlicher Bewusstseinsspiegel. (Modellanalysen: Literatur) Schöningh; – Dagmar Walach (Hrsg.): Erläuterungen und Dokumente. Chamisso: Peter Schlemihls wundersame Geschichte. Reclam UB 8158; – Dagmar Walach: Adelbert v. Chamisso „Peter Schlemihls wundersame Geschichte". In: Interpretationen. Erzählungen und Novellen des 19. Jahrhunderts. Bd. 1. Reclam UB 8413, S. 221–256; – Karl Hotz: Peter Schlemihls wundersame Geschichte – Von A. von Chamisso. C. C. Buchner.

Heinrich Heine: Belsatzar (1822)

Div. Gedichtsammlungen

Praxisanregungen: J. Ossner u. a. (Hrsg.): Interpretationen & Modelle für den Deutschunterricht. (CD-ROM) Cornelsen (→ S. 49); – Winfried Woeske: Zu Heinrich Heines „Belsatzar". In: Gunter E. Grimm (Hrsg.): Gedichte und Interpretationen. Deutsche Balladen. Reclam UB 8457, S. 180–195; – B. Kortländer (Hrsg.): Interpretationen. Gedichte von Heinrich Heine, Reclam UB 8815; – Peter von Matt: Die verdächtige Pracht. Über Dichter und Gedichte. dtv 30826, S. 118–121.

Vgl. Schiller: Die Bürgschaft (s. o.)

Wilhelm Hauff: Das kalte Herz (1825–28)
Reclam UB 6706 (und andere Märchen); Hamburger Lesehefte 4; Klett Leseheft; Schöningh „EinFach Deutsch"
Praxisanregungen: H. Schnierle-Lutz: Das kalte Herz. Klett Leseheft (s. o.; mit Vergleichstexten von Hebel und Kästner, Materialien zum historischen Kontext und Anregungen für ein Schulspiel).

Zeichnerische Interpretationen: „Till Eulenspiegel" von Walter Trier (1929) und „Das kalte Herz" (Insel-Bücherei) von Monika Schliephack (1989).

Joseph von Eichendorff: Aus dem Leben eines Taugenichts (1826)
Reclam UB 2354; it 202; detebe 20516; Cornelsen „Stationen der Literatur"; Hamburger Lesehefte 5; Klett „Editionen mit Materialien"; Schöningh „EinFach Deutsch".
Praxisanregungen: J. Ossner u. a. (Hrsg.): Interpretationen & Modelle für den Deutschunterricht. (CD-ROM) Cornelsen (→ S. 49); – Theodor Pelster: Lektüreschlüssel. J. von Eichendorff. Aus dem Leben eines Taugenichts. Reclam UB 15327; – Alexander von Bormann: Joseph von Eichendorff „Aus dem Leben eines Taugenichts". In: Interpretationen. Erzählungen und Novellen des 19. Jahrhunderts. Bd.1, Reclam UB 8413, S.339–380; – Paul W. Würl: Aus dem Leben eines Taugenichts – von J. von Eichendorff. C. C. Buchner; – Brigitte Hauger: Kontroverse Zeitgenossen. Georg Büchner: Lenz. Joseph v. Eichendorff: Aus dem Leben eines Taugenichts. Klett; – Ge-

sine Jaugey: Stundenblätter „Kleider machen Leute"/„Taugenichts". Klett;
– Klaus Lill: Künstlernovelle. Joseph von Eichendorff: Aus dem Leben eines
Taugenichts, und Thomas Mann: Tonio Kröger. (EinFach Deutsch Unter-
richtsmodelle) Schöningh; – Joseph v. Eichendorff: Taugenichts. (Bausteine
Deutsch) C. Bange; – weitere Praxisanregungen in den Reihen: Oldenbourg
Interpretationen 10; Erläuterungen und Dokumente, Reclam UB 8198;
Analysen und Reflexionen 54, Beyer.

Joseph von Eichendorff: Mondnacht (1837)

Div. Gedichtsammlungen, u. a. Echtermeyer: Deutsche Gedichte; it 3158
Praxisanregungen: Wolfgang Frühwald: Die Erneuerung des Mythos. Zu
Eichendorffs Gedicht „Mondnacht". In: Wulf Segebrecht (Hrsg.): Gedichte
und Interpretationen. Bd. 3: Klassik und Romantik. Reclam UB 7892, S. 395–
407; – Wolfgang Frühwald: Interpretationen zu Gedichten. Joseph von
Eichendorff: Mondnacht (Reclam-Download); – G. Sautermeister (Hrsg.):
Gedichte von Joseph von Eichendorff. Reclam UB 17528.
Audio: Die Lieblingsgedichte der Deutschen. Patmos.

Annette von Droste-Hülshoff: Die Judenbuche (1842)

Reclam UB 1856; Suhrkamp BasisBibliothek (Cornelsen); Cornelsen „Klas-
sische Schullektüre"; Cornelsen „Einfach klassisch"; Hamburger Lese-
hefte 15; Klett „Editionen mit Materialien"; Klett Leseheft; Schöningh „Ein-
Fach Deutsch"; Schroedel „Texte.Medien" (Textausgabe + Materialien,
Arbeitsheft)
Praxisanregungen: Ekkehart Mittelberg: A. von Droste-Hülshoff: Die Judenbuche. Handreichungen für den Unterricht. Cornelsen; – J. Ossner u. a.
(Hrsg.): Interpretationen & Modelle für den Deutschunterricht. (CD-ROM)
Cornelsen (→ S. 49); – Reihe „LiteraMedia" (CD-ROM/Audiobook). Cornel-
sen (→ S. 85); – Karl Philipp Moritz: Annette von Droste-Hülshoff. Die Ju-
denbuche – Sittengemälde und Kriminalnovelle. (Modellanalysen: Litera-
tur) Schöningh; – Johannes Diekhans/Doris Hönes: A. von Droste-Hülshoff:
Die Judenbuche. (EinFach Deutsch Unterrichtsmodelle) Schöningh; – Peter
Bekes/Werner Bockholt: A. von Droste-Hülshoff. Informationen für Lehre-
rinnen und Lehrer. Schroedel; – Michael Krejci: Die Judenbuche – Von
A. von Droste-Hülshoff. C. C. Buchner; – Gesine Jaugey: Stundenblätter
„Schimmelreiter" und „Judenbuche" im Vergleich. Klett; – Harald Frommer:
Der Fall Friedrich Mergel, neu aufgerollt. Ein literarisches Rollenspiel zu
Droste-Hülshoffs „Die Judenbuche". In: Praxis Deutsch, H. 100, 3/1990,

S. 45–49; – weitere Praxisanregungen in den Reihen: Oldenbourg Interpretationen 33; Lektüreschlüssel, Reclam UB 15305; Erläuterungen und Dokumente, Reclam UB 8145; Analysen und Reflexionen 48, Beyer.

Jeremias Gotthelf: Die schwarze Spinne (1842)

Reclam UB 6489; Cornelsen „Einfach klassisch"; Hamburger Lesehefte 51; Klett Leseheft

Praxisanregungen: J. Ossner u.a. (Hrsg.): Interpretationen & Modelle für den Deutschunterricht. (CD-ROM) Cornelsen (→ S. 49); – Karl Schuster: Die schwarze Spinne – Von J. Gotthelf, C.C. Buchner; – Klaus Lindemann: Jeremias Gotthelf. Die schwarze Spinne. Zur biedermeierlichen Deutung von Geschichte und Gesellschaft zwischen den Revolutionen. (Modellanalysen: Literatur) Schöningh; – Wolfgang Mieder: Erläuterungen und Dokumente. Jeremias Gotthelf: Die schwarze Spinne. Reclam UB 8161; – Walburga Freund-Spork: Lektüreschlüssel. Jeremias Gotthelf. Die schwarze Spinne. Reclam UB 15336. – Wolfgang Schemme: Jeremias Gotthelf. Die schwarze Spinne. In: Sammelband Lehrerkommentare. Bd. II. Klett; – :in Deutsch, 1/2000: Jeremias Gotthelf: Die schwarze Spinne. Bergmoser + Höller.
Audio: Gekürzte Lesung, Hörbuch Hamburg.

Gottfried Keller: Romeo und Julia auf dem Dorfe (1856)

Cornelsen „Klassische Schullektüre"; Hamburger Lesehefte 103; Klett „Editionen mit Materialien"; Schöningh „EinFach Deutsch"
Praxisanregungen: Edgar Hein: Gottfried Keller, Romeo und Julia auf dem Dorfe. (Oldenbourg Interpretationen 19); – J. Ossner u.a. (Hrsg.): Interpretationen & Modelle für den Deutschunterricht. (CD-ROM) Cornelsen (→ S. 49); – Franz Hebel: Gottfried Keller. Romeo und Julia auf dem Dorfe. Handreichungen für den Unterricht. Cornelsen; – Gert Sautermeister: Erläuterungen und Dokumente. Gottfried Keller: Romeo und Julia auf dem Dorfe. Reclam UB 16032; – Klaus Dieter Metz: Lektüreschlüssel. Gottfried Keller. Romeo und Julia auf dem Dorfe. Reclam UB 15324; – Th. Koebner: Gottfried Keller, Romeo und Julia und dem Dorfe. (Reclam-Download); – P. Haida: Lektürehilfen. Gottfried Keller, Romeo und Julia auf dem Dorfe. (Klett); – Gerhard Friedl: Gottfried Keller: Romeo und Julia auf dem Dorfe. (EinFach Deutsch Unterrichtsmodelle) Schöningh.

Theodor Storm: Pole Poppenspäler (1874)

Reclam UB 6013; Cornelsen „Klassische Schullektüre"; Hamburger Lesehefte 1; Schöningh „EinfachDeutsch"; it 733
Praxisanregungen: J. Ossner u. a. (Hrsg.): Interpretationen & Modelle für
den Deutschunterricht. (CD-ROM) Cornelsen (→ S. 49); – Georg Völker: Theodor Storm: Pole Poppenspäler. Handreichungen für den Unterricht. Cornelsen; – Jean Lefèbvre: Theodor Storm: Pole Poppenspäler. (EinFach
Deutsch Unterrichtsmodelle) Schöningh.

Gottfried Keller: Kleider machen Leute (1874)

Reclam UB 7470; Suhrkamp BasisBibliothek 68 (Cornelsen); Cornelsen
„Klassische Schullektüre"; Cornelsen „Einfach klassisch"; Hamburger Lese-
hefte 3; dtv „Bibliothek der Erstausgaben" 2617; Klett Leseheft; Schöningh
„EinFach Deutsch";Verlag an der Ruhr 8024
Praxisanregungen: H. Fuchs/D. Seifert: G. Keller: Kleider machen Leute.
Handreichungen für den Unterricht. Cornelsen; – J. Ossner u. a. (Hrsg.): In-
terpretationen & Modelle für den Deutschunterricht. (CD-ROM) Cornelsen
(→ S. 49); – Rolf Selbmann: Erläuterungen und Dokumente. Gottfried Kel-
ler: Kleider machen Leute. Reclam UB 8165; – Walburga Freund-Spork:
Lektüreschlüssel. Gottfried Keller. Kleider machen Leute. Reclam UB 15313;
– Annette Coen: Literatur-Kartei „Kleider machen Leute". Verlag an der
Ruhr 2296; – Carman Daldrup/Sandra Greiff-Lüchow: Gottfried Keller:
Kleider machen Leute. (EinFach Deutsch Unterrichtsmodelle) Schöningh;
– :in Deutsch, 4/2004: Gottfried Keller: Kleider machen Leute. Bergmoser +
Höller.

Theodor Fontane: Die Brück' am Tay (1880)

Div. Gedichtsammlungen, u. a. Echtermeyer: Deutsche Gedichte
Praxisanregungen: Norbert Berger: Donner, wehende Winde und ein rol-
lender Zug. Ein Hörbild zu Fontanes Die Brück am Tay. In: Praxis Deutsch,
H. 185 (2004), S. 35–39 (mit Audio-CD).
Vgl. Schiller: Die Bürgschaft (s. o.)

Theodor Fontane: John Maynard (1886)

Div. Gedichtsammlungen, u. a. Echtermeyer: Deutsche Gedichte
Praxisanregungen: Karl Richter: Stilles Heldentum. Kritik und Utopie ge-
sellschaftlicher Wirksamkeit im Zweiten Kaiserreich. Zu Theodor Fontanes
„John Maynard". In: Gunter E. Grimm (Hrsg.): Gedichte und Interpretati-

onen. Deutsche Balladen. Reclam UB 8457, S. 345–365; – H. Scheuer (Hrsg.): Interpretationen. Gedichte von Theodor Fontane. Reclam UB 17515. *Audio:* Die Lieblingsgedichte der Deutschen. Patmos. Vgl. Schiller: Die Bürgschaft (s. o.)

Theodor Storm: Der Schimmelreiter (1888)

Reclam UB 6015; Suhrkamp BasisBibliothek 9 (Cornelsen); Cornelsen „Klassische Schullektüre"; Cornelsen „Einfach klassisch"; Hamburger Lesehefte 2; Klett Leseheft; Schöningh „EinFach Deutsch"; Verlag an der Ruhr 8340; it 736
Praxisanregungen: Herbert Fuchs/Ekkehart Mittelberg: Th. Storm: Der Schimmelreiter. Handreichungen für den Unterricht. Cornelsen; – J. Ossner u.a. (Hrsg.): Interpretationen & Modelle für den Deutschunterricht. (CD-ROM) Cornelsen (→ S. 49); – Reihe „LiteraMedia" (CD-ROM/Audiobook). Cornelsen (→ S. 85); – Claudia Lorenz (Hrsg.): Theodor Storm, Der Schimmelreiter. (Lektüre Kopiervorlagen, für Jgst. 8–10) Oldenbourg; – Gesine Jaugey: Stundenblätter „Schimmelreiter" und „Judenbuche" im Vergleich. Klett; – V. Hoffmann: Theodor Strom, Der Schimmelreiter (Reclam-Download); – Gerd Weinrich: Theodor Storm – Der Schimmelreiter. (Grundlagen und Gedanken zum Verständnis erzählender Literatur) Diesterweg; – Beate Hermes/Eberhard Hermes: Textanalysen. Theodor Strom „Der Schimmelreiter". Klett; – RAAbits Deutsch/Literatur: Alternative Zugänge zu Theodor Storms „Der Schimmelreiter". Raabe; – Widar Lehnemann: Theodor Storm: Der Schimmelreiter. (EinFach Deutsch Unterrichtsmodelle) Schöningh; – H. Kerber: Th. Storm „Der Schimmelreiter". Interpretation und Materialien. (Diskette und Broschüre) Park Körner; – weitere Praxisanregungen in den Reihen: Lektüreschlüssel, Reclam UB 15315; Erläuterungen und Dokumente, Reclam UB 8133; Oldenbourg Interpretationen 42; Literatur-Kartei, Verlag an der Ruhr 2495; → Droste-Hülshoff.

Gerhart Hauptmann: Der Biberpelz. Eine Diebskomödie (1893)

Cornelsen „Klassische Schullektüre"; Hamburger Lesehefte 186; Klett Leseheft
Praxisanregungen: Werner Bellmann: Erläuterungen und Dokumente. Gerhart Hauptmann: Der Biberpelz. Reclam UB 8141; – Dieter Ernst u.a.: Gerhart Hauptmann: Der Biberpelz. Handreichungen für den Unterricht. Cornelsen.

Hermann Hesse: Unterm Rad (1905)
st 52; Suhrkamp BasisBibliothek 34 (Cornelsen)
Praxisanregungen: Reihe „LiteraMedia" (CD-ROM/Audiobook). Cornelsen
(→ S. 85); – Claudia Lorenz (Hrsg.): Hermann Hesse, Unterm Rad. (Lektüre
Kopiervorlagen, für Jgst. 9/10) Oldenbourg; – Helga Esselborn-Krumbiegel:
Hermann Hesse, Demian – Unterm Rad. (Oldenbourg Interpretationen 39);
– Materialien zu Hermann Hesses „Unterm Rad". Suhrkamp st 3042; – Helga Esselborn-Krumbiegel: Erläuterungen und Dokumente. Hermann Hesse: Unterm Rad. Reclam UB 8200; – Georg Patzer: Lektüreschlüssel. Hermann Hesse. Unterm Rad. Reclam UB 15340; – M. Müller: Hermann Hesse, Unterm Rad. (Reclam-Download); – Stefan Rogal: Hermann Hesse: Unterm Rad. (EinFach Deutsch Unterrichtsmodelle) Schöningh.
Audio: Unterm Rad. Hörverlag.

Erich Maria Remarque: Im Westen nichts Neues (1929)
Kiepenheuer & Witsch
Praxisanregungen: Peter Bekes: E.M. Remarque, Im Westen nichts Neues.
(Oldenbourg Interpretationen 90); – J. Ossner u.a. (Hrsg.): Interpretationen & Modelle für den Deutschunterricht. (CD-ROM) Cornelsen (→ S. 49);
– Hubert Rüter: Erich Maria Remarque. Im Westen nichts Neues. Ein Bestseller der Kriegsliteratur im Kontext. (Modellanalysen: Literatur) Schöningh;
– Reiner Poppe: E.M. Remarque, Im Westen nichts Neues. (Blickpunkt 517)
Beyer; – Peter Dörp: Medien:spezial zu Erich M. Remarques „Im Westen nichts Neues". In: Deutschunterricht, 5 u. 6/2003; – Bärbel Schrader (Hrsg.):
Der Fall Remarque. „Im Westen nichts Neues" – Eine Dokumentation.
Reclam, Leipzig 1992.

Friedrich Torberg: Der Schüler Gerber (1930)
dtv
Praxisanregungen: Stefan Rogal (Hrsg.): Friedrich Torberg, Der Schüler
Gerber. (Lektüre Kopiervorlagen, für Jgst. 9/10) Oldenbourg.

Carl Zuckmayer: Der Hauptmann von Köpenick (1931)
Fischer TB 27002
Praxisanregungen: Werner Frizen: Carl Zuckmayer, Der Hauptmann von
Köpenick. (Oldenbourg Interpretationen 29); – Hartmut Scheible: Erläuterungen und Dokumente. Carl Zuckmayer: Der Hauptmann von Köpenick.
Reclam UB 8138; – Walburge Freund-Spork: Lektüreschlüssel. Carl Zuck-

mayer: Der Hauptmann von Köpenick. Reclam UB 15347; – W. Dimter: Interpretationen zu Dramen. Carl Zuckmayer: Der Hauptmann von Köpenick. (Reclam-Download); – Siegfried Mews: Carl Zuckmayer – Der Hauptmann von Köpenick. (Grundlagen und Gedanken zum Verständnis des Dramas) Diesterweg; – Helge Puschnerus: Carl Zuckmayer: Der Hauptmann von Köpenick. (EinFach Deutsch Unterrichtsmodelle) Schöningh; – Deutsch betrifft uns, 1/2002: Carl Zuckmayer: Der Hauptmann von Köpenick. Bergmoser + Höller; – H. Gehrke u.a.: Carl Zuckmayer, Der Hauptmann von Köpenick. (Analysen und Reflexionen 50) Beyer; – Reinhard Wilczek: Der Hauptmann von Köpenick. In: Deutschunterricht, 6/2005.

Bertolt Brecht: Die Gewehre der Frau Carrar (1937)
es 219
Praxisanregungen: Josef Esser: Unterrichtsideen. Dramen in den Klassen 7–10. Brecht: Die Gewehre der Frau Carrar; Schiller: Wilhelm Tell; Hauptmann: Der Biberpelz; Dürrenmatt: Romulus der Große. (Lehrerband und Materialienband) Klett.

Bertolt Brecht: Der gute Mensch von Sezuan (1942)
es 73; Suhrkamp BasisBibliothek 25 (Cornelsen)
Praxisanregungen: Reihe „LiteraMedia" (CD-ROM/Audiobook). Cornelsen (→ S. 85); – Dorothee Kuhle: Bertolt Brecht, Der gute Mensch von Sezuan. (Lektüre Kopiervorlagen, für Jgst. 9/10) Oldenbourg; – Bernhard Sowinski/ Wolf-Egmar Schneidewind: Bertolt Brecht, Der gute Mensch von Sezuan. (Oldenbourg Interpretationen 31); – Franz-Josef Payrhuber: Lektüreschlüssel. Bertolt Brecht, Der gute Mensch von Sezuan. Reclam UB 15375; – G. Ueding: Bertolt Brecht, Der gute Mensch von Sezuan. (Reclam-Download); – Claus J. Gigl: Bertolt Brecht: Der gute Mensch von Sezuan. (Reihe „DigiMedia Unterrichtshilfen Literatur", CD-ROM) Klett (→ S. 104); – Lektürehilfen Bertolt Brecht „Der gute Mensch von Sezuan". Klett; – Jan Knopf: Bertolt Brecht – Der gute Mensch von Sezuan. (Grundlagen und Gedanken zum Verständnis des Dramas) Diesterweg; – Deutsch betrifft uns, 1/2004: Bertolt Brecht: Der gute Mensch von Sezuan. Bergmoser + Höller; – Wilhelm Große: Bertolt Brecht, Der gute Mensch von Sezuan. (Blickpunkt 522) Beyer.

Anna Seghers: Das siebte Kreuz (1942)

st 3025

Praxisanregungen: Ursula Elsner: Anna Seghers, Das siebte Kreuz (Olden-bourg Interpretationen 76); – Sonja Hilzinger: Erläuterungen und Doku-mente. Anna Seghers: Das siebte Kreuz. Reclam UB 16042; – Peter Beicken: Anna Seghers „Das siebte Kreuz". In: Interpretationen. Romane des 20. Jahrhunderts. Bd. 1. Reclam UB 8808, S. 322–365; – Michael Acker-mann: Schreiben über Deutschland im Exil: Irmgard Keun: Nach Mitter-nacht; Anna Seghers: Das siebte Kreuz. Klett; – Bernhard Spies: Anna Seg-hers – Das siebte Kreuz. (Grundlagen und Gedanken zum Verständnis erzählender Literatur) Diesterweg; – Michael Zimmer: Anna Seghers, Das siebte Kreuz. (Analysen und Reflexionen 80) Beyer; – Elke Wittmann: Hör-spiele produzieren – Zugänge schaffen. Zu Anna Seghers' „Das siebte Kreuz". In: Praxis Deutsch, H. 109 (1991), S. 56–59.

Stefan Zweig: Schachnovelle (1943)

Fischer TB 21522

Praxisanregungen: J. Ossner u. a. (Hrsg.): Interpretationen & Modelle für den Deutschunterricht. (CD-ROM) Cornelsen (→ S. 49); – Monika Sahre: Stefan Zweig, Schachnovelle. (Klasse! Lektüre, Modelle für den Literatur-unterricht, Bd. 9, für Jgst. 9/10) Oldenbourg; – Andrea Boll: Stefan Zweig, Schachnovelle. (Lektüre Kopiervorlagen, für Jgst. 9/10) Oldenbourg; – Reiner Poppe: Stefan Zweig, Schachnovelle. (Analysen und Reflexionen 66) Beyer.

Wolfgang Borchert: Nachts schlafen die Ratten doch/Das Brot/ Die traurigen Geranien u. a. Kurzgeschichten (1945 ff.)

rororo 10975 („Die traurigen Geranien und andere Geschichten aus dem Nachlass")

Praxisanregungen: J. Ossner u. a. (Hrsg.): Interpretationen & Modelle für den Deutschunterricht. (CD-ROM) Cornelsen (→ S. 49); – Fritz und Ise Bach-mann (Hrsg.): Erzählungen der Gegenwart. Interpretationen zu den Hef-ten I–IV. Cornelsen (u. a. Interpretation zu „Die Küchenuhr" in Heft II, „Nachts schlafen die Ratten doch" in Heft IV und „Das Brot" in Heft IV); – Wilhelm Große: Wolfgang Borchert, Kurzgeschichten. (Oldenbourg Inter-pretationen 30).

Wolfgang Borchert: Draußen vor der Tür (1947)
rororo 10170; Schöningh „EinFach Deutsch"
Praxisanregungen: Winfried Freund/Walburga Freund-Spork: Erläuterungen und Dokumente. Wolfgang Borchert: Draußen vor der Tür. Reclam UB 16004; – Bernd Balzer: Wolfgang Borchert – Draußen vor der Tür. (Grundlagen und Gedanken zum Verständnis des Dramas) Diesterweg; – Harro Gehse: Wolfgang Borchert, Draußen vor der Tür und vermischte Schriften. (Analysen und Reflexionen 73) Beyer.
Audio: Hörspielfassung, Hörverlag

Marie-Luise Kaschnitz: Hiroshima (1951)
Div. Gedichtsammlungen, u. a. Echtermeyer: Deutsche Gedichte
Praxisanregungen: J. Ossner u. a. (Hrsg.): Interpretationen & Modelle für den Deutschunterricht. (CD-ROM) Cornelsen (→ S. 49).

Friedrich Dürrenmatt: Der Richter und sein Henker (1952)
detebe 22535; Verlag an der Ruhr 8052
Praxisanregungen: J. Ossner u. a. (Hrsg.): Interpretationen & Modelle für den Deutschunterricht. (CD-ROM) Cornelsen (→ S. 49); – Walter Seifert: Friedrich Dürrenmatt, Der Richter und sein Henker. (Oldenbourg Interpretationen 8); – Rolf Esser: Literatur-Kartei „Der Richter und sein Henker". Verlag an der Ruhr; – Gerhard Knapp: Friedrich Dürrenmatt – Der Richter und sein Henker. (Grundlagen und Gedanken zum Verständnis erzählender Literatur) Diesterweg; – Matthias Frietsch/Joachim Kriebel: Stundenblätter Deutsch. Der Richter und sein Henker/Unterm Birnbaum. Klett; – Wolfgang Pasche: Interpretationshilfen. Friedrich Dürrenmatts Kriminalromane. Klett; – Martin Kottkamp/Astrid Staude: Friedrich Dürrenmatt, Der Richter und sein Henker. (EinFach Deutsch Unterrichtsmodelle) Schöningh; – Reiner Poppe: Friedrich Dürrenmatt, Der Richter und sein Henker – Der Kriminalroman im Unterricht. (Analysen und Reflexionen 64) Beyer.

Ilse Aichinger: Das Fenster-Theater (1953)
Cornelsen „Erzählungen der Gegenwart", Heft 5
Praxisanregungen: J. Ossner u. a. (Hrsg.): Interpretationen & Modelle für den Deutschunterricht. (CD-ROM) Cornelsen (→ S. 49); – Fritz und Ilse Bachmann: Erzählungen der Gegenwart. Interpretationen zu den Heften I–VI. Cornelsen.

Friedrich Dürrenmatt: Der Besuch der alten Dame (1956)

detebe 23045

Praxisanregungen: Werner Frizen: Friedrich Dürrenmatt, Der Besuch der alten Dame. (Oldenbourg Interpretationen 7); – Swenja Ferber/Matthias Ferber: Max Frisch, Der Besuch der alten Dame. (Lektüre Kopiervorlagen, für Jgst. 9/10) Oldenbourg; – Karl Schmidt: Erläuterungen und Dokumente. Friedrich Dürrenmatt: Der Besuch der alten Dame. Reclam UB 8130; – J. Knopf: Friedrich Dürrenmatt: Der Besuch der alten Dame. (Reclam-Download); – Sigrid Mayer: Friedrich Dürrenmatt – Der Besuch der alten Dame. (Grundlagen und Gedanken zum Verständnis des Dramas) Diesterweg; – Th. Berger: Friedrich Dürrenmatt, Der Besuch der alten Dame. (Analysen und Reflexionen 67) Beyer; – E. Ecker: Friedrich Dürrenmatt, Der Verdacht/Der Besuch der alten Dame. (Analysen und Reflexionen 16) Beyer; – Bettina Heck: Die „alte Dame" betrachtet und gelesen – Wahrnehmungssensibilisierung und Texterschließung bei der Behandlung von Dürrenmatts Drama im Unterricht (Sek. II). In: Beiträge Jugendliteratur und Medien, 1/2002, S. 2–14.

Ingeborg Bachmann: Reklame (1956)

Div. Gedichtsammlungen, u. a. Echtermeyer: Deutsche Gedichte

Praxisanregungen: J. Ossner u. a. (Hrsg.): Interpretationen & Modelle für den Deutschunterricht. (CD-ROM) Cornelsen (→ S. 49).

Heinrich Böll: Im Tal der donnernden Hufe (1957)

Insel; Klett Leseheft

Praxisanregungen: Bernhard Sowinski: Heinrich Böll, Kurzgeschichten. (Oldenbourg Interpretationen 3).

Alfred Andersch: Sansibar oder der letzte Grund (1957)

detebe 20055

Praxisanregungen: J. Ossner u. a. (Hrsg.): Interpretationen & Modelle für den Deutschunterricht. (CD-ROM) Cornelsen (→ S. 49); – Walter Hinderer: Alfred Andersch, Sansibar oder der letzte Grund. (Reclam-Download); – ders.: Alfred Andersch „Sansibar oder der letzte Grund". In: Interpretationen. Romane des 20. Jahrhunderts. Bd. 2. Reclam UB 8809, S. 59–94; – Dieter Schiller: Stundenblätter Alfred Andersch „Sansibar oder der letzte Grund". Eine Einführung in den modernen Roman für Klasse 10. Klett; – Kurt Sollmann: Alfred Andersch – Sansibar oder der letzte Grund. (Grundlagen und Gedanken zum Verständnis erzählender Literatur) Diesterweg; – Gudrun Boehnke u.a.: Film und Literatur. Analysen, Materialien, Unterrichtsvorschläge. Bd. 4: Sansibar oder der letzte Grund/Der Mann auf der Mauer/Homo faber. Diesterweg; – Günter Krapp/Jürgen van de Laar: Alfred Andersch, Sansibar oder der letzte Grund. Hilfen zur Unterrichtsvorbereitung, Stundenverläufe, Arbeitsblätter, Schreibanlässe. Krapp & Gutknecht; – weitere Praxisanregungen in den Reihen: Oldenbourg Interpretationen 1; Erläuterungen und Dokumente, Reclam UB 16036; Lektüreschlüssel, Reclam UB 15311; Analysen und Reflexionen 71, Beyer.

Max Frisch: Herr Biedermann und die Brandstifter (1958)
es 41; Suhrkamp BasisBibliothek 24 (Cornelsen); Cornelsen „Klassische Schullektüre" (Hörspiel); Verlag an der Ruhr 8202
Praxisanregungen: Klaus Klöckner: Max Frisch: Herr Biedermann und die Brandstifter. Handreichungen für den Unterricht, Cornelsen; Reihe „Litera-Media" (CD-ROM/Audiobook). Cornelsen (→ S. 85); – O. Kutzmutz: Für die Schule. Max Frisch. Volk und Wissen (u.a. zu „Biedermann und die Brandstifter"); – Berthold Heizmann: Lektüreschlüssel. Max Frisch. Biedermann und die Brandstifter. Reclam UB 15330; – Ingo Springmann: Erläuterungen und Dokumente. Max Frisch: Biedermann und die Brandstifter. Reclam UB 8129; – W. Schmitz: Max Frisch, Biedermann und die Brandstifter. (Reclam-Download); – Stephanie Lüthgens: Literatur-Kartei „Biedermann und die Brandstifter", Verlag an der Ruhr 2463; – Gerda Jordan: Max Frisch – Biedermann und die Brandstifter. (Grundlagen und Gedanken zum Verständnis des Dramas) Diesterweg; – :in Deutsch, 3/2005: Max Frisch: Biedermann und die Brandstifter. Bergmoser + Höller; – S. Heidenreich: Max Frisch, Andorra – Biedermann und die Brandstifter. Vorschläge und unterrichtspraktische Interpretationen. (Analysen und Reflexionen 9) Beyer.

Marie Luise Kaschnitz: Popp und Mingel (1960)
Cornelsen „Erzählungen der Gegenwart", Heft 5
Praxisanregungen: Fritz und Ilse Bachmann: Erzählungen der Gegenwart. Interpretationen zu den Heften I–VI. Cornelsen.

Max Frisch: Andorra (1961)
st 277; Suhrkamp BasisBibliothek 8 (Cornelsen).
Praxisanregungen: Reihe „LiteraMedia" (CD-ROM/Audiobook). Cornelsen
(→ S. 85); – J. Ossner u.a. (Hrsg.): Interpretationen & Modelle für den
Deutschunterricht. (CD-ROM) Cornelsen (→ S. 49); – Olaf Kutzmutz: Für die
Schule. Max Frisch. Volk und Wissen (u.a. zu „Andorra"); – K. Müller-Salget:
Max Frisch, Andorra. (Reclam-Download); – Manfred Eisenbeis: Stunden-
blätter „Andorra". Ein produktionsorientiertes Unterrichtsmodell für die
Klasen 9/10. Klett; – Nathan Schmidtchen: M. Frisch, „Andorra". (Reihe
„DigiMedia Unterrichtshilfen Literatur", CD-ROM) Klett (→ S. 104); – Peter
Bekes: Außenseiter. Max Frisch: Andorra. Gotthold Ephraim Lessing: Nathan
der Weise. Klett; – Beate Hermes/Eberhard Hermes: Textanalysen. Max
Frisch „Andorra". Klett; – Dorothee Kuhle: Max Frisch, Andorra. (Lektüre
Kopiervorlagen, für Jgst. 8–10) Oldenbourg; – Wolfgang Jordan u.a.: Carl
Zuckmayers „Hauptmann von Köpenick" und Max Frischs „Andorra". Zum
Umgang mit dramatischen Texten im Rahmen einer Unterrichtseinheit zu
Fragen von „Autorität – Macht – Gewalt" im 10. Schuljahr an einer Inte-
grierten Gesamtschule. In: Diskussion Deutsch, H.124, 4/1992, S.136–149;
– Gerhard P. Knapp/Mona Knapp: Max Frisch – Andorra. (Grundlagen und
Gedanken zum Verständnis des Dramas) Diesterweg; Udo Volkmann/Ute
Volkmann: Max Frisch: Andorra. (EinFach Deutsch Unterrichtsmodelle)
Schöningh; – Günther Gutknecht u.a.: Max Frisch, Andorra. Lehrerhand-
buch mit ausführlichem Materialienteil. Krapp & Gutknecht; – weitere Pra-
xisanregungen in den Reihen: Oldenbourg Interpretationen 35; Erläute-
rungen und Dokumente, Reclam UB 8170; Lektüreschlüssel, Reclam
UB 15332; Analysen und Reflexionen 9, Beyer.

Günter Grass: Katz und Maus (1961)
Cornelsen „Klassische Schullektüre"; dtv Reihe Hanser 62049; Verlag an
der Ruhr 88229
Praxisanregungen: Herbert Fuchs/Dieter Seiffert: Günter Grass: Katz und
Maus. Handreichungen für den Unterricht, Cornelsen; – J. Ossner u.a.
(Hrsg.): Interpretationen & Modelle für den Deutschunterricht. (CD-ROM)
Cornelsen (→ S. 49); – Alexander Ritter: Erläuterungen und Dokumente.
Günter Grass: Katz und Maus. Reclam UB 8137; – Wolfgang Spreckelsen:
Lektüreschlüssel. Günter Grass. Katz und Maus. Reclam UB 15304; A. Rit-
ter: Günter Grass, Katz und Maus. (Reclam-Download); – Ingrid Hassel-
bach: Günter Grass, Katz und Maus. (Oldenbourg Interpretationen 36); –

Bettina Bosler/Alexandra Piel: Literatur-Kartei „Katz und Maus". Verlag an der Ruhr 60039; – Wolfgang Pasche: Arbeitsblätter Deutsch. Günter Grass „Katz und Maus". Klett; – Widar Lehnemann: Günter Grass: Katz und Maus. (EinFach Deutsch Unterrichtsmodelle) Schöningh; – Deutsch betrifft uns, 6/2002: Günter Grass: Katz und Maus. Lernen an Stationen. Bergmoser + Höller.

Gabriele Wohmann: Denk immer an heut nachmittag (1968)

Cornelsen „Erzählungen der Gegenwart", Heft VI.
Praxisanregungen: Fritz und Ilse Bachmann Erzählungen der Gegenwart. Interpretationen zu den Heften I–VI. Cornelsen; – J. Ossner u. a. (Hrsg.): Interpretationen & Modelle für den Deutschunterricht. (CD-ROM) Cornelsen (→ S. 49).

Heinrich Böll: Die verlorene Ehre der Katharina Blum (1974)

dtv
Praxisanregungen: J. Ossner u. a. (Hrsg.): Interpretationen & Modelle für den Deutschunterricht. (CD-ROM) Cornelsen (→ S. 49); – Bernhard Sowinski: Heinrich Böll, Die verlorene Ehre der Katharina Blum. (Oldenbourg Interpretationen 67); – Werner Bellmann/Christine Hummel: Erläuterungen und Dokumente. Heinrich Böll: Die verlorene Ehre der Katharina Blum. Reclam UB 16011; – Bernd Völkl: Lektüreschlüssel. Heinrich Böll. Die verlorene Ehre der Katharina Blum. Reclam UB 15364. – W. Bellman: Heinrich Böll, Die verlorene Ehre der Katharina Blum. (Reclam-Download); – Bernd Balzer: Heinrich Böll – Die verlorene Ehre der Katharina Blum. (Grundlagen und Gedanken zum Verständnis erzählender Literatur) Diesterweg; – Friedhelm Kicherer: Heinrich Böll, Die verlorene Ehre der Katharina Blum oder Wie Gewalt entstehen und wohin sie führen kann. (Analysen und Reflexionen 41) Beyer.
Audio: Die verlorene Ehre der Katharina Blum u. a. Hörverlag.

Benjamin Lebert: Crazy (1999)

Goldmann Manhattan 54159; Verlag an der Ruhr 8338
Praxisanregungen: Irmgard Amelung/Silke Guthahn: Literatur-Kartei „Crazy". Verlag an der Ruhr (2496); – :in Deutsch, 3/2000. Benjamin Lebert: Crazy. Bergmoser + Höller; – Gabriele Scherer: Erwachsenwerden heute: Crazy und Relax. Adoleszenzromane und Deutschunterricht. In: Praxis Deutsch, H. 180 (2003), S. 47–50.

Weitere Lektürehilfen für Schülerinnen und Schüler in den Reihen

- Lektüre easy (Klett)
- Königs Erläuterungen (C. Bange)
- Lektüre Durchblick (Mentor)
- Interpretationshilfe Deutsch (Stark)
- Lektüreschlüssel für Schüler (Reclam-Download)

Auf Biografien zu vielen der oben genannten Autorinnen und Autoren wird auf S. 139 f. hingewiesen. Diese Biografien können zur Vorbereitung des Unterrichts hinzugezogen werden oder Grundlage für Schülerreferate usw. sein.

C Lektürehinweise für die Sekundarstufe II

Im Folgenden erhalten Sie Hinweise zu ausgewählten Werken der deutschsprachigen Literatur seit der Epoche des Barock. Die Aufstellung gibt Auskunft darüber, welche Werke Fachverlage und Fachleute im Bereich der Didaktik sowohl für literarisch bedeutsam als auch für schultauglich halten. Die Titel sind nach den *Erscheinungsdaten* sortiert. Dieser Aufbau erlaubt einen raschen Überblick über *Epochenkontexte*. Zusätzlich werden alle behandelten Werke – nach Gattungen sortiert – mit Kurztiteln in *alphabetischer Reihenfolge* aufgelistet. Weitere Lektüren wurden der Sekundarstufe I zugeordnet (vgl. S. 83 ff.).

Nachgewiesen werden jeweils *preisgünstige Ausgaben*. Die meisten der aufgeführten Gedichte können dem Sammelwerk „Echtermeyer, Deutsche Gedichte" (Cornelsen, 19. Aufl., Berlin 2005) entnommen werden. Unter „*Praxisanregungen*" werden Titel aus dem Bereich der Sekundärliteratur und der Deutschdidaktik angegeben, die für die Unterrichtsplanung und -vorbereitung von Belang sind. Zu einigen Lektüren finden Sie in diesem Band auf S. 141 ff. *Film-Hinweise* ( ) und Hinweise auf *Audio-Versionen*. Die *Zeitschriftenverweise* beziehen sich auf „Der Deutschunterricht" (vereinigt mit „Diskussion Deutsch", Friedrich Verlag, Velber), „Deutschunterricht" (Westermann Verlag, Braunschweig) und „Praxis Deutsch" (Friedrich Verlag, Velber).

Dramen

Bernhard: Heldenplatz, S. 134	Kipphardt: Oppenheimer. S. 130
Brecht: Galilei, S. 126	Kleist: Krug, S. 111
Brecht: Kreidekreis, S. 127	Lessing: Emilia, S. 104
Brecht: Mutter Courage, S. 125	Lessing: Nathan, S. 106
Büchner: Danton, S. 114	Schiller: Don Karlos, S. 108
Büchner: Leonce und Lena, S. 115	Schiller: Kabale und Liebe, S. 108
Büchner: Woyzeck, S. 116	Schiller: Maria Stuart, S. 109
Dürrenmatt: Physiker, S. 129	Strauß: Groß und klein, S. 132
Goethe: Faust, S. 110	Wedekind: Frühlings Erwachen, S. 117
Goethe: Iphigenie, S. 109	Weiss: Ermittlung, S. 130
Hauptmann: Ratten, S. 121	Weiss: Marat, S. 130
Hauptmann: Weber, S. 118	Widmer: Top Dogs, S. 137
Horváth: Wiener Wald, S. 125	

Romane/Epen/Novellen/Erzählungen

Becker: Jakob der Lügner, S. 131	Jirgl: Der Unvollendete, S. 138
Beyer: Flughunde, S. 136	Kafka: Proceß, S. 123
Biller: Land der Väter, S. 134	Kafka: Verwandlung, S. 122
Böll: Ansichten eines Clowns, S. 130	Kleist: Marquise von O., S. 112
Brussig: Sonnenallee, S. 137	Koeppen: Treibhaus, S. 128
Döblin: Alexanderplatz, S. 124	Mann, H.: Professor Unrath, S. 120
Fontane: Effi Briest, S. 118	Mann, H.: Untertan, S. 122
Fontane: Irrungen, Wirrungen, S. 117	Mann, K.: Mephisto, S. 125
Fontane: Jenny Treibel, S. 118	Mann, Th.: Buddenbrooks, S. 119
Frisch: Homo faber, S. 128	Mann, Th.: Tod in Venedig, S. 121
Frisch: Stiller, S. 128	Mann, Th.: Tonio Kröger, S. 119
Goethe: Werther, S. 105	Musil: Törleß, S. 120
Grass: Blechtrommel, S. 129	Nadolny: Langsamkeit, S. 132
Grass: Krebsgang, S. 137	Ransmayr: Letzte Welt, S. 133
Grimm: Märchen, S. 113	Rilke: Laurids Brigge, S. 120
Handke: Der kurze Brief, S. 131	Schlink: Vorleser, S. 135
Hermann: Sommerhaus, S. 136	Schneider: Schlafes Bruder, S. 134
Hesse: Demian, S. 123	Schnitzler: Traumnovelle, S. 124
Hesse: Steppenwolf, S. 124	Süskind: Parfum, S. 133
Hoffmann: Fräulein von Scuderi, S. 114	Treichel: Der Verlorene, S. 137
Hoffmann: Sandmann, S. 113	Vanderbeke: Muschelessen, S. 134
Horváth: Jugend ohne Gott, S. 125	Walser: Fliehendes Pferd, S. 132
Jenny: Blütenstaubzimmer, S. 136	Wolf: Kassandra, S. 132

Lyrik

Bachmann: Erklär mir, Liebe, S. 128
Brinkmann: Einen jener klassischen,
   S. 131
Celan: Todesfuge, S. 127
Eich: Inventur, S. 127
Eichendorff: Frische Fahrt, S. 113
Eichendorff: Mondnacht, S. 115
Eichendorff: Sehnsucht, S. 114
Enzensberger: ende der eulen, S. 129
Goethe: Ganymed, S. 106
Goethe: Grenzen der Menschheit, S. 107
Goethe: Prometheus, S. 106
Goethe: Wandrers Nachtlied, S. 106
Gryphius: Einsamkeit, S. 104
Gryphius: Es ist alles eitel, S. 104
Gryphius: Morgensonett, S. 103
Gryphius: Thränen in schwerer
   Kranckheit, S. 103

Gryphius: Thränen des Vaterlandes,
   S. 103
Hoffmann von Fallersleben: Lied der
   Deutschen, S. 115
Heine: Deutschland, S. 115
Hölderlin: Hälfte des Lebens, S. 110
Hölty: Frühlingslied, S. 105
Kirsch: Das Gasthaus, S. 133
Kirsch: Die Luft riecht schon nach
   Schnee, S. 132
Lasker-Schüler: Tibetteppich, S. 121
Rilke: Panther, S. 120
Schiller: Die Götter Griechenlands,
   S. 109
Wolfenstein: Städter, S. 122

Andreas Gryphius: Thränen in schwerer Kranckheit (1640)

Div. Gedichtsammlungen

Praxisanregungen: Wolfram Mauser: Was ist das Leben doch? Zum Sonett „Thränen in schwerer Kranckheit" von Andreas Gryphius. In: Volker Meid (Hrsg.): Gedichte und Interpretationen. Bd. 1: Renaissance und Barock. Reclam UB 7890, S. 223–230.

Andreas Gryphius: Thränen des Vaterlandes (1643)

Div. Gedichtsammlungen, u. a. Echtermeyer: Deutsche Gedichte

Praxisanregungen: Klaus Eilert u. a. (Hrsg.): Texte, Themen und Strukturen interaktiv. Literatur und Gattungen. (CD-ROM mit Handreichungen für den Unterricht, darin „Klausuraufgaben trainieren" zu „Thränen des Vaterlandes") Cornelsen.

Andreas Gryphius: Morgensonett (um 1650)

Div. Gedichtsammlungen

Praxisanregungen: Gerd Brenner/Heinz Gierlich u. a.: Literarische Texte und Medien: Von der Analyse zur Interpretation (mit Lösungsheft). Cornelsen, S. 76–79.

Andreas Gryphius: Einsamkeit (1650)

Div. Gedichtsammlungen

Praxisanregungen: Wolfram Mauser: Andreas Gryphius' „Einsamkeit".
Meditation, Melancholie und Vanitas. In: Volker Meid (Hrsg.): Gedichte und
Interpretationen. Bd. 1: Renaissance und Barock. Reclam UB 7890,
S. 231–244.

Andreas Gryphius: Es ist alles eitel (um 1640)

Div. Gedichtsammlungen, u. a. Echtermeyer: Deutsche Gedichte
Praxisanregungen: J. Ossner u. a. (Hrsg.): Interpretationen & Modelle für
den Deutschunterricht. (CD-ROM) Cornelsen (→ S. 49).

Gotthold Ephraim Lessing: Emilia Galotti (1772)

Reclam UB 45; Suhrkamp BasisBibliothek 73 (Cornelsen); Cornelsen „Stati-
onen der Literatur"; Hamburger Lesehefte 149; Schöningh „EinFach
Deutsch"; Klett „Editionen mit Materialien"; „Königs Lektüren" 3004
(C. Bange)

Praxisanregungen: J. Ossner u. a. (Hrsg.): Interpretationen & Modelle für
den Deutschunterricht. Cornelsen (→ S. 49); – M. Kepser: Für die Schule.
Gotthold Ephraim Lessing. Volk und Wissen (u. a. zu „Emilia Galotti"); – Interpretationen. Lessings Dramen. Reclam UB 8411; – H. Steinmetz: Gotthold Ephraim Lessing: Emilia Galotti. (Reclam-Download); – Rainer Siegle:
Stundenblätter Deutsch. „Emilia Galotti". Klett; – Günther Grzondziel/Ste-
fan Krauß: G. E. Lessing, „Emilia Galotti". (DigiMedia Unterrichtshilfen Literatur, CD-ROM) Klett (s. u.); – Lektürehilfen: G. E. Lessing „Emilia Galotti".
Klett; – Martin Heider: G. E. Lessing: Emilia Galotti. (EinFach Deutsch Unterrichtsmodelle) Schöningh; – Hajo Kurzenberger: Aufführungsanalyse im
Deutschunterricht: Ein Vergleich der „Emilia Galotti"-Inszenierungen von
Thomas Langhoff (1984) und Michael Thalheimer (2001). In: Der Deutschunterricht, 2/2004, S. 5–18; – Peter Bekes: „Dass die Zärtlichkeit noch bar-
barischer zwingt als Tyrannenmord." Zur Vater-Tochter-Beziehung im
bürgerlichen Trauerspiel. In: Deutschunterricht, 1/2003; – weitere Praxisanregungen in den Reihen: Oldenbourg Interpretationen 21; Erläuterungen
und Dokumente, Reclam UB 16031; Lektüreschlüssel, Reclam UB 15318;
Blickpunkt 523, Beyer; Analysen und Reflexionen 47, Beyer.

Reihe „DigiMedia Unterrichtshilfen Literatur". Materialien, Arbeitsblätter,
Unterrichtsverläufe, 11.–13. Schuljahr (CD-ROM). Klett.

Ludwig Christoph Heinrich Hölty: Frühlingslied (1773)
Div. Gedichtsammlungen
Praxisanregungen: August Stahl: Utopie und Erfahrung im Spiegel der „schönen Natur". Zu Höltys „Frühlingslied". In: Karl Richter (Hrsg.): Gedichte und Interpretationen. Bd. 2: Aufklärung und Sturm und Drang. Reclam UB 7891, S. 295–306.

Johann Wolfgang Goethe: Die Leiden des jungen Werthers (1774)
Reclam UB 67; Cornelsen „Klassische Schullektüre"; Suhrkamp BasisBibliothek 5 (Cornelsen); detebe 21366; Hamburger Lesehefte 115; Schöningh „EinFach Deutsch"; Klett „Editionen mit Materialien"; „Königs Lektüren" 3008 (C. Bange); it 2284
Praxisanregungen: Klaus Eilert u.a. (Hrsg.): Texte, Themen und Strukturen interaktiv. Literatur und Epochen. (CD-ROM mit Handreichungen für den Unterricht, darin Modul „Unterrichtsprojekte" zu Goethes „Werther") Cornelsen. – Reihe „LiteraMedia" (CD-ROM/Audiobook). Cornelsen (→ S. 85); – Herbert Fuchs: J.W. Goethe: Die Leiden des jungen Werther. Handreichungen für den Unterricht. Cornelsen; – Lehrpraktische Analysen zu Goethe: Die Leiden des jungen Werther und Schiller: Don Karlos. Reclam UB 900634; – R. Vaget: Johann Wolfgang Goethe: Die Leiden des jungen Werther (Reclam-Download); – Rainer Könicke: Stundenblätter Deutsch. Goethes „Werther" und die Literatur des Sturm und Drang. Klett (Buch und CD-ROM); – J.W. Goethe, „Die Leiden des jungen Werther". (DigiMedia Unterrichtshilfen Literatur, CD-ROM) Klett (→ S. 104); – Lektürehilfen: J.W. von Goethe „Die Leiden des jungen Werther". Klett; – Stefan Blessin: Johann Wolfgang Goethe – Die Leiden des jungen Werther. (Grundlagen und Gedanken zum Verständnis erzählender Literatur) Diesterweg; – Hendrik Madsen/Rainer Madsen: J.W. von Goethe: Die Leiden des jungen Werthers. (EinFach Deutsch Unterrichtsmodelle) Schöningh; – Bernd W. Seiler/Jan-Torsten Milde: Goethes Werther. Bilder – Texte – Töne. Ein Literatur-Kommentar. (CD-ROM) C.C. Buchner; – Ralph Köhnen: Liebe in zwei Jahrhunderten. In: Deutschunterricht, 2/2001; – weitere Praxisanregungen in den Reihen: Oldenbourg Interpretationen 52; Erläuterungen und Dokumente, Reclam UB 8113; Lektüreschlüssel, Reclam UB 15312; Blickpunkt 516, Beyer; Analysen und Reflexionen 62, Beyer.

Johann Wolfgang Goethe: Prometheus (1774)

Div. Gedichtsammlungen, u.a. Echtermeyer: Deutsche Gedichte
Praxisanregungen: J. Ossner u.a. (Hrsg.): Interpretationen & Modelle für den Deutschunterricht. (CD-ROM) Cornelsen (→ S. 49); – Horst Thomé: Tätigkeit und Reflexion in Goethes „Prometheus". Umrisse einer Interpretation. In: Karl Richter (Hrsg.): Gedichte und Interpretationen. Bd.2: Aufklärung und Sturm und Drang. Reclam UB 7891, S.427–435; – Horst Thomé: Interpretationen zu Gedichten. Johann Wolfgang Goethe: Prometheus. (Reclam-Download); – B. Witte (Hrsg.): Interpretationen. Gedichte von Johann Wolfgang Goethe. Reclam UB 17504; – Kurt Binneberg: Hymnus auf die Göttlichkeit des außerordentlichen Menschen – „Prometheus" und „Ganymed". In: ders.: Interpretationshilfen. Deutsche Lyrik von der Aufklärung bis zur Klassik. Klett, S.84–98; – Interpretationshilfe Deutsch. Goethe: Gedichte. Stark (u.a. zu „Prometheus").

Johann Wolfgang Goethe: Ganymed (1774)

Div. Gedichtsammlungen, u.a. Echtermeyer: Deutsche Gedichte
Praxisanregungen: J. Ossner u.a. (Hrsg.): Interpretationen & Modelle für den Deutschunterricht. (CD-ROM) Cornelsen (→ S. 49); – B. Witte (Hrsg.): Interpretationen. Gedichte von Johann Wolfgang Goethe. Reclam UB 17504; – Interpretationshilfe Deutsch. Goethe: Gedichte, Stark (u.a. zu „Ganymed").
Vgl. Goethe: „Prometheus"

Johann Wolfgang Goethe: Wandrers Nachtlied (1776)

Div. Gedichtsammlungen, u.a. Echtermeyer: Deutsche Gedichte
Praxisanregungen: B. Witte (Hrsg.): Interpretationen. Gedichte von Johann Wolfgang Goethe. Reclam UB 17504; – Kurt Binneberg: Lieder von der Sehnsucht des Menschen nach innerem Frieden – „Wandrers Nachtlied" (1776) und „Ein Gleiches" (1780). In: ders.: Interpretationshilfen. Deutsche Lyrik von der Aufklärung bis zur Klassik. Klett, S.111–130.

Gotthold Ephraim Lessing: Nathan der Weise (1779)

Reclam UB 3; Cornelsen „Klassische Schullektüre"; Suhrkamp BasisBibliothek 41 (Cornelsen); Hamburger Lesehefte 17; Schöningh „EinFach Deutsch"; Klett „Editionen mit Materialien"; Verlag an der Ruhr 80033; „Königs Lektüren" 3002 (C. Bange)

Praxisanregungen: J. Ossner u.a. (Hrsg.): Interpretationen & Modelle für den Deutschunterricht. (CD-ROM) Cornelsen (→ S. 49); – Klaus Eilert u.a. (Hrsg.): Texte, Themen und Strukturen interaktiv. Literatur und Gattungen. (CD-ROM mit Handreichungen für den Unterricht, darin „Klausuraufgaben trainieren" zu „Nathan der Weise") Cornelsen. – Reihe „LiteraMedia" (CD-ROM/Audiobook). Cornelsen (→ S. 85); – Ingrid Haaser: G.E. Lessing: Nathan der Weise. Handreichungen für den Unterricht. Cornelsen; – M. Kepser: Für die Schule. Gotthold Ephraim Lessing, Volk und Wissen (u.a. zu „Nathan der Weise"); – Th. Koebner: Gotthold Ephraim Lessing: Nathan der Weise. (Reclam-Download); – Dieter Arendt: Gotthold Ephraim Lessing – Nathan der Weise. (Grundlagen und Gedanken zum Verständnis des Dramas) Diesterweg; – Kerstin Prietzel: G.E. Lessing, „Nathan der Weise". (DigiMedia Unterrichtshilfen Literatur, CD-ROM) Klett (→ S. 104); – Lektürehilfen: G.E. Lessing „Nathan der Weise", Klett; – Wilhelm Große: Lessings „Nathan" und die Literatur der Aufklärung. (Buch mit CD-ROM) Klett; – Eberhard Hermes: Ideal und Wirklichkeit. G.E. Lessing: Nathan der Weise – J.W. von Goethe: Iphigenie – B. Brecht: Der gute Mensch von Sezuan. (Interpretationshilfen) Klett; – Volker Frederking/Günter Heine: Texte. Medien. Gotthold Ephraim Lessing: Nathan der Weise. (Textausgabe mit Materialien, Arbeitsheft, Informationen für Lehrende) Schroedel; – weitere Praxisanregungen in den Reihen: Literatur-Kartei, Verlag an der Ruhr 60040; Oldenbourg Interpretationen 53; Erläuterungen und Dokumente, Reclam UB 8118; Lektüreschlüssel, Reclam UB 15316; Blickpunkt 508, Beyer. Vgl. „Emilia Galotti"

Johann Wolfgang Goethe: Grenzen der Menschheit (1781)

Div. Gedichtsammlungen, u.a. Echtermeyer: Deutsche Gedichte
Praxisanregungen: Ursula Segebrecht: Besonnene Bestandsaufnahme. Zu Goethes „Grenzen der Menschheit". In: Wulf Segebrecht (Hrsg.): Gedichte und Interpretationen. Bd.3: Klassik und Romantik. Reclam UB 7892, S.25–37; – B. Witte (Hrsg.): Interpretationen. Gedichte von Johann Wolfgang Goethe, Reclam UB 17504; – Kurt Binneberg: Abkehr von Prometheus oder das Ideal der Selbstbeschränkung des Individuums – „Grenzen der Menschheit". In: ders.: Interpretationshilfen. Deutsche Lyrik von der Aufklärung bis zur Klassik. Klett, S.99–110; – Peter von Matt: Die verdächtige Pracht. Über Dichter und Gedichte. dtv 30826, S.100–102; – Interpretationshilfe Deutsch. Goethe: Gedichte, Stark (u.a. zu „Grenzen der Menschheit").

Friedrich Schiller: Kabale und Liebe (1784)

Reclam UB 33; Cornelsen „Klassische Schullektüre"; Suhrkamp BasisBibliothek 10 (Cornelsen); Hamburger Lesehefte 61; Schöningh „EinFach Deutsch"; Klett „Editionen mit Materialien"; „Königs Lektüren" 3013 (C. Bange)
Praxisanregungen: J. Ossner u. a. (Hrsg.): Interpretationen & Modelle für den Deutschunterricht. (CD-ROM) Cornelsen (→ S. 49); – Reihe „LiteraMedia" (CD-ROM/Audiobook). Cornelsen (→ S. 85); – Klaus Eilert u. a. (Hrsg.): Texte, Themen und Strukturen interaktiv. Literatur und Epochen. (CD-ROM mit Handreichungen für den Unterricht, darin Modul „Klausuraufgaben trainieren" zu Schillers „Kabale und Liebe") Cornelsen; – Erdmute von Pickerodt-Uthleb: Friedrich Schiller: Kabale und Liebe. Handreichungen für den Unterricht. Cornelsen; – Lehrpraktische Analysen zu Schiller: Kabale und Liebe und Grillparzer: Der arme Spielmann. Reclam UB 900631; – K.S. Guthke: Friedrich Schiller: Kabale und Liebe. (Reclam-Download); – W. Pasche: Schiller „Kabale und Liebe". Klett (Buch + CD-ROM); – Martin Neubauer: F. Schiller, „Kabale und Liebe". (DigiMedia Unterrichtshilfen Literatur, CD-ROM) Klett (→ S. 104); – Lektürehilfen: Friedrich Schiller „Kabale und Liebe". Klett; – Hans Peter und Martina Hermann: Friedrich Schiller – Kabale und Liebe. (Grundlagen und Gedanken zum Verständnis des Dramas) Diesterweg; – RAAbits Deutsch/Literatur: Friedrich Schillers „Kabale und Liebe" als bürgerliches Trauerspiel. Textnahe Lektüre und szenische Interpretation, Raabe; – weitere Praxisanregungen in den Reihen: Oldenbourg Interpretationen 44; Erläuterungen und Dokumente, Reclam UB 8149; Lektüreschlüssel, Reclam UB 15335; Interpretationen, Reclam UB 8807; Analysen und Reflexionen 44, Beyer.

Friedrich Schiller: Don Karlos (1787)

Reclam UB 38; Hamburger Lesehefte 80; Klett „Editionen mit Materialien"
Praxisanregungen: Lehrpraktische Analysen zu Goethe: Die Leiden des jungen Werther und Schiller: Don Karlos. Reclam UB 900634; – Karl Pörnbacher: Erläuterungen und Dokumente. Friedrich Schiller: Don Karlos. Reclam UB 8120; – Bertold Heizmann: Lektüreschlüssel. Friedrich Schiller: Don Karlos. Reclam UB 15352; – Lektürehilfen: Friedrich Schiller „Don Carlos". Klett; – I. Scholz: Friedrich Schiller, Don Carlos – Interpretationen und Anregungen zur Unterrichtsgestaltung. (Analysen und Reflexionen 46) Beyer.
Vgl. „Kabale und Liebe"

Johann Wolfgang Goethe: Iphigenie auf Tauris (1787)

Reclam UB 83; Cornelsen „Klassische Schullektüre"; Hamburger Lesehefte 13; Schöningh „EinFach Deutsch"; Klett „Editionen mit Materialien";
„Königs Lektüren" 3015 (C. Bange)
Praxisanregungen: J. Ossner u.a. (Hrsg.): Interpretationen & Modelle für
den Deutschunterricht. (CD-ROM) Cornelsen (→ S. 49); – Klaus Peter:
J.W. Goethe: Iphigenie auf Tauris. Handreichungen für den Unterricht. Cor-
nelsen; – Lehrpraktische Analysen zu Goethe: Iphigenie auf Tauris und
Mörike: Mozart auf der Reise nach Prag. (Reclam UB Nr. 900635); – W. Hin-
derer (Hrsg.): Interpretationen. Goethes Dramen (Reclam UB 8417); –
D. Borchmeyer: Johann Wolfgang Goethe: Iphigenie auf Tauris. (Reclam-
Download); – Eberhard Hermes: Ideal und Wirklichkeit. G.E. Lessing:
Nathan der Weise – J.W. von Goethe: Iphigenie – B. Brecht: Der gute Mensch
von Sezuan. (Interpretationshilfen) Klett; – Günther Holst: Johann Wolfgang
von Goethe – Iphigenie auf Tauris. (Grundlagen und Gedanken zum Verständnis des Dramas) Diesterweg; – Friedbert Stühler: J.W. von Goethe,
Iphigenie auf Tauris – Bertolt Brecht, Die heilige Johanna der Schlachthöfe
– Frauengestalten im Zeichen der Humanität. (Blickpunkt 507) Beyer; –
weitere Praxisempfehlungen in den Reihen: Oldenbourg Interpretationen 71; Erläuterungen und Dokumente, Reclam UB 16025; Lektüreschlüssel, Reclam UB 15350; Analysen und Reflexionen 77, Beyer.

Friedrich Schiller: Die Götter Griechenlands (1788)

Div. Gedichtsammlungen, u.a. Echtermeyer: Deutsche Gedichte
Praxisanregungen: Sybille Demmer:Von der Kunst über Religion zur Kunst-
Religion. Zu Schillers Gedicht „Die Götter Griechenlands". In: Wulf Segebrecht (Hrsg.): Gedichte und Interpretationen. Bd. 3: Klassik und Romantik.
Reclam UB 7892, S. 37–47; – Norbert Oellers (Hrsg.): Interpretationen. Gedichte von Friedrich Schiller. Reclam UB 9473; – Kurt Binneberg: Im Konflikt zwischen antiker Humanität und moderner Verstandeskultur – Schillers „Die Götter Griechenlands". In: ders.: Interpretationshilfen. Deutsche
Lyrik von der Aufklärung bis zur Klassik. Klett, S.144–160.

Friedrich Schiller: Maria Stuart (1800)

Reclam UB 64; Suhrkamp BasisBibliothek 53 (Cornelsen); Klett Taschenbü-
cherei „Texte & Materialien"; Hamburger Lesehefte 12; Schöningh „Ein-
Fach Deutsch"

Praxisanregungen: J. Ossner u.a. (Hrsg.): Interpretationen & Modelle für den Deutschunterricht. (CD-ROM) Cornelsen (→ S. 49); – Reinhart Leipert: Friedrich Schiller, Maria Stuart. (Oldenbourg Interpretationen 43); – Christian Grawe: Erläuterungen und Dokumente. Maria Stuart. Reclam UB 8143; – Theodor Pelster: Lektüreschlüssel. Friedrich Schiller: Maria Stuart. Reclam UB 15310; – G. Sautermeister: Friedrich Schiller: Maria Stuart. (Reclam-Download); – Frauke Bohlen/Rosemarie Zölle: Stundenblätter Deutsch. Schiller „Maria Stuart", Klett (Buch mit CD-ROM); – Lektürehilfen: Friedrich Schiller „Maria Stuart", Klett; – Hans-Peter und Martina Hermann: Friedrich Schiller – Maria Stuart. (Grundlagen und Gedanken zum Verständnis des Dramas) Diesterweg; – Gerhard Friedl: Friedrich Schiller: Maria Stuart. (EinFach Deutsch Unterrichtsmodelle) Schöningh; – I. Scholz: Friedrich Schiller, Maria Stuart/Die Schaubühne als moralische Anstalt betrachtet – Interpretationen und Anregungen zur Unterrichtsgestaltung. (Analysen und Reflexionen 43) Beyer.
Vgl. „Kabale und Liebe"

Friedrich Hölderlin: Hälfte des Lebens (1805)
Echtermeyer: Deutsche Gedichte u.a. Sammlungen; it 781, it 2796, it 1508
Praxisanregungen: J. Ossner u.a. (Hrsg.): Interpretationen & Modelle für den Deutschunterricht. (CD-ROM) Cornelsen (→ S. 49); – Jochen Schmidt: „Sobria ebrietas". Hölderlins „Hälfte des Lebens". In: Wulf Segebrecht (Hrsg.): Gedichte und Interpretationen. Bd.3: Klassik und Romantik. Reclam UB 7892, S.257–267; – Jochen Schmidt: Interpretationen zu Gedichten. Friedrich Hölderlin: Hälfte des Lebens. (Reclam-Download); – G. Kurz (Hrsg.): Interpretationen. Gedichte von Friedrich Hölderlin. Reclam UB 9472; – Friedrich Hölderlin: Gedichte (Text und Kommentar). Deutscher Klassiker Verlag (TB 4).

Johann Wolfgang Goethe: Faust – 1. und 2. Teil (1808/1832)
Reclam UB 1 und 2; Cornelsen „Klassische Schullektüre" (nur Faust I); Cornelsen „Stationen der Literatur"; Hamburger Lesehefte 29 und 170; Schöningh „EinFach Deutsch"; Klett „Editionen mit Materialien"; „Königs Lektüren" 3003 (C. Bange); it 50 (1. Teil)
Praxisanregungen: J. Ossner u.a. (Hrsg.): Interpretationen & Modelle für den Deutschunterricht. (CD-ROM) Cornelsen (→ S. 49); – Gerhart Pickerodt/ Erdmute Pickerodt-Uthleb: J.W. Goethe: Faust I. Handreichungen für den Unterricht. Cornelsen; – Klaus Eilert u.a. (Hrsg.): Texte, Themen und Struk-

turen interaktiv. Literatur und Gattungen. (CD-ROM mit Handreichungen für den Unterricht, darin „Unterrichtsprojekte gestalten" zu „Faust I") Cornelsen; – H. Hamm: Für die Schule. Goethes „Faust I". Volk und Wissen; – Ulrich Gaier: Fausts Modernität. Essays. Reclam UB 18072; – Ulrich Gaier: Kommentar zu Goethes Faust. Reclam UB 18183; – W. Keller: Johann Wolfgang Goethe: Faust I. (Reclam-Download); – Andreas Siekmann: Stundenblätter Deutsch. Goethe „Faust I". Klett (Buch mit CD-ROM); – Willi-Klaus Nawrath: Stundenblätter Deutsch. „Faust, Erster und Zweiter Teil". Klett; – Silvis Johnke/Dieter Schwandt: J.W. Goethe, „Faust". (DigiMedia Unterrichtshilfen Literatur, CD-ROM) Klett (→ S. 104); – Lektürehilfen: J.W. von Goethe „Faust. Erster und Zweiter Teil". (inkl. Audio-CD mit nachgestellter mündlicher Abiturprüfung) Klett; – Helmut Kobligk: Johann Wolfgang von Goethe – Faust I/Faust II, 2 Bde. (Grundlagen und Gedanken zum Verständnis des Dramas) Diesterweg; – Franz Waldherr: J.W. von Goethe: Faust. Der Tragödie erster Teil. (EinFach Deutsch Unterrichtsmodelle) Schöningh; – Guido Hiss: Was analysiere ich wie? Der postmoderne Faust. In: Der Deutschunterricht, 2/2004, S. 20–30; – weitere Praxisanregungen in den Reihen: Oldenbourg Interpretationen 64 (Faust I und II); Erläuterungen und Dokumente, Reclam UB 16021 (Faust I) und Reclam UB 16022 (Faust II); Lektüreschlüssel, Reclam UB 15301 (Faust I); Analysen und Reflexionen 30, Beyer (Faust I).

Audio: Lesung. Faust. Zweiter Teil. Hörverlag.

Weiterführende Literatur: Friedrich Dürrenmatt: Urfaust, ergänzt durch das Buch von Doktor Faustus aus dem Jahre 1589. Diogenes (detebe 23053); – Gert Mattenklott: Faust. In: Etienne François/Hagen Schulze (Hrsg.): Deutsche Erinnerungsorte III. Beck, München 2001, S. 603–619. Vgl. „Iphigenie auf Tauris"

Heinrich von Kleist: Der zerbrochene Krug (1808)

Reclam UB 91; Suhrkamp BasisBibliothek 66 (Cornelsen); Cornelsen „Klassische Schullektüre"; Cornelsen „einfach klassisch"; it 171; Hamburger Lesehefte 33; Schöningh „EinFach Deutsch"; Klett „Editionen mit Materialien"

Praxisanregungen: J. Ossner u. a. (Hrsg.): Interpretationen & Modelle für den Deutschunterricht. (CD-ROM) Cornelsen (→ S. 49); – Ingrid Haaser: H. v. Kleist: Der zerbrochene Krug. Handreichungen für den Unterricht, Cornelsen; – Bernhard Sowinski: Heinrich von Kleist, Der zerbrochene Krug (Oldenbourg 73); – W. Hinderer (Hrsg.): Interpretationen. Kleists Dramen.

Reclam UB 8411; – Helmut Sembder: Erläuterungen und Dokumente. Der zerbrochene Krug. Reclam UB 8123; – Theodor Pelster: Lektüreschlüssel. Heinrich von Kleist: Der zerbrochene Krug. Reclam UB 15333; – U. Schödlbauer: Heinrich von Kleist: Der zerbrochene Krug. (Reclam-Download); – Markus Strube: Heinrich von Kleist: Der zerbrochene Krug. (EinFach Deutsch Unterrichtsmodelle) Schöningh.

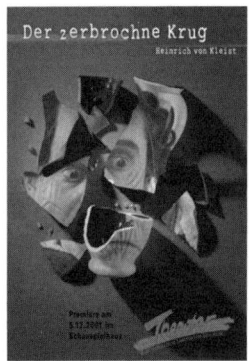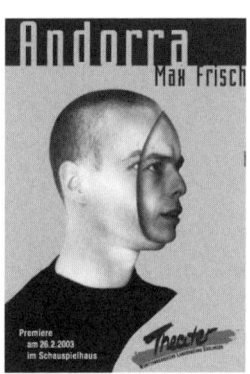

Grafische Deutung dramatischer Texte durch Theaterplakate.

Heinrich von Kleist: Die Marquise von O. (1808)

Reclam UB 8002; it 299; Hamburger Lesehefte 167; Klett „Editionen und Materialien"

Praxisanregungen: J. Ossner u. a. (Hrsg.): Interpretationen & Modelle für den Deutschunterricht. (CD-ROM) Cornelsen (→ S. 49); – Hartmut Kircher: Heinrich von Kleist, Das Erdbeben in Chili/Die Marquise von O. (Oldenbourg Interpretationen 50); – Dirk Grathoff: Heinrich von Kleist „Die Marquise von O.". In: Interpretationen. Erzählungen und Novellen des 19. Jahrhunderts. Bd. 1. Reclam UB 8413, S. 97–132; – W. Hinderer: Interpretationen. Kleists Erzählungen. Reclam UB 17505; – Sabine Doering: Erläuterungen und Dokumente. Die Marquise von O. Reclam UB 8196; – J. Schmidt: Heinrich von Kleist: Die Marquise von O. (Reclam-Download); – Lektürehilfen: Heinrich von Kleist. Die Marquise von O. Klett; – I. Scholz: Heinrich von Kleist, Über das Marionettentheater/Die Marquise von O. u. a. (Analysen und Reflexionen 33) Beyer.

Jacob u. Wilhelm Grimm: Kinder- und Hausmärchen (1812–15)

Reclam UB 3179 (ausgewählte Märchen), Reclam UB 3191 bis 3193 (Ausgabe letzter Hand); Suhrkamp BasisBibliothek 6 (Cornelsen), Hamburger Lesehefte 197; it 829; it 842 (Kleine Ausgabe); detebe 70131 (Die schönsten Märchen)
Praxisanregungen: – Reihe „LiteraMedia" (CD-ROM/Audiobook). Cornelsen (→ S. 85); – W. Mieder (Hrsg.): Arbeitstexte für den Unterricht. Grimms Märchen – modern. Prosa, Gedichte, Karikaturen. Reclam UB 9554; – Grimms Märchen, wie sie nicht im Buche stehen. Insel, it 1551.
Weiterführende Literatur: Maria Tatar: Grimms Märchen. In: Etienne François/Hagen Schulze (Hrsg.): Deutsche Erinnerungsorte I. Beck, München 2001, S. 275–289.

Joseph von Eichendorff: Frische Fahrt (1815)

Div. Gedichtsammlungen, u. a. Sämtliche Gedichte bei Insel (it 3158)
Praxisanregungen: Helmut Koopmann: Romantische Lebensfahrt. In: Wulf Segebrecht (Hrsg.): Gedichte und Interpretationen. Bd. 3: Klassik und Romantik. Reclam UB 7892, S. 294–305; – G. Sautermeister (Hrsg.): Interpretationen. Gedichte von Joseph von Eichendorff. Reclam UB 17528.

Ernst Theodor Amadeus Hoffmann: Der Sandmann (1817)

Reclam UB 230; Suhrkamp BasisBibliothek 45 (Cornelsen); Hamburger Lesehefte 174 (+ „Das öde Haus"); it 934; Klett „Editionen mit Materialien" (Titel: E.T.A. Hoffmann: ein universaler Künstler).
Praxisanregungen: Marion Bönninghausen: E.T.A. Hoffmann, Der Sandmann/Das Fräulein von Scuderi. (Oldenbourg Interpretationen 93); – Rudolf Drux: Erläuterungen und Dokumente. E.T.A. Hoffmann: Der Sandmann. Reclam UB 8199; – Peter Bekes: Lektüreschlüssel. E.T.A. Hoffmann: Der Sandmann. Reclam UB 15354; – Thomas Koebner: E.T.A. Hoffmann: Der Sandmann. (Reclam-Download); – Thomas Koebner: E.T.A. Hoffmann: Der Sandmann. In: Interpretationen. Erzählungen und Novellen des 19. Jahrhunderts. Bd. 1. Reclam UB 8413, S. 257–308; – Timotheus Schwake: E.T.A. Hoffmann: Der Sandmann. (EinFach Deutsch Unterrichtshilfen) Schöningh; – Lektürehilfen: E.T.A. Hoffmann „Der Sandmann", Klett; – Dieter Schrey: Texte.Medien. E.T.A. Hoffmann: Der Sandmann. (Arbeitsheft und Informationen für Lehrerinnen und Lehrer) Schroedel; – Gerhard Rupp: Träume und medial verzerrte Kommunikation. In: Deutschunterricht, 6/2001.

E. T. A. Hoffmann: Das Fräulein von Scuderi (1819/21)

Reclam UB 25; Cornelsen „Klassische Schullektüre"; Cornelsen „einfach klassisch"; Suhrkamp BasisBibliothek 22 (Cornelsen); Hamburger Lesehefte 57; it 410

Praxisanregungen: Ekkehart Mittelberg/Dieter Seifert: E.T.A. Hoffmann: Das Fräulein von Scuderi. Handreichungen für den Unterricht. Cornelsen. – Reihe „LiteraMedia" (CD-ROM/Audiobook). Cornelsen (→ S. 85); – Hans Ulrich Lindken: Erläuterungen und Dokumente. E.T.A. Hoffmann: Das Fräulein von Scuderi. Reclam UB 8142; – Winfried Freund: Lektüreschlüssel. E.T.A. Hoffmann: Das Fräulein von Scuderi. Reclam UB 15321; – I. Scholz: E.T.A. Hoffmann, Das Fräulein von Scuderi/Der goldene Topf – Interpretationen und unterrichtspraktische Vorschläge. (Analysen und Reflexionen 57) Beyer.

Joseph von Eichendorff: Sehnsucht (1834)

Div. Gedichtsammlungen

Praxisanregungen: Wolfgang Frühwald: Die Poesie und der poetische Mensch. Zu Eichendorffs Gedicht „Sehnsucht". In: Wulf Segebrecht (Hrsg.): Gedichte und Interpretationen. Bd. 3: Klassik und Romantik. Reclam UB 7892, S. 381–393; – G. Sautermeister (Hrsg.): Interpretationen. Gedichte von Joseph von Eichendorff. Reclam UB 17528.

Georg Büchner: Dantons Tod (1835)

Reclam UB 6060; Cornelsen „Klassische Schullektüre"; Bibliothek X-Libris (CD-ROM „Georg Büchner") bei Cornelsen; Hamburger Lesehefte 113; dtv „Bibliothek der Erstausgaben" 2606; Klett „Editionen mit Materialien"; „Königs Lektüren" 3006 (C. Bange)

Praxisanregungen: Klaus Peter/Ingeborg Radmehr: G. Büchner: Dantons Tod. Handreichungen für den Unterricht. Cornelsen; – Werner Frizen: Georg Büchner, Dantons Tod. (Oldenbourg Interpretationen 34) – Interpretationen. Georg Büchner. Dantons Tod, Lenz, Leonce und Lena, Woyzeck. Reclam UB 8415; – Gerald Funk: Erläuterungen und Dokumente. Georg Büchner: Dantons Tod. Reclam UB 16034; – Wilhelm Große: Lektüreschlüssel. Georg Büchner: Dantons Tod. Reclam UB 15344; – Lektürehilfen: Georg Büchner „Dantons Tod". Klett; – Ingo Breuer: Die Theatralität der Geschichte in Georg Büchners Danton's Tod. In: Der Deutschunterricht, 6/2002, S. 5–13.

Joseph von Eichendorff: Mondnacht (1837)
Div. Gedichtsammlungen, u.a. Echtermeyer: Deutsche Gedichte
Praxisanregungen: Gerd Brenner/Heinz Gierlich u.a.: Literarische Texte
und Medien: Von der Analyse zur Interpretation. Cornelsen, S.83–85 (mit
Lösungsheft; Gedichtvergleich mit G. Kunert: Mondnacht); – W. Frühwald:
Interpretationen zu Gedichten. Joseph von Eichendorff. Mondnacht (Re-
clam-Download); – G. Sautermeister (Hrsg.): Interpretationen. Gedichte von
Joseph von Eichendorff. Reclam UB 17528.

August H. Hoffmann von Fallersleben: Das Lied der Deutschen (1841)
Div. Gedichtsammlungen
Praxisanregungen: Hans Peter Neureuter: Hoffmanns „Deutscher Gesang".
Versuch einer historischen Auslegung. In: Günter Häntzschel (Hrsg.): Ge-
dichte und Interpretationen. Bd.4: Vom Biedermeier zum Bürgerlichen Re-
alismus. Reclam UB 7893, S.223–234; – H.P. Neureuter: Interpretationen
zu Gedichten. August Heinrich Hoffmann von Fallersleben: Das Lied der
Deutschen (Reclam-Download); – Michael Jeismann: Die Nationalhymne.
In: Etienne François/Hagen Schulze (Hrsg.): Deutsche Erinnerungsorte III.
Beck, München 2001, S.660–664.

Georg Büchner: Leonce und Lena (1842)
Reclam UB 18420 (mit Woyzeck), Reclam 18248 (Studienausgabe); Biblio-
thek X-Libris (CD-ROM „Georg Büchner") bei Cornelsen; Hamburger Lese-
hefte 148 (mit „Woyzeck"); Klett „Editionen mit Materialien"
Praxisanregungen: Lehrpraktische Analysen zu Büchner: Leonce und Lena
und Nestroy: Der böse Geist Lumpazivagabundus. Reclam UB 900630; –
Arnd Beise/Gerald Funk: Erläuterungen und Dokumente. Leonce und Lena.
Reclam UB 16049; – Wilhelm Große: Lektüreschlüssel. Georg Büchner:
Leonce und Lena. Reclam UB 15319; – Arnd Beise: Die Leute vertragen es
nicht, dass man sich als Narr produziert. Büchners Lustspiel Leonce und
Lena. In: Der Deutschunterricht, 6/2002, S.24–33.

Heinrich Heine: Deutschland. Ein Wintermärchen (1844)
Reclam UB 2253; Cornelsen „Stationen der Literatur"; Hamburger Lese-
hefte 164; Klett „Editionen mit Materialien"
Praxisanregungen: Gottfried Eßer u.a.: Rund um Heine. Kopiervorlagen für
den Deutschunterricht. Cornelsen; – Hartmut Kircher: Heinrich Heine,
Deutschland. Ein Wintermärchen und andere Gedichte. (Oldenbourg Inter-

pretationen 83); – Karlheinz Fingerhut: Heinrich Heine – Deutschland. Ein Wintermärchen. (Grundlagen und Gedanken zum Verständnis erzählender Literatur) Diesterweg; – Bernd Kortländer: Heinrich Heine. Reclam UB 17638; – Werner Bellmann: Erläuterungen und Dokumente. Heinrich Heine: Deutschland. Ein Wintermärchen. Reclam UB 8150; – Wolfgang Kröger: Lektüreschlüssel. Heinrich Heine: Deutschland. Ein Wintermärchen. Reclam UB 15325; – Wilhelm Große: Literaturwissen. Heinrich Heine. Reclam UB 15223.

Georg Büchner: Woyzeck (1879)

Reclam UB 18420 (mit „Leonce und Lena"); Cornelsen „Klassische Schullektüre"; Cornelsen „Stationen der Literatur"; Bibliothek X-Libris (CD-ROM „Georg Büchner") bei Cornelsen; Hamburger Lesehefte 148 (mit „Leonce und Lena"); Schöningh „EinFach Deutsch"; Klett „Editionen mit Materialien"; „Königs Lektüren" 3009 (C. Bange)

Praxisanregungen: J. Ossner u. a. (Hrsg.): Interpretationen & Modelle für den Deutschunterricht. (CD-ROM) Cornelsen (→ S. 49); – Meinhard Gerdes u. a.: G. Büchner: Woyzeck. Handreichungen für den Unterricht. Cornelsen; – Th. Elm: Georg Büchner: Woyzeck. (Reclam-Download); – Norbert Schäbitz: Georg Büchner: Woyzeck. (EinFach Deutsch Unterrichtsmodelle) Schöningh; – Rainer Werner: Stundenblätter Deutsch. Büchner „Woyzeck". Klett (Buch mit CD-ROM); – Ruth von Liebenstein-Kurtz: Stundenblätter Deutsch. „Woyzeck". Klett; – Günther Grzondziel/Stefan Krauß: G. Büchner, „Woyzeck". (DigiMedia Unterrichtshilfen Literatur, CD-ROM) Klett (→ S. 104); Lektürehilfen: Georg Büchner „Woyzeck". Klett; – Hans Ritscher: Georg Büchner – Woyzeck. (Grundlagen und Gedanken zum Verständnis erzählender Literatur) Diesterweg; – Burkhard Dedner: „Wie ein Mensch der stirbt." Über Schreib-Lern-Prozesse in Büchners Woyzeck. In: Der Deutschunterricht, 6/2002, S. 34–46; – Friedhelm Roth-Lange: Szenographien lesen am Beispiel von Bühnenräumen zu Büchners „Woyzeck", Wedekinds „Frühlings Erwachen" und Horváths „Geschichten aus dem Wiener Wald". In: Der Deutschunterricht, 2/2004, S. 31–45; – weitere Praxisanregungen in den Reihen: Oldenbourg Interpretationen 6; Erläuterungen und Dokumente, Reclam UB 16013; Lektüreschlüssel, Reclam UB 15339; Analysen und Reflexionen 18, Beyer.

Theodor Fontane: Irrungen, Wirrungen (1887)
Reclam UB 8971; detebe 23081; Hamburger Lesehefte 172; Schöningh
„EinFach Deutsch"; Klett „Editionen mit Materialien"; it 771
Praxisanregungen: Reinhard Wilczek: Theodor Fontane, Irrungen, Wir-
rungen (Oldenbourg Interpretationen 106); – Lehrpraktische Analysen zu
Grabbe: Scherz, Satire, Ironie und tiefere Bedeutung und Fontane: Ir-
rungen, Wirrungen. Reclam UB 900625; – Frederick Betz: Erläuterungen
und Dokumente. Irrungen, Wirrungen. Reclam UB 8146; – Kurt Sollmann:
Theodor Fontane – Irrungen. (Grundlagen und Gedanken zum Verständnis
erzählender Literatur) Diesterweg; – Peter Bekes/Ellen Schindler-Horst:
Texte. Medien. Theodor Fontane: Irrungen, Wirrungen. (Textausgabe mit
Materialien, Arbeitsheft, Informationen für Lehrende) Schroedel; – Michael
Fuchs: Theodor Fontane: Irrungen, Wirrungen. (EinFach Deutsch Unterrichtsmodell) Schöningh; – Lektürehilfen: Theodor Fontane: Irrungen, Wirrungen. (ausführliche Inhaltsangabe mit Interpretationen und Abitur-Fra-
gen mit Lösungen) Klett.

Frank Wedekind: Frühlings Erwachen (1891)
Reclam UB 7951; Cornelsen „Klassische Schullektüre"; Suhrkamp Basis-
Bibliothek 21 (Cornelsen); Hamburger Lesehefte 173; Klett „Editionen mit
Materialien"
Praxisanregungen: J. Ossner u.a. (Hrsg.): Interpretationen & Modelle für
den Deutschunterricht. (CD-ROM) Cornelsen (→ S. 49); – Dieter Seiffert/Ge-
org Völker: F. Wedekind: Frühlings Erwachen. Handreichungen für den Un-
terricht. Cornelsen; – Reihe „LiteraMedia" (CD-ROM/Audiobook). Cornelsen
(→ S. 85); – Gerhard Pickerodt: Frank Wedekind – Frühlings Erwachen.
(Grundlagen und Gedanken zum Verständnis des Dramas) Diesterweg; –
R. Florack: Frank Wedekind: Frühlings Erwachen. (Reclam-Download); –
Stefan Rogal: Frank Wedekind: Frühlings Erwachen. (EinFach Deutsch Un-
terrichtsmodelle) Schöningh; – Peter Bekes: Stundenblätter Deutsch.
„Frühlings Erwachen". Klett; – Friedhelm Roth-Lange: Szenographien le-
sen am Beispiel von Bühnenräumen zu Büchners „Woyzeck", Wedekinds
„Frühlings Erwachen" und Horváths „Geschichten aus dem Wiener Wald".
In: Der Deutschunterricht, 2/2004, S. 31–45; – weitere Praxishilfen in den
Reihen: Oldenbourg Interpretationen 94; Erläuterungen und Dokumente,
Reclam UB 8151; Lektüreschlüssel, Reclam UB 15308.

Theodor Fontane: Frau Jenny Treibel (1892)

Reclam UB 7635; Hamburger Lesehefte 176; Klett „Editionen mit Materialien"; it 746 und it 2952; detebe 23082.

Praxisanregungen: Rudolf Schäfer: Theodor Fontane, Frau Jenny Treibel. (Oldenbourg Interpretationen 12); – Walter Wagner: Erläuterungen und Dokumente. Frau Jenny Treibel. Reclam UB 8132; – Lektürehilfe: Theodor Fontane „Frau Jenny Treibel". Klett.

Gerhart Hauptmann: Die Weber (1892)

Cornelsen „Klassische Schullektüre"

Praxisanregungen: P. Sprengel: Gerhart Hauptmann: Die Weber. (Reclam-Download); – Gunnar Müller-Waldeck/Karl-Ewald Tietz: G. Hauptmann: Die Weber. Handreichungen für den Unterricht. Cornelsen; – J. Ossner u.a. (Hrsg.): Interpretationen & Modelle für den Deutschunterricht. (CD-ROM) Cornelsen (→ S. 49); – Dagmar Walach: Erläuterungen und Dokumente. Die Weber. Reclam UB 16014; – Michael Mommert: Lektüreschlüssel. Gerhart Hauptmann: Die Weber. Reclam UB 15368; – Peter Sprengel: Gerhart Hauptmann „Die Weber". In: Interpretationen. Dramen des Naturalismus. Reclam UB 8412, S.107–146; – André Brandenburg: Gerhart Hauptmann, Die Weber. Kommentare, Diskussionsaspekte und Anregungen für produktionsorientiertes Lesen. (Blickpunkt 524) Beyer; – R. Poppe: Gerhart Hauptmann, Der Biberpelz/Vor Sonnenuntergang/Die Weber – Soziales Engagement und politisches Theater. (Analysen und Reflexionen 32) Beyer.

Theodor Fontane: Effi Briest (1894/95)

Reclam UB 6961; it 138, it 3012 und it 2811; st 2897; Suhrkamp BasisBibliothek 47 (Cornelsen); Bibliothek X-Libris (CD-ROM „Theodor Fontane") bei Cornelsen; detebe 21077; Hamburger Lesehefte 171; Schöningh „EinFach Deutsch"; Klett „Editionen mit Materialien"; „Königs Lektüren" 3007 (C. Bange)

Praxisanregungen: J. Ossner u.a. (Hrsg.): Interpretationen & Modelle für den Deutschunterricht. (CD-ROM) Cornelsen (→ S. 49); – Reihe „LiteraMedia" (CD-ROM/Audiobook). Cornelsen (→ S. 85); – Lehrpraktische Analysen zu Brentano: Die Geschichte vom braven Kasperl und dem schönen Annerl und Fontane: Effi Briest. Reclam UB 900628; – Ch. Grawe (Hrsg.): Interpretationen. Fontanes Novellen und Romane. Reclam UB 8416; – Ch. Grawe: Theodor Fontane: Effi Briest. (Reclam-Download); – Norbert Berger: Stundenblätter Deutsch. Fontane „Effi Briest". (Buch mit CD-ROM) Klett; –

Hanns-Peter Reisner/Rainer Siegle: Stundenblätter Deutsch. „Effi Briest".
Klett; – Günther Grzondziel/Stefan Krauß: Th. Fontane, „Effi Briest". (Digi-
Media Unterrichtshilfen Literatur, CD-ROM) Klett (→ S. 104); – Lektüre-
hilfen: Theodor Fontane „Effi Briest". Klett; – Christian Grawe: Theodor
Fontane – Effi Briest. (Grundlagen und Gedanken zum Verständnis erzäh-
lender Literatur) Diesterweg; – Stefan Volk: Theodor Fontane: Effi Briest
(EinFach Deutsch Unterrichtsmodelle), Schöningh; – Bernd W. Seiler/Jan-
Torsten Milde: Fontanes Effi Briest. Bilder – Texte – Töne. Ein Literaturkom-
mentar. (CD-ROM) C. C. Buchner; – Deutsch betrifft uns, 1/2005: Fontane,
Effi Briest, Bergmoser + Höller; – weitere Praxisanregungen in den Reihen:
Oldenbourg Interpretationen 11; Lektüreschlüssel, Reclam UB 15327; Er-
läuterungen und Dokumente, Reclam UB 8119; Blickpunkt 519, Beyer;
Analysen und Reflexionen 61, Beyer.
Audio: Hörspielfassung, Hörverlag.

Thomas Mann: Buddenbrooks (1901)
Fischer TB 661
Praxisanregungen: M. Kämper-van den Boogaart: Für die Schule. Thomas
Mann. Volk und Wissen (u. a. zu „Buddenbrooks"); – Fred Müller: Thomas
Mann, Buddenbrooks. (Oldenbourg Interpretationen 23); – V. Hansen
(Hrsg.): Thomas Mann. Romane und Erzählungen. Reclam UB 8810; – Hel-
mut Koopmann: Thomas Mann – Buddenbrooks. (Grundlagen und Gedan-
ken zum Verständnis erzählender Literatur) Diesterweg; – Günter Schuma-
cher/Dirk Scholten: Thomas Mann: Buddenbrooks. (EinFach Deutsch
Unterrichtsmodelle) Schöningh; – Martin Ludwig: Thomas Mann, Buddenbrooks – Gesellschaftliche Wirklichkeit und Weitsicht. (Analysen und Reflexionen 38) Beyer; – Joachim Rickes: Die Romankunst des jungen Thomas
Mann. „Buddenbrooks" und „Königliche Hoheit". (Nachweis von Prätexten
in europäischen Mythen) Königshausen & Neumann, Würzburg 2006.
Audio: Hörspielfassung, Hörverlag.

Thomas Mann: Tonio Kröger (1903)
Fischer TB 1381 (mit „Mario und der Zauberer").
Praxisanregungen: J. Ossner u.a. (Hrsg.): Interpretationen & Modelle für
den Deutschunterricht. (CD-ROM) Cornelsen (→ S. 49); M. Kämper-van den
Boogaart: Für die Schule. Thomas Mann. Volk und Wissen (u.a. zu „Tonio
Kröger"); – Werner Bellmann: Erläuterungen und Dokumente. Tonio Krö-
ger. Reclam UB 8163; – Martin Neubauer: Lektüreschlüssel. Thomas Mann:

Tonio Kröger. Reclam UB 15309; – H. Kurzke: Thomas Mann: Tonio Kröger. (Reclam-Download); – Inge Wild: Thomas Mann – Tonio Kröger. (Grundlagen und Gedanken zum Verständnis erzählender Literatur) Diesterweg; – Klaus Lill: Künstlernovelle. Joseph von Eichendorff: Aus dem Leben eines Taugenichts, und Thomas Mann: Tonio Kröger. (EinFach Deutsch Unterrichtsmodelle) Schöningh.
Audio: Lesung, Hörverlag (Originalaufnahmen von Thomas Mann).
Vgl. „Buddenbrooks" und „Der Tod in Venedig".

Rainer Maria Rilke: Der Panther (1903)
Div. Gedichtsammlungen, u. a. Echtermeyer: Deutsche Gedichte
Praxisanregungen: J. Ossner u. a. (Hrsg.): Interpretationen & Modelle für den Deutschunterricht. (CD-ROM) Cornelsen (→ S. 49); – W. Groddeck: Interpretationen. Gedichte von Rainer Maria Rilke. Reclam UB 17510.

Heinrich Mann: Professor Unrat oder Das Ende eines Tyrannen (1905)
rororo 10035
Praxisanregungen: J. Ossner u. a. (Hrsg.): Interpretationen & Modelle für den Deutschunterricht. (CD-ROM) Cornelsen (→ S. 49); – Thomas Epple: Heinrich Mann, Professor Unrat. (Oldenbourg Interpretationen 86); – Lektürehilfen: Heinrich Mann „Professor Unrat". Klett; – Klaus Westphalen (Hrsg.): Professor Unrat und seine Kollegen. Literarische Porträts des Philologen. C. C. Buchner 5650.

Robert Musil: Die Verwirrungen des Zöglings Törleß (1906)
rororo 103001; Cornelsen „Stationen der Literatur"
Praxisanregungen: Bernhard Großmann: Robert Musil, Die Verwirrungen des Zöglings Törleß. (Oldenbourg Interpretationen 26); – Renate Schröder-Werle: Erläuterungen und Dokumente. Robert Musil: Die Verwirrungen des Zöglings Törleß. Reclam UB 16019; – Manfred Eisenbeis: Lektüreschlüssel. Robert Musil: Die Verwirrungen des Zöglings Törleß. Reclam UB 15345; – E. Heftrich: Robert Musil: Die Verwirrungen des Zöglings Törleß. (Reclam-Download).

Rainer Maria Rilke: Die Aufzeichnungen des Malte Laurids Brigge (1910)
Reclam UB 9626; Suhrkamp BasisBibliothek 17 (Cornelsen); Hamburger Lesehefte 196 (mit „Die Weise von Liebe und Tod des Cornets Christoph Rilke"); st 2870; it 630; it 2565

Praxisanregungen: – Reihe „LiteraMedia" (CD-ROM/Audiobook). Cornelsen (→ S. 85); – Klaus Eilert u. a. (Hrsg.): Texte, Themen und Strukturen interaktiv. Literatur und Epochen. (CD-ROM mit Handreichungen für den Unterricht, darin „Klausuraufgaben trainieren" zu „Malte Laurids Brigge") Cornelsen.

Else Lasker-Schüler: Ein alter Tibetteppich (1910)

Div. Gedichtsammlungen, u. a. Echtermeyer: Deutsche Gedichte *Praxisanregungen:* J. Ossner u. a. (Hrsg.): Interpretationen & Modelle für den Deutschunterricht. (CD-ROM) Cornelsen (→ S. 49); – S. Ehlers: Interpretationen zu Gedichten. Else Lasker-Schüler: Ein alter Tibetteppich. (Reclam-Download).

Gerhart Hauptmann: Die Ratten (1911)

Klett „Editionen mit Materialien"
Praxisanregungen: Werner Bellmann: Erläuterungen und Dokumente. Gerhart Hauptmann: Die Ratten (Reclam UB 8187); – Peter Sprengel: Gerhart Hauptmann: Die Ratten (Reclam-Download); – ders.: Gerhart Hauptmann „Die Ratten". In: Interpretationen. Dramen des Naturalismus. Reclam UB 8412, S. 243–282; – Lektürehilfe: Gerhart Hauptmann „Die Ratten". Klett.

Thomas Mann: Der Tod in Venedig (1913)

Fischer TB 54
Praxisanregungen: J. Ossner u. a. (Hrsg.): Interpretationen & Modelle für den Deutschunterricht. (CD-ROM) Cornelsen (→ S. 49); – M. Kämper-van den Boogaart: Für die Schule. Thomas Mann. Volk und Wissen (u. a. zu „Der Tod in Venedig"); – Werner Frizen: Thomas Mann, Der Tod in Venedig. (Oldenbourg Interpretationen 61); – Lektüreschlüssel Thomas Mann: Der Tod in Venedig. Reclam UB 15358; – Ehrhard Bahr: Erläuterungen und Dokumente. Der Tod in Venedig. Reclam UB 8188; – Hans-Georg Schede: Lektüreschlüssel. Thomas Mann: Der Tod in Venedig. Reclam UB 15358; – Lektürehilfen: Thomas Mann „Der Tod in Venedig". Klett; – H. Gehrke: Thomas Mann, Tonio Kröger/Der Tod in Venedig – Interpretationen und unterrichtspraktische Hinweise. (Analysen und Reflexionen 55) Beyer. Vgl. „Buddenbrooks"

Alfred Wolfenstein: Städter (1914)

Div. Gedichtsammlungen

Praxisanregungen: Gerd Brenner: Gedichtinterpretation. In: Heinrich Biermann/Bernd Schurf (Hrsg.): Texte, Themen und Strukturen. Cornelsen, S. 470–477; – Gerd Brenner: Gedichtinterpretation: In: Heinrich Biermann/Bernd Schurf (Hrsg.): Texte, Themen und Strukturen. Handbuch für den Unterricht. Cornelsen, S. 403–405.

Franz Kafka: Die Verwandlung (1915)

Reclam UB 9900; Cornelsen „Klassische Schullektüre"; Suhrkamp BasisBibliothek 13 (Cornelsen); Hamburger Lesehefte 187; Schöningh „EinFach Deutsch"; Klett „Editionen mit Materialien"; it 2395; Bibliothek X-Libris (CD-ROM „Franz Kafka") bei Cornelsen

Praxisanregungen: J. Ossner u. a. (Hrsg.): Interpretationen & Modelle für den Deutschunterricht. (CD-ROM) Cornelsen (→ S. 49); – Reihe „LiteraMedia" (CD-ROM/Audiobook). Cornelsen (→ S. 85); – Herbert Fuchs/Dieter Seiffert: F. Kafka: Die Verwandlung. Handreichungen für den Unterricht. Cornelsen; – Reinhard Meurer: Franz Kafka, Erzählungen. (Oldenbourg Interpretationen 18); – F. Fingerhut: Für die Schule. Franz Kafka. Volk und Wissen (u. a. zu „Die Verwandlung"); – Lehrpraktische Analysen zu Kleist: Michael Kohlhaas und Kafka: Die Verwandlung. Reclam (UB 900632); – M. Müller: Franz Kafka: Die Verwandlung. (Reclam-Download); – Rainer Werner: Stundenblätter Deutsch. Kafkas Kurzprosa und „Die Verwandlung". Klett (Buch mit CD-ROM); – Ulf Abraham: Franz Kafka – Die Verwandlung. (Grundlagen und Gedanken zum Verständnis erzählender Literatur) Diesterweg; – Elisabeth Becker: Franz Kafka: Die Verwandlung. (EinFach Deutsch Unterrichtsmodelle) Schöningh; – weitere Praxisanregungen in den Reihen: Oldenbourg Interpretationen 91; Erläuterungen und Dokumente, Reclam UB 8155; Lektüreschlüssel, Reclam UB 15342; Analysen und Reflexionen 22, Beyer.

Audio: Lesung, Hörverlag.

Vgl. „Der Proceß"

Heinrich Mann: Der Untertan (1918)

dtv 13640

Praxisanregungen: J. Ossner u. a. (Hrsg.): Interpretationen & Modelle für den Deutschunterricht. (CD-ROM) Cornelsen (→ S. 49); – Monika Humelt-Wittke: Heinrich Mann, Der Untertan. (Oldenbourg Interpretationen 22); –

Frederick Betz: Erläuterungen und Dokumente. Heinrich Mann: Der Unter-
tan. Reclam UB 8194; – Helmut Scheuer: Heinrich Mann „Der Untertan". In:
Interpretationen. Romane des 20. Jahrhunderts. Bd. 1. Reclam UB 8808,
S. 7–54; – Theodor Pelster: Lektüreschlüssel. Heinrich Mann: Der Untertan,
Reclam UB 15363; – H. Scheuer: Heinrich Mann: Der Untertan. (Reclam-
Download); – Lektürehilfen: Heinrich Mann „Der Untertan". Klett; – Klaus
Jarmatz: Heinrich Mann – Der Untertan. (Grundlagen und Gedanken zum
Verständnis erzählender Literatur) Diesterweg; – I. Scholz: Heinrich Mann,
Der Untertan/Abdankung. (Analysen und Reflexionen 37) Beyer.

Hermann Hesse: Demian (1923)
st 206; st 3518; Suhrkamp BasisBibliothek 16 (Cornelsen)
Praxisanregungen: – Reihe „LiteraMedia" (CD-ROM/Audiobook). Cornelsen
(→ S. 85); – Helga Esselborn-Krumbiegel: Hermann Hesse, Demian/Unterm
Rad. (Oldenbourg Interpretationen 39); –Interpretationen. Hermann Hesse.
Romane. Reclam UB 8812; – Helga Esselborn-Krumbiegel: Hermann Hesse:
Demian. Die Geschichte von Emil Sinclairs Jugend. Reclam UB 8190.
Audio: Hörspiel – Hermann Hesse, Demian, Hörverlag.

Franz Kafka: Der Proceß (1925, posthum)
Reclam UB 9676; Fischer TB 676; st 3669; st 2837; Suhrkamp BasisBiblio-
thek 18 (Cornelsen); Klett „Editionen mit Materialien"; Hamburger Lese-
hefte 201; Schöningh „EinFach Deutsch"; Bibliothek X-Libris (CD-ROM
„Franz Kafka") bei Cornelsen
Praxisanregungen: J. Ossner u. a. (Hrsg.): Interpretationen & Modelle für
den Deutschunterricht. (CD-ROM) Cornelsen (→ S. 49); – Reihe „LiteraMe-
dia" (CD-ROM/Audiobook). Cornelsen (→ S. 85); – K. Fingerhut: Für die
Schule. Franz Kafka. Volk und Wissen (u. a. zu „Der Prozeß"); – Ritchie
Robertson: Franz Kafka: Der Proceß. (Reclam-Download); – Michael Müller:
Franz Kafka „Der Proceß". In: Interpretationen. Romane des 20. Jahrhun-
derts. Bd. 1. Reclam UB 8808, S. 101–127; – Hans-Dieter Zimmermann:
Franz Kafka – Der Prozeß. (Grundlagen und Gedanken zum Verständnis
erzählender Literatur) Diesterweg; – Norbert Schläbitz: Franz Kafka: Der
Prozess. (EinFach Deutsch Unterrichtsmodelle) Schöningh; – Lektürehilfen:
Franz Kafka „Der Prozeß". Klett; – Deutsch betrifft uns, 2/2000: Franz Kaf-
ka: Der Proceß. Bergmoser + Höller; – Reinhard Wilczek: Traum und Wirklichkeit in Kafkas „Der Process". In: Deutschunterricht, 6/2001; – weitere
Praxisanregungen in den Reihen: Oldenbourg Interpretationen 70; Inter-

pretationen, Reclam UB 17521; Lektüreschlüssel, Reclam UB 15371; Erläuterungen und Dokumente, Reclam UB 8197; Blickpunkt 513, Beyer; Analysen und Reflexionen 42, Beyer.

Arthur Schnitzler: Traumnovelle (1925)

Reclam UB 18159; Schroedel „Texte.Medien"; Reclam „Editionen und Materialien"
Praxisanregungen: Peter Bekes: Texte.Medien. Arthur Schnitzler: Traumnovelle. (Arbeitsheft und Informationen für Lehrerinnen und Lehrer) Schroedel.

Hermann Hesse: Der Steppenwolf (1927)

st 175; Suhrkamp BasisBibliothek 12 (Cornelsen)
Praxisanregungen: J. Ossner u.a. (Hrsg.): Interpretationen & Modelle für den Deutschunterricht. (CD-ROM) Cornelsen (→ S. 49); – Reihe „LiteraMedia" (CD-ROM/Audiobook). Cornelsen (→ S. 85); – Helga Esselborn-Krumbiegel: Hermann Hesse, Der Steppenwolf. (Oldenbourg Interpretationen 17); – Birgit Lahann: Hermann Hesse – Dichter für die Jugend der Welt. Suhrkamp, st 3478; – Solbach (Hrsg.): Hermann Hesse und die literarische Moderne. Suhrkamp, st 3609; – Interpretationen. Hermann Hesse. Romane. Reclam UB 8812; – Friedrich Voit: Erläuterungen und Dokumente. Der Steppenwolf. Reclam UB 8193; – Egon Schwarz: Hermann Hesse „Der Steppenwolf". In: Interpretationen. Romane des 20. Jahrhunderts. Bd. 1. Reclam UB 8808, S. 128–157; – M. Pfeifer: Hermann Hesse, Der Steppenwolf/ Siddhartha. (Analysen und Reflexionen 24) Beyer.
Audio: Hörspielfassung, Hörverlag.

Alfred Döblin: Berlin Alexanderplatz (1929)

dtv 295
Praxisanregungen: J. Ossner u.a. (Hrsg.): Interpretationen & Modelle für den Deutschunterricht. (CD-ROM) Cornelsen (→ S. 49); – H.-P. Bayerdörfer: Alfred Döblin: Berlin Alexanderplatz. (Reclam-Download); – H.-P. Bayerdörfer: Alfred Döblin „Berlin Alexanderplatz". In: Interpretationen. Romane des 20. Jahrhunderts. Bd. 1. Reclam UB 8808, S. 158–194; – Thomas Siepmann: Arbeitsblätter Deutsch. Döblins „Berlin Alexanderplatz" und die Literatur der Weimarer Republik. Klett; – Lektürehilfen: Alfred Döblin „Berlin Alexanderplatz". Klett; – Deutsch betrifft uns, 5/2000: Alfred Döblin: Berlin Alexanderplatz. Bergmoser + Höller; – Friedhelm Stühler: Alfred Döblin,

Berlin Alexanderplatz; Wolfgang Koeppen, Tauben im Gras – Der moderne deutsche Großstadtroman. (Blickpunkt 501) Beyer; – H. Schwitzke (Hrsg.): Alfred Döblin: Die Geschichte vom Franz Biberkopf. Hörspiel nach dem Roman „Berlin Alexanderplatz". Reclam UB 9810; – weitere Praxisanregungen in den Reihen: Oldenbourg Interpretationen 74; Erläuterungen und Dokumente, Reclam UB 16009; Lektüreschlüssel, Reclam UB 15317.

Ödön von Horváth: Geschichten aus dem Wiener Wald (1931)
st 3336; Suhrkamp BasisBibliothek 26 (Cornelsen)
Praxisanregungen: Reihe „LiteraMedia" (CD-ROM/Audiobook). Cornelsen (→ S. 85); – T. Krischke (Hrsg.): Horváths „Geschichten aus dem Wiener Wald". (Materialien) Suhrkamp, st 2019; – Christine Schmidtjell: Erläuterungen und Dokumente. Ödön von Horváth: Geschichten aus dem Wiener Wald. Reclam UB 16016; – Friedrich Hobek: Ödön von Horváth – Geschichten aus dem Wiener Wald. (Grundlagen und Gedanken zum Verständnis des Dramas) Diesterweg.

Klaus Mann: Mephisto (1936)
rororo 22748-7
Praxisanregungen: Wolfgang Pasche: Exilromane. Klaus Mann: Mephisto – Irmgard Keun: Nach Mitternacht – Anna Seghers: Das siebte Kreuz. (Interpretationshilfen) Klett.

Ödön von Horváth: Jugend ohne Gott (1938)
st 3345; Suhrkamp BasisBibliothek 7 (Cornelsen)
Praxisanregungen: Reihe „LiteraMedia" (CD-ROM/Audiobook). Cornelsen (→ S. 85); – Ulrich Schlemmer: Ödön von Horváth, Jugend ohne Gott. (Oldenbourg Interpretationen 65); – T. Krischke (Hrsg.): Horváths „Jugend ohne Gott". (Materialien) Suhrkamp, st 2027; – Georg Patzer: Lektüreschlüssel. Ödön von Horváth: Jugend ohne Gott. Reclam UB 15369; – Frauke Bohlen/Rosemarie Zölle: Jugend ohne Gott. (Stundenblätter Deutsch) Klett.

Bertolt Brecht: Mutter Courage und ihre Kinder (1941)
es 49; Suhrkamp BasisBibliothek 11 (Cornelsen)
Praxisanregungen: Reihe „LiteraMedia" (CD-ROM/Audiobook). Cornelsen (→ S. 85); – J. Ossner u.a. (Hrsg.): Interpretationen & Modelle für den Deutschunterricht. (CD-ROM) Cornelsen (→ S. 49); – Edgar Hein: Bertolt

Brecht, Mutter Courage und ihre Kinder. (Oldenbourg Interpretationen 66); – Dorothee Kuhle: Lektüre Kopiervorlagen. Bertolt Brecht, Mutter Courage und ihre Kinder. Oldenbourg; – K.-D. Müller (Hrsg.): Brechts „Mutter Courage und ihre Kinder". (Materialien) Suhrkamp, st 2016; – Materialien zu Brechts „Mutter Courage und ihre Kinder". Suhrkamp (es 50); – Peter Langemeyer: Erläuterungen und Dokumente. Bertolt Brecht: Mutter Courage und ihre Kinder. Reclam UB 16035; – Stefan Schallenberger: Lektüreschlüssel. Bertolt Brecht: Mutter Courage. Reclam UB 15329; – W. Hinck: Bertolt Brecht: Mutter Courage und ihre Kinder. (Reclam-Download); – Dieter Thiele: Bertolt Brecht: Mutter Courage und ihre Kinder. (Grundlagen und Gedanken zum Verständnis des Dramas) Diesterweg; – Andreas Siekmann: Textanalysen. Bertolt Brecht „Mutter Courage und ihre Kinder". Klett; – Karin Kampa: Bertolt Brecht: Mutter Courage und ihre Kinder. (EinFach Deutsch Unterrichtsmodelle) Schöningh; – Günther Gutknecht/Günter Krapp: Bertolt Brecht, Mutter Courage und ihre Kinder. Lehrerhandbuch mit Schülerarbeitsheft. Krapp & Gutknecht; – Cerstin Urban: Bertolt Brecht, Mutter Courage und ihre Kinder – Beispiele für Theorie und Praxis des epischen Theaters. (Analysen und Reflexionen 19) Beyer.

Bertolt Brecht: Leben des Galilei (1943)
es 1; Suhrkamp BasisBibliothek 1 (Cornelsen)
Praxisanregungen: Reihe „LiteraMedia" (CD-ROM/Audiobook). – Cornelsen (→ S. 85); – J. Ossner u.a. (Hrsg.): Interpretationen & Modelle für den Deutschunterricht. (CD-ROM) Cornelsen (→ S. 49); – W. Hecht (Hrsg.): Brechts ,Leben des Galilei'. (Materialien) Suhrkamp, st 2001; – Sandra Graunke: Bertolt Brecht: Leben des Galilei. (Unterrichtsmodelle für die Jahrgangsstufen 11–13) Schöningh; – J. Knopf: Bertolt Brecht: Leben des Galilei. (Reclam-Download); – Hans Huber: Stundenblätter Deutsch. Brecht „Leben des Galilei". (Buch mit CD-ROM) Klett; – Lektürehilfen: Bertolt Brecht „Leben des Galilei". Klett; – Nathan Schmidtchen: B. Brecht, „Leben des Galilei". (DigiMedia Unterrichtshilfen Literatur, CD-ROM) Klett (→ S. 104); – Herbert Knust: Bertolt Brecht – Leben des Galilei. (Grundlagen und Gedanken zum Verständnis des Dramas) Diesterweg; – Sandra Graunke: Bertolt Brecht: Leben des Galilei. (EinFach Deutsch Unterrichtsmodelle) Schöningh; – RAAbits Deutsch/Literatur: Bertolt Brecht: „Leben des Galilei" (Fassung 1955/56) – Vergangenes als Spiegel der Gegenwart. Raabe; – Klaus Dautel: Bertolt Brecht, Leben des Galilei. Unterrichtsvorschläge und Materialien. Krapp & Gutknecht; – weitere Praxisanregungen in den Reihen:

Oldenbourg Interpretationen 51; Interpretationen, Reclam UB 8813; Erläuterungen und Dokumente, Reclam UB 16020; Lektüreschlüssel, Reclam UB 15320; Blickpunkt 515, Beyer; Analysen und Reflexionen 3 und 26, Beyer.

Günter Eich: Inventur (1947)

Div. Gedichtsammlungen, u.a. es 48; Echtermeyer: Deutsche Gedichte
Praxisanregungen: J. Ossner u.a. (Hrsg.): Interpretationen & Modelle für den Deutschunterricht. (CD-ROM) Cornelsen (→ S. 49); – Jürgen Zenke: Poetische Ordnung als Ortung des Poeten. Günter Eichs „Inventur". In: Walter Hinck (Hrsg.): Gedichte und Interpretationen. Bd. 6: Gegenwart. Reclam UB 7895, S. 72–82; – Jürgen Zenke: Interpretationen zu Gedichten. Günter Eich: Inventur. (Reclam-Download).

Paul Celan: Todesfuge (1947)

Div. Gedichtsammlungen, u.a. Echtermeyer: Deutsche Gedichte; Suhrkamp „LiteraMedia" bei Cornelsen (Titel: „Paul Celan: Todesfuge und andere Gedichte. Text und Kommentar"); Suhrkamp BasisBibliothek 59
Praxisanregungen: J. Ossner u.a. (Hrsg.): Interpretationen & Modelle für den Deutschunterricht. (CD-ROM) Cornelsen (→ S. 49); – Th. Buck: Interpretationen zu Gedichten. Paul Celan: Todesfuge. (Reclam-Download); – H.-M. Speier (Hrsg.): Interpretationen. Gedichte von Paul Celan. Reclam UB 17518; – Peter von Matt: Die verdächtige Pracht. Über Dichter und Gedichte. dtv 30826, S. 139–141.

Bertolt Brecht: Der kaukasische Kreidekreis (1948)

es 31; Suhrkamp BasisBibliothek 42 (Cornelsen)
Praxisanregungen: W. Hecht (Hrsg.): Brechts „Kaukasischer Kreidekreis". (Materialien) Suhrkamp, st 2054; – Michael Duchardt: Erläuterungen und Dokumente. Bertolt Brecht: Der kaukasische Kreidekreis. Reclam UB 16007; – Franz-Josef Payrhuber: Lektüreschlüssel. Bertolt Brecht: Der kaukasische Kreidekreis. Reclam UB 15351; – Lektürehilfe: Bertolt Brecht: „Der kaukasische Kreidekreis". Klett.
Vgl. „Leben des Galilei"

Wolfgang Koeppen: Das Treibhaus (1953)
st 78
Praxisanregungen: Klaus Eilert u. a. (Hrsg.): Texte, Themen und Strukturen interaktiv. Literatur und Epochen. (CD-ROM mit Handreichungen für den Unterricht, darin Modul „Klausuraufgaben trainieren" zu Koeppens „Das Treibhaus") Cornelsen; – E. Oehlenschläger: Wolfgang Koeppen. (Materialien) Suhrkamp, st 2079; – Friedhelm Stühler: Alfred Döblin, Berlin Alexanderplatz; Wolfgang Koeppen, Tauben im Gras – Der moderne deutsche Großstadtroman. (Blickpunkt 501) Beyer.

Max Frisch: Stiller (1954)
Fischer TB 656; st 105; st 2647
Praxisanregungen: Olaf Kutzmutz: Max Frisch. Cornelsen (u. a. Handreichungen für den Unterricht zu „Stiller"); – J. Ossner u. a. (Hrsg.): Interpretationen & Modelle für den Deutschunterricht. (CD-ROM) Cornelsen (→ S. 49); – O. Kutzmutz: Für die Schule. Max Frisch. Volk und Wissen (u. a. zu „Stiller"); – Franziska Schößler/Eva Schwab: Max Frisch, Stiller. Ein Roman. (Oldenbourg Interpretationen 103).

Ingeborg Bachmann: Erklär mir, Liebe (1956)
Div. Gedichtsammlungen, u. a. Echtermeyer: Deutsche Gedichte
Praxisanregungen: J. Ossner u. a. (Hrsg.): Interpretationen & Modelle für den Deutschunterricht. (CD-ROM) Cornelsen (→ S. 49).

Max Frisch: Homo faber (1957)
st 354; Suhrkamp BasisBibliothek 3 (Cornelsen); it 2344
Praxisanregungen: J. Ossner u. a. (Hrsg.): Interpretationen & Modelle für den Deutschunterricht. (CD-ROM) Cornelsen (→ S. 49); – Reihe „LiteraMedia" (CD-ROM/Audiobook). Cornelsen (→ S. 85); – Reinhard Meurer: Max Frisch, Homo faber. (Oldenbourg Interpretationen 13); – O. Kutzmutz: Für die Schule. Max Frisch. Volk und Wissen (u. a. zu „Homo faber"); – W. Schmitz (Hrsg.): Frischs „Homo faber". (Materialien) Suhrkamp, st 2028; – Almut Peren-Eckert/Bettina Greese: Max Frisch: Homo faber. (Unterrichtsmodelle für die Jahrgangsstufen 11–13) Schöningh; – Klaus Müller-Salget: Erläuterungen und Dokumente. Homo faber. Reclam UB 8179; – Klaus Müller-Salget: Max Frisch: Homo faber. (Reclam-Download); – Klaus Müller-Salget: Max Frisch „Homo faber". In: Interpretationen. Romane des 20. Jahrhunderts. Bd. 2. Reclam UB 8809, S. 95–119; – Theodor Pelster: Lektüreschlüs-

sel. Max Frisch: Homo faber. Reclam UB 15303; – Silvia Johnke/Dieter Schwandt: M. Frisch, „Homo faber". (DigiMedia Unterrichtshilfen Literatur, CD-ROM) Klett (→ S. 104); – Lektürehilfen: Max Frisch „Homo faber". Klett; – Mona und Gerhard Knapp: Max Frisch – Homo faber. (Grundlagen und Gedanken zum Verständnis erzählender Literatur) Diesterweg; – Almut Peren-Eckert/Bettina Greese: Max Frisch: Homo faber. (EinFach Deutsch Unterrichtsmodelle) Schöningh; – S. Heidenreich: Max Frisch, Homo faber. Untersuchungen zum Roman. (Analysen und Reflexionen 15) Beyer. *Audio:* Lesung, Hörverlag.

Günter Grass: Die Blechtrommel (1959)
Sammlung Luchterhand 147; dtv 11821
Praxisanregungen: Volker Neuhaus: Günter Grass, Die Blechtrommel (Oldenbourg Interpretationen 16); – Volker Neuhaus: Erläuterungen und Dokumente. Günter Grass: Die Blechtrommel. Reclam UB 16005; – Volker Neuhaus: Günter Grass „Die Blechtrommel". In: Interpretationen. Romane des 20. Jahrhunderts. Bd. 2. Reclam UB 8809, S. 120–143; – Walter Jahnke/ Klaus Lindemann: Günter Grass. Die Blechtrommel. (Modellanalysen: Literatur) Schöningh; – Ute Liewerscheidt: Günter Grass, Die Blechtrommel. (Blickpunkt 507) Beyer.

Hans Magnus Enzensberger: das ende der eulen (1962)
Div. Gedichtsammlungen, u. a. es 20
Praxisanregungen: Gerd Brenner/Heinz Gierlich u. a.: Literarische Texte und Medien: Von der Analyse zur Interpretation (mit Lösungsheft). Cornelsen, S. 92–93.

Friedrich Dürrenmatt: Die Physiker (1962)
detebe 23047; Verlag an der Ruhr 23047
Praxisanregungen: J. Ossner u. a. (Hrsg.): Interpretationen & Modelle für den Deutschunterricht. (CD-ROM) Cornelsen (→ S. 49); – Heinz Gierlich: Drama: Wissenschaft und Verantwortung. (Kursthemen Deutsch, u. a. ein Unterrichtsprojekt zu „Die Physiker") Cornelsen; – J. Knopf: Friedrich Dürrenmatt: Die Physiker. (Reclam-Download); – Uwe Klüver: F. Dürrenmatt, „Die Physiker". (DigiMedia Unterrichtshilfen Literatur, CD-ROM) Klett (→ S. 104); – Lektürehilfen: Friedrich Dürrenmatt „Die Physiker". Klett; – Gerhard Knapp: Friedrich Dürenmatt – Die Physiker. (Grundlagen und Gedanken zum Verständnis des Dramas) Diesterweg; – Deutsch betrifft uns,

3/2004: Friedrich Dürrenmatt: Die Physiker. Bergmoser + Höller; – Sabine Jentges: Literatur-Kartei „Die Physiker", Verlag an der Ruhr 2743; – Günther Gutknecht/Günter Krapp: Friedrich Dürrenmatt, Die Physiker. Lehrerheft mit Unterrichtsvorschlägen und Materialien und Schülerarbeitsheft. Krapp & Gutknecht; – Gunter E. Grimm: Dürrenmatts „Physiker" – Testreihen und Deutungsansätze (Forschungsbericht). In: Der Deutschunterricht, 3/2002, S. 90–95; – weitere Praxisanregungen in den Reihen: Oldenbourg Interpretationen 9; Lektüreschlüssel, Reclam UB 15302; Erläuterungen und Dokumente, Reclam UB 8189; Analysen und Reflexionen 65, Beyer.

Heinrich Böll: Ansichten eines Clowns (1963)
dtv 400
Praxisanregungen: Marianne Meid: Erläuterungen und Dokumente. Heinrich Böll: Ansichten eines Clowns. Reclam UB 8192; – Karl Heinz Götze: Heinrich Böll „Ansichten eines Clowns". In: Interpretationen. Romane des 20. Jahrhunderts. Bd. 2. Reclam UB 8809, S. 186–211; – Bernd Balzer: Heinrich Böll – Ansichten eines Clowns. (Grundlagen und Gedanken zum Verständnis erzählender Literatur) Diesterweg; – Cerstin Urban: Heinrich Böll, Ansichten eines Clowns. Anregungen zum produktionsorientierten Lesen. (Blickpunkt 525) Beyer; – Wilhelm Große: Heinrich Böll, Brot der frühen Jahre/Ansichten eines Clowns u. a. – Biographie und Interpretation. (Analysen und Reflexionen 8) Beyer.
Audio: Lesung/Diskussion, Hörverlag.

Peter Weiss: Die Verfolgung und Ermordung Jean Paul Marats (1964)
es 68; Suhrkamp BasisBibliothek 49 (Cornelsen).
Praxisanregungen: Arnd Beise/Ingo Breuer: Erläuterungen und Dokumente. Peter Weiss: Die Verfolgung und Ermordung Jean Paul Marats. Reclam UB 16002.

Heinar Kipphardt: In der Sache J. Robert Oppenheimer (1964)
es 64; Suhrkamp BasisBibliothek 58 (Cornelsen)
Praxisanregungen: Ferdinand Fasse: Heinar Kipphardt, In der Sache J. Robert Oppenheimer. (Oldenbourg Interpretationen 20).

Peter Weiss: Die Ermittlung (1965)
es 616; Suhrkamp BasisBibliothek 65 (Cornelsen)

Praxisanregungen: Klaus Eilert u. a. (Hrsg.): Texte, Themen und Strukturen interaktiv. Literatur und Gattungen. (CD-ROM mit Handreichungen für den Unterricht, darin „Unterrichtsprojekte gestalten" zu „Die Ermittlung") Cornelsen; – R. Gerlach (Hrsg.): Peter Weiss. (Materialien) Suhrkamp, st 2036.

Jurek Becker: Jakob der Lügner (1969)
st 774; st 2939; Suhrkamp BasisBibliothek 15 (Cornelsen)
Praxisanregungen: Klaus Eilert u. a. (Hrsg.): Texte, Themen und Strukturen interaktiv. Literatur und Gattungen. (CD-ROM mit Handreichungen für den Unterricht, darin „Klausuraufgaben trainieren" zu „Jakob der Lügner") Cornelsen; – Reihe „LiteraMedia" (CD-ROM/Audiobook). Cornelsen (→ S. 85); – J. Ossner u. a. (Hrsg.): Interpretationen & Modelle für den Deutschunterricht. (CD-ROM) Cornelsen (→ S. 49); – Lothar Wiese: Jurek Becker, Jakob der Lügner. (Oldenbourg Interpretationen 88); – I. Heidelberger-Leonard (Hrsg.): Jurek Becker. (Materialien) Suhrkamp st 2116; – Jurek Becker. Magazin in der Reihe „spiegel @ klett". Klett (hauptsächlich zu „Jakob der Lügner); – Frank Schenke: Die Kinder mit dem gelben Stern – Schilderungen von Kindheit in den Texten Jurek Beckers. In: Jugendliteratur und Medien, 1/1997, S. 14–26; – Karla Müller: Literarische Stoffe kennen lernen – durch Hören. Eine Unterrichtsanregung zu Jakob der Lügner. In: Praxis Deutsch, H. 185 (2004), S. 40–43 (mit Audio-CD).
Hörspielfassung: Georg Wieghaus: Jakob der Lügner. Hörspiel nach dem Roman von Jurek Becker. Eine Produktion des Westdeutschen Rundfunks, Headroom Verlag.

Peter Handke: Der kurze Brief zum langen Abschied (1972)
st 3286
Praxisanregungen: Theo Elm: Peter Handke „Der kurze Brief zum langen Abschied". In: Interpretationen. Romane des 20. Jahrhunderts. Bd. 2. Reclam UB 8809, S. 268–296.

Rolf Dieter Brinkmann: Einen jener klassischen (1975)
Div. Gedichtsammlungen, u. a. Echtermeyer: Deutsche Gedichte
Praxisanregungen: Thomas Zenker: Der Augenblick der Sensibilität. In: Walter Hinck (Hrsg.): Gedichte und Interpretationen. Bd. 6: Gegenwart. Reclam UB 7895, S. 387–393.

Sarah Kirsch: Die Luft riecht schon nach Schnee (1977)
Div. Gedichtsammlungen
Praxisanregungen: Sybille Demmer: „Schnee fällt uns/Mitten ins Herz". Naturbildlichkeit und Liebeserlebnis in Sarah Kirschs Gedicht „Die Luft riecht schon nach Schnee". In: Walter Hinck (Hrsg.): Gedichte und Interpretationen. Bd. 6: Gegenwart. Reclam UB 7895, S. 351–359.

Botho Strauß: Groß und klein (1978)
dtv 10469
Praxisanregungen: Gerd Brenner: Botho Strauß: Groß und klein (Modul zu „Klausuraufgaben trainieren", inkl. Szenenausschnitte). In: Klaus Eilert u. a. (Hrsg.): Texte, Themen und Strukturen interaktiv. Literatur und Gattungen. (CD-ROM mit Handreichungen für den Unterricht) Cornelsen; – Peter Bekes: Vor der Sprechanlage. Entfremdung und Isolation in einer von Medien geprägten Welt: Groß und klein von Botho Strauß. In: Praxis Deutsch, H. 181 (2003), S. 40–44 (mit Ausschnitten aus einer Aufführung der Schaubühne am Halleschen Ufer Berlin, 1980, auf DVD).

Martin Walser: Ein fliehendes Pferd (1978)
st 600; Suhrkamp BasisBibliothek 35 (Cornelsen); it 2385
Praxisanregungen: Hans-Erich Struck: Martin Walser, Ein fliehendes Pferd (Oldenbourg Interpretationen, Bd. 27); – Achim Sigge: Martin Walser: Ein fliehendes Pferd. (EinFach Deutsch Unterrichtsmodelle) Schöningh; – Michael Zimmer: Martin Walser: Ein fliehendes Pferd. (Analysen und Reflexionen 86) Beyer.

Christa Wolf: Kassandra (1983)
dtv 11870
Praxisanregungen: Christine Schmidjell: Erläuterungen und Dokumente. Christa Wolf: Kassandra. Reclam UB 16030; – Barbara Schubert-Felmy: Christa Wolf: Kassandra. (EinFach Deutsch Unterrichtsmodelle) Schöningh; – Rose Nicolai: Christa Wolf, Kassandra (Oldenbourg Interpretationen 46).

Sten Nadolny: Die Entdeckung der Langsamkeit (1983)
Serie Piper 700
Praxisanregungen: Ralph Kopeiß: Sten Nadolny, Die Entdeckung der Langsamkeit. (Oldenbourg Interpretationen 77); – Stefan Braun: „Die Entdeckung der Langsamkeit" beim Lesen. Eine Erfahrung mit dem Lesepro-

zess als Zugang zu Sten Nadolnys Roman. In: Deutschunterricht, 6/1999, S. 413–424.
Weiterführender Titel: Paul Virilo: Revolutionen der Geschwindigkeit. Merve Verlag, Berlin 1993.

Sarah Kirsch: Das Gasthaus (1983)
Div. Gedichtsammlungen
Praxisanregungen: Gerd Brenner/Heinz Gierlich u. a.: Literarische Texte und Medien: Von der Analyse zur Interpretation (mit Lösungsheft). Cornelsen, S. 94–95.

Patrick Süskind: Das Parfum. Die Geschichte eines Mörders (1985)
detebe 22800
Praxisanregungen: J. Ossner u. a. (Hrsg.): Interpretationen & Modelle für den Deutschunterricht. (CD-ROM) Cornelsen (→ S. 49); Gerd Brenner: P. Süskind: Das Parfum. In: Klaus Eilert u. a. (Hrsg.): Texte, Themen und Strukturen interaktiv. Literatur und Epochen. (CD-ROM mit Handreichungen für den Unterricht, darin Einheit zu „Klausuraufgaben trainieren") Cornelsen; – Gerd Brenner: Die Facharbeit. Von der Planung zur Präsentation. (Texte, Themen und Strukturen, Arbeitsheft 4) Cornelsen, S. 61–68; – Hanns-Peter Reisner: Lektürehilfen: Patrick Süskind: Das Parfüm. (Klett LernTraining); – Lektürehilfen: Patrick Süskind „Das Parfum". Klett; – Elisabeth Becker: Patrick Süskind: Das Parfum. (EinFach Deutsch Unterrichtsmodelle) Schöningh; – RAAbits Deutsch/Literatur: Patrick Süskind: „Das Parfüm". Einem genialen Scheusal auf der Spur. Raabe; – Reiner Poppe: Patrick Süskind, Das Parfum. (Blickpunkt 520) Beyer; – Nikolaus Förster: Die Wiederkehr des Erzählens. Deutschsprachige Prosa der 80er und 90er Jahre. Wissenschaftliche Buchgesellschaft, Darmstadt 1999, S. 11–28; – weitere Praxishilfen in den Reihen: Oldenbourg Interpretationen 78; Lektüreschlüssel, Reclam UB 15370; Erläuterungen und Dokumente, Reclam UB 16018.

Christoph Ransmayr: Die letzte Welt (1988)
Fischer TB 9538
Praxisanregungen: Thomas Epple: Christoph Ransmayr, Die letzte Welt. (Oldenbourg Interpretationen 59); – Gerd Brenner: Die Facharbeit. Von der Planung zur Präsentation. (Texte, Themen und Strukturen, Arbeitsheft 4) Cornelsen, S. 62–66; – Nikolaus Förster: Die Wiederkehr des Erzählens.

Deutschsprachige Prosa der 80er und 90er Jahre, Wissenschaftliche Buchgesellschaft, Darmstadt 1999, S.108–113; – Peter Bekes: Zurück in die Steinzeit. Untergangsvisionen in Christoph Ransmayrs „Die letzte Welt". In: Deutschunterricht, 6/2003.

Thomas Bernhard: Heldenplatz (1988)

st 2474

Praxisanregungen: Thorsten Themann: Thomas Bernhard, Heldenplatz. (Oldenbourg Interpretationen 101).

Birgit Vanderbeke: Das Muschelessen (1990)

Fischer TB 13783; C.C. Buchner „Schulbibliothek der Moderne"

Praxisanregungen: Brigitte Noll: Birgit Vanderbeke: Das Muschelessen. (Unterrichtsvorschläge und Kopiervorlagen in der Reihe „LiteraNova") Cornelsen; – Reinhard Wilczek: Familienkonflikte als Thema der Gegenwartsliteratur. In: Deutschunterricht, 1/2003.

Robert Schneider: Schlafes Bruder (1992)

Reclam RBL 1518

Praxisanregungen: Angelika Streets: Robert Schneider, Schlafes Bruder. (Oldenbourg Interpretationen 69); – Gerhard Friedl: Robert Schneider: Schlafes Bruder. (EinFach Deutsch Unterrichtsmodelle) Schöningh; – Lehrpraktische Analysen zu Fontane: Mathilde Möhring und Schneider: Schlafes Bruder. Reclam UB 900625; – Rainer Moritz: Erläuterungen und Dokumente. Robert Schneider: Schlafes Bruder. Reclam UB 16015; – Rainer Moritz: Über „Schlafes Bruder". Materialien zu Robert Schneiders Roman. Reclam RBL 1559; – Mario Leis: Lektüreschlüssel. Robert Schneider: Schlafes Bruder. Reclam UB 15372; – E. Polt-Heinzl: Robert Schneider: Schlafes Bruder. (Reclam-Download); – RAAbits Deutsch/Literatur: Einem Bestseller auf die Schliche kommen – das Phänomen „Schlafes Bruder". Raabe; – Nikolaus Förster: Die Wiederkehr des Erzählens. Deutschsprachige Prosa der 80er und 90er Jahre. Wissensch. Buchgesellschaft, Darmstadt 1999, S.147–157.

Maxim Biller: Im Land der Väter und Verräter (1994)

dtv 12356

Praxisanregungen: Antje Mansbrügge: Junge deutschsprachige Literatur mit Tipps, Materialien und Kopiervorlagen für die Unterrichtspraxis von Markus Langner. Cornelsen Scriptor, Berlin 2005, S.48–72.

Bernhard Schlink: Der Vorleser (1995)

detebe 22953; Verlag an der Ruhr 22953

Praxisanregungen: Ekkehart Mittelberg: Bernhard Schlink: Der Vorleser. (Unterrichtsvorschläge und Kopiervorlagen in der Reihe „LiteraNova") Cornelsen; – Harald Fricke: Bernhard Schlink: Der Vorleser. (Reclam-Download); – Michael Lamberty: Literatur-Kartei „Der Vorleser". Verlag an der Ruhr 22953; – Lektürehilfen: Bernhard Schlink „Der Vorleser". Klett; – Bettina Greese/Almut Peren-Eckert: Bernhard Schlink: Der Vorleser. Neubearbeitung mit einem Vorwort von Bernhard Schlink. (EinFach Deutsch Unterrichtsmodelle) Schöningh; – Gesine Heddrich: Bernhard Schlink, Der Vorleser. Lehrerhandbuch mit Schülerarbeitsheft. Krapp & Gutknecht; – Cerstin Urban: Bernhard Schlink, Der Vorleser. (Blickpunkt 521) Beyer; – Katrin Friedrich: Ein Buch zum Buch schreiben und beurteilen. Ein Lesejournal zu Bernhard Schlinks Der Vorleser. In: Praxis Deutsch, H. 184 (2004), S. 46–53; – Juliane Köster: Bernhard Schlink: „Der Vorleser" (1995) – Eine Interpretation für die Schule. In: Der Deutschunterricht, 4/1999, S. 70–81; – Juliane Köster/Rolf Schmidt: Interaktive Lesung mit Bernhard Schlink. In: Der Deutschunterricht, 1/1998, S. 46-49; – weitere Praxisanregungen in den Reihen: Oldenbourg Interpretationen 98 und 104; Lektüreschlüssel, Reclam UB 15359; – Manfred Heigenmoser: Erläuterungen und Dokumente, Reclam UB 16050.

Neuere Literatur im schulischen Lektürekanon.

Marcel Beyer: Flughunde (1995)

st 2626

Praxisanregungen: Antje Mansbrügge: Junge deutschsprachige Literatur
mit Tipps, Materialien und Kopiervorlagen für die Unterrichtspraxis von
Markus Langner, Cornelsen Scriptor, Berlin 2005 (zu „Flughunde": S. 25–
47); – Peter Bekes: „Ab diesem Punkt spricht niemand mehr". Aspekte der
Interpretation von Marcel Beyers Roman „Flughunde" im Unterricht. In:
Der Deutschunterricht, 4/1999, S. 59–69.

Zoë Jenny: Das Blütenstaubzimmer (1997)

Bertelsmann TB 72383

Praxisanregungen: J. Ossner u. a. (Hrsg.): Interpretationen & Modelle für
den Deutschunterricht. (CD-ROM) Cornelsen (→ S. 49); Margret Behringer/
Juliane Köster: Romane der Gegenwart: Literarisches Schreiben heute.
(Kursthemen Deutsch) Cornelsen; – Andrea Ruhlig: Zoë Jenny: Das Blütenstaubzimmer. (Unterrichtsvorschläge und Kopiervorlagen in der Reihe
„LiteraNova") Cornelsen; – Reinhard Wilszek: Familienkonflikte als Thema
der Gegenwartsliteratur. In: Deutschunterricht, 1/2003.

Judith Hermann: Sommerhaus, später (1998)

rororo 22894; Schroedel „Texte.Medien" (Textausgabe mit Materialien,
Arbeitsheft)

Praxisanregungen: Antje Mansbrügge: Junge deutschsprachige Literatur
mit Tipps, Materialien und Kopiervorlagen für die Unterrichtspraxis von
Markus Langner. Cornelsen Scriptor, Berlin 2005; S. 126–145; – Georg Mein:
Erzählungen der Gegenwart: von Judith Hermann bis Bernhard Schlink.
(Oldenbourg Interpretationen 104); – Peter Bekes (Hrsg.): Judith Hermann:
Sommerhaus, später. Informationen für Lehrerinnen und Lehrer. Schroe-
del; – Ricarda Dreier: Literatur der 90er Jahre in der Sekundarstufe II.
Judith Hermann, Benjamin von Stuckrad-Barre und Peter Stamm. (Deutsch-
didaktik aktuell 19) Schneider, Hohengehren 2005; – Sabine Burtscher:
„Glück ist immer der Moment davor" – Judith Hermann: Sommerhaus, spä-
ter. Gegenwartsliteratur der 90er Jahre im Deutschunterricht. In: Der
Deutschunterricht, 5/2002, S. 80–85.

Audio: Lesung, Hörverlag.

Hans-Ulrich Treichel: Der Verlorene (1998)
st 3061; Suhrkamp BasisBibliothek 60 (Cornelsen)
Praxisanregungen: Margret Behringer/Juliane Köster: Romane der Gegenwart: Literarisches Schreiben heute. (Kursthemen Deutsch) Cornelsen; – Deutsch betrifft uns, 3/2003: Hans-Ulrich Treichel: Der Verlorene. Bergmoser + Höller; – RAAbits Deutsch/Literatur: Hans-Ulrich Treichel: „Der Verlorene" – auf der Suche nach dem eigenen Ich. Ein Lernzirkel ab Klasse 10. Raabe; – Reinhard Wilczek: Familienkonflikte als Thema der Gegenwartsliteratur. In: Deutschunterricht, 1/2003.

Thomas Brussig: Am kürzeren Ende der Sonnenallee (1999)
Fischer TB 14847; Reihe „Easy Readers" Klett (für Deutsch als Fremdsprache)
Praxisanregungen: Helmut Flad: Thomas Brussig: Am kürzeren Ende der Sonnenallee. (Unterrichtsvorschläge und Kopiervorlagen in der Reihe „LiteraNova") Cornelsen; – Iris Felter: Thomas Brussig „Am kürzeren Ende der Sonnenallee". Klett; – Brigitte Rapp/Günther Gutknecht: Thomas Brussig, Am kürzeren Ende der Sonnenallee. Lehrerheft mit Unterrichtsvorschlägen und Schülerarbeitsheft. Krapp & Gutknecht.

Urs Widmer: Top Dogs (2000)
Verlag der Autoren
Praxisanregungen: Dieter Wrobel: Urs Widmer, Top Dogs. (Oldenbourg Interpretationen 105); – Clemens Kammler: Ein Königsdrama der Wirtschaft. Urs Widmers Top Dogs. In: Praxis Deutsch, H.181 (2003), S.46–50 (mit Ausschnitten aus der Uraufführung des Züricher Neumarkt Theaters, 1997, auf DVD); – Gerhard Jörder: „Die Globalisierung frisst ihre Kinder." Preisrede auf Top Dogs beim Berliner Theatertreffen. In: Theater heute. Jahrbuch 1997, S.113–116.

Günter Grass: Im Krebsgang (2002)
Steidl Verlag
Praxisanregungen: Herbert Fuchs/Dieter Seiffert: Günter Grass: Im Krebsgang. (Unterrichtsvorschläge und Kopiervorlagen in der Reihe „LiteraNova") Cornelsen; – Klaus Eilert u.a. (Hrsg.): Texte, Themen und Strukturen interaktiv. Literatur und Gattungen. (CD-ROM mit Handreichungen für den Unterricht, darin „Unterrichtsprojekte gestalten" zu „Im Krebsgang") Cor-

nelsen; – Matthias Hesse/Axel Krommer: Vergangenheitsbewältigung „im Krebsgang". Das Spiel mit der Fiktionalität als didaktische Strategie bei Günter Grass. In: Praxis Deutsch, H.180 (2003), S.41–46; – Medien:spezial zu „Im Krebsgang". In: Deutschunterricht, 3/2003.

Reinhard Jirgl: Die Unvollendeten (2003)
Hanser
Praxisanregungen: Clemens Kammler: Literarische Erinnerung – Reinhard Jirgls „Die Unvollendeten". In: Deutschunterricht, 4/2005; – Tanja van Hoorn: Erinnerungs-Poetiken der Gegenwart: Christoph Ransmayr, Reinhard Jirgl, W.G. Sebald. In: Der Deutschunterricht, 6/2005, S.54–62.

Weitere Materialien für Schülerinnen und Schüler in den Reihen
● Königs Erläuterungen und Materialien (C. Bange)
● Lektüre Durchblick (Mentor)
● Lektüre easy (Klett)
● Interpretationshilfe Deutsch (Stark)
● Lektüreschlüssel für Schüler (Reclam-Download)

Biografien
Die folgende Liste nennt Biografien von Schriftstellerinnen und Schriftstellern, die sich zur Begleitlektüre bei der Erarbeitung der o.g. literarischen Texte eignen. Sie können auch Grundlage von Referaten oder sonstiger besonderer Leistungen sein. Aufgeführt sind auch Autorinnen und Autoren, die eher für den Bereich der Sekundarstufe I relevant sind (vgl.S. 83ff.). Aufgenommen sind Titel aus den Taschenbuchreihen:
● Deutscher Taschenbuch Verlag/TB-Editionen von Hanser (dtv Reihe Hanser)
● insel tachenbuch (it)
● Reclam Universalbibliothek (UB)
● Rowohlts Bildmonographien (rororo)
● Suhrkamp BasisBiographien (sb)
● suhrkamp taschenbuch (st)

Autor	Verlag
Andersch, Alfred	rororo 50395; detebe 22874, Reclam UB 15219
Bachmann, Ingeborg	rororo 50545; Reclam UB 15225
Benn, Gottfried	rororo 50071; Reclam UB 15226
Bernhard, Thomas	st 3757
Böll, Heinrich	rororo 50310, Reclam UB 15211
Borchert, Wolfgang	rororo 50058
Brecht, Bertolt	rororo 50037; Reclam UB 15207; it 1122 („Brecht – Sein Leben in Bildern und Texten")
Büchner, Georg	rororo 50670; Reclam UB 15212
Celan, Paul	rororo 50397; st 913 („Paul Celan. Eine Biographie seiner Jugend")
Claudius, Matthias	rororo 50192
Dadaisten	rororo 50536
Defoe, Daniel	rororo 50596
Dickens, Charles	rororo 50262
Droste-Hülshoff, Annette	rororo 50517
Dürrenmatt, Friedrich	rororo 50380; detebe 21388; Reclam UB 15214
Eichendorff, Joseph von	rororo 50568, Reclam UB 15221
Fontane, Theodor	rororo 50145; Reclam UB 15213; it 1660; it 540 („Fontane – ein Leben in Briefen")
Frank, Anne	rororo 50524
Frisch, Max	rororo 50616; Reclam UB 15210
Goethe, Johann Wolfgang	rororo 59577; rororo 50636 (Frauen um Goethe); it 2800 („Christiane und Goethe"); it 2100 („Der junge Goethe in seiner Zeit", 2 Bde. mit CD-ROM); Reclam UB 15201
Grass, Günter	rororo 50559; Reclam UB 15220
Gruppe 47	rororo 50667
Hauptmann, Gerhart	rororo 50027; Reclam UB 15215
Heine, Heinrich	rororo 50685; sb 7; it 615; it 3154 („Mein Leben. Autobiographische Texte"); Reclam UB 15223; dtv Reihe Hanser (Otto A. Böhmer: „Möglichst Heine"); detebe 2025
Hesse, Hermann	rororo 50676; sb 1; st 3742 („,Und jedem Anfang wohnt ein Zauber inne'. Die Lebensgeschichte des Hermann Hesse"); st 3218 („Hesse – Sein Leben in Bildern und Texten"); st 1865 („Hermann Hesse in Augenzeugenberichten"); Reclam UB 15208; it 36 („Hermann Hesse – Leben und Werk"); it 1964 („Hermann Hesse – Schauplätze seines Lebens")

Autor	Verlag
Hoffmann, E. T. A.	rororo 50133; Reclam UB 15222
Hofmannsthal, Hugo v.	rororo 50127
Hölderlin, Friedrich	rororo 50586; it 2873 (A. Beck: „Hölderlin. Chronik seines Lebens"); Hamburger Lesehefte 162 (Peter Härtling: „Hölderlin. Lenau. Erzählte Annäherungen")
Horváth, Ödön von	rororo 50231
Kästner, Erich	rororo 50640; it 386
Kafka, Franz	rororo 50649; Reclam UB 15204
Keller, Gottfried	rororo 50136; Reclam UB 15205
Kipphardt, Heinar	rororo 50364
Kleist, Heinrich von	rororo 50001; Reclam UB 15209
Koeppen, Wolfgang	sb 12
Lasker-Schüler, Else	rororo 20283
Lessing, Gotthold Ephraim	rororo 50075; Reclam UB 15206
Lindgren, Astrid	rororo 50371
Mann, Heinrich	rororo 50125
Mann, Klaus	rororo 50332
Mann, Thomas	rororo 50677; Reclam UB 15203
Mann, Die Familie	rororo 50630
Meyer, Conrad Ferdinand	Reclam UB 15216
Mörike, Eduard	rororo 50175
Musil, Robert	rororo 50081
Raabe, Wilhelm	rororo 50165
Rilke, Rainer Maria	rororo 50022
Roth, Joseph	rororo 50301
Schiller, Friedrich	rororo 50600; sb 2; Reclam UB 15218; dtv Reihe Hanser (Christiane Engelmann/Claudia Kaiser: „Möglichst Schiller")
Schnitzler, Arthur	rororo 50235
Seghers, Anna	rororo 50464
Stifter, Adalbert	Reclam UB 15217
Storm, Theodor	rororo 50186; Reclam UB 15202
Twain, Mark	rororo 50211
Wedekind, Frank	rororo 50213
Weiss, Peter	rororo 50367
Zuckmayer, Carl	rororo 50256
Zweig, Stefan	rororo 50413; it 532

D Literaturverfilmungen

Die folgende Zusammenstellung führt Verfilmungen von Werken deutschsprachiger Autorinnen und Autoren auf. Sie sind nach dem Erscheinungsjahr der literarischen Bezugstexte angeordnet und teilweise durch Hinweise auf Praxisanregungen ergänzt. Viele der angegebenen Filme können über den Fachhandel oder das Internet bezogen werden. Aufgeführt sind Verfilmungen klassischer Werke der deutschsprachigen Literatur, Verfilmungen von Werken der Kinder- und Jugendliteratur (→ S. 50 ff.) und Filme, die sich für eine Unterrichtsreihe zum Thema Filmanalyse eignen (→ S. 170). Die Abkürzung FSK steht für „Freigabe durch die Freiwillige Selbstkontrolle der Filmwirtschaft".

Verfilmungen bekannter Werke der deutschsprachigen Literatur

Hier zunächst eine Übersicht der aufgeführten verfilmten Werke:

Romane

Andersch: Sansibar, S. 157	Kempowski: Herzl. willkommen, S. 161
Becker: Jakob der Lügner, S. 159	Lebert: Crazy, S. 162
Bienek: Die Zelle, S. 159	Mann, H.: Der Untertan, S. 152
Böll: Ansichten eines Clowns, S. 159	Mann, H.: Im Schlaraffenland, S. 151
Born: Die Fälschung, S. 160	Mann, H.: Professor Unrat, S. 151
Döblin: Berlin Alexanderplatz, S. 154	Mann, K.: Flucht in den Norden, S. 155
Dürrenmatt: Das Versprechen, S. 158	Mann, K.: Mephisto, S. 155
Dürrenmatt: Richter und Henker, S. 157	Mann, Th.: Buddenbrooks, S. 151
Fontane: Cécile, S. 150	Mann, Th.: Der Zauberberg, S. 153
Fontane: Effi Briest, S. 150	Mann, Th.: Lotte in Weimar, S. 156
Frisch: Homo Faber, S. 157	Musil: Zögling Törleß, S. 151
Goethe: Wahlverwandtschaften, S. 146	Remarque: Im Westen n. Neues, S. 155
Goethe: Werther, S. 144	Reuter: Ut de Franzosentid, S. 149
Graf: Bolwieser, S. 155	Roth: Das Spinnennetz, S. 153
Grass: Blechtrommel, S. 158	Schneider: Schlafes Bruder, S. 161
Grass: Rättin, S. 161	Seghers: Das siebte Kreuz, S. 156
Handke: Angst des Tormanns, S. 159	Strittmatter: Der Laden, S. 161
Handke: Falsche Bewegung, S. 160	Stuckrad-Barre: Soloalbum, S. 161
Hein: Tangospieler, S. 161	Süskind: Das Parfum, S. 161
Hesse: Steppenwolf, S. 154	Vesper: Die Reise, S. 160
Johnson: Jahrestage, S. 159	Walser, R.: Jakob von Gunten, S. 152
Kafka: Amerika, S. 154	Wellershoff: Einladung an alle, S. 160
Kafka: Das Schloss, S. 153	Wimschneider: Herbstmilch, S. 161
Kafka: Der Prozeß, S. 153	Wolf: Der geteilte Himmel, S. 159

Dramen

Brecht: Baal, S. 152	Schiller: Die Räuber, S. 144
Büchner: Leonce und Lena, S. 149	Schiller: Kabale und Liebe, S. 144
Büchner: Woyzeck, S. 149	Schiller: Maria Stuart, S. 145
Goethe: Faust, S. 145	Schiller: Wilhelm Tell, S. 146
Hochhuth: Der Stellvertreter, S. 159	Schnitzler: Reigen, S. 150
Kleist: Amphitryon, S. 146	Sperr: Jagdszenen aus Niederbayern,
Kleist: Der zerbrochene Krug, S. 146	S. 159
Lessing: Emilia Galotti, S. 143	Zuckmayer: Hauptmann von Köpenick,
Lessing: Nathan der Weise, S. 144	S. 155
Plenzdorf: Die neuen Leiden, S. 160	Zuckmayer: Des Teufels General, S. 157

Novellen/Erzählungen

Böll: Brot der frühen Jahre, S. 157	Kleist: Erdbeben in Chili, S. 146
Böll: Katharina Blum, S. 160	Kleist: Marquise von O., S. 146
Chamisso: Peter Schlemihl, S. 148	Kleist: Michael Kohlhaas, S. 146
Eichendorff: Taugenichts, S. 148	Kunze: Die wunderbaren Jahre, S. 160
Fontane: Grete Minde, S. 150	Mann, Th.: Tod in Venedig, S. 152
Fontane: Unterm Birnbaum, S. 150	Mann, Th.: Mario u. d. Zauberer,
Grass: Katz und Maus, S. 158	S. 155
Hauff: Das kalte Herz, S. 148	Mann, Th.: Tristan, S. 151
Hoffmann: Fräulein von Scuderi, S. 148	Raabe: Wunnigel, S. 149
Huch: Der letzte Sommer, S. 152	Schnitzler: Traumnovelle, S. 154
Keller: Kleider machen Leute, S. 149	Stifter: Der Bergkristall, S. 149
Keller: Romeo und Julia a. d. Dorfe,	Storm: Der Schimmelreiter, S. 150
S. 149	

Kurzgeschichten/Märchen/Sagen

Borchert: Das Brot, S. 157	Kaschnitz: Popp und Mingel, S. 158
Grimm: Märchen, S. 147	Nibelungensage, S. 143
Herzog Ernst, S. 143	

Lyrik

Bachmann: Nach grauen Tagen, S. 156	Kästner: Kleines Solo, S. 157
Goethe: Der Zauberlehrling, S. 145	Rilke: Siehe, ich wusste, S. 152
Goethe: Gesang der Geister, S. 144	Schiller: Ode an die Freude, S. 145
Heine: Der Schiffbrüchige, S. 148	

Sonstiges

Bachmann: Der gute Gott von	Feuerbach: Kaspar Hauser, S. 148
Manhattan (Hörspiel), S. 157	Luther: Neues/Altes Testament, S. 143

Nibelungensage (Mittelalter)

1924 verfilmt unter den Titeln „Die Nibelungen: Siegfried" und „Die Nibelungen: Kriemhilds Rache" (D), Regie: Fritz Lang (mit Paul Richter, Margarete Schön, Hans Adalbert Schlettow u. a.), 116 bzw. 129 Min., s/w.
Praxisanregungen: Thomas Koebner (Hrsg.): Filmklassiker. Bd. 1. Reclam, Stuttgart 2006, S. 100–105; – Heinz-B. Heller: „Man stellt Denkmäler nicht auf flachen Asphalt". Fritz Langs Nibelungen-Film. In: Joachim Heinzle/ Anneliese Waldschnitt (Hrsg.): Die Nibelungen. Ein deutscher Wahn, ein deutscher Alptraum. Frankfurt/M. 1991.

Herzog Ernst (um 1180)

1993 verfilmt, Regie: Lutz Dammbeck, Zeichentrickfilm, 44 Min.

Martin Luther: Übersetzung des Neuen Testaments (1522)/
Übersetzung des Alten Testaments (1534)

1994 „Die Bibel – Das Alte Testament: Die Schöpfung" (D/I), Regie: Ermanno Olmi, 94 Min.

1994 „Die Bibel – Das Alte Testament: Abraham" (D/I/USA), Regie: Joseph Sargent, 175 Min.

1994 „Die Bibel – Das Alte Testament: Jakob" (D/I/USA), Regie: Peter Hall, 94 Min.

1994 „Die Bibel – Das Alte Testament: Josef" (D/I/USA), Regie: Roger Young, 188 Min.

1994 „Die Bibel – Das Alte Testament: Moses" (D/I/USA), Regie: Roger Young, 188 Min.

2003 Verfilmung von Luthers Leben, Regie: Eric Till
Praxisanregungen: Stiftung Lesen (Hrsg.): Luther. Ideen für den Unterricht. Themenorientierte Leseförderung im Medienverbund. Mainz 2003; – Guido Dieckmann: Luther: Berlin 2003 (Buch zum Film).

Gotthold Ephraim Lessing: Emilia Galotti (1772)

1913 verfilmt (D), Regie: Friedrich Fehér.

1957 erneut verfilmt (DDR/DEFA), Regie: Martin Hellberg (mit Karin Hübner, Gerhard Bienert u. a.).

1966 erneut verfilmt (DDR), Regie: Kurt Jung-Alsen (mit Angelika Domröse, Martin Flördinger, Armin Mueller-Stahl, Hans-Peter Minetti u. a.).

2005 erneut verfilmt, Regie: Henrik Pfeifer, 84 Min. (ins Berlin der Gegenwart verlegt).

Johann Wolfgang Goethe: Gesang der Geister über den Wassern (1772 ff.)
2003 verfilmt im Rahmen von „POEM" (D), Regie: Ralf Schmerberg (Verfilmung von insgesamt 19 Gedichten; → Ingeborg Bachmann, S. 156).

Johann Wolfgang Goethe: Die Leiden des jungen Werthers (1774)
1976 verfilmt, Regie: Egon Günther (mit Hans-Jürgen Wolf, Katharina Thalbach), 101 Min. (FSK ab 6).
1982 erneut verfilmt unter dem Titel „Die Leidenschaftlichen", Regie: Thomas Koerfer, 105 Min. (Gemeinschaftsproduktion von ZDF, ORF und SRG; Verarbeitung des Romans und zugleich von Goethes Leben zur Entstehungszeit des Werkes).

Gotthold Ephraim Lessing: Nathan der Weise (1779)
1922 verfilmt (D), Regie: Manfred Noa (mit Ernst Matray, Bella Muzsnay u. a.).

Friedrich Schiller: Die Räuber (1781)
1913 verfilmt (D), Regie: Friedrich Fehér.
2005 erneut verfilmt, Regie: Matthias Straub (mit Sandrine Guiraud, Holger Schmidt, Maximilian Nowka), 180 Min.
Weitere Filme zu Schiller: 2005 „Schiller – Der Film" (nach Motiven aus dem Leben Schillers), Regie: Martin Weinhart (arte/ARD mit Matthias Schweighöfer), 90 Min. (FSK ab 12). Der Fernsehfilm spielt um 1782, als „Die Räuber" am Mannheimer Nationaltheater uraufgeführt wurde.
1940 „Friedrich Schiller – Triumph eines Genies" (D/UFA), Regie: Herbert Maisch (mit Heinrich George, Lil Dagover, Hannelore Schroth, Paul Dahlke u. a.; FSK ab 12), 96 Min. Dargestellt wird Schillers Jugend unter dem despotischen Herzog Karl Eugen, als der Dichter an „Die Räuber" arbeitet.

Friedrich Schiller: Kabale und Liebe (1784)
1913 verfilmt, Regie: Friedrich Fehér.
1959 erneut verfilmt (DDR/DEFA), Regie: Martin Hellberg (mit Wolf Kaiser, Martin Hellberg u. a.), 108 Min. (FSK ab 12).
1980 erneut verfilmt (BRD, Bayerischer Rundfunk), Regie: Heinz Schirk, 105 Min.
2005 für das Fernsehen neu verfilmt (D/Österreich, ZDF), Regie: Leander Haußmann (mit Paula Kahlenberg, August Diehl, Götz George, Katharina Thalbach u. a.).

Praxisanregungen: Materialien zur Filmanalyse unter www.dvd-educativ.de,
Rubrik Infos & Material.
Vgl. „Die Räuber"

Friedrich Schiller: Ode an die Freude (1786)
2003 verfilmt im Rahmen von „POEM", Regie: Ralf Schmerberg (Verfilmung
von insgesamt 19 Gedichten; → Ingeborg Bachmann, S. 156).
Vgl. „Die Räuber"

Johann Wolfgang Goethe: Faust 1. und 2. Teil (1808/1832)
1926 verfilmt unter dem Titel „Faust. Eine deutsche Volkssage", Regie:
Friedrich Wilhelm Murnau (mit Gösta Ekman, Emil Jannings, Camilla Horn
u. a.), 115 Min., s/w, Klassiker des deutschen Stummfilms und Special-Effects-
Pionierwerk.
1960 verfilmt unter dem Titel „Faust", Regie: Peter Gorski (Dokumentation
einer Bühnen-Inszenierung von Gustaf Gründgens), 128 Min. (ausgezeich-
net mit mehreren Bundesfilmpreisen, Filmband in Gold 1961, Gustaf
Gründgens als Mephisto in der Rolle seines Lebens, außerdem mit Will
Quadflieg und Elisabeth Flickenschildt; FSK ab 12).
Praxisanregungen: Klaus Eilert u. a. (Hrsg.): Texte, Themen und Strukturen
interaktiv. Literatur und Gattungen. (CD-ROM mit Handreichungen für den
Unterricht; darin Inszenierungsvergleich) Cornelsen; – Karlheinz Diedrichs/
Franz-Josef Hanneken: Faust & Co auf der Mattscheibe. In: Praxis Deutsch,
Heft 140/1996, S. 68–74; – Klaus Kreimeier (Hrsg.): Die Metaphysik des De-
kors. Raum, Architektur und Licht im klassischen deutschen Stummfilm.
Marburg 1994; – Thomas Koebner (Hrsg.): Filmklassiker. Bd. 1. Reclam,
Stuttgart 2006, S. 147–151; – Stefan Volk: Filmanalyse im Unterricht. (Ein-
Fach Deutsch Unterrichtsmodelle) Schöningh; – 23 Filmkapitel und 43 Ex-
tras auf DVD unter www.dvd-educativ.de, Rubrik Infos & Material.

Johann Wolfgang Goethe: Der Zauberlehrling (1797)
1949 verfilmt (USA), Regie: Walt Disney, Kurzfilm, Zeichentrickfilm, 11 Min.,
Farbe (filmische Bezüge zum Atomzeitalter).

Friedrich Schiller: Maria Stuart (1800)
1958/59 verfilmt (Österreich), Regie: Alfred Stöger/Leopold Lindtberg (mit
Albin Skoda u. a.).

Friedrich Schiller: Wilhelm Tell (1804)
1923 verfilmt (D), Regie: Rudolf Dworsky u. a. (mit Hans Marr, Conrad Veidt
u. a.).

Heinrich von Kleist: Das Erdbeben in Chili (1807)
1974 verfilmt (BRD/ZDF), Regie: Helma Sanders-Brahms (mit Julia Pena,
Magdalena Kerr u. a.), Musik: J.S. Bach, 87 Min., Farbe.

Heinrich von Kleist: Amphitryon (1807)
1935 verfilmt unter dem Titel „Amphitryon – Aus den Wolken kam das
Glück" (D), Regie: Reinhold Schünzel (mit Willy Fritsch, Käthe Gold u.a.),
103 Min., s/w.
Praxisanregungen: Thomas Koebner (Hrsg.): Filmklassiker. Bd. 1. Reclam,
Stuttgart 2006, S. 365–369.

Heinrich von Kleist: Die Marquise von O. (1808)
1975 verfilmt (BRD/F), Regie: Eric Rohmer (mit Edith Clever, Bruno Ganz,
Peter Lühr u.a.), 102 Min., Farbe (drei Filmbänder in Gold 1976, Spezial-
Preis der Jury Cannes 1975; FSK ab 12).
Praxisanregungen: Thomas Koebner (Hrsg.): Filmklassiker. Bd. 3. Reclam,
Stuttgart 2006, S. 511–513; – Anne Bohnenkamp: Interpretationen: Litera-
turverfilmungen. Reclam UB 17527.

Heinrich von Kleist: Der zerbrochene Krug (1808)
1937 verfilmt (D), Regie: Gustav Ucicky (mit Emil Jannings, Paul Dahlke,
Elisabeth Flickenschildt u.a.), 85 Min, s/w (FSK ab 12).

Heinrich von Kleist: Michael Kohlhaas (1808)
1969 verfilmt (BRD), Regie: Volker Schlöndorff (mit David Warner, Anna
Karina, Gregor von Rezzori u.a.), Farbe (FSK ab 16).

Johann Wolfgang Goethe: Die Wahlverwandtschaften (1809)
1974 verfilmt (DDR/DEFA), Regie: Siegfried Kühn (mit Beata Tyszkiewicz,
Hilmar Thate u.a.), 103 Min., Farbe (FSK ab 6).
1981 verfilmt unter dem Titel „Les Affinités électives" (F/CSSR/BRD), Regie:
Claude Chabrol.
1996 erneut verfilmt unter dem Titel „Le Affinità Elettne" (F/I), Regie: Paolo
Taviani/Vittorio Taviani.

Jacob Grimm/Wilhelm Grimm: Kinder- und Hausmärchen (1812–15)

- „Aschenputtel" 1955 verfilmt (BRD), Regie: Fritz Genschow, 81 Min., Farbe (FSK ab 6).
  „Aschenputtel" 1972 erneut verfilmt unter dem Titel „Drei Nüsse für Aschenbrödel" (CSSR/DDR), Regie: Václav Vorlicek, 86 Min., Farbe.
- „Daumesdick" 1958 verfilmt unter dem Titel „Der kleine Däumling" (USA), Regie: George Pal, 94 Min., Farbe (FSK ab 6).
  „Der kleine Däumling" 1958 verfilmt (USA/GB), Regie: George Pal (u.a. mit Peter Sellers), 94 Min., Farbe.
- „Der Prinz hinter den sieben Meeren" 1982 verfilmt (DDR/DEFA), Regie: Walter Beck, 87 Min., Farbe (ausgezeichnet mit dem Großen Preis „Silberner Greif" des Internationalen Kinderfilmfestivals Giffoni Valle Piana/Italien).
- „Die Gänsemagd" 1957 verfilmt (BRD), Regie: Fritz Genschow, 78 Min., Farbe (FSK ab 6).
- „Dornröschen" verfilmt 1917, Regie: Paul Leni.
  „Dornröschen", 1955 erneut verfilmt (BRD), Regie: Fritz Genschow, 80 Min., Farbe (FSK ab 6).
  „Dornröschen" 1977 erneut verfilmt (CSSR), Regie: Václav Vorlicek, 85 Min., Farbe (FSK ab 6).
- „Frau Holle" 1954 verfilmt (BRD), Regie: Fritz Genschow, 80 Min., Farbe (FSK ab 6).
  „Frau Holle" 1984 unter dem Titel „Frau Holle und die Gevatterin" verfilmt (BRD/CSSR/Österreich), Regie: Juraj Jakubisko, 94 Min., Farbe.
- „Gevatter Tod" 1980 verfilmt (DDR), Regie: W. Hübner, 71 Min., Farbe.
- „Hänsel und Gretel" verfilmt 1954 (BRD), Regie: Fritz Genschow, 54 Min., s/w (FSK ab 6).
- „Rotkäppchen" verfilmt 1953 unter dem Titel „Rotkäppchen und der Wolf" (BRD), Regie: Fritz Genschow, 47 Min., s/w und Farbe (FSK ab 6).
- „Rumpelstilzchen" verfilmt 1923, Regie: Desider Kertecz.
- „Schneeweißchen und Rosenrot" verfilmt 1979 (DDR), Regie: Siegfried Hartmann, 74 Min., Farbe (FSK ab 6).
- „Tischchen deck dich, Goldesel und Knüppel aus dem Sack" 1956 verfilmt unter dem Titel „Tischlein deck dich", Regie: Fritz Genschow, 80 Min., Farbe (FSK ab 6).
- Film zu den Brüdern Grimm: 2005 „Brothers Grimm", Regie: Terry Gilliam (mit Matt Damon, Heath Ledger, Monica Bellucci u.a.), Farbe (im Film Zitate mehrerer Märchen der Brüder Grimm).

Praxisanregungen: Die Brüder Grimm. Brothers Grimm. Das Buch zum Film von Terry Gilliam. Insel, it 3156.

Adelbert von Chamisso: Peter Schlemihls wundersame Geschichte (1814)
1967 verfilmt (BRD/ZDF), Regie: Peter Beauvais (mit Götz George als Peter Schlemihl), 117 Min.

E. T. A. Hoffmann: Das Fräulein von Scuderi (1819/21)
1955 verfilmt (DDR/Schweden, DEFA), Regie: Eugen York (mit Henny Porten, Willy A. Kleinau u. a.).
1976 verfilmt (BRD/ZDF), Regie: Lutz Büscher, 89 Min.

Wilhelm Hauff: Das kalte Herz (1825–28)
1923 verfilmt (D), Regie: Fred Sauer (mit Fritz Schulz, Grete Reinwald u. a.).
1950 erneut verfilmt (DDR/DEFA), Regie: Paul Verhoeven (mit Lutz Moik, Hanna Rucher u. a.), 105 Min., Farbe.

Heinrich Heine: Der Schiffbrüchige (1826)
2003 verfilmt im Rahmen von „POEM" (D), Regie: Ralf Schmerberg, (Verfilmung von insgesamt 19 Gedichten, → Ingeborg Bachmann, S. 156).

Joseph von Eichendorff: Aus dem Leben eines Taugenichts (1826)
1972/73 verfilmt (DDR/DEFA), Regie: Celino Bleiweiß (mit Dean Read, Peter Reusse, Hannelore Elsner u. a.).

Anselm von Feuerbach: Kaspar Hauser oder Beispiel eines Verbrechens am Seelenleben eines Menschen (1832)
1974 verfilmt unter dem Titel „Kaspar Hauser – Jeder für sich und Gott gegen alle", Regie: Werner Herzog (mit Walter Ladengast, Brigitte Mira, Enno Patalas, Volker Elis Pilgrim u. a.), Farbe, 109 Min.
1992/93 erneut verfilmt unter dem Titel „Kaspar Hauser – Verbrechen am Seelenleben eines Menschen" (D), Regie: Peter Sehr (mit André Eisermann, Katharina Thalbach, Uwe Ochsenknecht u. a.).
Praxisanregungen: Werner Herzog: Jeder für sich und Gott gegen alle. Drehbücher. Bd. 2. München 1977; – Klaus Eilert u. a. (Hrsg.): Texte, Themen und Strukturen interaktiv. Sprache und Kommunikation/Medien. (CD-ROM mit einer Einheit zu „Kaspar Hauser – Vom Stoff zum Film") Cornel-

sen; – Thomas Koebner (Hrsg.): Filmklassiker. Bd. 3. Reclam, Stuttgart 2006,
S. 445–448; – Werner Herzog: Drehbücher II. München 1977.
Weitere Werke zu Kaspar Hauser:
- Jakob Wassermann: Caspar Hauser oder die Trägheit des Herzens.
- Georg Trakl: Kaspar Hauser Lied.
- Peter Handke: Kaspar (Theaterstück).
- Dieter Forte: Kaspar Hausers Tod (Theaterstück).
- Johannes Bobrowski: Kaspar Hauser.
- Reinhard Mey: Kaspar (Lied).

Georg Büchner: Leonce und Lena (1842)
1964 verfilmt, Regie: Fritz Kortner (mit Horst Tappert, Doris Schade u. a.),
127 Min., s/w (FSK ab 6).

Adalbert Stifter: Der Bergkristall (1845)
2004 verfilmt (D), Regie: Joseph Vilsmaier (mit Dana Vávrová, Daniel Morgenroth, Katja Riemann u. a.), 92 Min. (FSK ab 6).
Weiterführende Literatur: Adalbert Stifter: Bergkristall. Filmbuch, Insel,
it 3069.

Gottfried Keller: Romeo und Julia auf dem Dorfe (1855)
1968 verfilmt (ZDF), Regie: Willi Schmidt, 67 Min.
1983 erneut verfilmt (DDR/DEFA), Regie: Siegfried Kühn (mit Grit Stephan,
Thomas Wetzel u. a.).

Fritz Reuter: Ut de Franzosentid (1859)
1981 verfilmt (ZDF), Regie: Dagmar Damek, 101 Min.

Gottfried Keller: Kleider machen Leute (1874)
1940 verfilmt, Regie: Helmut Käutner (mit Heinz Rühmann, Erich Ponto
u. a.), 94 Min., s/w (FSK ab 12).

Wilhelm Raabe: Wunnigel (1879)
1978 verfilmt (BRD/ZDF), Regie: Oswald Döpke, 106 Min.

Georg Büchner: Woyzeck (1879)
1978 verfilmt (BRD), Regie: Werner Herzog (mit Klaus Kinski, Eva Mattes,
Willi Semmelrogge u. a.), 82 Min. (Goldene Palme Cannes 1979; FSK ab 16).

Theodor Fontane: Grete Minde (1880)

1976/77 verfilmt (BRD/Österreich, ZDF), Regie: Heidi Genée (mit Alexander May, Brigitte Grothum, Hannelore Elsner, Hans-Christian Blech u.a.), 98 Min.

Theodor Fontane: Effi Briest (1884/5)

1968–1970 verfilmt (DDR/DEFA), Regie: Wolfgang Luderer, 125 Min.

1972 verfilmt (BRD), Regie: Rainer Werner Fassbinder (mit Hanna Schygulla, Wolfgang Schenk, Ulli Lommel u.a.), 135 Min., s/w (FSK ab 12).

Praxisanregungen: Stefan Volk: Filmanalyse im Unterricht. (EinFach Deutsch Unterrichtsmodelle) Schöningh; – Materialien zur Analyse des DEFA-Films unter www.dvd-educativ.de, Rubrik Infos & Material.

Theodor Fontane: Unterm Birnbaum (1885)

1973 verfilmt (BRD), Regie: Ralf Kirsten (mit Angelika Domröse, Günther Junghans u.a.), 86 Min., Farbe (FSK ab 12).

Theodor Fontane: Cécile (1886)

1977 verfilmt (BRD/ZDF), Regie: Dagmar Damek, 121 Min.

Theodor Storm: Der Schimmelreiter (1888)

1933 verfilmt (D), Regie: Curt Oertel und Hans Deppe (mit Marianne Hoppe, Mathias Wiemann u.a.), 81 Min., s/w (FSK ab 6).

1981 erneut verfilmt (BRD/ZDF), Regie: Alfred Weidenmann, 92 Min.

Praxisanregungen: Barbara Deiker/Wolfgang Gast: Film und Literatur. Analysen, Materialien, Unterrichtsvorschläge. Bd. 3 (Sekundarstufe I): Flussfahrt mit Huhn/Die Welt in jenem Sommer/Der Schimmelreiter. Diesterweg; – Stefan Volk: Filmanalyse im Unterricht. (EinFach Deutsch Unterrichtsmodelle) Schöningh.

Arthur Schnitzler: Der Reigen (1900)

1920 verfilmt (D), Regie: Richard Oswald (mit Asta Nielsen, Conrad Veidt u.a.).

1950 erneut verfilmt (F), Regie: Max Ophüls (mit Adolf Wohlbrück, Simone Signoret, Danielle Darrieux u.a.), 100 Min., s/w.

Praxisanregungen: Thomas Koebner (Hrsg.): Filmklassiker. Bd. 2. Reclam, Stuttgart 2006, S. 126–129; – Helmut G. Asper (Hrsg.): Max Ophüls. Theater, Hörspiele, Filme. St. Ingbert 1993.

Thomas Mann: Buddenbrooks (1901)

1923 verfilmt (D), Regie: Gerhard Lamprecht (mit Peter Esser, Mady Christians u. a.), Stummfilm.

1959 als zweiteiliger Kinofilm (BRD), Regie: Alfred Weidenmann (mit Liselotte Pulver, Nadja Tiller, Hansjörg Felmy, Lil Dagover, Rudolf Platte u. a.), Drehbuch: Erika Mann, 145 min., s/w (FSK ab 12).

1979 als elfteilige Fernsehserie des Hessischen Rundfunks (BRD), Regie: Franz-Peter Wirth.

Praxisanregungen: Holger Pils: Thomas Manns Buddenbrooks in Bildern. Bemerkungen zur Erzählsituation in filmischen Adaptionen des Romans. In: Der Deutschunterricht, 1/2002, S. 86–92.

Film über die Familie Mann: 2001 „Die Manns – Ein Jahrhundertroman", Regie: Heinrich Breloer (mit Armin Mueller-Stahl, Veronica Ferres, Sebastian Koch u. a.), 360 Min. (Deutscher Fernsehpreis 2002; FSK ab 12). Porträt der Schriftstellerfamilie Mann als dokumentarischer Spielfilm.

Heinrich Mann: Im Schlaraffenland (1900)

1981 verfilmt (BRD/ZDF), Regie: Fritz Umgelter, 111 Min.

Thomas Mann: Tristan (1903)

1975 verfilmt (BRD/ZDF), Regie: Herbert Ballmann, 118 Min.

Heinrich Mann: Professor Unrat oder das Ende eines Tyrannen (1905)

1930 verfilmt unter dem Titel „Der blaue Engel" (D), Regie: Josef von Sternberg (mit Emil Jannings, Marlene Dietrich, Kurt Gerron u. a.), Buch: Carl Zuckmayer u. a., 107 Min., s/w (Ausgangspunkt für Marlene Dietrichs Weltkarriere als Vamp; FSK ab 16).

Praxisanregungen: Thomas Koebner (Hrsg.): Filmklassiker. Bd. 1. Reclam, Stuttgart 2006, S. 233–236; – Wolfgang Gast: Rosa Lola oder Was hat R.W. Fassbinders Film „Lola" mit H. Manns Roman „Prof. Unrat" zu tun? In: Deutschunterricht, 6/2002; – Konrad H. Jarausch: Professor Unrat. In: Etienne François/Hagen Schulze (Hrsg.): Deutsche Erinnerungsorte II. Beck, München 2001, S. 315–331.

Robert Musil: Die Verwirrungen des Zöglings Törleß (1906)

1966 verfilmt unter dem Titel „Der junge Törleß" (BRD/F), Regie: Volker Schlöndorff (mit Mathieu Carrière, Marian Seidowski, Bernd Tischer u. a.), s/w (FSK ab 18).

Robert Walser: Jakob von Gunten (1908)

1971 verfilmt (BRD/ZDF), Regie: Peter Lilienthal (mit Hanna Schygulla, Alexander May, Peter Kern, Reinhard Hauff u. a.), Farbe.

Ricarda Huch: Der letzte Sommer (1910)

1990 unter dem Titel „Der Schutzengel" verfilmt (Schweden), Regie: Suzanne Osten, 104 Min.

Thomas Mann: Der Tod in Venedig (1913)

1970 verfilmt (I), Regie: Luchino Visconti (mit Dirk Bogarde, Silvana Mangano u. a.), Musik: Gustav Mahler, 135 Min. (Oskar; FSK ab 12).
Praxisanregungen: Thomas Koebner (Hrsg.): Filmklassiker. Bd. 3. Reclam, Stuttgart 2006, S. 297–302; – Jean Améry: Cinéma. Arbeiten zum Film. Stuttgart 1994.
Film über die Familie Mann: 2001 „Die Manns – Ein Jahrhundertroman", → „Buddenbrooks".

Rainer Maria Rilke: Siehe, ich wusste es sind (1914)

2003 verfilmt im Rahmen von „POEM" (D), Regie: Ralf Schmerberg, (Verfilmung von insgesamt 19 Gedichten; → Ingeborg Bachmann, S. 156).
Textfassung: Rainer Maria Rilke: Werke. Bd. 2: Gedichte und Übertragungen. Insel, 2. Aufl., Wiesbaden 1957, S. 199.

Heinrich Mann: Der Untertan (1918)

1951 verfilmt (DDR/DEFA), Regie: Wolfgang Staudte (mit Werner Peters, Sabine Thalbach u. a.), 104 Min, s/w.
Praxisanregungen: Thomas Koebner (Hrsg.): Filmklassiker. Bd. 2. Reclam, Stuttgart 2006, S. 160–163; – Anne Bohnenkamp: Interpretationen: Literaturverfilmungen. Reclam UB 17527.
Film über die Familie Mann: 2001 „Die Manns – Ein Jahrhundertroman", → „Buddenbrooks".

Bertolt Brecht: Baal (1922)

1979 verfilmt (BRD/ARD), Regie: Volker Schlöndorff (mit Rainer Werner Fassbinder, Sigi Graue, Margarethe von Trotta u. a.), Farbe.

Joseph Roth: Das Spinnennetz (1923)

1989 verfilmt (ZDF/ORF; BRD); Regie: Bernhard Wicki (mit Ulrich Mühe, Klaus Maria Brandauer, Armin Mueller-Stahl, Agnes Fink u.a.), 195 Min. (FSK ab 16).
Praxisanregungen: Barbara Ludewig: Bernhard Wickis Alterswerk. Das Spinnennetz. In: medien + erziehung, 6/1989, S.374–377.

Thomas Mann: Der Zauberberg (1924)

1981 verfilmt, Regie: Hans Werner Geißendörfer (BRD/F/I; mit Christoph Eichhorn, Rod Steiger, Charles Aznavour, Hans Christian Blech u.a.), 153 Min. (Filmband in Gold 1982; FSK ab 16); dreiteilige Filmversion: ZDF 1984.
Praxisanregungen: Gabriele Seitz (Hrsg.): Der Zauberberg. Ein Film von Hans W. Geißendörfer nach dem Roman von Thomas Mann. Fischer TB, Frankfurt/M. 1982; – Ortwin Thal: Der Zauberberg. In: medien + erziehung, 3/1982, S.151–154.

Franz Kafka: Der Prozeß (1925)

1962 verfilmt, Regie: Orson Welles (mit Anthony Perkins, Jeanne Moreau, Romy Schneider u.a.).
1985 mit vielen Anspielungen auf „Der Prozeß": „Die Zeit nach Mitternacht", Regie: Martin Scorsese (USA), Kamera: Michael Ballhaus, 97 Min. (FSK ab 12).
1993 erneut verfilmt, Regie: David Hugh Jones (mit Anthony Hopkins u.a.), Drehbuch: Harold Pinter.
Praxisanregungen: Stefan Volk: Filmanalyse im Unterricht. (EinFach Deutsch Unterrichtsmodelle) Schöningh; – Peter Kremski: Kafka in New York. In: medien + erziehung, 5/1986, S.289–296.
Film über Kafka: 1992 „Kafka" (nach Motiven aus Werken von Franz Kafka), Regie: Steven Soderbergh (u.a. mit Armin Mueller-Stahl), USA, 95 Min., Farbe und s/w (Independent Spirit Award 1991; FSK ab 16).

Franz Kafka: Das Schloss (1926)

1968 verfilmt, Regie: Rudolf Noelte (mit Maximilian Schell, Cordula Trantow u.a.).
1997 erneut verfilmt (D), Regie: Michael Hancke (mit Ulrich Mühe, Susanne Lothar u.a.), 90 Min. (FSK ab 12).

Arthur Schnitzler: Traumnovelle (1926)

1999 verfilmt unter dem Titel „Eyes Wide Shut" (USA), Regie: Stanley Kubrick (mit Tom Cruise und Nicole Kidman, die sich verpflichten mussten, zwei Jahre lang an keiner anderen Produktion zu arbeiten). *Praxisanregungen:* Stanley Kubrick/Frederic Raphael/Arthur Schnitzler: Eyes Wide Shut. Das Drehbuch/Traumnovelle. Die Novelle. Frankfurt/M. 1999; – Engelbert Kötter/Andrea Wagener: Literaturverfilmung: Adaption oder Kreation? (Kursthemen Deutsch) Cornelsen, S. 55 ff.; – Engelbert Kötter/Andrea Wagener: Literaturverfilmung: Adaption oder Kreation? Handbuch für den Unterricht. (Kursthemen Deutsch) Cornelsen, S. 64 ff.

Franz Kafka: Amerika (1927)

1984 verfilmt unter dem Titel „Klassenverhältnisse" (BRD/F), Regie: Jean-Marie Straub/Danièle Huillet (mit Christian Heinisch, Mario Adorf, Klaus Traube u. a.), s/w (FSK ab 6). *Praxisanregungen:* Christiane Leithardt: 34. Internationale FilmFestspiele Berlin. In: medien + erziehung, 2/1984, S. 98–106.

Hermann Hesse: Der Steppenwolf (1927)

1974 verfilmt (USA/Schweiz/GB/F/I), Regie: Fred Haines (mit Max von Sydow, Dominique Sanda, Pierre Clementi u. a.), 101 Min. (FSK ab 12).

Alfred Döblin: Berlin Alexanderplatz (1929)

1931 verfilmt (D), Regie: Phil Jutzi (mit Heinrich George, Bernhard Minetti, Maria Bard, Margarete Schlegel u. a.), 88 Min., s/w. 1979–80 verfilmt (ARD/RAI; BRD/I), Regie: Rainer Werner Fassbinder (mit Günter Lamprecht, Hanna Schygulla, Barbara Sukowa, Gottfried John u. a.), Fernsehversion: Folge 1: 90 Min., Folgen 2–13: 60 Min. Epilog: 120 Min. *Praxisanregungen:* Cordula Grunow/Ulrike Ladnar/Andrea Wagener: Erzähler der Moderne: Schnitzler, Kafka, Döblin. (Kursthemen Deutsch, u. a. Unterrichtsreihe zur Verfilmung von „Berlin Alexanderplatz", S. 71–80) Cornelsen; – Berlin Alexanderplatz, Drehbuch von Alfred Döblin und Hans Wilhelm zu Phil Jutzis Film von 1931. FILMText, München 1996 (edition text und kritik); – Der Film BERLIN Alexanderplatz. Ein Arbeitsjournal von Rainer Werner Fassbinder und Harry Baer. Zweitausendeins, Frankfurt/M. 1980; – Achim Haag: Deine Sehnsucht kann keiner stillen. Rainer Werner Fassbinders Berlin Alexanderplatz. Selbstreflexion und Ich-Auflösung. München 1992; – Juliane Lorenz (Hrsg.): Das ganz normale Chaos. Gespräche über Rainer Werner Fassbinder. Berlin 1995; – Thomas Koebner (Hrsg.): Filmklassiker. Bd. 1. Reclam, Stuttgart 2006, S. 283–297.

Erich Maria Remarque: Im Westen nichts Neues (1929)

1930 verfilmt (USA), Regie: Lewis Milestone, 135 Min., s/w (doppelter Oscar 1930; gilt weiterhin als einer der überzeugendsten Antikriegsfilme der Filmgeschichte; FSK ab 12).
Praxisanregungen: Thomas Koebner (Hrsg.): Filmklassiker. Bd. 1. Reclam, Stuttgart 2006, S. 237–242.

Thomas Mann: Mario und der Zauberer (1930)

1994 verfilmt, Regie: Klaus Maria Brandauer (mit Klaus Maria Brandauer, Julian Sands, Rolf Hoppe u. a.).
Praxisanregungen: Stefan Volk: Filmanalyse im Unterricht. (EinFach Deutsch Unterrichtsmodelle) Schöningh.

Oskar Maria Graf: Bolwieser (1931)

1977 verfilmt (BRD/ZDF), Regie: Rainer Werner Fassbinder (mit Kurt Raab, Elisabeth Trissenaar, Udo Klier, Bernd Helfrich u. a.), Kamera: Michael Ballhaus.

Carl Zuckmayer: Der Hauptmann von Köpenick (1931)

1956 verfilmt (BRD), Regie: Helmut Käutner (mit Heinz Rühmann), 88 Min., Farbe (Filmband in Gold 1957; FSK ab 12).

Klaus Mann: Flucht in den Norden (1934)

1985 verfilmt (BRD/Finnland), Regie: Ingemo Engström (u. a. mit Katharina Thalbach), 130 Min.

Klaus Mann: Mephisto (1936)

1981 verfilmt (BRD/Ungarn), Regie: István Szabó (mit Klaus Maria Brandauer als Hendrik Höfgen; FSK ab 12).
Praxisanregungen: – Klaus Eilert u. a. (Hrsg.): Texte, Themen und Strukturen interaktiv. Sprache und Kommunikation/Medien. (CD-ROM mit einer Einheit zu „Klaus Mann: Mephisto – Filmanalyse, Interpretation") Cornelsen; – Thomas Koebner (Hrsg.): Filmklassiker. Bd. 4. Reclam, Stuttgart 2006, S. 133–135; – Bernd Schorb: Mephisto. In: medien + erziehung, 1/1982, S. 32–35.

Film zur Familie Mann: 2001, Die Manns – Ein Jahrhundertroman,
→ „Buddenbrooks".

Thomas Mann: Lotte in Weimar (1939)
1975 verfilmt (DDR/DEFA), Regie: Egon Günther (mit Lilli Palmer, Martin
Hellberg, Katharina Thalbach), Musik: Gustav Mahler.

Anna Seghers: Das siebte Kreuz (1942)
1944 verfilmt unter dem Titel „The Seventh Cross" (USA), Regie: Fred
Zinnemann (mit Spencer Tracy u.a.), Buch: Helen Deutsch, Anna Seghers,
112 Min., s/w.

Ingeborg Bachmann: Nach grauen Tagen (1944)
2003 verfilmt im Rahmen von „POEM" (D), Regie: Ralf Schmerberg (Verfil-
mung von insgesamt 19 Gedichten; Zebra Poetry Film Award), 91 Min. (FSK
ab 6); Darsteller der Bachmann-Verfilmung: Jochen Vogel
Praxisanregungen: www.poem-derfilm.de (mit dem Grimme Online-Award
2004 ausgezeichnete Internetseite mit kurzen Ausschnitten aus dem Film);
– Matthias Hesse/Axel Krommer/Julia Müller: Ralf Schmerbergs POEM:
Lyrik wird Film. Eine mediale Herausforderung für die Deutschdidaktik. In:
Beiträge Jugendliteratur und Medien, 1/2005, S.41–46; – Matthias Hesse,
Axel Krommer, Julia Müller: Poem – Lyrikverfilmungen als Impuls für den
Deutschunterricht. In: Deutschunterricht, 3/2005, S.44–48.

Außergewöhnliche Filme: „Das Schloss" nach Franz Kafka von Michael Hancke und
„POEM", Gedichte verfilmt von Ralf Schmerberg.

Carl Zuckmayer: Des Teufels General (1946)

1954 verfilmt (BRD), Regie: Helmut Käutner (mit Curd Jürgens, Marianne Koch, Viktor de Kowa), s/w (FSK ab 12).

Wolfgang Borchert: Das Brot (1946/7)

1996 verfilmt, Regie: Wolfgang Küper, Kurzfilm, 15 Min., s/w.

Erich Kästner: Kleines Solo (1947)

2003 verfilmt im Rahmen von „POEM" (D), Regie: Ralf Schmerberg, (Verfilmung von insgesamt 19 Gedichten; → Ingeborg Bachmann).
Textfassung: Hermann und Lena Kurze (Hrsg.): Erich Kästner: Wir sind so frei. Chanson, Kabarett, Kleine Prosa. Carl Hanser, München 1998, S. 152.
Praxisanregungen: Remo Hug: Gedichte im Gebrauch. Die Lyrik Erich Kästners: Besichtigung, Beschreibung, Bewertung. Königshausen & Neumann, Würzburg 2006.

Friedrich Dürrenmatt: Der Richter und sein Henker (1952)

1975 verfilmt, Regie: Maximilian Schell (mit Jon Voight, Jacqueline Bisset, Helmut Qualtinger, Friedrich Dürrenmatt u. a.), 92 Min., Farbe (FSK ab 12).

Heinrich Böll: Das Brot der frühen Jahre (1955)

1982 verfilmt, Regie: Herbert Vesely (u.a. mit Vera Tschechowa), 94 Min. (fünf Bundesfilmpreise; FSK ab 16).

Max Frisch: Homo Faber (1957)

1991 verfilmt (BRD/Frankreich/Griechenland), Regie: Volker Schlöndorff (mit Sam Shepard, Julie Delpy, Barbara Sukowa u. a.), 117 Min., s/w und Farbe.
Praxisanregungen: Stefan Volk: Filmanalyse im Unterricht. (EinFach Deutsch Unterrichtsmodelle) Schöningh.

Alfred Andersch: Sansibar oder der letzte Grund (1957)

1987 verfilmt (BRD/DDR/Schweiz, ARD), Regie: Bernhard Wicki (mit Peter Cremer, Cornelia Schmaus, Gisela Stein, Peter Sodann u. a.).

Ingeborg Bachmann: Der gute Gott von Manhattan/Hörspiel (1957 f.)

1972 verfilmt (BRD/ZDF), Regie: Klaus Kirschner, 76 Min.

Friedrich Dürrenmatt: Das Versprechen (1958)
1958 verfilmt unter dem Titel „Es geschah am helllichten Tag" (Schweiz/ BRD/Spanien), Regie: Ladislao Vajda (mit Heinz Rühmann, Gert Fröbe, Michel Simon u. a.).
1979 erneut verfilmt unter dem Titel „Das Versprechen" (Italien/BRD/ Schweiz; RAI), Regie: Alberto Negrin.
1995 erneut verfilmt unter dem Titel „Tod im kalten Morgenlicht" (Niederlande/BRD/GB), Regie: Rudolf van den Berg (u. a. mit Richard E. Grant).
1996 erneut verfilmt unter dem Titel „Es geschah am helllichten Tag" (D; Sat 1), Regie: Bernd Eichinger (mit Joachim Król, Barbara Rudnik, Axel Milberg u. a.).
2001 erneut verfilmt (USA), Regie: Sean Penn (mit Jack Nicholson, Vanessa Redgrave, Robin Wright Penn, Sam Shepard u. a.), 125 Min. (FSK ab 12).
Praxisanregungen: Stefan Volk: Filmanalyse im Unterricht. (EinFach Deutsch Unterrichtsmodelle) Schöningh.

Günter Grass: Die Blechtrommel (1959)
1979 verfilmt (BRD/F), Regie: Volker Schlöndorff (mit David Bennent, Mario Adorf, Angela Winkler, Charles Aznavour u. a.), Farbe, 145 Min. (1979 Goldene Palme auf dem Filmfestival von Cannes, 1980 Oscar für den besten ausländischen Film; FSK ab 16).
Praxisanregungen: Engelbert Kötter/Andrea Wagener: Literaturverfilmung: Adaption oder Kreation? (Kursthemen Deutsch) Berlin 2001, S. 15 ff.; – Engelbert Kötter/Andrea Wagener: Literaturverfilmung: Adaption oder Kreation? Handbuch für den Unterricht. (Kursthemen Deutsch) Cornelsen, S. 30 ff.; – Thomas Koebner (Hrsg.): Filmklassiker. Bd. 4. Reclam, Stuttgart 2006, S. 33–37; – Anne Bohnenkamp: Interpretationen: Literaturverfilmungen. Reclam UB 17527.

Marie Luise Kaschnitz: Popp und Mingel (1960)
1975 verfilmt (BRD), Regie: Ula Stöckl, 50 Min., s/w.

Günter Grass: Katz und Maus (1961)
1966 verfilmt (BRD), Regie: Hans-Jürgen Pohland (mit Lars Brandt, Peter Brandt, Claudia Bremer, Wolfgang Neuss, Ingrid van Bergen u. a.), s/w (FSK ab 18).

Christa Wolf: Der geteilte Himmel (1962)

1964 verfilmt (DDR/DEFA), Regie: Konrad Wolf (mit Renate Blume, Eberhard Esche u. a.), Drehbuch: Christa Wolf, Gerhard Wolf, Konrad Wolf, s/w (1970 in der DDR verboten; FSK ab 16).

Heinrich Böll: Ansichten eines Clowns (1963)

1975 verfilmt (BRD), Regie: Vojtech Jasny (mit Helmut Griem, Hanna Schygulla, Hans-Christian Blech, Eva-Maria Meinecke u. a.), 111 Min. (Bambi für den besten deutschen Film des Jahres).

Rolf Hochhuth: Der Stellvertreter (1963)

2002 verfilmt, Regie: Constantin Costa-Gavras (mit Matthieu Kassovitz und Ulrich Tukur), 130 Min. (FSK ab 12).

Martin Sperr: Jagdszenen aus Niederbayern (1966)

1969 verfilmt (BRD), Regie: Peter Fleischmann (mit Martin Sperr, Angela Winkler u. a.), s/w, 85 Min.
Praxisanregungen: Thomas Koebner (Hrsg.): Filmklassiker. Bd. 3. Reclam, Stuttgart 2006, S. 233–235.

Horst Bienek: Die Zelle (1968)

1972 verfilmt (BRD), Regie: Horst Bienek, s/w (FSK ab 16).

Jurek Becker: Jakob der Lügner (1969)

1974 verfilmt (DDR), Regie: Frank Beyer (mit Vlastimil Brodsky, Henry Hübchen u. a.), Buch: Frank Beyer und Jurek Becker, 100 Min., Farbe (FSK ab 12).
Praxisanregungen: Thomas Koebner (Hrsg.): Filmklassiker. Bd. 3. Reclam, Stuttgart 2006, S. 449–451; – Anne Bohnenkamp: Interpretationen: Literaturverfilmungen. Reclam UB 17527.

Uwe Johnson: Jahrestage (1970–83)

2000 verfilmt (D/ARD), Regie: Margarethe von Trotta (mit Stephanie Schimanski, Sarah Nemitz u. a.).

Peter Handke: Die Angst des Tormanns beim Elfmeter (1970)

1971 verfilmt (BRD/Österreich), Regie: Wim Wenders (mit Arthur Brass, Kai Fischer u. a.), Farbe (FSK ab 12).

Dieter Wellershoff: Einladung an alle (1972)
1973 verfilmt unter dem Titel „Eskalation" (BRD), Regie: Claus Peter Witt, 88 Min. (FSK ab 12).

Ulrich Plenzdorf: Die neuen Leiden des jungen W. (1972)
1975 verfilmt (BRD/ARD), Regie: Eberhard Izenplitz (mit Rolf Moebius, Klaus Hoffmann u. a.), Drehbuch: Ulrich Plenzdorf, Farbe (FSK ab 12).

Heinrich Böll: Die verlorene Ehre der Katharina Blum (1974)
1975 verfilmt (BRD), Regie: Volker Schlöndorff/Margarethe von Trotta, Farbe, 106 Min. (FSK ab 16; Bundesfilmpreis für die Hauptdarstellerin Angela Winkler, außerdem mit Jürgen Prochnow, Mario Adorf, Hannelore Hoger). *Praxisanregungen:* Barbara Deiker/Wolfgang Gast: Film und Literatur. Analysen, Materialien, Unterrichtsvorschläge. Bd.1 (Sek. I): Vorstadtkrokodile/Ilse Janda/Die verlorene Ehre der Katharina Blum. Diesterweg.

Peter Handke: Falsche Bewegung (1975)
1975 verfilmt, Regie: Wim Wenders (mit Rüdiger Vogler, Hans-Christian Blech, Hanna Schygulla, Nastassja Kinski, Marianne Hoppe, Peter Kern u. a.), Drehbuch: Peter Handke/Wim Wenders, 103 Min., (FSK ab 12).

Reiner Kunze: Die wunderbaren Jahre (1976)
1979 verfilmt (BRD), Regie: Reiner Kunze (mit Gabi Marr, Martin May u. a.), Farbe (FSK ab 12).

Bernward Vesper: Die Reise (1977)
1986 verfilmt (BRD), Regie: Markus Imhoof (mit Markus Boysen, Corinna Kirchhoff u. a.), 110 Min.
Praxisanregungen: Josef Nagel: Mostra Internazionale del Cinema. In: medien + erziehung, 5/1986, S.306–308; – Wolf Schwartz: Die Reise. In: medien + erziehung, 2/1987, S.78–80.

Nicolas Born: Die Fälschung (1979)
1981 verfilmt (BRD), Regie: Volker Schlöndorff (mit Bruno Ganz, Hanna Schygulla, Gila von Weitershausen u. a.), 110 Min. (FSK ab 12).
Praxisanregungen: Volker Schlöndorff u. a.: Die Fälschung als Film und der Krieg im Libanon. Zweitausendeins, Frankfurt/M. 1981; – Helga Schraud: Die Fälschung. In: medien + erziehung, 1/1982, S.22–24.

Erwin Strittmatter: Der Laden (1983–1992)
1998 verfilmt (D), Regie: Jo Baier (mit Carmen Maja u.a.), Drehbuch: Jo Baier und Ulrich Plenzdorf.

Anna Wimschneider: Herbstmilch (1984)
1988 verfilmt, Regie: Joseph Vilsmaier (mit Dana Vávrová, Werner Stocker, Eva Mattes, Anna Wimschneider u.a.), 105 Min. (FSK ab 12).

Patrick Süskind: Das Parfum (1985)
2006 verfilmt, Regie: Tom Tykwer (mit Ben Whishaw, Dustin Hoffman u.a.).

Walter Kempowski: Herzlich willkommen (1985)
1989 verfilmt (BRD), Regie: Hark Bohm (mit Uwe Bohm, Hark Bohm, Barbara Auer, Anna Thalbach u.a.), 123 Min.
Praxisanregungen: Bernd Schorb: Herzlich willkommen. In: medien + erziehung, 2/1990, S.68–70.

Günter Grass: Die Rättin (1986)
1997 verfilmt (D/ARTE-ARD), Regie: Martin Buchhorn (mit Carola Regnier, Peter Radtke, Matthias Habich, Helene Grass u.a.).

Christoph Hein: Der Tangospieler (1989)
1990 verfilmt (D), Regie: Roland Gräf (u.a. mit Peter Sodann), 96 Min.
Praxisanregungen: Fred Schell: Der Tangospieler. In: medien + erziehung, 2/1991, S.106–108.

Robert Schneider: Schlafes Bruder (1992)
1995 verfilmt, Regie: Joseph Vilsmaier (mit André Eisermann, Ben Becker, Dana Vávroná), 127 Min. (Filmband in Gold; FSK ab 12).
Praxisanregungen: Engelbert Kötter/Andrea Wagener: Literaturverfilmung: Adaption oder Kreation? (Kursthemen Deutsch) Cornelsen, S.36ff.; – Rainer Moritz (Hrsg.): Über „Schlafes Bruder". Materialien zu Robert Schneiders Roman (darin ein Kapitel „Rezensionen zum Film"). Reclam, Leipzig 1996.

Benjamin von Stuckrad-Barre: Soloalbum (1998)
2003 verfilmt (D), Regie: Gregor Schnitzler (mit Matthias Schweighöfer, Nora Tschirner, Leander Haußmann u.a.) (FSK ab 12).

Benjamin Lebert: Crazy (1999)
2000 verfilmt (D), Regie: Hans-Christian Schmid (mit Robert Stadtlober, Tom Schilling, Oona Devi Liebich u.a.; FSK ab 12).
Praxisanregungen: Hans-Christian Schmid/Michael Gutmann: Crazy. Das Buch zum Film (u.a. ausgewählte Szenen aus dem Drehbuch, Fotos aus dem Film und ein Gespräch zwischen Hauptdarsteller und Autor). Köln 2000; – Stefan Volk: Filmanalyse im Unterricht. (EinFach Deutsch Unterrichtsmodelle) Schöningh.

Verfilmungen von Kinder- und Jugendbüchern

Die folgende Zusammenstellung enthält neben Verfilmungen deutschsprachiger Kinder- und Jugendbücher auch filmische Adaptionen von Werken anderssprachiger Autorinnen und Autoren. Vorgestellt werden Filme zu:

Kinder- und Jugendbuchverfilmungen

Burgess: Billy Elliot, S. 169	Lindgren: Pippi Langstrumpf, S. 165
Carroll: Alice im Wunderland, S. 163	Lindgren: Ronja Räubertochter, S. 167
Christiane F.: Wir Kinder vom Bahnhof Zoo, S. 167	Noack: Rolltreppe abwärts, S. 166
Defoe: Robinson Crusoe, S. 163	Nöstlinger: Gurkenkönig, S. 166
Dickens: Oliver Twist, S. 163	O´Dell: Insel der blauen Delphine, S. 166
Ende: Die unendliche Geschichte, S. 167	Orwell: Aufstand der Tiere, S. 165
Ende: Momo, S. 166	Ossowski: Stern ohne Himmel, S. 167
Frank, Anne: Tagebuch, S. 165	Pausewang: Die Wolke, S. 168
Gaarder: Sophies Welt, S. 169	Pressler: Novemberkatzen, S. 168
Golding: Herr der Fliegen, S. 165	Preußler: Krabat, S. 166
Härtling: Krücke, S. 168	Rhue: Die Welle, S. 167
Kästner: Das fliegende Klassenzimmer, S. 164	Scholl: Die weiße Rose, S. 165
Kästner: Emil und die Detektive, S. 164	Spoerl: Feuerzangenbowle, S. 165
Kästner: Konferenz der Tiere, S. 165	Spyri: Heidi, S. 163
Kekulé: Ich bin eine Wolke, S. 167	Stevenson: Die Schatzinsel, S. 164
Kerner: Blueprint, S. 169	Swift: Gullivers Reisen, S. 163
Kipling: Dschungelbuch, S. 164	Tetzner: Die Kinder aus Nr. 67, S. 164
Klee: Der Zappler, S. 168	Timm: Rennschwein Rudi Rüssel, S. 168
Kleinbaum: Club der toten Dichter, S. 168	Tolkien: Der Herr der Ringe, S. 166
Lindgren: Mio, mein Mio, S. 165	Twain: Tom Sawyers Abenteuer, S. 163
	von der Grün: Vorstadtkrokodile, S. 166
	Zak: Pumas Tochter, S. 168

Daniel Defoe: Robinson Crusoe (1719)
1963 verfilmt (UdSSR), Regie: Stanislaw Goworuchin, 92 Min., Farbe.
1997 verfilmt (USA), Regie: George Miller (mit Pierce Brosnan und Polly Walker), 90 Min., Farbe (FSK ab 12).

Jonathan Swift: Gulliver's Travels/Gullivers Reisen (1726)
1939 verfilmt (USA), Regie und Drehbuch: Max und David Fleischer, Zeichentrickfilm, 81 Min., Farbe (FSK ab 6).
1960 erneut verfilmt unter dem Titel „Herr der drei Welten" (USA), Regie: Jack Sher, 103 Min., s/w (FSK ab 6).
1995 verfilmt (USA/GB), Regie: Charles Sturridge, 180 Min.

Charles Dickens: Oliver Twist (1837 ff.)
1922 als Stummfilm, Regie: Frank Lloyd.
1948 verfilmt (GB), Regie: David Lean (mit Alec Guinness als Fagin), 95 Min., s/w (FSK ab 12).
1968 unter dem Titel „Oliver!" als Musical verfilmt, Regie: Carol Reeds.
2005 erneut verfilmt (USA), Regie: Roman Polanski, Drehbuch: Ronald Harwood (mit Sir Ben Kingsley als Fagin).
Praxisanregungen: www.olivertwist-derfilm.de

Lewis Carroll: Alice's Adventures in Wonderland/Alice im Wunderland (1865)
1951 verfilmt (USA), Walt-Disney-Zeichentrickfilm, Regie: Clyde Geronimi u. a.

Mark Twain: The Adventures of Tom Sawyer/Tom Sawyers Abenteuer (1876)
1938 verfilmt unter dem Titel „Toms Abenteuer" (USA), Regie: Norman Taurog, 75 Min., Farbe (FSK ab 12).

Johanna Spyri: Heidis Lehr- und Wanderjahre (1880)
1952 unter dem Titel „Heidi" verfilmt (Schweiz), Regie: Luigi Comencini, 90 Min., s/w (FSK ab 6).
Fortsetzung 1955 verfilmt unter dem Titel „Heidi und Peter" (Schweiz), Regie: Franz Schnyder, 95 Min., Farbe (FSK ab 6).
1965 erneut verfilmt (Österreich), Regie: Werner Jacobs, 94 Min., Farbe (FSK ab 6).
1967 verfilmt unter dem Titel „Heidi kehrt heim" (BRD/USA), 101 Min., Farbe (FSK ab 6).

Robert L. Stevenson: Treasure Island/Die Schatzinsel (1883)
1950 verfilmt (USA), Regie: Byron Haskin, 96 Min., Farbe (FSK ab 12).

Joseph Rudyard Kipling: The Jungle Book/Das Dschungelbuch (1894/1895)
1967 verfilmt (USA), Regie: Wolfgang Reitherman.

Erich Kästner: Emil und die Detektive (1929)
1931 verfilmt (D), Regie: Gerhard Lamprecht (mit Rolf Wenkhaus, Käthe
Haack u. a.), Drehbuch: Billy Wilder, 74 Min., s/w.
1935 Filmversion in englischer Sprache unter dem Titel „Emil and the
Detectives" (GB), Regie: Milton Rosmer, 63 Min., s/w.
1954 erneut verfilmt (BRD), Regie: Robert A. Stemmle (mit Heli Finkenzel-
ler, Peter Finkbeiner u. a.), 90 Min., Farbe (FSK ab 6).
1963 erneut verfilmt (BRD/USA), Regie: Peter Tewksbury, 92 Min., Farbe
(FSK ab 6).
2000 erneut verfilmt (D), Regie: Franziska Buch (mit Tobias Retzlaff, Anja
Sommavilla, Jürgen Vogel u. a.), 98 Min. (FSK ab 0).
Praxisanregungen: Stefan Volk: Filmanalyse im Unterricht. (EinFach
Deutsch Unterrichtsmodelle) Schöningh; – Elisabeth Lutz-Kopp: Emil und
die Detektive – Ein Klassiker und seine Verfilmungen. In: Beiträge Jugendliteratur und Medien, 13. Beiheft 2002, S. 82–96; – Michael Bloech: Gute
Laune und viel Glück. Emil und die Detektive. In: medien + erziehung,
1/2001, S. 52–53.

Erich Kästner: Das fliegende Klassenzimmer (1932)
1954 verfilmt (BRD), Drehbuch: Erich Kästner, Regie: Kurt Hoffmann (u. a.
mit Paul Dahlke, Erich Ponto, Peter Kraus, Michael Verhoeven).
1973 erneut verfilmt (BRD), Regie: Werner Jacobs (u. a. mit Joachim Fuchs-
berger), 90 Min., Farbe (FSK ab 6).
2002 verfilmt (D), Regie: Tomy Wigand (mit Ulrich Noethen, Sebastian Koch
u. a.), 110 Min. (FSK ab 0).
Praxisanregungen: Sabine Elias: Kästner wäre begeistert. In: Praxis
Deutsch, H. 178 (2003), S. 63.

Lisa Tetzner: Die Kinder aus Nr. 67 (1932)
1979/80 verfilmt (BRD), Regie: Uschi Barthelmeß-Weller/Werner Meyer,
103 Min., Farbe (FSK ab 6).

Heinrich Spoerl: Die Feuerzangenbowle (1933)
1943 verfilmt (D), Regie: Helmut Weiß (mit Heinz Rühmann), Drehbuch:
Heinrich Spoerl, 97 Min. (FSK ab 12).
1970 erneut verfilmt (BRD), Regie: Helmut Käutner (mit Walter Giller, Uschi
Glas, Theo Lingen, Hans Richter, Nadja Tiller u. a.).

Anne Frank: Tagebuch (1942–44)
1959 verfilmt (USA), Regie: George Stevens, 153 Min., s/w (FSK ab 12; mit
zwei Oscars ausgezeichnet).

Astrid Lindgren: Pippi Langstrumpf (1944)
1968 verfilmt unter dem Titel „Pippi Langstrumpf" (BRD/Schweden), Regie:
Olle Hellborn, 100 Min., Farbe (FSK ab 6).
1969 als Fortsetzung verfilmt unter dem Titel „Pippi geht von Bord" (BRD/
Schweden), Regie: Olle Hellborn, 85 Min., Farbe (FSK ab 6).
1969 als Fortsetzung verfilmt unter dem Titel „Pippi im Taka-Tuka-Land"
(BRD/Schweden), Regie: Olle Hellborn, 90 Min., Farbe (FSK ab 6).
1970 als Fortsetzung verfilmt unter dem Titel „Pippi außer Rand und Band"
(BRD/Schweden), Regie: Olle Hellborn, 90 Min, Farbe (FSK ab 6).

George Orwell: Animal Farm/Aufstand der Tiere (1945)
1951–54 verfilmt (GB), Regie: John Halas/Joy Batchelor, Animationsfilm,
74 Min., (FSK ab 6).

Erich Kästner: Die Konferenz der Tiere (1949)
1969 verfilmt (BRD), Regie: Curt Linda, 93 Min., Farbe (FSK ab 6).

Inge Scholl: Die weiße Rose (1953)
1982 verfilmt (BRD), Regie: Michael Verhoeven, Musik: Konstantin Wecker,
123 Min. (zwei Bundesfilmpreise; FSK ab 12).

Astrid Lindgren: Mio, mein Mio (1954)
1987 verfilmt (Schweden/UdSSR/Norwegen), Regie: Vladimir Grammatikov,
104 Min. (FSK ab 6).

William Golding: Lord of the Flies/Herr der Fliegen (1954)
1963 verfilmt (GB), Regie: Peter Brook, 91 Min., s/w (nahe am Original-
text).

J.R.R. Tolkien: The Lord of the Rings/Der Herr der Ringe (1954/1955)
1977 verfilmt (USA), Regie: Paul Bakshi, 133 Min., Farbe.
2003 f. neu verfilmt unter den Titeln „Die Gefährten", „Die zwei Türme" und
„Die Wiederkehr des Königs" (Neuseeland/USA), Regie: Peter Jackson (mit
Elijah Wood, Ian McKellen u.a.), 178, 179 und 210 Min.
Praxisanregungen: Jude Fisher: Der Herr der Ringe – Die Wiederkehr des
Königs. Das offizielle Begleitbuch. (Bildmaterial zu Peter Jacksons epischer
Filmtrilogie) Stuttgart 2003; – Gary Russell: Der Herr der Ringe – Die Wie-
derkehr des Königs. Die Erschaffung eines Filmkunstwerks. Stuttgart 2004;
– Brian Sibley: Der Herr der Ringe – Vom Roman zum Filmskript. Stuttgart
2004; – Thomas Koebner (Hrsg.): Filmklassiker. Bd. 5. Reclam, Stuttgart
2006, S.257–267.

Scott O'Dell: Island of the Blue Dolphins/Insel der blauen Delphine (1960)
1963 verfilmt (USA), Regie: James B. Clark, 92 Min., Farbe (FSK ab 6).

Otfried Preußler: Krabat (1971)
1977 verfilmt (CSSR/BRD), Regie: Karel Zeman, Animationsfilm, 75 Min.

Christine Nöstlinger: Wir pfeifen auf den Gurkenkönig (1972)
1974–76 verfilmt (BRD), Regie: Hark Bohm (mit Sonja Sutter, Karl Michael
Vogler u.a.), 90 Min., Farbe (FSK ab 6).

Michael Ende: Momo (1973)
1986 verfilmt (BRD/Italien), Regie: Johannes Schaaf (mit Radost Bokel,
Mario Adorf, John Huston, Armin Mueller-Stahl u.a.), 100 Min. (FSK ab 6).
Praxisanregungen: Wolf Schwartz: Die gestohlene Phantasie. Momo. In:
medien + erziehung, 6/1986, S.357–361; – Margarete von Schwarzkopf:
Das Filmbuch Momo. Thienemann, Stuttgart 1986; – Momo. Das Taschenbuch zum Film nach Michael Endes Roman. Heyne, München 1986.

Hans-Georg Noack: Rolltreppe abwärts (1974)
2005 verfilmt (BRD), Regie: Dustin Loose (mit Timo Rüggeberg, Justus Köt-
ting u.a.), 70 Min. (FSK ab 12).

Max von der Grün: Vorstadtkrokodile (1976)
1977 f. verfilmt (BRD/ARD), Regie: Wolfgang Becker (mit Eberhard Feik,
Marie Louise Marjan, Martin u. Willy Semmelrogge), 90 Min. (FSK ab 6).

Leonie Ossowski: Stern ohne Himmel (1978)
1980 verfilmt (BRD), Regie: Ottokar Runze (mit Manfred Gliewe, Andreas Hameder, Martin Fuchs u. a.), Drehbuch: Leonie Ossowski, 86 Min. (FSK ab 6).

Christiane F.: Wir Kinder vom Bahnhof Zoo (1978)
1981 verfilmt (BRD), Regie: Ulrich Edel (mit Natja Bruckhorst, Thomas Haustein, David Bowie u. a.), 138 Min. (FSK ab 16).

Dagmar Kekulé: Ich bin eine Wolke (1978)
1981/82 verfilmt unter dem Titel „Kraftprobe", Regie: Heidi Genée (mit Kristin Genée, Kai Taschner, Hannelore Hoger u. a.), 84 Min. (FSK ab 16).
Praxisanregungen: Georg Hartwagner: Kraftprobe. In: medien + erziehung, 4/1982, S. 219–222.

Michael Ende: Die unendliche Geschichte (1979)
1984 verfilmt (BRD), Regie: Wolfgang Petersen (mit Jonathan Brandis, Kenny Morrison, Martin Umbach u. a.), 102 Min. (FSK ab 6). Michael Ende fand das Ergebnis der Romanverfilmung nicht akzeptabel.
1989 folgte „Die unendliche Geschichte II" (BRD), Regie: George Miller (mit Jason James Richter, Melody Kay, Julie Cox u. a.), 86 Min. (FSK ab 6).
Praxisanregungen: Peter Kremski: Das Ende der Phantasie? Die unendliche Geschichte. In: medien + erziehung, 3/1984, S. 154–158.

Morton Rhue: The Wave/Die Welle (1981)
1981 verfilmt (USA), Regie: Alex Grasshoff, 42 Min. (FSK ab 12).
Praxisanregungen: Kamilla Münnig: Die Welle. Materialien zu einem Film von Alex Grasshoff. (Bezug: atlas film).

Astrid Lindgren: Ronja Röverdotter/Ronja Räubertocher (1982)
1984 verfilmt (Schweden/Norwegen), Regie: Tage Danielsson, Buch: Astrid Lindgren, 126 Min.
Praxisanregungen: Michael Bloech: 8. Kinder FilmFest. In: medien + erziehung, 2/1985, S. 96–99; – Barbara Herting-Gerhold u. a.: Der Zwiespalt in der Kinderfilmbeurteilung: „Ronja Räubertochter". In: medien + erziehung, 6/1986, S. 350–353.

Ernst Klee: Der Zappler (1985)
1982 verfilmt (D), Regie: Wolfram Deutschmann (mit Albert Heins, Irm Hermann, Kurt Raab, Monika Bleibtreu, Paul Breitner u.a.), 70 Min.

Mirjam Pressler: Novemberkatzen (1986)
1985 verfilmt (BRD), Regie: Sigrun Koeppe (mit Angela Hunger, Ursela Monn, Jürgen Vogel u.a.); 100 Min.
Praxisanregungen: Margret Köhler: Novemberkatzen. In: medien + erziehung, 2/1986, S.76–77.

Gudrun Pausewang: Die Wolke (1987)
2006 verfilmt zum 20. Jahrestag des Unglücks von Tschernobyl, Regie: Gregor Schnitzler.
Praxisanregungen: Filmheft mit Materialien für den Unterricht. Ravensburger; – www.die-wolke.com.

Peter Härtling: Krücke (1987)
1992 verfilmt (D; DEFA/ZDF), Regie: Jörg Grünler (mit Heinz Hoenig u.a.), 99 Min. (drei Filmbänder in Gold des Deutschen Filmpreises; FSK ab 12).
Praxisanregungen: Michael Bloech: Krücke. In: medien + erziehung, 3/1994, S.168–169; – Hörbuchfassungen bei Steinbach Sprechende Bücher und Beltz (gelesen vom Autor).

Uwe Timm: Rennschwein Rudi Rüssel (1989)
1995 verfilmt (D), Regie: Peter Timm (mit Ulrich Mühe, Iris Berben, Karl Lieffen, Laura Timm u.a.; FSK ab 0).

Nancy H. Kleinbaum: Dead Poets Society/Der Club der toten Dichter (1989)
(USA), Regie: Peter Weir (mit Robin Williams u.a.), 128 Min. (FSK ab 12; 1990 Oscar für das beste Drehbuch).
Praxisanregungen: Ortwin Thal: Frei sein für sich selbst. Peter Weir: Der Club der toten Dichter. In: medien + erziehung, 3/1990, S.164–168.

Monica Zak: Pumas Tochter (1990)
1994 verfilmt (Dänemark/Schweden), Regie: Ulf Hultberg/Asa Faringer, 101 Min.
Praxisanregungen: Michael Bloech: Ein politischer Film für Kinder. Die Tochter des Puma. In: medien + erziehung, 3/1996, S.169–170.

Jostein Gaarder: Sophies Welt (1995)

1999 verfilmt (Schweden), Regie: Erik Gustavson, Buch: Petter Skavian, 110 Min.

Praxisanregungen: Erwin Schaar: Tour d'Horizon in Bildern. Sofies Welt. In: medien + erziehung, 6/1999, S. 373–374.

Charlotte Kerner: Blueprint (1999)

2003 verfilmt (D), Regie: Rolf Schübel (mit Franka Potente), Buch: Claus Cornelius Fischer, 110 Min. (Filmbewertungsstelle: besonders wertvoll; FSK ab 12).

Praxisanregungen: Sabine Elias: Du bist doch mein Leben. In: Praxis Deutsch, H. 184 (2004), S. 62; – Stiftung Lesen (Hrsg.): blueprint. Ideen für den Unterricht. Mainz 2004; – Unterrichtseinheit zu Buch und Film unter www.mediaculture-online.de/Literaturverfilmung sowie unter www. blueprint-derfilm.de.

Melvin Burgess: Billy Elliot – I will dance (2001)

2001 verfilmt (GB/F), Regie: Stephen Daldry (mit Jamie Bell, Julie Walters u. a.), 106 Min. (FSK ab 6).

Weitere Filme, die sich in der Sekundarstufe II für eine Unterrichtsreihe „Filmanalyse" eignen

Modern Times/Moderne Zeiten (1936)

Regie, Drehbuch und Musik: Charles Chaplin (USA), mit Charles Chaplin, Paulette Goddart u. a., 89 Min., s/w (FSK ab 6). Der sozialkritische Film vertraut voll auf pantomimische Qualitäten der Schauspieler.

Praxisanregungen: Thomas Koebner (Hrsg.): Filmklassiker. Bd. 1. Reclam, Stuttgart 2006, S. 381–385.

Vertigo (1958)

Regie: Alfred Hitchcock (USA), mit James Stewart, Kim Novak, Barbara Bel Geddes u. a., 130 Min., Farbe. Der Film gilt als ein Klassiker filmischer Umsetzungen.

Praxisanregungen: Engelbert Kötter/Philipp Schmolke: Spielfilmanalyse: Mythos und Kult (Kursthemen Deutsch, mit Materialien und Unterrichtskonzept zum Film) Cornelsen, S. 18 ff.; – Thomas Koebner (Hrsg.): Filmklassiker. Bd. 2. Reclam, Stuttgart 2006, S. 371–376.

Short Cuts (1993)

Regie: Robert Altman (USA), mit Andie MacDowell, Julianne Moore u.a., 189 Min. (FSK ab 16). Der Film beruht auf neun Kurzgeschichten des amerikanischen Autors Raymond Carver, verwebt viele Schicksalsfäden und unterscheidet dabei nicht mehr zwischen Haupt- und Nebenfiguren. *Praxisanregungen:* Reinhard Kleber: Ein Meisterwerk der Erzählkunst. Short Cuts. In: medien + erziehung, 6/1993, S. 347–349; – Thomas Koebner (Hrsg.): Filmklassiker. Bd. 5. Reclam, Stuttgart 2006, S. 40–45; – Thomas Klein/Thomas Koebner (Hrsg.): Robert Altman. Mainz 2005.

Lola rennt (1998)

Regie und Buch: Tom Tykwer (D), mit Franka Potente, Moritz Bleibtreu u.a., 81 Min., Farbe. Rasant geschnitten wie ein Musikvideo, gilt der Film als ein Höhepunkt der Postmoderne. *Praxisanregungen:* Knut Hickethier: Drei Möglichkeiten zum Leben: „Lola rennt". In: Deutschunterricht, 6/2002; – Heinrich Biermann/Bernd Schurf (Hrsg.): Texte, Themen und Strukturen. Handbuch für den Unterricht. (Filmvergleich „Los rennt" und „Zwölf Uhr mittags") Cornelsen, S. 378–392); – Petra Anders/Manfred Rüssel: Rund um „Lola rennt". Kopiervorlagen für den Deutschunterricht. Cornelsen; – Guntram Vogt: Die Stadt im Kino. Deutsche Spielfilme 1900–2000. Marburg 2001, S. 733–744; – Thomas Koebner (Hrsg.): Filmklassiker. Bd. 5. Reclam, Stuttgart 2006, S. 187–191. *Weitere Filme zur Lola-Figur:* Rainer Werner Fassbinder: „Lola" (1981); Max Ophüls: „Lola Montez" (1955); Josef von Sternberg: „Der Blaue Engel" (1930; vgl. Heinrich Mann: Professor Unrat, 1905).

Matrix (1999)

Regie und Buch: Larry und Andy Wachowski (USA), mit Keanu Reeves, Laurence Fishburne u.a., 136 Min., Farbe. Der Streifen gilt als der innovativste Science-fiction-Film der Cyberpunk-Ära. *Praxisanregungen:* Engelbert Kötter/Philipp Schmolke: Spielfilmanalyse: Mythos und Kult. (Kursthemen Deutsch, mit Materialien und Unterrichtskonzept zum Film) Cornelsen, S. 37 ff.; – Thomas Koebner (Hrsg.): Filmklassiker. Bd. 5. Reclam, Stuttgart 2006, S. 209–213.

Bezugsquellen

Filmverleihe, die u.a. auf Literaturverfilmungen spezialisiert sind:
- atlas film – Ludgeristr. 14–18, 47057 Duisburg; www.atlas-film.de
- Lingua-Video – Ubierstr. 94, 53173 Bonn; www.lingua-video.com

● Constantin Film – Kaiserstr. 39, 80801 München;
www.constantin-film.de
● Kinder- und Jugendfilmzentrum in Deutschland (KJF) – KJF-Medien-
verleih, Postfach 3004, 55020 Mainz; www.kjf.de
● Landesfilmdienste, Bildstellen

Außerdem:
● www.amazon.com
● www.bol.de

Literaturhinweise

Bohnenkamp, Anne: Interpretationen: Literaturverfilmungen. Reclam
UB 17527.

Dick, Friedrich/Koppers, Marlene: Rund um Verfilmungen. (Kopiervorlagen)
Berlin 2005.

Gast, Wolfgang: Film und Literatur. Analysen, Materialien, Unterrichtsvorschläge. Grundbuch (Einführung in Begriffe und Methoden der Filmanalyse) und 4 Bde. Frankfurt/M. 1993–1995.

Hildebrand, Jens: film: ratgeber für lehrer. Köln 2001.

Kamp, Werner/Rüsel, Manfred: Vom Umgang mit Film. Berlin 2004.

Koebner, Thomas (Hrsg.): Filmklassiker. Beschreibungen und Kommentare.
5 Bde. 5. überarb. und erw. Aufl., Reclam, Stuttgart 2006.

Lange, Günter: Film und Fernsehspiel im Unterricht. In: Günter Lange u.a.
(Hrsg.): Taschenbuch des Deutschunterrichts. Bd. 2. Baltmannsweiler 1998, S. 695–720.

Mieth, Angelika (Hrsg.): Inspiriert von … . Literaturadaption im praktischen
Vergleich: Annäherungen und Möglichkeiten. Berlin 2002.

Roloff, Volker/Albersmeier, Franz-Josef (Hrsg.): Literaturverfilmungen.
Suhrkamp, st 2093.

Sahr, Michael: Verfilmte Kinder- und Jugendliteratur. Der literarische Kin-
derfilm – ein vernachlässigtes Unterrichtsmedium. Hohengehren 2004.

Schäfer, Horst: Bluejeans und Blauhemden. Jugendliche in Filmen aus der
BRD und der DDR. In: Medien Concret, 2/1991, S. 16–33.

Volk, Stefan: Filmanalyse im Unterricht. Zu Theorie und Praxis von Literaturverfilmungen. (EinFach Deutsch Unterrichtsmodelle) Schöningh.

Wallach, Sabine: Literaturverfilmungen. In: Jens Thiele/Jörg Steitz-Kallen-
bach (Hrsg.): Handbuch Kinderliteratur. Grundwissen für Ausbildung
und Praxis. Freiburg 2003, S. 206 ff.

E   Tipps zum Umgang mit Filmen im Unterricht

Die Arbeit mit Filmen im Unterricht erfordert spezifische, auf dieses Medium zugeschnittene Methoden. Einige solcher Verfahren werden hier kurz vorgestellt.

Methoden der aktiven Filmrezeption

Vor der Filmrezeption kann das Vorwissen der Schüler im Hinblick auf Thema, Problemstellung, Rezeption des Films etc. aktiviert und können Erwartungen formuliert werden. Mögliche Methoden:

- *Assoziogramm:* Die Schüler schreiben Stichworte wie „Handlung", „Thema", „Was ich über den Film gehört habe" usw. an die Tafel bzw. auf ein Plakat und ergänzen dann weitere Assoziationen hierzu.

- *Personenbeschreibung:* Die Schüler erhalten eine kurze Inhaltsangabe des Films und verfassen arbeitsteilig Personenbeschreibungen für alle wichtigen Figuren. Darin sollen sie ihre Vorstellung davon ausdrücken, wie die Figuren im Film aussehen könnten.

- *Zitate:* Die Schüler bekommen ein Arbeitsblatt mit kurzen, markanten Zitaten aus dem Film. Sie sollen spekulieren, in welchen Situationen diese Sätze von wem warum gesagt werden.

Aktivierende Methoden der Filmrezeption setzen dann insbesondere auf das verzögerte Sehen und Hören *(stop and go)*.

- *Beobachtungsaufgaben:* Vor Beginn der Filmpräsentation erhalten die Schüler einen Arbeitsbogen mit gezielten Fragestellungen zum Film. Beispiele:
  - Wer sagt den folgenden Satz? In welcher Situation geschieht dies?
  - Stimmt das? (Aussagen zum Filmgeschehen, die überprüft werden sollen)
  - An welchen Stellen gibt es besonders interessante Kameraeinstellungen? usw.

- *Bildausfall:* Bei einer wichtigen Filmsequenz drehen sich die Schüler um und rezipieren das Weitere nur über die Tonspur. Sie diskutieren dann, wie das Gehörte dargestellt und mit der Kamera aufgenommen werden sollte. Die Version des Filmregisseurs wird anschließend mit den eigenen Vorstellungen verglichen.

- *Offenes Ende:* Die Filmpräsentation wird gegen Ende abgebrochen. Die Schüler entwerfen in kurzen schriftlichen Skizzen ein mögliches Ende für den Film.

● *Figuren-Konferenz:* Der Film wird an Handlungshöhepunkten mehrmals unterbrochen. In einem Rollenspiel simulieren die Schüler die dargestellten Figuren, treten zu einer Konferenz zusammen und erörtern die letzten Ereignisse.

● *Subtexte:* Der Film wird an wichtigen Stellen mehrfach angehalten. Die Schüler entwerfen arbeitsteilig für die beteiligten Figuren innere Monologe, erlebte Rede oder eine Sprechblase, in der die innere Befindlichkeit der Figuren in der ausgewählten Situation deutlich werden soll.

● *Tonausfall:* Eine kurze Sequenz des Films, in der die Handlung sich zuspitzt, wird ohne Ton präsentiert. Anschließend werden die Schüler aufgefordert, in Gruppen einen Dialog für diese Sequenz zu entwerfen. Die Ausarbeitungen werden dann mit der Originalversion verglichen.

Methoden der Interpretation von Filmen

● *Begriffspool:* An der Tafel bzw. auf einem Plakat etc. stehen 20 bis 30 wichtige Begriffe, die sich auf den Film beziehen lassen. Jeder wählt drei bis fünf dieser Begriffe aus und schreibt mit ihrer Hilfe einen Kommentar zu dem Film.

● *Figuren-Kommentar:* Jeder konzentriert sich auf eine Filmfigur und kommentiert das Filmgeschehen an mehreren Stellen mündlich oder schriftlich aus der Sichtweise dieser Figur.

● *Figuren-Konstellation:* Die Schüler stellen die Figuren des Films (repräsentiert durch andere Schüler) für den Anfang des Films und für das Ende so auf, dass die Beziehungen zwischen ihnen deutlich werden.

● *Figuren-Soziogramm:* Die Schüler entwerfen an der Tafel oder auf einem Plakat ein Soziogramm der Filmfiguren, indem sie mit unterschiedlichen Abständen, Pfeilen und Gegensatzpfeilen, Piktogrammen etc. das Beziehungsgeflecht zwischen den Figuren visualisieren.

● *Stummfilm-Kommentar:* Einige wichtige Passagen des Films werden erneut vorgeführt, jedoch ohne Ton. Ein Schüler kommentiert bei laufender „Stummfilm"-Vorführung jeweils, was sich hier ereignet. Dabei können auch persönliche Deutungen des Gesehenen einfließen.

● *Trailer:* Die Schüler stellen den Film vor, indem sie wichtige Kurzausschnitte bzw. Standbilder auswählen und dazu einen kurzen Text verfassen, der den Handlungskern und die Aussage des Films vorstellt.

● *Vor-Film:* Die Schüler stellen – z.B. in einem Flussdiagramm – dar, was vor dem Handlungsbeginn des Films passiert sein könnte. Sie entwerfen dann dazu einen Handlungsablauf.

Einige dieser Methoden werden ausführlich vorgestellt in: Gerd Brenner/
Kira Brenner: Fundgrube Methoden I – Für alle Fächer. Cornelsen Scriptor,
Berlin 2005, S.179–192.

Literaturhinweise

Albersmeier, Franz-Josef (Hrsg.): Texte zur Theorie des Films. Reclam
UB 9943

Beicken, Peter: Wie interpretiert man einen Film? (Reihe „Literaturwissen") Reclam UB 15227

Bohnenkamp, Anne (Hrsg.): Literaturverfilmungen. Reclam UB 17527

Eilert, Klaus, u. a.: Sprache und Kommunikation/Medien. Handreichungen
für den Unterricht. (Texte, Themen und Strukturen interaktiv, u. a. eine
Einheit zu „Filmsprache und Filmanalyse", S. 13 f. mit Material auf bei-
liegender CD-ROM) Cornelsen

Friedrich, Andreas (Hrsg.): Fantasy- und Märchenfilm. (Reihe „Filmgenres"), Reclam UB 18403

Heller, H.-B./Steinle, M. (Hrsg.): Komödie. (Reihe „Filmgenres") Reclam
UB 18407

Hoffmann, B.: „Kino macht Schule!" Filme als schulisches Lernmedium. In:
medien + erziehung, 3/2005, S. 50–55

Kiefer, Bernd, u. a. (Hrsg.): Western. (Reihe „Filmgenres") Reclam UB 18402

Klein, Thomas, u. a. (Hrsg.): Kriegsfilm. (Reihe „Filmgenres") Reclam
UB 18411

Koebner, Thomas (Hrsg.): Science Fiction. (Reihe „Filmgenres") Reclam
UB 18401

Krützen, Th.: Filmanfänge. Was der Beginn eines Films über sein Ende ver-
rät. In: Der Deutschunterricht, 3/2005, S. 79–84

Traber, Bodo/Wulff, Hans-J. (Hrsg.): Abenteuerfilm. (Reihe „Filmgenres")
Reclam UB 18404

Vossen, Ursula (Hrsg.): Horrorfilm. (Reihe „Filmgenres") Reclam UB 18406

Weitere Hinweise im Kapitel „Nützliche Internetadressen", → S. 208 ff.

4 Ideen zur Schreibkultur

Schreiben ist im Deutschunterricht eine zentrale Tätigkeit. Für viele Schülerinnen und Schüler ist es eine Last. „Nicht schon wieder schreiben!" Diese meist stöhnend vorgetragene Bitte hören Lehrer ziemlich oft. Die ablehnende Haltung der Schüler mag damit zusammenhängen, dass das Schreiben tatsächlich oft langweilig gestaltet wird. Viele der folgenden Vorschläge können die Erfahrung vermitteln, dass Schreiben auch Spaß machen kann.

A Erfahrungen aufschreiben – Geschichten erzählen

Achrostichon   5–8
Erfahrungen von Schülern lassen sich z.B. auf kreative Weise in Form von Akrostichen aufschreiben:

> **M**it Pferden arbeitet sie
>
> **O**hne Kampf und
>
> **N**ie mit Drill
>
> **I**mmer mit Feuereifer beim
>
> **Q**uadrille-Reiten
>
> **U**nd beim Springen.
>
> **E**s macht ihr Spaß

Dieser gedichtartige Text ist ein Achrostichon. Liest man die jeweils ersten Buchstaben der ersten Wörter aller Zeilen von oben nach unten, so ergibt sich ein Wort (hier: der Vorname Monique). Die Schüler bekommen in Gruppen mehrere Namen von Mitschülern der Klasse zugeteilt; sie erhalten dann den Auftrag, wichtige Erfahrungen dieser Mitschüler in Form von Achrostichen zu formulieren. Dabei kann der Tipp gegeben werden, dass an den Zeilenanfängen Wörter benutzt werden sollten, die sich in besonderer Weise auf die jeweilige Person beziehen lassen. Fällt dies schwer, kann zunächst eine Liste sehr leicht einsetzbarer Achrostichon-Wörter zusammengestellt werden, z.B.:

A	Als	B	Bald
C	Ca./Circa	D	Da
E	Echt		...

Geschichtenkiste 5–10
Die Fantasie schweifen lassen können jüngere Schüler – aber durchaus auch ältere – ganz gut, wenn sie einen konkreten sinnlichen Anlass geboten bekommen. In Unterrichtsreihen, in denen es um das Erzählen geht, kann der Lehrer eine Geschichtenkiste mitbringen. Jeder kann daraus etwas entnehmen und sich von dem Gegenstand, den er in Händen hält, anregen lassen. Die Kiste kann enthalten:
● konkrete Gegenstände wie Muscheln, Bierdeckel, Steine, Münzen usw.;
● interessante Bilder aus Illustrierten und Zeitungen;
● Reproduktionen moderner Gemälde;
● Erzählanfänge, die weitergeführt werden können;
● Zettel, auf denen jeweils nur fünf Wörter stehen, die alle in einer zu schreibenden Geschichte vorkommen sollen;
● Zeitungsausschnitte (Artikel, Kontaktanzeigen usw.), die in eine Geschichte umgesetzt werden sollen.

Variation: „Fühlkisten", in denen verdeckt einige Gegenstände liegen, die nur ertastet werden dürfen. Jeder bringt einen verpackten – und nicht ekligen – Gegenstand mit und lässt ihn von den anderen unbeobachtet in eine Kiste gleiten. Dann darf jeder in einer Kiste fühlen und schreibt anschließend eine Geschichte zu einem Gegenstand, den er ertastet hat.
Alle Texte, die geschrieben werden, können an einer Geschichtenwand ausgehängt werden.
Literaturhinweis: Karin Heinrich: Kinder schreiben eigene Texte. Die Geschichtenkiste. In: neue deutsche schule, 12/1992, S. 8–10.

B Schreibend Ideen sammeln und entfalten

Wie kann eine Klasse, ein Kurs zu Beginn einer Unterrichtsreihe oder eines neuen Arbeitsschrittes effektiv und mit breiter Beteiligung Gedanken zum Thema zusammentragen? Wie können erste Gedanken kreativ weiterentwickelt werden? Und wie kann dies mit einem zentralen Mittel des Deutsch-unterrichts, dem Schreiben, vonstatten gehen? Hier sind einige Methoden, mit denen schreibend Ideen gesammelt und entfaltet werden können:

Brainstorming 5–10

Ein noch unbearbeitetes Thema steht im Raum. Die Schüler fassen laut die Assoziationen zur Themenstellung in Worte. Diese Bemerkungen zum The-ma sollen nicht kommentiert werden, können aber aufeinander Bezug neh-men. Zwei oder drei Schüler stehen an der Tafel und notieren die Stich-worte, die ihnen laufend zugerufen werden. Auch scheinbar „verrückte" Bemerkungen zum Thema sind erwünscht. Die Fantasie entwickelt sich am besten, wenn ihr keinerlei Zügel angelegt werden.

Ideenstern 5–10

Als Themeneinstieg eignet sich auch ein Zitat, zu dem die Schüler Assozia-tionen in Form von „Ideensternen" festhalten (→ S. 24).

Automatisches Schreiben 8–13

Einige Schüler bringen auf Kassetten oder CDs (Instrumental-)Musik mit, bei der sich ihrer Meinung nach ein Bezug zum gewählten Thema ergibt. Eine Kassette wird so laut abgespielt, wie es die schulische Umgebung zu-lässt. Zu dieser Musik schreibt jeder für sich einen assoziativen Text ohne Punkt und Komma. Dazu kann man sich in eine Ecke des Raumes zurück-ziehen, sich auf den Tisch legen usw. Am besten gelingt das „automatische Schreiben", wenn nur eine lange Wortkette ohne syntaktische Strukturen verfasst wird. Es soll ohne Pause unterbrochen geschrieben werden. Reißt der „Film im Kopf", soll das letzte Wort mehrfach hingeschrieben werden, bis neue Assoziationsschübe kommen. Diese stellen sich manch-mal so schnell ein, dass die schreibende Hand nicht nachkommt. Nach etwa 15 bis 20 Minuten wird die Musik langsam leiser gedreht; das Schreiben soll zum Ende kommen. Da in dem rational wenig gesteuerten Prozess des „automatischen Schreibens" manchmal sehr private Texte entstehen, ha-ben die Schüler nun zunächst Gelegenheit, ihren eigenen Text aufmerksam nachzulesen und zu entscheiden, welche Teile sie evtl. anschließend vorle-sen wollen. Auf diese Weise kommen viele – manchmal sehr persönlich ge-färbte – assoziative Beiträge zum Thema zusammen.

Bestellter Text   5–13

Jeder versucht sich an Ereignisse zu erinnern, die mit dem Thema der Unterrichtsreihe in Verbindung zu bringen sind. Zu jedem dieser Ereignisse (möglichst drei) wird auf einem Blatt eine Überschrift für eine mögliche Geschichte notiert. Die Überschrift soll jedoch noch nicht viel vom möglichen Inhalt verraten. Anschließend lesen sich jeweils zwei Schüler ihre Überschriften vor. Die gegenübersitzende Person hört sich das „Angebot" an, macht sich kurz Gedanken darüber, welche Erzählung da wohl zu erwarten ist, und gibt schließlich einen Text in Auftrag.

Zettellawine   5–13

Jeder entfaltet einen ersten Gedanken zum Thema auf einem DIN-A4-Blatt. Die Blätter werden nach einer vereinbarten Zeit (z.B. drei Minuten) zwei Plätze nach links weitergegeben. Jeder reagiert nun auf die Äußerungen, die ihm vorliegen: zustimmend und mit eigenen Beispielen, kritisch und mit Gegenbeispielen, mit einem weiterführenden Gedanken, der die bisherigen Überlegungen auf eine neue Ebene hebt oder eine andere Sichtweise einbringt, usw. Nach drei bis fünf Minuten werden alle Blätter erneut zwei Plätze weitergereicht. So wird mehrmals verfahren. Haben die Blätter die vierte oder fünfte Station durchlaufen, gehen sie wieder an den Ausgangsschreiber zurück. Alle lesen nun ihre Gedanken mit den weiterführenden Bemerkungen der anderen vor. Das Thema wird so vielschichtig entfaltet.

Denkblasen   5–13

Je zwei bis fünf Schüler werden aufgefordert, sich eine pantomimische Szene zu überlegen, die mit dem Thema in Verbindung zu bringen ist. Die Szene soll in zwei bis vier „Standbildern" (alle erstarren in einer bestimmten Haltung) dargestellt werden. Der Rest der Klasse schreibt zu jedem Standbild „Denkblasen". Dazu sucht sich jeder eine der dargestellten Figuren aus. Zu jedem Standbild werden der Figur – wie in Comics, jedoch etwas ausführlicher – Gedanken zugeschrieben, die sie in dieser Szene wohl hat. Dabei sollten sich die Schreibenden auf die dargestellten Figuren in etwa gleichmäßig verteilen. Nach der Standbild-Serie (zwischen jedem Bild etwa drei bis fünf Minuten Schreibpause) werden alle Gedankenzuschreibungen für das erste Bild verlesen, dann die für das zweite usw. Beim Vortrag können die Denkblasen dialogisch collagiert werden: Auf eine Denkblase zur Figur 1 folgt eine zu Figur 2, dann eine zu Figur 3 usw. Das Thema wird so schauspielerisch und schreibend ausfantasiert.

C Häufige Fehlerquellen bei schriftlichen Arbeiten

Bis in die Sekundarstufe II weisen schriftliche Arbeiten von Schülern oft noch erhebliche Ausdrucksfehler auf. Hier einige Vorschläge und Übungen für eine vertiefte Auseinandersetzung mit Ausdrucksproblemen:

Ausdrucksfehler in Gruppen korrigieren 8–13

Einige Tage nach der Rückgabe einer Klassenarbeit oder Klausur setzen sich je vier Schüler um einen Tisch zusammen und arbeiten die Ausdrucksfehler in ihren Texten durch. Dabei sollte darauf geachtet werden, dass zumindest ein Schüler mit einer bereits besonders ausgeprägten sprachlichen Sensibilität in der Gruppe vertreten ist. Die Gruppe schaut die Arbeiten auf Ausdrucksfehler durch und notiert auf einem Blatt Verbesserungsvorschläge. Besonders knifflige Fälle werden für das Plenum vorgemerkt. Im anschließenden Plenum tragen die Gruppen die fehlerhaften Textstellen und die Verbesserungsvorschläge vor. Schüler aus anderen Gruppen können weitere Vorschläge machen. Abschließend werden die kniffligen Fälle gemeinsam besprochen.

Übungen zu Konjunktionen und Präpositionen 5–10

trotzdem/obwohl
Welches dieser beiden Wörter ist in den folgenden Sätzen richtig, welches falsch eingesetzt?

1. _____ sich seine Einstellung geändert hatte, blieb er Mitglied der Partei.

2. Seine Einstellung hatte sich geändert; _____ blieb er Mitglied der Partei.

3. Es regnet, _____ spielen die Kinder draußen.

4. _____ es regnet, spielen die Kinder draußen.

Obwohl (unterordnende Konjunktion) leitet Nebensätze ein; *trotzdem* (nebenordnende Konjunktion) steht oft am Anfang von Hauptsätzen. Bilde drei Sätze mit *obwohl* und drei mit *trotzdem*.

---

denn/weil

Weil leitet als unterordnende Konjunktion Nebensätze ein; *denn* steht als nebenordnende Konjunktion am Anfang von Hauptsätzen.
Muss in den folgenden Sätzen *denn* oder *weil* verwendet werden? Streiche den falschen Begriff bitte durch.

1. Er hat heute keine Hausaufgaben; (weil/denn) er war krank.
2. Der Boden ist aufgeweicht, (weil/denn) es stark geregnet hat.
3. Sie haben das Spiel verloren, (weil/denn) sie auf einige Spitzenspieler verzichten mussten.
4. Er kommt nicht ins Haus; (weil/denn) er hat seinen Schlüssel vergessen.

durch

Viele meinen, die Präposition *durch* sei ein „Joker-Wort", das man überall verwenden kann. Oft kommt es dabei zu stilistischen Fehlgriffen. In welchem der folgenden Sätze sollte statt *durch* eher *aufgrund* oder *infolge von* verwendet werden – da eine Ursache oder ein Grund angegeben werden soll?

1. Durch sein junges Alter hat er einige Vorteile bei der Jobsuche.
2. Im letzten Jahr sind sie durch ganz Frankreich gefahren.
3. Sie haben sich stundenlang durch ein Dickicht hindurchgekämpft.
4. Durch Alkoholkonsum hatte er einen Unfall.
5. Sie ist durch offene Schnürsenkel gestolpert.
6. Durch seine Unerfahrenheit ist er in eine Falle getappt.

Verbesserungen: 1. Aufgrund seines jungen Alters ... 4. Infolge von Alkoholkonsum ... 5. Sie ist aufgrund offener Schnürsenkel ... 6. Infolge seiner Unerfahrenheit ...

© Cornelsen Verlag Scriptor, Berlin • Fundgrube Deutsch

Literarische Gattungen und ihr Beschreibungsvokabular

Ein heilloses begriffliches Durcheinander entsteht oft, wenn Schüler ein Gedicht, Auszüge aus einem Roman oder Teile eines Dramas beschreiben sollen und ihnen nicht klar ist, dass jede Gattung ein besonderes Beschreibungsvokabular erfordert.

Vokabular zuordnen   8–12

Die Lehrperson liest die folgenden Begriffe, die in Textbeschreibungen verwendet werden können, ungeordnet vor und fordert die Schüler dazu auf, die Wörter den drei Gattungen zuzuordnen.

Lyrik	Dramatik	Epik
Gedicht	Stück	Geschichte Roman/Novelle
Vers/Zeile	Vers/Zeile	Zeile
Strophe	Akt Szene/Auftritt Redepartie Monolog Dialog Protagonist/Antagonist Person/Gestalt	Abschnitt Episode/Erzählpassage innerer Monolog erlebte Rede wörtliche Rede Held/Antiheld Person/Gestalt
lyrisches Ich	Rolle Spiel/Handlung	Erzähler Geschehen/Handlung

Einige der Begriffe (Episode auch für Teil des Dramas, Szene auch für Teil eines epischen Textes) sind nicht eindeutig zuzuordnen.

Zitate einbinden

Weit bis in die Sekundarstufe II hinein fällt es Schülern schwer, Zitate sachgerecht in den eigenen Text einzubinden. Hier einige Übungen dazu:

Zitatbeispiele sammeln und untersuchen   7–12

In der Schulbibliothek (Sekundärliteratur, Interpretationssammlungen usw.) – oder in mitgebrachten Büchern – suchen die Schüler Texte, in denen Zitate verwendet wurden. Jeder schreibt fünf Zitateinbindungen heraus, die er für besonders gelungen hält. Dabei sollen möglichst verschiedene Typen von Einbindungen festgehalten werden. Anschließend werden die Beispiele vorgestellt und nach Gruppen sortiert:

a) Beispiele, in denen ein Zitat in einen Satz integriert wurde.

b) Beispiele, in denen ein ganzer Satz, mehrere Sätze oder ein ganzer Abschnitt als Zitat übernommen wurden.

Verschiedene Zitateinleitungen einsetzen   9–12
Die Schüler erhalten die Aufgabe, das folgende Arbeitsblatt neben ihr Heft
zu legen und möglichst viele der Zitateinleitungen in einem zu schreibenden Text zu verwenden.

Kurzzitate in eigene Sätze einbauen
Auf Seite 12 deutet er/sie dies mit dem Wort „..." an.

Der Autor/in verwendet auf S. 12 einige Metaphern wie „...", „..." und „...".

Für längere Zitate Einleitungssätze verwenden
Aufschlussreich ist z. B. der erste Abschnitt auf S. 12: „... (Zitat)."

Ein weiterer Textbeleg ist auf S. 12 zu finden, wo es heißt: „... (Zitat)."

Auf S. 12 schreibt der Autor/die Autorin z. B.: „... (Zitat)."

„... (Zitat)", erklärt der Autor/die Autorin auf S. 12.

Eine gedankliche Parallele/einen gedanklichen Kontrast dazu bilden die folgenden Verse/Zeilen auf S. 12: „... (Zitat)."

„... (kurzer erster Teil des Zitats)", so formuliert der Autor/die Autorin im ersten
Abschnitt der S. 12, „... (zweiter längerer Teil des Zitats)."

Der Autor/die Autorin lässt seinen Protagonisten entgegnen: „... (Zitat)."
Und weiter: „... (Zitat)."

Zitate gedanklich vorbereiten
Geübte Autorinnen und Autoren benötigen oft keine Einleitungssätze für Zitate.
Sie entwickeln einen Sachverhalt bis hin zu einer gedanklichen Zuspitzung, an
die sich das Zitat – ohne formelle Einleitung – bruchlos anschließt.

Ein Beispiel (zu Goethes „Faust"):
Im höchsten Augenblick der Gefahr, als Faust der Versuchung durch die junge
Hexe zu erliegen droht, spiegelt sein Gewissen ihm die Vision des armen
Gretchens vor:
„Mephisto, siehst du dort/Ein blasses, schönes Kind allein und ferne stehen?/
Sie schiebt sich langsam nur vom Ort,/sie scheint mit geschlossenen Füßen zu
gehen" (Verse 4183–4186).

Versuche an mindestens einer Stelle deines Textes eine solche gedankliche
Einbindung eines Zitats ohne formellen Einleitungssatz.

5 Rechtschreibung und Grammatik

Edmund Wild und Gerd Brenner

A Lustige Rechtschreibung und Zeichensetzung

Im Rechtschreibtraining geht es oft darum, die Wahrnehmung zu verbessern. Wenn es an der Genauigkeit der Wahrnehmung mangelt, wird die Buchstabenfolge von Wörtern nicht hinreichend registriert; das Schriftbild prägt sich nicht ein. In solchen Fällen ist es sinnvoll, die Wahrnehmung spielerisch zu verlangsamen und zugleich die Wahrnehmungsintensität der Schüler zu steigern. Die folgenden Übungen legen ein solches „genaueres Hinsehen" nahe.

Orthografie-Schieber   5–7
Wörter, die Schüler immer wieder falsch schreiben, werden in einer Liste zusammengestellt. Diese Wörter sollen so in ein kariertes Feld übertragen werden, dass ihre Buchstaben an einer bestimmten Stelle von oben nach unten gelesen ein neues, ebenfalls schwieriges Wort ergeben. Aus der Prozesslogik des Spiels ergibt sich, dass die Schüler die Wörter länger und genauer ansehen.

Beispiel:

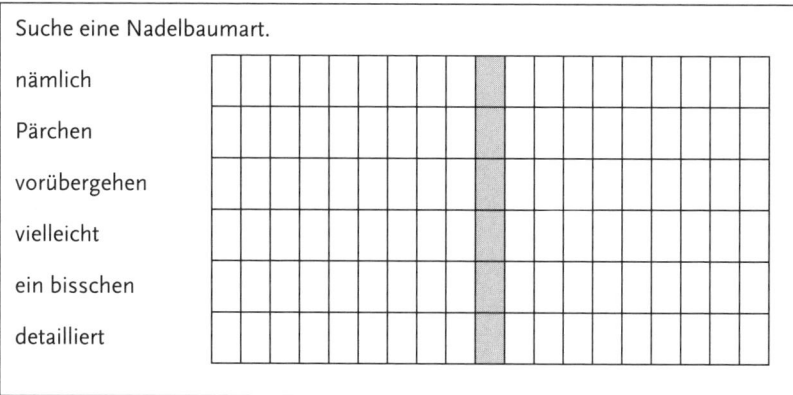

Suche eine Nadelbaumart.

nämlich

Pärchen

vorübergehen

vielleicht

ein bisschen

detailliert

Auflösung:

					n	ä	m	**l**	i	c	h						
						P	ä	**ä**	r	c	h	e	n				
						v	o	**r**	ü	b	e	r	g	e	h	e	n
	v	i	e	l	l	e	i	**c**	h	t							
e	i	n	b	i	s	s	c	**h**	e	n							
d	e	t	a	i	l	l	i	**e**	r	t							

Kopflose Wörter   5–7

In diesem Fall sind Wörter, denen der erste Buchstabe fehlt, vertikal angeordnet. Die fehlenden Buchstaben ergeben zusammen ein neues Wort. Die Schüler müssen die Wörter genau studieren, um herauszufinden, wie sie lauten. Außerdem verlangsamt und intensiviert die vertikale Schreibung den Wahrnehmungsprozess. Ist das neue Wort gefunden, werden alle Wörter einer Übung in normaler Schreibweise abgeschrieben.

Beispiel 1:

```
— — — — —

e h t s a u
l r i o j n
e e l y o
e     i n
      a ä
      l s
        e
```

Beispiel 2:

```
— — — — — — — —

e u h r a a f u h
r s e z i i f p r
f n t t b c e i l
e a o   h k n   i
k h r     t e   c
t m i           h
  e k
```

Beispiel 3:

```
— — — — — — — —

r h n r n ä h e
e e v a d e a r
u u a k i n r e
z m l t z   m i
u a i o     a n
n   d r     n
g   e       t
```

Beispiel 4:

```
— — — — — — —

d p ü o b i e
r i r b o l r
e o e b n a r
s n e y n   a
s a   e     s
e g   n     s
e     t     e
```

Auflösungen: 1. gesamt; 2. Parallele; 3. kritisch; 4. Asphalt

Silbenrätsel   5–7

Die Silben von Wörtern, deren Rechtschreibung sich für die Schüler als schwierig erweist, werden von der Lehrperson getrennt und vermischt. Die Aufgabe der Schüler besteht darin, die Ursprungswörter wieder zusammenzusetzen.

Beispiel 1:				*Beispiel 2:*			
wi	er	Leer	ken	Wi	Leh	der	re
ta	der	wi	wie	stel	lauf	ling	her
ver	der	spen	der	stre	Lehr	de	Leer
spre	Lehr	stig	trag	wicht	wie	ge	der
der	neu	ste	chen	mer	rer	bend	wi
be	kom	wie	men	der	len	Leer	zim

Beispiel 3:				*Beispiel 4:*			
wi	lich	der	tig	ren	Wi	leer	Lehr
aus	auf	Wie	cher	rung	burt	der	Wie
be	Wi	Lehr	der	Lehr	ste	der	Wi
bau	der	lee	Wie	wil	kraft	wi	der
ren	bü	der	wi	hend	le	stoff	der
ga	der	ruf	wär	wort	ge	fah	Lee

Aufösungen:

Beispiel 1:	*Beispiel 2:*	*Beispiel 3:*	*Beispiel 4:*
widersprechen	widerstrebend	Wiederaufbau	Wiedergeburt
widerspenstig	Widerrede	Wiedergabe	Widerwille
wiederbekommen	wiederherstellen	widerwärtig	Widerwort
wiedererkennen	Leerlauf	widerlich	widerfahren
Leertaste	Leergewicht	Widerruf	leerstehend
Lehrvertrag	Lehrerzimmer	ausleeren	Leerung
	Lehrling	Lehrbücher	Lehrkraft
			Lehrstoff

Silbenrätsel – getrennt oder zusammen?   6–9

Silbenrätsel können auch dazu genutzt werden, Probleme der Getrennt-
und Zusammenschreibung aufzugreifen.

Beispiel 1:				*Beispiel 2:*		
vor	des	der		in	rü	aus
zu	von	be		da	te	zu
te	de	al		gu	bei	so
sel	ge	ren		fern	kom	ber
lem	Wei	En		hin	lau	men
stat	hen	ten		vor	fen	

Aufösungen:
Beispiel 1: vor allem, zu Ende, des Weiteren, derselbe, vonstatten gehen
Beispiel 2: insofern, darüber hinaus, zugute kommen, vorbeilaufen

Suchrätsel   5–7

In Suchrätseln können Wörter, mit denen die Schüler Schwierigkeiten haben, ohne großen Aufwand versteckt werden. Zunächst werden Wörter, die
geübt werden sollen, in Großbuchstaben waagerecht, senkrecht oder dia-
gonal in einen Suchrätselvordruck (z. B. ein kariertes Blatt) geschrieben.
Dann werden alle leeren Felder mit beliebigen Buchstaben aufgefüllt. Die
Schüler sollen in einer vorgegebenen Zeit in Einzelarbeit so viele Wörter
wie möglich finden und in richtiger Schreibweise in ihr Heft übertragen.

```
P      P Ä R C H E N          P Q R T P Ä R C H E N L S
A      A     Ä                A P H D A Ö B W Ä Ö T S Q
A U    A C K E R      R       A U K H A C K E R L F D R
R  G   R  U  C   S E          R H G J R K U N C J S E E
    E     L E H M     D        M G D E L K L E H M Ö Ä D
    U N  I  E        E        L H U Y N X I M E K H K E
S  H   L M  N        S        S L H Ä X L M K N Q Y M S
Ä H R E   I      S A A T      Ä H R E M D I K W S A A T
E H R E   N D        I        E H R E X G N D K L F Ö I
N    B E S E N S T I E L      N K H B E S E N S T I E L
```

Kimspiel 5–8

Zehn schwierige Wörter werden von einem Schüler an die Tafel geschrieben. Die übrige Klasse schaut aufmerksam zu, korrigiert evtl. und prägt sich die Schreibweise ein. Sind alle Wörter notiert, hat die Klasse noch eine Minute Zeit, sich alles genau anzuschauen. Anschließend wird die Tafel zugeklappt und alle sollen die Wörter aus der Erinnerung richtig in ihr Heft schreiben. Wer bekommt noch alle zusammen? Und wer schreibt alles richtig? Der Nachbar korrigiert das Geschriebene, wenn die Tafel wieder aufgeklappt wird.

Zurufspiel 5–7

Dieses Spiel dient dazu, in relativ kurzer Zeit möglichst viel Wortmaterial für Rechtschreibübungen an die Tafel zu bekommen. Vier bis fünf Schüler stehen an der Tafel, auf die Spalten in entsprechender Anzahl gezeichnet werden. Jeder von ihnen bekommt einen Wortbereich zugeteilt, z. B. Wörter mit a + h, e + h, o + h, u + h und ä + h. Alle anderen können nun einen Schüler an der Tafel aufrufen und ihm ein Wort diktieren, das in seine Spalte passt. Sind die Schreiber an der Tafel nicht sicher, ob das Wort tatsächlich in ihre Spalte gehört, so können sie es einklammern. Drei Schüler erhalten je einen Rechtschreib-Duden, mit dem sie die Wortlisten, die sich an der Tafel aufbauen, korrigieren können.

Beispiel für eine Wortliste:

a + h	e + h	o + h	u + h	ä + h
Mahl	Mehl	Lohn	Uhr	Ähre
Wahl	Kehle	Mohn	Stuhl	Zähne
Rahmen	mehr	Sohn	Kuh	Mähne
Fahne	nehmen	ohne	Ruhm	zählen
strahlen	dehnen	Ohr	Fuhre	Hähne
Zahl	Lehm	Mohr	Huhn	Fähre
mahlen	Lehrer	roh	Kuhle	zäh
Bahn	Fehler	Hohn	Zufuhr	gähnen

Buchstabensalat   5–6

Die Lehrperson schreibt Wörter mit vertauschter Buchstabenfolge in Großbuchstaben verdeckt an die Tafel und klappt diese dann auf. Die Schüler
schreiben die Wörter richtig ins Heft.

1.	ILCHM	ENBOG	KEHAC	BENAR	ERKAT	TETAN	UERMA	
	Milch	Bogen	Hacke	Narbe	Kater	Tante	Mauer	
2.	CHDEI	EGKRI	ITERL	SIPAR	AFSCH	OLKEW	UTBRA	
	ELHOT							
	Deich	Krieg	Liter	Paris	Schaf	Wolke	Braut	Hotel
3.	DFEIN	GENMA	OCKEL	RANZK	INDEL	UZKRE	UNGEL	FLUGP
	Feind	Magen	Locke	Kranz	Linde	Kreuz	Lunge	Pflug
4.	ERHAF	ACKEB	ICKTR	UCHEB	USTFA	ZEKAT	ERFAS	EBLUS
	Hafer	Backe	Trick	Buche	Faust	Katze	Faser	Bluse

Wortfelder:

5.	DREFP	TSGNEH	ETUTS	NELHOF	EPPAR	LEMMIHCS
	Pferd	Hengst	Stute	Fohlen	Rappe	Schimmel
6.	NEMULB	ESOR	EKLEN	EPLUT	NEHCLIEV	ENOMENA
	Blumen	Rose	Nelke	Tulpe	Veilchen	Anemone

7.	FPOK	ESAN	RHO	DNUM	EGUA	RAAH	NNIK	NRITS	EGNAW
	Kopf	Nase	Ohr	Mund	Auge	Haar	Kinn	Stirn	Wange
8.	GNUDIELK	ESOH	ESULB	DMEH	EKCOS	HUHCS	REVOLLUP		
	Kleidung	Hose	Bluse	Hemd	Socke	Schuh	Pullover		
9.	CDEHIRT	EEGHOT	CEHILLRS	BECHRT	BLLÖ	CFHIRS	ELNZ		
	Dichter	Goethe	Schiller	Brecht	Böll	Frisch	Lenz		
10.	EEHIN	EEKLLR	AMNN	AGRSS	EIKLST	MORST	EIKMÖR		
	Heine	Keller	Mann	Grass	Kleist	Storm	Mörike		
11.	OPRST	AABDHLLN	ENNRTU	ACEEHHIIKLLTTT	EEINRT				
	Sport	Handball	Turnen	Leichtathletik	Reiten				
12.	CEHIINNSSTT	FGLO	BENOX	CEHIMMNSW	CEHKOY				
	Tischtennis	Golf	Boxen	Schwimmen	Hockey				

Die Vertauschungen folgen unterschiedlichen Systemen: Falscher Wortan-
fang (1–4), Von hinten lesen (5–9), Buchstaben in alphabetischer Reihenfolge (10/11).

Groß oder klein   5–7

Die Lehrperson diktiert Sätze mit Begriffen, die sowohl klein- als auch großgeschrieben werden können. Die Schüler schreiben die Sätze in den richtigen Versionen auf und erklären die Unterschiede.

---

1. DER GEFANGENE FLOH
   Der Gefangene floh.
   Der gefangene Floh.

2. DER BRAUERMEISTER HEIDENREICH IST BRÄUTIGAM UND BRAUT ZUGLEICH.
   Der Brauermeister Heidenreich ist Bräutigam und braut zugleich.

3. FÜHRE DEN ALTEN DICHTER!
   Führe den alten Dichter!
   Führe den Alten dichter!

4. DEM UNGLÜCKLICHEN IST ES EIN TROST, EINEN GENOSSEN ZU HABEN.
   Dem Unglücklichen ist es ein Trost, einen Genossen zu haben.
   Dem Unglücklichen ist es ein Trost, einen genossen zu haben.

5. DIE GEFÄHRLICHE SUCHT
   Die Gefährliche sucht.
   Die gefährliche Sucht.

6. WIR HÖREN WEISE REDEN.
   Wir hören weise Reden.
   Wir hören Weise reden.

7. SIND SIE SCHÜCHTERN? WERDEN SIE DOCH FORSCHER!
   Sind Sie schüchtern? Werden Sie doch forscher!
   Sind Sie schüchtern? Werden Sie doch Forscher!

8. SCHAU, DIE SCHÖNE NAHT!
   Schau, die schöne Naht!
   Schau, die Schöne naht!

9. HOLE DEN JUNGEN NÄHER!
   Hole den Jungen näher!
   Hole den jungen Näher!

Onkel Orthos Rechtschreibsprüche   5–8

Bei passender Gelegenheit werden die Rechtschreibregeln diktiert und durch Beispiele ergänzt. Die Schüler können ein Regelheft führen.

---

1. *Auf einmal* schreibt man auf zweimal.

2. *Gar nicht* wird gar nicht zusammengeschrieben.

3. Wer *nämlich* mit h schreibt, ist dämlich.

4. Aus viel und leicht wird bestimmt *vielleicht*.

5. Wer *ver-* und *vor-* nicht schreibt mit v,
   der wird sein Leben lang nicht schlau.

6. Vokale merkt man sich im Nu; sie heißen *a, e, i, o, u*.

7. Nach *l, m, n, r,* (das merke ja!) steht nie *tz* und nie *ck*.

8. Ein Verb als *Nomen* (glaub mir das!)
   steht in der Grundform und nach „das".

9. Nach *kurzem Selbstlaut* (präg dir's ein!)
   erscheint der Mitlaut meist zu zwei'n.

10. Das ist dir doch sicher schon lange bekannt:
    nach *langem Vokal* folgt nur *ein* Konsonant.

11. Nach *etwas, alles, wenig, nichts,*
    nach *mancherlei, viel, allerhand*
    schreibt man die Adjektive groß.
    Geht dir das über den Verstand?

12. Ein *Substantiv* erkennt man gleich:
    Man sieht, schmeckt, riecht und hört den Fall,
    man stellt es sich auch vor vielleicht
    und schreibt es groß. Versteht ihr's all?

13. *-tung, -sal, -tum, -nis, -schaft, -heit, -keit*:
    Substantiv wird angezeigt.

14. Endet ein Wort mit langem *-ie*,
    vergiss das *e* am Ende nie!

15. Ein Dehnungs-*h* nach langem *i*
    steht im Pronomen und sonst nie.

© Cornelsen Verlag Scriptor, Berlin • Fundgrube Deutsch

Schlangensatz 6–8

Die Wörter mehrerer Sätze werden ohne Interpunktion in Form einer Schlange notiert und als Arbeitsblatt ausgegeben. Die Schüler schreiben die Sätze ab, versuchen das jeweilige Satzende zu ermitteln und setzen die Satzzeichen.

Das Komma entscheidet 7/8

Vorgegeben werden Sätze ohne Satzzeichen, zu denen die Schüler zwei Versionen der Zeichensetzung finden sollen, die beide richtig sind.

1. Tante Gertrud die Schwester meiner Mutter und Onkel Wilhelm kamen gestern zu Besuch.
   Wie viele Personen waren es?
   a) Tante Gertrud, die Schwester meiner Mutter und Onkel Wilhelm kamen gestern zu Besuch. (drei Besucher)
   b) Tante Gertrud, die Schwester meiner Mutter, und Onkel Wilhelm kamen gestern zu Besuch. (zwei Besucher)

2. Wir raten ihm zu helfen.
   Wem wird hier geholfen?
   a) Wir raten, ihm zu helfen. (Ihm wird geholfen.)
   b) Wir raten ihm(,) zu helfen. (Er soll helfen.)

3. Hans erbt den Bauernhof nicht aber Heinrich.
   Wer erbt den Hof?
   a) Hans erbt den Hof, nicht aber Heinrich. (Hans erbt)
   b) Hans erbt den Hof nicht, aber Heinrich. (Heinrich erbt)

4. Die Lehrerin sagte der Schüler ist ein Esel.
   Wer ist der Esel?
   a) Die Lehrerin sagte: „Der Schüler ist ein Esel."
   b) „Die Lehrerin", sagte der Schüler, „ist ein Esel."

B   Grammatik-Spiele

Anbauen und abreißen   5–7

Das Anbau-Spiel macht Schülern klar, wie Sätze in der deutschen Sprache konstruiert werden, und es hilft ihnen, die Satzteile zu identifizieren. Notiert wird zunächst ein kurzer Satz, der nur aus Subjekt und Prädikat besteht. Im Anschluss an entsprechende Fragen werden weitere Satzteile angefügt.

Beispiel:

		Klaus rechnet.
Was?	Akk.-Objekt	Klaus rechnet *eine Multiplikationsaufgabe*.
Wem?	Dat.-Objekt	Klaus rechnet *seinem Freund* eine Multiplikationsaufgabe.
Wo?	Adv. Bestimmung des Ortes	Klaus rechnet *seinem Freund im Wohnzimmer* eine Multiplikationsaufgabe.
Womit?	Adv. Bestimmung des Mittels	Klaus rechnet seinem Freund im Wohnzimmer *mit seinem Taschenrechner* eine Multiplikationsaufgabe.
Mit was für einem Taschenrechner?	Attribut	Klaus rechnet seinem Freund im Wohnzimmer mit seinem *neuen* Taschenrechner eine Multiplikationsaufgabe.

Auch das umgekehrte Verfahren ist möglich: Aus längeren Sätzen mit vielen Satzteilen werden einzelne Elemente nach und nach herausgenommen, bis nur noch Subjekt und Prädikat übrig sind.

Bingo   6–8

Die Schüler richten Bingofelder ein (s. S. 193) und schreiben zu jeder Zahl die Abkürzung für eine Wortart. Anschließend tragen sie Wörter, die die Lehrperson vorliest, in die passenden Wortart-Felder ein. Wer eine Zeile oder Spalte gefüllt hat, ruft „Bingo!". Sieger ist, wer zuerst alle fünf Zeilen gefüllt hat.

Wortarten-Bingo

S	= Substantiv	V	= Verb	A	= Adjektiv
At	= Artikel	P	= Pronomen	N	= Numerale
Pp	= Präposition	K	= Konjunktion	Av	= Adverb
		I	= Interjektion		

Beispiel:

1. A schön	2. V laufen	3. S Baum	4. A grün	5. I oh!
6. Pp auf	7. S Liebe	8. V denken	9. N viele	10. Av unten
11. P er	12. At den	13. A freundlich	14. S Löwe	15. K und
16. Pp neben	17. S Maria	18. At das	19. K weil	20. V ärgern
21. Av gestern	22. I pfui!	23. V spielen	24. N keine	25. S Maschine

Substantive

Singular und Plural   7–10
Die Schüler schreiben die diktierte Singularform ins Heft und ergänzen die
Pluralform.

Beispiele:

1. das Büro, das Thema, der Doktor, der Abt, der Globus
   Büros, Themen, Doktoren, Äbte, Globen

2. das Echo, der General, das Karussell, der Bischof, das Juwel
   Echos, Generale (Generäle), Karussells, Bischöfe, Juwelen

3. das Insekt, das Lexikon, das Datum, der Typ, der Omnibus
   Insekten, Lexika, Daten, Typen, Omnibusse

4. das Drama, das Komma, das Museum, der Zirkus, das Album
   Dramen, Kommata (Kommas), Museen, Zirkusse, Alben

5. das Aquarium, das Denkmal, der Rhythmus, das Fossil, der Krokus
   Aquarien, Denkmäler (Denkmale), Rhythmen, Fossilien, Krokusse

6. der Atlas, der Balkon, das Material, der Organismus, der Altar
   Atlanten, Balkons (Balkone), Materialien, Organismen, Altäre

7. der Kaktus, der Ballon, das Konto, das Sofa, das Genie
   Kakteen, Ballons (Ballone), Konten, Sofas, Genies

Homonyme   7–10
Die Schüler schreiben die diktierte Singularform ins Heft und ergänzen
beide Pluralformen.
Beispiele: Bank – Bänke/Banken; Mutter – Mütter/Muttern; Band – Bände/
Bänder; Kiefer – Kiefer/Kiefern

Nomen ohne Plural   7–10
Die Schüler schreiben alle Substantive ohne Pluralform auf, die ihnen
einfallen.
Beispiele: Eis, Gold, Milch, Fleisch, Obst, Vieh, Jugend, Regen, Asche, Rauch,
Hitze, Streit, Ruhe, Schutz, Leid, Treue, Geduld, Nähe; außerdem alle subs-
tantivierten Verben

Nomen ohne Singular   7–10
Die Schüler schreiben alle Substantive ohne Singularform auf, die ihnen
einfallen.
Beispiele: Ferien, Kosten, Leute, Spesen, Tropen, Gliedmaßen, Eingeweide,
Geschwister

Kollektiva   7–10
Die Lehrperson nennt Substantive, für die es Sammelbegriffe gibt. Die
Schüler schreiben beide Begriffe auf.
Beispiele: viele Berge – Gebirge / viele Tiere – Getier / viele Büsche – Ge-
büsch / viele Knochen – Gebeine / viele Äste – Geäst / viele Federn – Gefie-
der / viele Wasser – Gewässer / viele Wolken – Gewölk / viele Balken – Ge-
bälk

Vorsilben   6–8
Die Schüler suchen zu einem Verb möglichst viele passende Vorsilben.

Beispiele:

kommen	ver-, her, vor-, hin-, be-, ent-, nach-, weg-, zu-, an-
sagen	ver-, her-, vor-, hin-, be-, ent-, nach-, zu-, an-, auf-
laufen	ver-, her-, vor-, hin-, be- (refl.), ent-, nach-, weg-, zu-, an-, auf-

Verben

„Vor- und Familiennamen"   6–8

Die Lehrperson schreibt die Buchstabenreihe an und die Schüler raten,
a) wie der fehlende gemeinsame Wortteil heißt (Nr. 1: -agen),
b) wie ein weiterer „Vorname" heißen könnte (Nr. 1: schl).

w s tr kl j z fr r pl	schl	-agen
wr s spr dr kl schw schl r d	br	-ingen
w s st bl h z	tr	-inken
w s st fl g	dr	-ehen
w s l kr b schm	fl	-iegen
w sch gr ver vern	m	-einen
w sch f h ver	sp	-alten
w kl n l m ankr	schn	-eiden
w b kn schn pr h sch kr l	f	-allen
w k	f	-ühlen
w schm	kl	-ettern
w n d r str	st	-ecken
w sp bl verschw be ver	s	-enden

© Cornelsen Verlag Scriptor, Berlin • Fundgrube Deutsch

Imperative   6–8

Die Schüler notieren den diktierten Infinitiv und ergänzen den Imperativ
Singular.

geben – gib	messen – miss	lesen – lies
essen – iss	sprechen – sprich	werden – werde
sterben – stirb	nehmen – nimm	sein – sei
helfen – hilf	brechen –brich	stehlen – stiehl
werfen – wirf	stechen – stich	haben – hab(e)
sehen – sieh	werben – wirb	
vergessen – vergiss	befehlen – befiehl	

© Cornelsen Verlag Scriptor, Berlin • Fundgrube Deutsch

Wortarten

Versteckte Adjektive, Adverbien, Artikel, Präpositionen, Pronomen 7–9

Die folgenden spielerischen Übungen können einzeln eingesetzt werden, wenn das jeweilige grammatische Phänomen durchgenommen wurde. Etwa ab Klasse 7, wenn die Schüler einen Überblick über alle Wortarten haben, kann man sie kombiniert einsetzen, um Kenntnisse zu festigen.

Versteckte Wortarten

Sucht Wörter mit
- mindestens acht versteckten Präpositionen; z. B.: Amsel, stumpf, Mitte, beißen, raufen, übernachten, verbissen, Maus, vermindern, Mandeln (leichte Aufgabe)
- mindestens fünf versteckten Adjektiven; z. B.: verlangen, Schrotkugeln, Schwarm, er blieb, ablaufen, scheißen (leichte Aufgabe)
- mindestens fünf versteckten Adverbien; z. B.: verschlimmern, Datum, Softeis, niedlich, labern, Docht (relativ leichte Aufgabe, wenn der Unterschied zwischen Adjektiv, Adverb und Präposition hinreichend geklärt ist)
- mindestens sechs verschiedenen Personalpronomen im Nominativ; z. B.: Estrich, Dusche, Erde, sieben, Wirsing, Sieger (schwer zu finden ist ein Wort mit ihr; Aufgabe insgesamt relativ leicht)
- mindestens fünf verschiedenen Personalpronomen im Akkusativ; z. B.: Wunsch, verscheuchen, dichten, siegen, Westen (relativ leichte Aufgabe)
- zwei verschiedenen Reflexivpronomen im Dativ; z. B.: Mirabellen (schwer zu finden), Dirigent, beleuchten
- zwei verschiedenen Reflexivpronomen im Akkusativ; z. B.: Michael, Dichtung, Keuchhusten
- drei verschiedenen Possessivpronomen; z. B.: gemeinsam, teuer, auseinander, Abendeinkauf
- drei verschiedenen Frageadverbien; z. B.: Wertung, Wasser, Wogen

---

Zum Ablauf: Jeweils vier Schüler setzen sich zusammen. Alle Gruppen erhalten gleichzeitig eine der folgenden Aufgaben. Der Auftrag besteht darin, in möglichst kurzer Zeit Wörter zu suchen, in denen verschiedene Wortarten in bestimmter Anzahl enthalten sind. Die drei Gruppen, die eine Aufgabe als Erste gelöst haben, melden sich nacheinander und präsentieren dann ihre Ergebnisse. Ist die Aufgabe tatsächlich richtig gelöst, gibt es für jede dieser Gruppen einen Punkt. Dann wird die nächste Aufgabe gestellt. Es empfiehlt sich, die Übungen auf mehrere Schulstunden zu verteilen. *Variation:* Sucht innerhalb von … Minuten … versteckte Adjektive, Adverbien usw. in Texten eures Lesebuches.

C   Sprachwitze und Rätsel

Palindrome 1   7–10
Ein Zweizeiler wird vorgelesen und die Schüler erraten das Anagramm.

1.	Von vorne preist es jedermann,	REBE
	von hinten grunzt es alle an.	EBER
2.	Von vorne ist's dein höchstes Glück,	LEBEN
	von hinten trübt es dir den Blick.	NEBEL
3.	Von vorn erinnert's dich ans Ende,	SARG
	von hinten wächst es sehr behende.	GRAS
4.	Von vorne ist's die erste Frau,	EVA
	von hinten klingt's im Kirchenbau.	AVE
5.	Von vorne stört's beim Kuss,	REDE
	von hinten ist's ein Fluss.	EDER
6.	Von vorne wächst's dem Mann am Kinn,	BART
	von hinten läuft das Pferd so hin.	TRAB
7.	Von vorne kann's nur „Sprich!" bedeuten,	SAG
	von hinten kann es Licht verbreiten.	GAS
8.	Von vorn ist's eine Felderfrucht,	MAIS
	von hinten man's in Asien sucht.	SIAM
9.	Von vorne ist's ein störrisch Tier,	ESEL
	von hinten tu ich's grade hier.	LESE
10.	Von vorn ist's, was die Ritter haben,	BURG
	von hinten eine Form von „graben".	GRUB
11.	Von vorn gelesen, geht's uns schlecht,	NOT
	von hinten ist's der Musik recht.	TON
12.	Von hinten schmückt es jedes Haus;	ZIER
	von vorn übt's Wirkung auf mich aus.	REIZ
13.	So sollst du stets im Leben sein,	LIEB
	und damit hau dir nicht ins Bein!	BEIL
14.	Das Erste drückt die Liebe aus,	ROT
	das Zweite führt in unser Haus.	TOR
15.	Von vorne heißt's: „Das Geld gut hüte!"	SPAR
	Von hinten: Pflanz mit gelber Blüte.	RAPS
16.	Das Erste meint wohl: „Sattle auf!",	REIT
	und setz dich auf das Zweite drauf!	TIER

Befremdliche Fremdwörter   7–9

Die Lehrperson diktiert die „Verdeutschungen" und die Schüler ergänzen die entsprechenden Fremdwörter.

beobachten	–	observieren	den Aufschlag durchbrechen	– breaken
treffstücken	–	argumentieren		
vervollständigen	–	komplettieren	überprüfen	– checken
vervielfältigen	–	kopieren	Gesichtskreis	– Horizont
üben	–	trainieren	Tagleuchter	– Fenster
Nahrohr	–	Mikroskop	Schauburg	– Theater
Fernrohr	–	Teleskop	Beizimmer	– Kabinett
Tonfänger	–	Mikrofon	Hochschule	– Universität
Lichtbild	–	Foto	Bücherei	– Bibliothek
Briefwechsel	–	Korrespondenz	Irrgarten	– Labyrinth
Kunstbutter	–	Margarine	Schauglas	– Spiegel
Röstbrot	–	Toast	Lehrart	– Methode
Spielzeit	–	Saison	Trauerspiel	– Tragödie
Argwille	–	Schikane	Lustspiel	– Komödie
Gesichtserker	–	Nase	Schauspiel	– Drama
Kraftwagen-	–	Garage	Letzter Wille	– Testament
einstellhalle			Verfasser	– Autor
Viertopfzer-	–	Vierzylinder-	Sinngedicht	– Epigramm
knalltreibling		motor	Dichter	– Poet
Dörrleiche	–	Mumie	Zweikampf	– Duell
Wirrwarr	–	Konfusion	Sternwarte	– Observatorium
Vertrag	–	Kontrakt	Gehsteig	– Trottoir
Tupfstrich	–	Semikolon	Verständigung	– Kommunikation
Tupf	–	Punkt	Blutzeuge	– Märtyrer
Doppeltupf	–	Doppelpunkt	Geschlechts-	– Artikel
Beistrich	–	Komma	wort	
Anschrift	–	Adresse	Fürwort	– Pronomen
Mundart	–	Dialekt	Zahlwort	– Numerale
Wörterbuch	–	Lexikon	Bindewort	– Konjunktion
Zeitwort	–	Verb	Umstandswort	– Adverb
Hauptwort	–	Substantiv	Verhältniswort	– Präposition
Eigenschaftswort	–	Adjektiv	Ausruf	– Interjektion
Befreiung	–	Emanzipation	Mittelwort	– Partizip
Gleichheit	–	Parität	Satzgegenstand	– Subjekt
Brüderlichkeit	–	Solidarität	Satzaussage	– Prädikat
Erdkunde	–	Geographie	Bahnhof	– Station
Sprachlehre	–	Grammatik	Schnellzug	– Express
anständig	–	fair	Schranke	– Barriere
abgeklärt	–	cool	Wagen	– Waggon
restlos	–	total	Fahrkarte	– Billet

Kuckuckseier   5–7

Die Schüler schreiben eine diktierte Wortreihe ins Heft und unterstreichen das Wort, das nicht zu den anderen passt.

Wo steckt das Kuckucksei?

Sal*zhering* – Matjes*hering* – E*hering*
Tür*kei* – Mongo*lei* – Frühstücks*ei*
Hunde*rudel* – Wolfs*rudel* – Apfels*trudel*
Ahne – Ur*ahne* – Schlags*ahne*
Fett*auge* – Falken*auge* – Seifen*lauge*
Engl*änder* – Niederl*änder* – Treppengel*änder*
Walzer*tanz* – Volks*tanz* – Dis*tanz*
Hasen*rücken* – Reh*rücken* – Pe*rücken*
Taschen*uhr* – Stand*uhr* – Müllab*fuhr*
Unter*teller* – Wand*teller* – Weichens*teller*
Seil*winden* – Motor*winden* – Versch*winden*
Steh*lampe* – Decken*lampe* – Sch*lampe*
Luft*post* – Brief*post* – Kom*post*
Fußball*tor* – Garten*tor* – Inspek*tor*
Pfeif*ton* – Hup*ton* – Kar*ton*
Kuh*stall* – Schweine*stall* – Kri*stall*

Ring*finger* – *Langfinger* – Mittel*finger* – Zeige*finger*
Blas*musik* – Pop*musik* – *Zukunftsmusik* – Haus*musik*
Garten*haus* – *Kartenhaus* – Wohn*haus* – Kranken*haus*
Nahverkehrs*zug* – Eil*zug* – *Luftzug* – Schnell*zug*
Lärchen*holz* – Eichen*holz* – Fichten*holz* – *Kerbholz*
Sündenregister – Tauf*register* – Straf*register* – Sterbe*register*
Husten – Schnupfen – Kopfweh – *Lampenfieber*
Leber*wurst* – Mett*wurst* – *Extrawurst* – Blut*wurst*
Fliegen*pilz* – *Glückspilz* – Stein*pilz* – Schimmel*pilz*
Hand*tuch* – Taschen*tuch* – Spül*tuch* – *Hungertuch*
Laub*wald* – *Blätterwald* – Nadel*wald* – Misch*wald*
Laufpass – Reise*pass* – Impf*pass* – Unfall*pass*
Eichel*häher* – *Pechvogel* – Blau*meise* – Buch*fink*
Platt*fuß* – Tennis*arm* – *Dickschädel* – Krampf*adern*
Tinten*fisch* – Fluss*pferd* – Fisch*otter* – *Wasserratte*
Zitronen*gelb* – *Eigelb* – Honig*gelb* – Sonnen*gelb*
Zier*fisch* – Wal*fisch* – *Backfisch* – Hai*fisch*
Mücken*stich* – Dolch*stich* – Messer*stich* – *Bienenstich*
Bücherwurm – Band*wurm* – Spul*wurm* – Regen*wurm*
Feld*hase* – Stall*hase* – *Angsthase* – Schnee*hase*

Palindrome 2   5–7

Die Schüler ziehen einen senkrechten Strich ins Heft und schreiben die
diktierten Wörter und Sätze symmetrisch auf.

Wörter

EHE	ELLE	NEBEN	REITTIER
NUN	EBBE	STETS	MARKTKRAM
UHU	EGGE	NENNEN	LAGERREGAL
RAR	ANNA	RENNER	RELIEFPFEILER
TAT	OTTO	RETTER	
TOT	RADAR	TRABART	
BOB	KAJAK	RENTNER	
ESSE		GNUDUNG	

Sätze

Sagt Gas!	Ts! Ein Rentner niest.
Egale Lage.	Die liebe Tote! Beileid!
So lege los!	Ella rüffelte Detlef für alle.
Tiere bereit?	Tunk nie Anna ein, Knut!
Spart Raps!	Ein Examen? Ne, Maxe, nie!
Einehe? Ehe nie!	Regal mit Sirup pur ist im Lager.
Ein Esel lese nie!	Neuer Dienst mag Amtsneid reuen.
Bei Liese sei lieb!	Leg in eine so helle Hose nie 'n Igel!
Er habe nie eine Bahre.	Eine treue Familie bei Lima feuerte nie.
Regine, wette weniger!	Tat er alkoholfrei? Er floh. O klare Tat!
	Trug Tim eine so helle Hose nie mit Gurt?
	Nie fragt sie: „Ist gefegt?" Sie ist gar fein.

Redensarten darstellen   5–7

Die Lehrperson schreibt die Redensart auf eine Karte und gibt sie einem
Schüler. Der stellt die Redensart pantomimisch (oder zeichnerisch) dar. Die
Klasse errät die Redensart.
(Auch als Gruppenwettkampf – auf Zeit – möglich.)

Redensarten

1. Die Welt aus den Angeln heben
2. In den sauren Apfel beißen
3. Jemandem unter die Arme greifen
4. Jemanden auf den Arm nehmen
5. Etwas aus dem Ärmel schütteln
6. Das Kind mit dem Bade ausschütten
7. Jemandem einen Bären aufbinden
8. Jemandem etwas auf die Nase binden
9. Ein Brett vorm Kopf haben
10. Unter einer Decke stecken
11. Mit der Tür ins Haus fallen
12. Aus allen Wolken fallen
13. Sich mit fremden Federn schmücken
14. Das Geld zum Fenster hinauswerfen
15. Lange Finger machen
16. Etwas an die große Glocke hängen
17. Der Groschen ist gefallen.
18. Jemandem das Wort im Munde herumdrehen
19. Etwas auf die hohe Kante legen
20. Die Katze im Sack kaufen
21. Mit dem linken Bein aufstehen
22. Aus einer Mücke einen Elefanten machen
23. Den Nagel auf den Kopf treffen
24. Sich etwas hinter die Ohren schreiben
25. Der Mutter wie aus dem Gesicht geschnitten sein
26. Sich eine Scheibe abschneiden
27. Etwas auf die lange Bank schieben
28. Jemandem Beine machen
29. Einen Streit vom Zaun brechen
30. Nicht von schlechten Eltern sein

6 Methodische Bausteine

Schulischer Unterricht droht immer wieder in eine Monokultur des bloßen Redens abzugleiten. Wenn Schüler unruhig und unkonzentriert sind, ermahnen Lehrer sie meist mit Worten. Dabei gäbe es spielerische Alternativen, mit denen man auf das Problem effektiver reagieren könnte. Und auch wenn es um die eigentlichen Inhalte des Unterrichts geht, wie um das Erzählen, Beschreiben oder Erörtern, erweisen sich – neben dem Reden – spielerische, aktionale und visuelle Mittel der Unterrichtsgestaltung oft als sehr hilfreich. Hier sind einige methodische Bausteine zusammengestellt, die fast überall einsetzbar sind.

A Konzentrationsspiele

Pimperle   5–7

Dieses Konzentrationsspiel ist für den Stundenanfang in jüngeren Klassen geeignet, um alle möglichst rasch auf eine gemeinsame Sache zu konzentrieren. Es kann insbesondere dann eingesetzt werden, wenn in den ersten Minuten in der Klasse eine große Unruhe herrscht. Die Lehrperson stellt sich so, dass sie von allen Schülern gut gesehen werden kann; ein Tisch muss in der Nähe sein. Die Klasse soll sich zunächst auf das konzentrieren, was die Lehrperson mit den Händen macht.

Die Spielelemente:

● „Pimperle": mit beiden Zeigefingern wird leicht und in hohem Tempo auf den Tisch getrommelt.

● „Flach": beide Hände werden flach auf den Tisch geschlagen.

● „Huf": die Hände werden zur Faust geballt auf den Tisch geschlagen.

● „Doppelhuf": die linke Faust wird auf den Tisch geschlagen, die rechte Faust gleichzeitig auf die linke gesetzt.

Diese Spielelemente werden in raschem Wechsel vom Spielleiter angesagt und ausgeführt. Die Schüler ahmen alles möglichst rasch nach. Wer zu lange zögert, scheidet aus dem Spiel aus.

Spannend wird es, wenn der Spielleiter nicht mehr das tut, was er sagt, wenn er also z. B. die Hände auf den Tisch schlägt und „Pimperle" sagt. Hier sollen die Schüler nur das tun, was der Spielleiter sagt, und sich nicht von dem irritieren lassen, was er tut. In dieser Phase des Spiels ist eine starke Konzentration der Schüler gefordert. Wieder scheiden diejenigen aus, die

die falschen Bewegungen machen. Nach einigen Minuten wird das Spiel abgebrochen; der Unterricht beginnt.

Eine Ente 5–7

Auch dieses Spiel eignet sich dazu, zu Beginn der Stunde rasch eine Konzentration auf die Gesamtgruppe zu bewirken. Die Schüler sprechen der Reihe nach Elemente eines Satzes, der in variierter Form wiederholt wird. Er lautet (Sprecherwechsel an den markierten Stellen):

> „Eine Ente,/zwei Beine,/fallen ins Wasser,/plumps!"

Weiter geht es mit:

> „Zwei Enten,/vier Beine,/fallen ins Wasser,/plumps, plumps!"
> „Drei Enten,/sechs Beine,/fallen ins Wasser,/plumps,/plumps,/plumps!"

Die Lehrperson geht durch die Klasse und zeigt in möglichst rascher Folge auf denjenigen Schüler, der das nächste Satzelement sagen soll, ohne dass eine Pause entsteht. Wer sich vertut, wer ein Element des Satzes auslässt, die falsche Zahl oder ein „plumps" zu viel sagt, scheidet aus. Besonders bei höheren Zahlen („Fünf Enten …") gibt es in jedem Satz zwei Elemente, bei denen die Schüler ganz besonders aufpassen müssen, um nicht etwas Falsches zu sagen: Sie müssen den ganzen Prozess genau verfolgen, um im *ersten Satzelement* die richtige Zahl zu treffen. Tückisch ist auch der *Schluss des Satzes*; hier ist bei höheren Zahlen in der Eile manchmal nicht mehr schnell genug nachzuvollziehen, ob die nötige Anzahl von „plumps" bereits gesagt worden ist, ob also ein neuer Satz begonnen werden muss. Wenn hierbei ein Fehler gemacht wurde, beginnt das Spiel wieder von vorne: „Eine Ente, zwei Beine …" Nach einigen Minuten, wenn die Klasse insgesamt konzentriert mitspielt, kann das Spiel beendet werden; der Unterricht beginnt.

B   Methoden zur Gruppenaufteilung

Gruppenarbeit schön und gut – aber wenn die Schüler sich aus eigenen Stücken zusammenfinden, gibt es oft problematische Zusammensetzungen. Hier einige Vorschläge zur Gruppenaufteilung, die zugleich Dynamik ins Unterrichtsgeschehen bringen:

Tierfamilien   5–8

Der folgende Zettel wird so ergänzt, dass die Anzahl der Schüler in der Klasse genau erreicht wird. Anschließend wird er in die einzelnen Elemente zerschnitten.

Hund	Katze	Schwein	Pferd	Vogel	
Hund	Katze	Schwein	Pferd	Vogel	
Hund B.	Katze B.	Schwein B.	Pferd B.	Vogel B.	...
Hund	Katze	Schwein	Pferd	Vogel	
...	...	...	...	...	

Jeder zieht ein Element, nimmt den Inhalt kurz zur Kenntnis und verharrt schweigend. Auf ein Kommando hin machen sich alle „Tiere" mit den ihnen eigenen Lauten bemerkbar. In möglichst kurzer Zeit sollen sich die jeweiligen Tiergruppen gefunden haben. Alle „Hunde" bilden eine Gruppe, alle „Katzen" ebenfalls usw. Wer einen Zettel mit einem „B." gezogen hat, ist verpflichtet, über die Ergebnisse der Gruppenarbeit im anschließenden Plenum zu berichten.

Gruppen riechen   5–10

Jeder Schüler zieht einen Streifen Papier. Außer den Gruppenaufträgen tragen die Streifen eine weitere Information: Sie sind an einer Stelle mit Gerüchen versehen (Essig, Deo, Maggi usw.). Alle mit ein und demselben Geruch gehören in eine Gruppe. Die Schüler erriechen ihre Gruppe.

Moleküle   5–10

Alle bewegen sich nach Musik durch den Raum. Sobald die Musik stoppt, ruft die Lehrperson eine Zahl, z.B. vier. Dann müssen sich alle so schnell wie möglich – wie Atome – zu einer Gruppe mit entsprechender Größe zusammenschließen. Wird die Musik fortgesetzt, müssen sich die Mitglieder einer Gruppe wieder trennen und in verschiedene Richtungen in den Raum laufen. Die Gruppen können sich mehrmals neu finden, bis die Lehrperson eine günstige Zusammensetzung entdeckt.

Namen ziehen (nur für Partnerarbeit geeignet)   5–13

Eine Hälfte der Klasse/des Kurses schreibt ihre Namen einzeln auf Zettel. Jeweils einer aus der zweiten Hälfte zieht einen Zettel.

C   Ideen zur Gesprächs- und Erzählkultur

Vermieter usw. – Argumentieren/überzeugen   7–10

Argumentationsübungen lassen sich oft sinnvoll als Rollenspiele gestalten. Dazu können folgende Situationen vorgegeben werden:

● Ein Ehepaar, etwa 50, vermietet eine frei gewordene Wohnung. Nacheinander erscheinen

- eine alleinerziehende, berufstätige Mutter mit einem vierjährigen Kind;
- ein Rentnerehepaar mit einem Hund;
- ein leitender Angestellter mit Frau und Kind;
- drei Studentinnen, die eine Wohngemeinschaft bilden wollen;
- eine 30-jährige Frau, die in einem Zimmer der Wohnung ein Nagelstudio betreiben will;
- der Vertreter eines kirchlichen Heims für leicht behinderte Jugendliche, der Raum für eine betreute Wohngemeinschaft sucht.

● In einer Zeitungsredaktion ist die Stelle eines Reporters frei geworden. In einem Gespräch mit dem Verlagsleiter bewerben sich mehrere Personen, deren Rollen von der Klasse selbst überlegt werden können.

● Acht Schüler aus einer Klasse bewerben sich darum, an einer Austauschfahrt der Schule nach Frankreich/England teilnehmen zu dürfen. Es können aber nur fünf mitfahren. In Gesprächen mit der verantwortlichen Lehrkraft versuchen sie, sich einen Platz zu sichern.

Reporter – Beschreiben/Sprachflüssigkeit fördern   5–7

Das Verfahren trainiert die Sprachgewandtheit und Sprachflüssigkeit. Es ist besonders dann sinnvoll, wenn in der Klasse viele Schüler „den Mund nicht aufbekommen". Die Lehrperson besorgt Videoaufzeichnungen von Fernsehsendungen, die aktionsorientiert sind: am besten Spielfilme, schwieriger sind Sportreportagen. Die Klasse geht in einen Videoraum. Dort werden die Aufzeichnungen präsentiert – jedoch ohne Ton. Ein Schüler kommt nach vorne und kommentiert das Geschehen. Dazu kann er ein – imitiertes – Mikrofon in der Hand halten. Es geht darum, die am Bildschirm zu sehenden Abläufe möglichst genau und anschaulich in Worte zu fassen. Die übrige Klasse kann ab und zu die Augen schließen, um zu prüfen, ob das Geschehen wirklich präzise genug beschrieben wird. Nach wenigen Minuten werden die Rollen gewechselt: Der Reporter setzt sich und ein anderer tritt in Aktion. In einem Gespräch wird geklärt, was die „Repor-

ter" an ihrer Darstellungsweise noch verbessern könnten. Bleibt noch etwas Zeit, können zum Schluss Ausschnitte aus den Spielfilmen, Sportreportagen usw. mit Originalton präsentiert werden.
Literaturhinweis: Jürgen Fritz: Mainzer Spielkartei. Matthias-Grünewald-Verlag, Mainz.

Eine einfache Zeichnung – Beschreiben   6–8

Mit diesem Verfahren lässt sich genaues Beschreiben mündlich trainieren. Ein Schüler kommt vor die Klasse und erhält eine relativ einfache Zeichnung, die er zunächst keinem zeigen darf. Diese soll er seinen Mitschülern, die mit Blatt und Bleistift versorgt an ihren Tischen sitzen, möglichst genau und möglichst vollständig beschreiben. Die Zeichnung soll nämlich „kopiert" werden, ohne dass die Zeichner die Vorlage zu Gesicht bekommen. Ist die mündliche Beschreibung beendet, werden Original und „Kopien" miteinander verglichen. Die Lehrperson wirft die Frage auf, wie die erkennbaren Abweichungen zustande gekommen sind und durch welche zusätzlichen Beschreibungsanstrengungen sie hätten vermieden werden können. Die Beschreibungsübung kann – mit jeweils neuen Zeichnungen – mehrmals wiederholt werden.

In sich versunken – Gespräche anfangen   5–8

Diese Übung ist besonders in den Klassen 7 und 8, aber auch bereits in 5 und 6 sinnvoll. Es geht darum, jemanden gesprächsbereit zu machen, der völlig in sich versunken ist, der – die Augen geschlossen – am Boden kauert, den Kopf auf die Knie gelegt hat, mit den Armen die Beine umklammert und von der Welt nichts mehr hören und sehen will. Dies kann aus verschiedenen Gründen so sein: Man ist enttäuscht, beleidigt, man trauert. Lehrer und Klasse einigen sich zunächst auf ein Gefühl (z. B. Enttäuschung). Dazu wird gemeinsam eine konkrete Situation ausfantasiert, in der jemand sehr enttäuscht sein könnte. Drei Schüler setzen sich dann in der oben beschriebenen Körperhaltung vor die Klasse. Drei Rollenspiele beginnen. Jeweils einer aus der Klasse hat die Aufgabe, mit einem der drei „Enttäuschten" (Beleidigten, Trauernden) ein Gespräch anzufangen. Diese sollen so lange in sich versunken bleiben, wie sie auch in einer entsprechenden Realsituation nicht auf das Gesprächsangebot reagieren würden. Die Gesprächsanbahnungen können durchaus mehrere Minuten dauern. Kommt ein Gespräch in Gang, wird es nach zwei, drei Minuten abgebrochen. Nach den drei Vorführungen zu einem „Fall" werden die Ergebnisse miteinander verglichen. Im Unterrichtsgespräch kann geklärt werden, warum es vielen Menschen nicht gelingt, solche Situationen angemessen zu bewältigen.

Meine Figur – Sich in ein Thema hineinerzählen 8–10

Nehmen wir an, Lehrperson und Klasse haben sich für die nächsten Wochen auf ein aktuelles Problemfeld geeinigt, mit dem sie sich lesend, schreibend und diskutierend auseinandersetzen wollen. Als Einstieg eignet sich das Verfahren „Meine Figur soll Hauptfigur werden": Alle Schüler der Klasse werden aufgefordert, in Stichworten eine Figur für eine Kurzgeschichte zu entwerfen, die mit dem vereinbarten Problemfeld etwas zu tun haben soll. Diese Figuren werden dann anhand der Stichworte mündlich vorgestellt. Hieran schließt sich ein ausführliches Gespräch über die Erzählanreize an, die in verschiedenen Figurenentwürfen stecken. Die Vorschläge werden in diesem Gespräch z.T. erheblich weiterentwickelt. Schließlich wählt sich jeder eine der vorgestellten Figuren aus, macht sie zur „Hauptfigur" und schreibt – evtl. als Hausaufgabe – zu ihr eine Geschichte. Dabei können durchaus mehrere Schüler ein und denselben Vorschlag wählen. Dies ist sogar besonders spannend, da man anschließend die ganz unterschiedlichen Ausführungen vergleichen kann. Die Geschichten werden vorgelesen und sind Ausgangspunkte für thematische Erörterungen.
Vgl. dazu: Mechthild Uhle: Elemente geselliger Bildung beim kreativen Schreiben. In: Praxis Deutsch, H. 119 (1993) S. 43.

7 Im Internet fündig werden

A Nützliche Internetadressen

Im Folgenden werden Internetadressen, die für den Deutschunterricht nützlich sein können, in einer thematischen Gliederung vorgestellt.

Bildungsportale

▶ *www.dbs.schule.de oder www.bildungsserver.de*
Der Deutsche Bildungsserver (DBS) ist eine bundeszentrale Serviceeinrichtung für Lehrerinnen und Lehrer, die 1996 als Entwicklungsprojekt der Berliner Humboldt-Universität eingerichtet wurde. Unter der angegebenen Adresse findet man – u. a. zum Fach Deutsch – Lehr-Lern-Materialien, Arbeitsblätter, weitere Unterrichtshilfen sowie Hinweise auf Fachliteratur, Bildungsinstitutionen, Internetprojekte und weitere Server mit bildungsrelevanten Inhalten. Links führen zu den Bildungsservern der Länder (z. B. www.learn-line.nrw.de), die u. a. für einzelne Fächer und Lernbereiche kommentierte Web-Adressen, Informationen zu Lehrplänen und eigene Angebote bereitstellen.

Adressen zum Gesamtbereich des Faches Deutsch

▶ *www.biblint.de/*
Dieser virtuelle Katalog bietet umfangreiche Informationen zu Literaturrecherchen u. a. in germanistischen Feldern. Hier finden sich z. B. kommentierte Links zu Bibliotheken, Archiven oder Nachschlagewerken.
▶ *www.ub.uni-duesseldorf.de/fachinfo/dvb/faecher/ger*
Die Düsseldorfer Virtuelle Bibliothek (DVB) ist einer von vielen virtuellen Katalogen der deutschen Universitätsbibliotheken. Angeboten werden Wege zu vielen Internetquellen im literatur- und sprachwissenschaftlichen Bereich. Auch Informationen zur Didaktik werden zugänglich gemacht.

Sammlungen von Unterrichtsmaterialien

▶ *www.zum.de/*
Dieses Serviceangebot der privaten, bundesweiten Zentrale für Unterrichtsmedien im Internet e.V. (ZUM) bieten Beiträge von Lehrern, Schülern und Eltern. In Übersichten kann man erfahren, welche Unterrichtseinheiten im eigenen oder in einem anderen Bundesland in bestimmten Klassenstufen entwickelt worden sind. Die meisten Verweise betreffen Materialien, die für den Unterricht noch ausgearbeitet werden müssen.

▶ *http://lo-net.de*

Das Lehrer-Online-Netzwerk, ein Projekt des „Schulen ans Netz e.V.", ist eine Arbeitsplattform, auf der man eigene Projekte realisieren und sich Ideen für die eigene Arbeit holen kann. Die Mitgliedschaft ist kostenlos; bei der Anmeldung erhält man ein Passwort. Das Projekt wird aus Mitteln des Bundesministeriums für Bildung und Forschung finanziert und ist werbefrei. Man kann sich einen virtuellen Klassenraum einrichten, um mit den eigenen Schülern im Internet zu kommunizieren und um sie zur Kommunikation untereinander anzuregen. Der Schülerzugang wird unter http:// pupil.lo-net.de eingerichtet.

▶ *www.cornelsen-teachweb.de*

Das nach Schulformen und Fächern geordnete Internetangebot des Cornelsen Verlages kann zum Teil kostenlos genutzt werden. Es bietet Materialien, die für den direkten Einsatz im Unterricht aufbereitet worden sind. Neben Zusatzmaterialien zu Lehrwerken umfasst das Angebot auch Dokumente und Hintergrundinformationen zu aktuellen Themen.

▶ *www.klou.info*

Das Internetportal KLOU (Klett Online Unterrichtsmodule) wird u.a. von den Bundesländern und dem Bundesforschungsministerium unterstützt und ist als Börse für den Austausch von Unterrichtsmaterialien angelegt. Das Angebot ist kostenlos.

Literarische Texte

▶ *http://gutenberg.spiegel.de/*

Das Projekt Gutenberg geht auf Gunter Hille zurück, der 1994 begann, literarische Volltexte ins Netz zu stellen. Erfasst werden urheberrechtsfreie literarische Texte (in der Regel von Autoren, die vor mindestens 70 Jahren gestorben sind). Das so entstandene Archiv der Literatur umfasst viele Standardwerke (insgesamt mehr als 50 000 Text- und Bilddateien). Das Spektrum der Autoren reicht von der Antike bis ins 20. Jahrhundert und wird laufend ergänzt. Außer Primärtexten werden Kurzbiografien und Auswahlbibliografien zu den aufgenommenen Dichtern angeboten.

▶ *http://webwise.de/0868.htm**

Diese umfangreiche Linkliste führt zu Online-Textsammlungen auf dem Server der Universitäts- und Landesbibliothek Düsseldorf.

---

* Bei den hier aufgeführten webwise-Adressen handelt es sich in der Regel um Weiterleitungsadressen zu umfangreicheren Websites mit komplizierteren Adressen, die auf diese Weise nicht eigens eingegeben werden müssen.

▶ *www.lyrikline.org/*
Elke Erb und Gerhard Falkner haben auf dieser Website eine Sammlung
zeitgenössischer Lyrik zusammengestellt. Jedes Gedicht kann auch als Ton-
dokument abgerufen werden; die Texte sind von den jeweiligen Autoren
gelesen.
▶ *www.gereimt.de*
Die Seite führt z. B. zu einer Sammlung rhetorischer Stilmittel in der Lyrik.
▶ *www.stuttgart.de/stadtbuecherei*
Die Homepage der Stadtbücherei Stuttgart erschließt unter der Rubrik „fu-
turistischer Lesesalon" Zugänge zu Literaturprojekten im Internet, und
zwar sowohl zu wichtigen deutschsprachigen Hyperfictions (Primärwer-
ken) als auch zu Interpretationen dazu. Eine Theorie-Seite weist außerdem
im Internet verfügbare theoretische Arbeiten zu Hyperfiction nach.
▶ *www.zitate.at*
Diese Zitate-Datenbank kann man mithilfe von Stichwörtern durchsuchen
und sich so Highlights für Vorträge, Referate usw. herunterladen.

Kinder-/Jugendliteratur und Leseförderung
▶ *www.ajum.de*
Die Website der Arbeitsgemeinschaft Jugendliteratur und Medien in der
GEW (→ S. 40) bietet u. a. eine Datenbank mit Rezensionen zur Kinder- und
Jugendliteratur. Die AJuM sichtet und prüft Kinder- und Jugendmedien unter dem Gesichtspunkt der Verwendbarkeit in pädagogischen Arbeitsfeldern. Möglich ist eine freie Suche, die auch mithilfe einzelner Wörter er-
folgen kann, oder eine Suche nach Kriterien.
▶ *www.jugendliteratur.org*
Die Website des Arbeitskreises für Jugendliteratur e.V. (→ S. 40) bietet Informationen zur Kinder- und Jugendliteratur sowie Broschüren mit Bü-
chertipps, die hier bestellt werden können.
▶ *www.stiftunglesen.de*
Wer sich als Pädagoge bei der Stiftung Lesen (→ S. 40) anmeldet, bekommt
regelmäßig aktuelle Materialien zur Leseförderung in der Schule zugeschickt. Die Stiftung hat seit 1988 unter der Schirmherrschaft des jeweiligen Bundespräsidenten u. a. immer wieder neue Schulkampagnen entwickelt. Mehrmals jährlich sichtet das Vorlese-Redaktionsteam der Stiftung
Lesen Neuerscheinungen auf dem Kinder- und Jugendbuchmarkt und trifft
eine Auswahl empfehlenswerter Titel. Empfehlungslisten und weitere aktuelle Lesetipps findet man unter dem Stichwort Leseempfehlungen.

▶ *www.learn-line.nrw.de/angebote/leselust/*
Unter dieser Adresse findet man einen Arbeitsbereich „Lese-ABC" zur Leseförderung in der Sekundarstufe I und II. Im Bereich „Lies mal" werden
thematisch geordnete Leseempfehlungen gegeben. Im Bereich „Projekte"
finden Lehrkräfte Unterrichtsbeispiele.

▶ *www.schule-bw.de/unterricht/paedagogik/lesefoerderung*
Der Landesbildungsserver Baden-Württemberg bietet hier einen Ideenpool
zur Leseförderung an, der eher theoretisch angelegt ist und Basisinforma-
tionen bereitstellt.

▶ *www.lesewelt.org*
Die Organisation Lesewelt e.V. organisiert in Städten wie München und
Berlin regelmäßig Vorlesestunden in Stadtbibliotheken und anderen Orten.
Für Kinder sind sie kostenlos. Über die Website erfährt man regelmäßig die
aktuellen Termine.

▶ *www.wirlesenvor.de*
Die Aktion „Wir lesen vor" der Wochenzeitung DIE ZEIT organisiert jährlich einen bundesweiten Vorlesetag in Schulen, Bibliotheken, Buchhandlungen und an vielen anderen Orten unter dem Motto „Große für Kleine".
Alle Vorleser werden in der Zeitung namentlich genannt.

Literaturkritik

▶ *www.literaturkritik.de*
Dieser kostenlose monatliche Rezensionsdienst für Literatur- und Kultur-
wissenschaften des Instituts für Neuere Deutsche Literatur der Universität
Marburg stellt laufend Neuerscheinungen vor.

▶ *www.literaturen-online.de*
Die Online-Version der gleichnamigen Zeitschrift bietet laufend aktuelle
Rezensionen an.

▶ *www.perlentaucher.de*
Dieser Überblick über Rezensionen aktueller Neuerscheinungen wird täglich erneuert. Angeboten wird eine Auswertung der Buchrezensionen aus
den großen deutschsprachigen Tages- und Wochenzeitungen. Wöchentlich
gibt es eine Rundschau über deutsche und internationale Kultur- und
Nachrichtenmagazine. Wenn es möglich ist, wird auf die Artikel direkt ver-
linkt. Man kann einen täglich erscheinenden Newsletter beziehen.

▶ *www.libri.de*
Diese Website bietet u.a. jede Woche neue Buchrezensionen von „Spiegel
Online" und aktuelle Leseproben zum Anlesen und Ausdrucken.

▶ *www.dasgedicht.de*
Die Netzversion der Zeitschrift „Das Gedicht" (für Lyrik, Essay und Kritik)
bietet u. a. Online-Diskussionen zu Aspekten der Lyrik.

Interpretation literarischer Texte

▶ *www.reclam.de*
Auf dieser Homepage findet man unter der Rubrik „Interpretationen" ein
Verzeichnis aller im Reclam Verlag erschienenen Interpretationen zu Werken der Weltliteratur und Philosophie, die in Buchform oder als Download
zugänglich sind.

▶ *www.biographie.net/*
Die Website bietet Zugang zu mehr als 10 000 Biografien – u. a. auch von
Schriftstellern – in vier Sprachen (Deutsch, Englisch, Französisch, Spa-
nisch). Über eine alphabetische Suchmaschine gelangt man schnell ans
Ziel.

▶ *www.bibelwerk.de*
Viele literarische Texte weisen Bezüge zur Bibel auf. Das Katholische Bibel-
werk hat eine Möglichkeit geschaffen, jede Bibelstelle im Internet schnell
zu finden. Außer einer Online-Recherche zur Heiligen Schrift der Christen
bietet die Homepage Buchtipps und biblische Impulstexte an.

▶ *www.teachsam.de/ufa_deutsch.htm*
Dargestellt werden Autoren, Epochen und Einzelwerke. Außerdem gibt es
Informationen zur Filmanalyse, zu journalistischen Darstellungsformen,
zur Rhetorik usw.
Viele Autoren sind mit eigenen Homepages bzw. Portalen im Internet vertreten (z. B. www.heinrich-boell.de). Die Adressen lassen sich über die
großen Suchmaschinen (z. B. www.google.de) ausfindig machen.

Literaturgeschichte

▶ *www.phil.uni-erlangen.de/~p2gerlw/ressourc/liste.html*
Auf dieser Seite des Instituts für Germanistik der Universität Erlangen-
Nürnberg findet man u. a. Listen von Links zu den einzelnen Epochen der
deutschen Literatur vom Mittelalter bis zur Gegenwart.

Sachtexte und Leseförderung

▶ *www.journalistenlinks.de/*
Diese Website führt in die Welt der journalistischen Sachtexte ein und informiert über viele gesellschaftliche Zusammenhänge der Sachtextproduk-

tion. So findet man unter der Rubrik Agenturen und Dienste/Nachrichten-agenturen zentrale Quellen für die Berichterstattung in den Medien. Außerdem kann man von der Startseite aus die Internetadressen von Zeitungen ermitteln.

Aktuelle Sachtexte sind über die Homepages von Tageszeitungen zugänglich:

Homepages	Zeitungen/Magazine
www.berliner-morgenpost.de	Berliner Morgenpost
www.BerlinOnline.de/berliner-zeitung	Berliner Zeitung
www.bild.de	Bild (Hamburg)
www.faz.de	Frankfurter Allgemeine Zeitung
www.fr-aktuell.de	Frankfurter Rundschau
www.freiepresse.de	Freie Presse (Chemnitz)
www.abendblatt.de	Hamburger Abendblatt
www.haz.de	Hannoversche Allgemeine Zeitung
www.ksta.de	Kölner Stadt-Anzeiger
www.lvz-online.de	Leipziger Volkszeitung
www.ln-online.de	Lübecker Nachrichten
www.mz-web.de	Mitteldeutsche Zeitung (Halle)
www.nrz.de	Neue Ruhr Zeitung (Essen)
www.rp-online.de	Rheinische Post (Düsseldorf)
www.sz-newsline.de	Saarbrücker Zeitung
www.sz-online.de	Sächsische Zeitung (Dresden)
www.schwaebische-zeitung.de	Schwäbische Zeitung (Leutkirch)
www.sueddeutsche.de	Süddeutsche Zeitung (München)
www.suedwest-presse.de	Südwest Presse (Ulm)
www.taz.de	die tageszeitung (Berlin)
www.welt.de	Die Welt (Berlin)

Ähnliches gilt für Wochenzeitungen und Magazine:

www.focus.de	Focus (München)
www.merkur.de	Rheinischer Merkur (Bonn)
www.spiegel.de	Der Spiegel (Hamburg)
www.stern.de	Der Stern (Hamburg)
www.zeit.de	Die Zeit (Hamburg)

▶ *www.gewinnlesen.de*

Das Zeitschriftenportal für Kinder und Jugendliche, das in Kooperation mit der Stiftung Lesen aufgebaut wurde, soll auf spielerische Weise das Interesse an Zeitungen und Zeitschriften wecken. Die Initiative, die sich gleichermaßen an Jugendliche und Lehrkräfte aller Schularten wendet, will mit dem Medium Zeitschrift Lesespaß und Lesekompetenz vermitteln. Unter dem Stichwort „Dein Zeitschriften-Typ" erhalten Gelegenheits- und Vielleser Tipps, die weitere Leselust wecken. Das Portal bietet zudem einen Zugriff auf Wissens- und Gewinnspiele, die deutschsprachige Zeitschriftenverlage für Schüler im Internet anbieten, sowie Umfragen und Diskussionen zum Medienverhalten, bei denen junge Leser ihre Meinung einbringen können.

Zuhören

▶ *www.ohrenspitzer.de*

Dieses medienpädagogische Modellprojekt des Landesmedienzentrums Baden-Württemberg und der Stiftung MedienKompetenz Forum Südwest fördert das (Zu-)Hören bei Schülern.

▶ *www.stiftung-zuhoeren.de*

Zielsetzung der Stiftung ist die Kultivierung des Zuhörens als einer Kulturtechnik. Projekte sind z. B. Hörclubs und „Radio in der Schule".

▶ *www.toene-fuer-Kinder.de*

Angeboten wird ein kommentierter Überblick über Hörspiele und Hörerzählungen. Man kann sich auch einen Überblick über Hörfunkangebote für Kinder verschaffen.

▶ *www.hoerothek.de*

Dieses Online-Hörbuchmagazin veröffentlicht Rezensionen zu Hörbüchern.

Sprechen, Schreiben und eigenes Publizieren

▶ *www.mediaculture-online.de*

Das Angebot wurde 2001 vom Online-Forum Medienpädagogik des Landesinstituts für Erziehung und Unterricht in Stuttgart als eine „Werkstatt Sprechen und Schreiben" ins Netz gestellt. Es richtet sich an Lehrkräfte, aber auch an Schüler und Studierende. Man kann ausgearbeitete Projektbeschreibungen herunterladen. Außerdem steht den Besuchern eine umfangreiche Internet-Bibliothek mit 15 000 Seiten Fachliteratur und Anschauungsmaterial zur Verfügung. Zudem werden ein Forum für den fachlichen Austausch und ein Newsletter angeboten.

▶ *www.uebersetzung.at/twister/de.htm*
Über diese Seite gelangt man zu Zungenbrechern, die sich nutzen lassen,
um die Aussprache zu verbessern. (Schauspieler und andere professionelle
Sprecher nutzen diese Möglichkeit in ihrer Ausbildung.)

▶ *www.lizzynet.de*
Bei LizzyNet treffen sich Mädchen und junge Frauen, um als Online-Repor-
terinnen zu schreiben oder mit anderen zu chatten. Das interaktive Web-
Angebot ist ein Projekt der Initiative „Schulen ans Netz e.V.". Mädchen können sich ein Passwort geben lassen und Serviceangebote nutzen, eine
kostenlose E-Mail-Adresse anlegen oder in Foren Meinungen austauschen.

▶ *www.spiellandschaft.de*
Träger dieser Aktion ist der Verein Spiellandschaft Stadt in München in Kooperation mit Münchener Bibliotheken. Kinder schreiben Kettengeschich-
ten, die per E-Mail von Bibliothek zu Bibliothek weitergeschickt und jeweils
fortgesetzt werden. Der Verein Spiellandschaft Stadt fördert reale und digi-
tale Spiel- und Aktionsräume für Kinder im Stadtgebiet von München.

▶ *www.sibiller.de/anagramme*
Anagramme, also Neuzusammensetzungen der Buchstaben eines Wortes
zu einem sinnvollen anderen („Bundestag" → „Angstbude"), können mit
diesem Anagramm-Generator hergestellt werden.

▶ *http://webwise.de/0876.htm*
Dieser Textgenerator produziert Liebesbriefe. Er fragt einige Informationen ab, bevor er Texte generiert. Der so entstandene Brief kann mit Grafiken und Sound versehen und per E-Mail abgeschickt werden.

▶ *www.schekker.de*
Das elektronische Jugendmagazin der Bundesregierung erscheint monatlich zu einem Schwerpunktthema. Die Artikel werden von Jugendlichen
selbst geschrieben.

▶ *www.leselupe.de*
In diesem Forum können Schüler kostenlos ihre Texte veröffentlichen. Lek-
toren dieses Internetdienstes betreuen die Werke und rezensieren sie auf
Wunsch. Die eingesandten Texte werden in thematischen Foren gespei-
chert, die nach Textsorten gegliedert sind. Da andere junge Autorinnen und
Autoren auf die Texte reagieren, entstehen immer wieder virtuelle Schreib-
konferenzen. Mit der Leselupe-Suchmaschine gelangt man zu Hunderten
deutschsprachiger Literatur-Websites. Außerdem gibt es Terminhinweise
und Buchempfehlungen. Über einen Newsletter können sich die jungen
Nutzer regelmäßig informieren lassen.

▶ *www.duden-open.de*
Dieser Wettbewerb für Nachwuchsjournalisten bis 21 Jahre wurde vom
Dudenverlag eingerichtet und spricht junge Schreibtalente an. Man kann
seine Recherchekenntnisse und seine Kreativität beim Schreiben durch einen Artikel unter Beweis stellen.
▶ *www.literaturcafe.de/*
Die Seite bietet Aktuelles (Termine, Nachrichten usw.) aus der Literatur-
szene. Man kann eigene Texte einsenden, die online rezensiert werden.

Nachdenken über Sprache

▶ *http://wortschatz.informatik.uni-leipzig.de*
Das Projekt „Deutscher Wortschatz" der Universität Leipzig wurde 1995
begonnen. Inzwischen wurde eine Datenbank aufgebaut, die mehr als
6 Millionen Wörter und Wortformen und mehr als 15 Millionen Sätze umfasst. Viele der Einträge sind mit externen Lexika vernetzt.
▶ *http://germazope.uni-trier.de/Projects/DWB*
1838 begannen die Brüder Grimm die Arbeit an ihrem „Deutschen Wörterbuch". Die Recherchen und Dokumentationen von Wörtern und ihren Ver-
wendungen seit Beginn des 15. Jahrhunderts dauern bis heute an. Das Projekt ist digitalisiert worden und kann über diese Adresse online genutzt
werden.
▶ *www.diwa.info*
Das Forschungsinstitut für Deutsche Sprache der Universität Marburg hat
den ersten und bisher umfangreichsten Sprachatlas der Welt, Georg Wenkers „Sprachatlas des deutschen Reichs" (Erhebungszeitraum: 1876–1887),
zur kostenlosen Benutzung ins Netz gestellt. Auf 1643 Karten werden die
deutschen Dialekte dargestellt. Die Dokumentation beruht auf Erhebungen
an 50 000 Orten, die auch die ehemaligen deutschen Gebiete in Mittel- und
Osteuropa umfassen. Die Marburger Dialektologen haben Wenkers Mund-
arten-Übersicht mit Tonproben der Mundarten versehen, die man sich über
das Internet anhören kann.
▶ *www.linguistik-online.de/*
Diese Online-Zeitschrift will linguistische Forschungsergebnisse frei zugänglich machen. Behandelt wird ein breites Spektrum sprachwissen-
schaftlicher Fragestellungen.
▶ *www.goethe.de*
Die Website des Goethe-Instituts, das sich weltweit um die Pflege der deutschen Sprache kümmert, bietet Links zu einer ganzen Reihe von Aspekten

der deutschen Sprache. Verfügbar ist u.a. Material für den Deutschunterricht (z.B. Informationen zur Grammatik und Landeskunde).

▶ *www.ids-mannheim.de/*

Die Website des Instituts für Deutsche Sprache, einer führenden sprachwissenschaftlichen Einrichtung zur Erforschung der neueren deutschen Sprache, bietet mehrere Datenbanken an, u.a. eine Bibliografie zur deutschen Grammatik.

▶ *http://webwise.de/0826.htm*

Die Website des Info-Portals Wissen eröffnet den Zugriff auf mehrere Online-Wörterbücher, z.B. auf das „Wörterbuch der deutschen Sprache" von Bertelsmann und „Die deutsche Rechtschreibung" von Wahrig.

▶ *www.bedrohte-woerter.de*

Man erhält eine Liste vom Aussterben bedrohter Wörter der deutschen Sprache („Mummenschanz", „Pfennigfuchser", „Bandsalat" usw.). Die Zusammenstellung wird laufend ergänzt. Besucher der Website können auch selbst Wörter eintragen.

▶ *www.gfds.de/*

Die Website der Gesellschaft für deutsche Sprache, einer Organisation, die sich die Pflege der deutschen Sprache zur Aufgabe gemacht hat und die seit 1972 das Wort des Jahres und seit 1991 das Unwort des Jahres wählt, bietet u.a. Informationen über Vor- und Familiennamen an.

Grammatik

▶ *www.duden.de/grammatik*

Die Dudenredaktion bietet unter dieser Adresse 100 Hörbeispiele zur Intonation deutscher Sätze, so wie sie im Intonationskapitel des Bandes „Duden – Die Grammatik" dargestellt werden. Außerdem sind unter dieser Adresse auch PDF-Dateien von Inhalten der Duden-Grammatik wie die „Liste starker/unregelmäßiger Verben" oder einer Zusammenstellung von „Grammatischen Fachbegriffen" zu finden. Der Service ist kostenlos.

Deutsch als Fremdsprache

▶ *www.goethe-verlag.com/tests/*

Das Goethe-Institut bietet hier u.a. multilinguale Vokabel-Übungen für Englisch, Französisch, Russisch, Portugiesisch, Türkisch, Polnisch, Dänisch, Schwedisch und viele andere Sprachen an.

Filme/Fernsehen/Internet/Medienerziehung

▶ *www.bpb.de*

Die Bundeszentrale für politische Bildung bietet auf ihrer Homepage unter der Rubrik Publikationen/Filmhefte u. a. Begleitmaterialien zu ausgewählten deutschen und internationalen Kinofilmen an. Auf jeweils 16 bis 24 Seiten werden Inhalt, Figuren, Thema und Sprache des Films analysiert. Außerdem enthalten die Praxishilfen ein detailliertes Sequenzprotokoll, Fragen zum Film und Literaturhinweise.

▶ *http://filmportal.de/*

Diese zentrale Internetplattform zum deutschen Film ist ein Projekt des Deutschen Filminstituts (DIF) und des Hamburger Vereins Cinegraph, der ein Zentrum für Filmforschung betreibt. Das Projekt will die gesamte Vielfalt des deutschen Films im Internet kostenlos zugänglich machen. Grundlage der präsentierten Daten ist die Deutsche Filmographie, ein Gemeinschaftswerk des Deutschen Kinematheksverbundes. Informiert wird über die wichtigsten Epochen und Entwicklungen der deutschen Filmgeschichte, ihre Vertreter und Institutionen. Zu jedem dargestellten Film gibt es ein Standfoto, eine kurze Inhaltsangabe, Informationen zu Regie, Besetzung etc., Angaben zur Verfügbarkeit und Links zu ausgewählten Kritiken.

▶ *www.35millimeter.de/filmgeschichte*

Die Seite informiert über Filme, die im 35-Millimeter-Format produziert worden sind.

▶ *www.filmforumschule.de*

Dieser Online-Service informiert über ausgewählte aktuelle Filme und ihre Relevanz für den Unterricht. Die Informationen werden vom FilmForum-Schule der Stiftung Lesen (→ S. 40) und United International Pictures (UIP) ins Netz gestellt. Informiert wird jeweils über Filminhalte und Hintergründe des Filmgeschehens. Außerdem werden zu den vorgestellten Filmen methodisch-didaktische Ideen für den Unterricht, Lesetipps und weiterführende Links angeboten. Hinzu kommen spezielle Angebote wie Preview-Termine zu einzelnen Filmen im FilmForumSchule.

▶ *www.cinema.de*

Kinomagazin mit einer umfangreichen Filmdatenbank. In einem „Filmarchiv" wurden 75 000 Filme dokumentiert.

▶ *www.filmdb.de* Unter dieser Adresse findet man zu einer Vielzahl von Filmen kurze Inhaltsangaben sowie Angaben zu Regisseuren und Darstellern sowie Hinweise auf Materialien zu dem jeweiligen Film.

▶ *www.movie-college.de*
Dieses Online-Lexikon erklärt Hunderte von Begriffen rund um das Thema „Film". Es bietet Basiswissen über Film, Regie, Produktion, Drehbuch, Technik, Schauspiel und Medien.

▶ *http://lehrer-online.de/deutsch*
Dieses Fachportal soll die Unterrichtsvorbereitung mithilfe von Informations- und Kommunikationstechnologien erleichtern. Vorgestellt werden Unterrichtsprojekte zum Einsatz neuer Medien im Deutschunterricht.

▶ *www.flimmo.de*
Die von der Bayerischen Landeszentrale für neue Medien eingerichtete und vom Verein Programmberatung für Eltern e.V. betriebene Website ist ein Pendant zur Flimmo-Broschüre, die Bewertungen zu Fernsehprogrammen der nachfolgenden beiden Wochen abgibt. In der Online-Version werden auch einmalige Angebote wie Spielfilme und Dokumentationen bewertet.

▶ *www.kinderfilm-online.de*
Zugänglich sind kurze Besprechungen aktueller Kinderfilme.

▶ *www.top-videonews.de/*
Wöchentlich neu werden die aktuellen Neuerscheinungen für Kinder und Jugendliche auf DVD und Videokassetten vorgestellt. Filme können nach Altersklassen abgefragt werden. Das Online-Fachmagazin wird im Auftrag der Bundesregierung vom Kinder- und Jugendfilmzentrum in Deutschland (KJF) herausgegeben.

▶ *www.jugendmedienschutz.de*
Angeboten werden Informationen zu Aspekten des Jugendmedienschutzes und Links zu medienpädagogischen Internetprojekten.

▶ *www.crossculture.de*
Die Website biete u.a. eine Datenbank mit Projekten aus dem Bereich der interkulturellen bzw. internationalen Jugendmedienarbeit.

▶ *www.mediengewalt.de*
Diese kommentierte Link-Sammlung zum Thema „Gewalt in Medien" bietet u.a. Empfehlungen für Computerspiele und Lernsoftware.

Informationen zu den *Kinderprogrammen* werden auch über die Homepages der verschiedenen Fernsehanstalten angeboten.

▶ *www.klicksafe.de*
Diese Website will die Medienkompetenz von Kindern und Jugendlichen im Umgang mit dem Internet fördern, um die Risiken zu minimieren und An-

regungen zu geben, die Chancen des Internets zu nutzen. Als nationaler Knotenpunkt im europäischen Netzwerk will diese Initiative sowohl Eltern und Lehrern als auch Heranwachsenden selbst praktische Hilfestellung zum Surfen im Netz geben und wissenswerte Links vermitteln.

Recherche

Die folgenden Internetadressen können an (ältere) Schüler weitergegeben werden, die im Rahmen von Projekten, Facharbeiten usw. selbst umfangreich außerliterarische Sachbereiche recherchieren möchten. Die aufgelisteten Adressen weisen einen zunehmenden Spezialisierungsgrad auf.

▶ *www.suchfibel.de/*
Verzeichnet sind über 2000 Suchmaschinen. Angeboten werden auch ein Lehrgang mit Hilfen und Tipps für eine gezielte Informationssuche im Internet.

▶ *www.ub.uni-bielefeld.de/biblio/search/index.htm*
Diese Website enthält Links zu verschiedenen Suchmaschinen mit Informationen und Nutzungshinweisen.

▶ *www.wikipedia.de*
Diese kostenlose Web-Enzyklopädie wird von Tausenden Freiwilliger getragen; die Einträge werden nicht von einer Lexikonredaktion kontrolliert. Angeboten werden Hunderttausende deutschsprachiger Artikel; besonders bei ganz aktuellen Themen wird man hier fündig. Außer deutschsprachigen Einträgen gibt es Angebote in über 60 weiteren Sprachen.

▶ *www.netzcheckers.de*
Das vom Bundesjugendministerium eingerichtete Jugendportal vernetzt bestehende Angebote der Jugendinformation, des Online-Lernens und der Online-Beratung für Jugendliche. Einsteiger und Profis können hier nicht nur recherchieren, sondern auch Texte, Fotos und Videos zu allen jugendrelevanten Themen selbst einstellen. Das Jugendportal bietet zudem die Möglichkeit, sich Textinhalte akustisch wiedergeben zu lassen. Junge Menschen mit eingeschränkter Sehkraft, Legastheniker, Nicht-Muttersprachler oder auch funktionale Analphabeten profitieren von der Möglichkeit, sich die Inhalte des Jugendportals durch eine computergestützte Stimme vorlesen zu lassen.

▶ *www.wissen.de*
Dieser Dienst des Bertelsmann-Konzerns ist kostenlos und eröffnet den Internetzugang zu einem umfangreichen digitalisierten Lexikon, einigen Wörterbüchern, einigen Spezialnachschlagewerken, Foren und Chatrooms.

▶ *http://xipolis.net/suche/suche_profi_form.php*
Erreicht wird ein einbändiges Brockhaus-Lexikon, das nicht kostenpflichtig ist.

▶ *www.bessereweltlinks.de/*
Angeboten werden Links für „eine bessere Welt", ein Themenkomplex, an dem viele Schüler interessiert sind. Insgesamt wurden mehr als 50 000 gut sortierte Links auf Deutsch und Englisch zu globalen Themen wie Frieden, Abrüstung, Gewaltfreiheit, Militär, Rüstung, Menschenrechte, Umwelt, Dritte Welt, Soziale Gerechtigkeit, Bildung, Wirtschaft, Demokratie oder Politik zusammengestellt.

Recherche-Adressen für jüngere Schüler

▶ *www.kindersache.de*
Das Deutsche Kinderhilfswerk veröffentlicht unter dieser Adresse nicht nur „Rabatz", eine Online-Zeitung für Kinder, sondern macht auch Informationen zu Aspekten wie Kinderrechte oder Spiele zugänglich.

▶ *www.kinder-tierlexikon.de*
Die Texte in diesem Tierlexikon sind von Kindern geschrieben und daher leicht verständlich.

Weitere nützliche Recherche-Adressen für jüngere Schüler sind:

▶ *www.geo.de/geolino/* (Eine-Welt-Themen)
▶ *www.emil-gruenbaer.de* (Umweltthemen)
▶ *www.greenpeace.de/kids/* (Umweltthemen)
▶ *www.sowieso.de* (Nachrichten für Kinder)
▶ *www.blinde-kuh.de* (Suchmaschine für Kinderseiten)

Download-Angebote für Schüler

Lehrkräfte können davon ausgehen, dass viele Schüler sich auf Seiten wie den folgenden Downloads besorgen und sie z. B. in Referaten und Facharbeiten verwenden – oft ohne die Quellen anzugeben.

▶ *www.referate.de/*
Über diese Website können Referate und Teile von Referaten heruntergeladen werden, u. a. auch Arbeiten aus dem Deutschunterricht.

▶ *www.hausarbeiten.de/*
Auch diese Website ermöglicht es Schülern, sich eigene Recherchen und Untersuchungen zu ersparen. Das Angebot ist nach Fächern sortiert und umfasst Tausende von Texten für schulische und universitäre Zwecke, die kostenlos heruntergeladen werden können.

Auch hier finden sich Referate und Aufsätze zum Deutschunterricht:

▶ *www.schul-referate.de/Deutsch.cfm*

▶ *www.cheatweb.de*

▶ *www.spickzettel.de*

Hier finden Lehrende Wissenswertes zur Plagiatproblematik:

▶ *http://plagiat.fhtw-berlin.de/index.html*

Studien- und Berufswahl

▶ *www.lehrer-online.de/berufsbildung*

Unter dieser Internetadresse findet man Unterrichtsmaterialien und Links zu weiteren nützlichen Angeboten im Internet.

▶ *www.einstieg.com*

Das Portal kooperiert u. a. mit den Messen „Einstieg Abi" (viermal jährlich in Köln, Berlin, Karlsruhe und München) und „Einstieg" (Hamburg) sowie dem dreimal jährlich erscheinenden Magazin „Einstieg Abi", das Schulen kostenlos zur Verfügung gestellt wird. In allen drei Bereichen werden auch Berufsfelder vorgestellt, die auf ein Germanistikstudium aufbauen bzw. Bezüge zum Fach Deutsch aufweisen. Über das Internetportal gelangen Schüler sowie pädagogische Fachkräfte an studien- und ausbildungsrelevante Informationen. Interessenten können auch gezielt nach Berufen und Berufsfeldern, Studiengängen, -orten und -abschlüssen sowie dualen Studienangeboten suchen. Nützlich sind auch die angebotenen Tipps zu Bewerbungen sowie zur Studien- und Ausbildungsfinanzierung.

▶ *www.abi-magazin.de; www.uni-magazin.de*

Diese Informationen zu Ausbildung, Studium und Beruf stellt die Bundesagentur für Arbeit (BA) bereit. Sie ergänzen die ebenfalls von der BA herausgegebenen Printversionen von „abi" und „uni". Das Angebot kann nach Themenrubriken (z. B. Arbeitsmarkt, Berufsreportage, Unternehmensporträt), Berufen und Branchen durchsucht und kostenfrei heruntergeladen werden. Links zu weiteren Online-Angeboten der BA und anderer Anbietet erlauben eine Erweiterung der Recherche. Über eine Schlagwortsuche stehen auch die Informationen aus den „abi"- und „uni"-Ausgaben der letzten Jahre im Internet zur Verfügung.

▶ *www.wassollwerden.de*

Das Internetangebot zur Berufsorientierung wurde von der Initiative Neue Soziale Marktwirtschaft eingerichtet, die von großen deutschen Konzernen getragen wird. In vier Bereichen geht es um Selbstfindung von Jugendlichen und jungen Erwachsenen, Orientierung in der Arbeitswelt, Informationen zur Entscheidungsfindung und Bewerbungshilfe mit Anleitungen zum Verfassen von Bewerbungsschreiben.

▶ *www.job-world.de*

Diese Metasuchmaschine ist mit Dutzenden von Stellenbörsen verbunden, die Zigtausende ausgeschriebener Arbeitsstellen ausweisen. Darunter sind der „Jobturbo" der „Zeit", die Stellenanzeigen aus dem „Handelsblatt" oder die der „Süddeutschen Zeitung". Schüler können sich hier informieren, wie Stellen ausgeschrieben werden und welche Angebote auf dem Markt sind.

▶ *www.berufsbildung.de*

Das Online-Magazin für Ausbildung, Studium und Beruf wird vom Bertelsmann Verlag herausgegeben. Schüler erhalten Tipps für Berufswahl und Bewerbung.

Weitere Adressen für Jugendliche und junge Erwachsene mit Bezug zur Berufswahl:

▶ *www.berufsstart.de*

▶ *www.berufswelt.de*

▶ *www.stellenanzeigen.de*

▶ *www.stellenmarkt.de*

▶ *www.rausvonzuhaus.de*

Die Website des Internationalen Jugendaustausch- und Besucherdienstes der Bundesrepublik Deutschland (IJAB) informiert Jugendliche und junge Erwachsene über Jobs, Praktika, Studienmöglichkeiten, Schüleraustausche und Sprachkurse im Ausland.

Lebenshilfe

Manchmal ist es notwendig, Schüler mit größeren persönlichen Problemen, bei denen im Deutschunterricht schwierige private Situationen bekannt geworden sind, auf externe Hilfsangebote zu verweisen. Die folgenden Internetadressen helfen weiter:

▶ *www.kummernetz.de/jugend*

Dieses Angebot aus dem Bereich der katholischen und evangelischen Kirche umfasst einen Beratungs- und einen Selbsthilfesektor. Ratsuchende sehen Fotos derjenigen Berater, die aktuell Anfragen annehmen können.

▶ *www.kika.de*

Bekannt sind der KI.KA-Kummerkasten, eine Life-Beratung für Kinder und Jugendliche der Bundesarbeitsgemeinschaft Kinder- und Jugendtelefon und des Kinderkanals von ARD und ZDF, und die bereits früher eingerichtete „Nummer gegen Kummer" (kostenlos unter 0800/111 0 333). Parallel gibt es eine Online-Beratung des Kinder- und Jugendtelefons durch geschulte Expertinnen und Experten.

▶ *www.bke-sorgenchat.de*

Dieses Beratungsangebot der Bundeskonferenz für Erziehungsberatung (bke) wendet sich an Jugendliche. Zu festgelegten Zeiten gibt es von Psychologen, Pädagogen und Sozialpädagogen moderierte Chats. Rat kann man sich auch vertraulich per E-Mail einholen.

▶ *www.sextra.de*

Pro Familia bietet Jugendlichen über E-Mail-Beratung Hilfe bei Problemen im Bereich „Sexualität und Partnerschaft" an. Möglich sind auch Einzel- und Gruppenchats. Die Beratung ist anonym und wird von Fachleuten aus den Bereichen Medizin, Psychologie, Pädagogik und Sozialarbeit durchgeführt.

Recht

▶ *www.gesetze-im-internet.de*

Das Bundesministerium der Justiz stellt über diese Website in einem *gemeinsamen* Projekt mit der juris GmbH nahezu das gesamte aktuelle Bundesrecht kostenlos im Internet bereit. Die Gesetze und Rechtsverordnungen können in ihrer geltenden Fassung abgerufen werden. Sie werden durch die Dokumentationsstelle des Ministeriums fortlaufend konsolidiert. Die von ihr noch nicht bearbeiteten, neu im BGB verkündeten Vorschriften können direkt über den Aktualitätendienst aufgerufen werden.

Literaturhinweise

Breilmann, Sybille u. a. (Hrsg.): Computer, Internet & Co. im Deutschunterricht. Berlin 2003.

Hildebrandt, Jens: Internet-Ratgeber für den Unterricht, Teil 1: Deutsch, Englisch, Französisch, Geschichte, Erdkunde. Köln 1997.

Kutscher, Nadia: „Wie im ganz normalen Leben auch." Soziale Unterschiede in der Internetnutzung und Bildungsteilhabe von Jugendlichen, in: medien + erziehung, 6/2005, S. 42–52.

Maresch, Rudolf/Rötzer, Florian (Hrsg.): Cyberhypes – Möglichkeiten und Grenzen des Internet. Frankfurt/M. 2001.

Thomé, Günther und Dorothea (Hrsg.): Computer im Deutschunterricht in der Sekundarstufe. Braunschweig 2000.

B   Tipps für die Internetrecherche

Gezielte Recherche

Schüler sollten lernen, im Internet in die Tiefe statt in die Breite zu recherchieren. Das ist nicht leicht, da die Hyperlink-Struktur des Netzes zunächst dazu einlädt, sich in der Breite des Angebots zu verlieren. Die meisten älteren Schüler beherrschen inzwischen Techniken der gezielten Recherche im Internet wie die Operatoren-Abfragen (AND-, NOT-, NEAR- und OR-Abfrage; weitere Informationen in: Gerd Brenner/Kira Brenner: Fundgrube Methoden I – Für alle Fächer. Berlin 2005, S. 128 f.). Jüngere Schüler sollten in diese Techniken allerdings noch eingeführt werden. Da Schüler Informationen im Internet auch mithilfe von Operatoren oft sehr unspezifisch und nach dem Zufallsprinzip suchen, sind unterstützende Rahmenmethoden für Recherchen sinnvoll. Möglich sind z. B.:

● *WebQuest:* Zu einer bestimmen Fragestellung sollen Schüler im Internet recherchieren. Dazu erhalten sie Suchimpulse vorgegeben, z. B. eine Liste relevanter Links, die – je nach Alter der Schüler – unterschiedlich detailliert sind. Zur Unterstützung der gedanklichen Erschließung eines Themenbereiches kann auch eine Liste von Fragen vorgegeben werden, die mithilfe der zu recherchierenden Materialien beantwortet werden sollen.

● *Nutzung von Online-Lexika:* Schüler nutzen für ihre Recherchen meist die gängigen Suchmaschinen; dabei bewegen sie sich oft planlos in der unübersichtlichen Informationsfülle des Internets und gelangen zu Zufallstreffern. Kostenfreie Online-Lexika erlauben eine gezieltere Recherche (→ „Nützliche Internetadressen – Recherche", S. 220 f.).

Wenn Schüler sich eigenständig auf die Suche begeben, sollten sie auf eine bestimmte Schrittfolge des Recherchierens achten:

● *Klärungsphase:* Die Schüler überlegen, welche Medien (Bücher, Zeitschriften, Internet usw.) sinnvoll sind und wie die Gewichtung der Quellen sein sollte.

● *Vorbereitungsphase:* Fällt die Wahl u. a. auf das Internet, sollten zunächst sorgfältig Suchbegriffe für Operatoren-Abfragen (s. o.) und/oder Online-Lexika gefunden werden, die eine Recherche steuern können.

● *Suchphase und erste Bewertung:* Die Schüler sollten zu einer Fragestellung oder einem Thema möglichst immer mehrere Texte recherchieren, damit sie Aussagen vergleichen und kritisch bewerten können. Sie halten sich damit an ein wichtiges journalistisches und wissenschaftliches Prinzip. Bereits bei der laufenden Recherche sollte außerdem die Qualität der gefundenen Quellen eingeschätzt werden. Dazu werden Angaben zum Betreiber einer gefundenen Seite (z. B. in einem Impressum) genau angesehen, um seine Seriosität und evtl. seine Interessengebundenheit einschätzen zu können.

● *Auswertungsphase:* Hier können die Schüler Synopsen mehrerer Aussagen zu einem Bereich anfertigen oder Aussagen in Tabellenform gegenüberstellen. So wird ein kritischer Blick auf die Einzelaussagen möglich.

● Die Schüler können darauf hingewiesen werden, dass bei der Internetrecherche die folgenden Hilfsmittel sinnvoll eingesetzt werden können: *Lesezeichen:* Diese halten Internetquellen zugänglich, wenn man eine aufwändige Recherche mehrfach unterbrechen muss. Browser bieten den Service unter verschiedenen Bezeichnungen an (z. B. „Favoriten" beim Internet Explorer). Die dort gekennzeichneten Internetseiten können ohne langwierige Suche direkt wieder angeklickt werden. *Internet-Wissensdepot:* Virtuelle Klassenräume im Internet, die z. B. mit dem Lehrer-Online-Netzwerk www.lo-net.de eingerichtet werden können, bieten den Schülern die Möglichkeit, Informationen aus dem Internet aufzubereiten. Hier können z. B. von den Schülern kommentierte Link-Listen angelegt oder interessante Textfunde präsentiert werden.

Plagiatproblem

Ein relativ hoher Anteil der Schüler raubt im Internet bedenkenlos geistiges Eigentum und gibt heruntergeladene Texte als Eigenleistung aus. Dazu gibt es im Internet umfangreiche Angebote für Schüler (→ „Nützliche Internetadressen – Download-Angebote für Schüler", S. 221 f.). Oft werden kopierte Textbausteine in eigene Texte eingefügt, ohne dass die Quelle kenntlich gemacht wird. Plagiate fallen oft dadurch auf, dass

● Ausführungen sich von den gewohnten Leistungen der Schüler deutlich abheben,

● Stilbrüche auftreten,

● außergewöhnliche, vom jeweiligen Schüler nicht zu erwartende Begriffe und Wendungen auftreten,

● ein unmotivierter Formatierungswechsel stattfindet.

Treten solche Fälle in einer Klasse oder einem Kurs z.B. bei einem Referat
oder einer Facharbeit auf, können Lehrkräfte darauf bestehen, dass
- die Inhalte eines Referats anhand eines Stichwortzettels frei vorgetragen werden (um eine eigenständige geistige Verarbeitung nachzuwei-
  sen) oder
- gezielte Fragen zu Abschnitten des Referats noch einmal gezielt mündlich beantwortet werden,
- die Literaturliste eines Referats oder einer Facharbeit mehr Quellen
  aus dem Printbereich als Internetquellen angibt,
- alle verwendeten Internettexte komplett auf einem digitalen Datenträ-
  ger dokumentiert und mit dem Referat bzw. der Facharbeit abgegeben
  werden.

Weitere mögliche Gegenmaßnahmen:
- Um Plagiate einzudämmen, kann in Schulen/Fachkonferenzen verein-
  bart werden, dass Facharbeiten und Referate, die ein nennenswertes
  Plagiat enthalten, insgesamt nicht anerkannt werden.
- Die Schüler werden verpflichtet, regelmäßig eine Abspeicherung ihres
  Textes mit abzugeben, damit eine Quellenprüfung im Internet schnell
  stattfinden kann. Dazu können z.B. drei markante Wörter aus einem
  plagiatverdächtigen Text in eine Suchmaschine eingegeben werden.
- In Form einer Phrasensuche wird eine bestimmte Formulierung, ein
  markanter Satz oder ein kurzer Abschnitt eines plagiatverdächtigen
  Textes in Anführungszeichen in eine Suchmaschine eingegeben (erwei-
  terte Suche z.B. bei Google).
- Eine Lehrkraft kann sich darauf spezialisieren, jedem ihr gemeldeten
  Plagiatverdacht nachzugehen. Dabei können Hinweise im Internet unter „Fremde Federn Finden" (führt zu einer Seite der Fachhochschule
  für Technik und Wirtschaft Berlin) oder die Adressen http://plagiat.fhtw-
  berlin.de/index.html und www.informationsbroker.at/plagiat.html genutzt werden.

Es ist sinnvoll, die Schüler regelmäßig auf die in der Fachgruppe Deutsch
oder im gesamten Lehrerkollegium vereinbarten Plagiat-Prüfmaßnahmen
hinzuweisen.

8 Bewerten, benoten

A Noten finden und begründen

Rolf Keuchen und Gerd Brenner

Bei der Beurteilung von Aufsätzen ist es wichtig, dass den Schülerinnen und Schülern aller Altersstufen die Kriterien bekannt sind, nach denen ihre Arbeiten beurteilt werden. Diese Kriterien schreibe ich oft in der letzten Übungsstunde vor der Arbeit an die Tafel oder – noch besser – lasse sie von den Schülerinnen und Schülern selbst ermitteln. Das ist zugleich eine gute Lernerfolgskontrolle. Anhand solcher Kriterien lassen sich relativ leicht Notenbegründungen erstellen; vorgelesene Arbeiten können die Schülerinnen und Schüler selbst einstufen. Es ist auch möglich, Klassenarbeiten abtippen und detailliert korrigieren, beurteilen und benoten zu lassen (auch im Hinblick auf Rechtschreibung, Zeichensetzung und Grammatik).

Beispiele für die Begründung von Aufsatznoten

Im Folgenden sind einige Formulierungsbeispiele für Aufsatzbenotungen in der Sekundarstufe I zusammengestellt.

Beispiele für Notenbegründungen in der Sekundarstufe I

Claudia, es hat großen Spaß gemacht, deinen Aufsatz zu lesen. Du hast eine ganze Reihe interessanter Gedanken entwickelt und sie klar zum Ausdruck gebracht. Deine Arbeit zeigt, dass du dich intensiv auf den Text eingelassen hast.

sehr gut

Isabel, den vorgelegten Text hast du gut erfasst und weitgehend korrekt kommentiert. Deine Untersuchungsergebnisse hast du in der Regel angemessen in Worte fassen können. Die Gedankenfolge ist schlüssig aufgebaut. Im Schlussteil ist die Analyse etwas zu knapp geraten.

gut

Jochen, du bist zu einer Reihe guter Ergebnisse gekommen, du hast das Thema aber nicht erschöpfend behandelt. Viele deiner Gedanken sind überzeugend, aber du hast sie noch nicht immer sinnvoll miteinander verknüpft. Insgesamt solltest du die Darstellung (Stil, Rechtschreibung) noch verbessern und demnächst versuchen, deine Gedanken mehr zu entfalten.

befriedigend

Pascal, dein Aufsatz enthält einige korrekte Angaben; andere Stellen zeigen jedoch, dass du dich nur oberflächlich mit der Textvorlage beschäftigt hast. Auf Seite ... reihst du einiges bezugslos aneinander; hier bist du von der gewünschten Aufsatzform noch weit entfernt. Insgesamt hast du deine Einsichten noch nicht überlegt genug darstellen können. Versuche einmal, vor der Niederschrift deiner Arbeit die Gedanken auf einem Blatt stichpunktartig zusammenzustellen und zu ordnen. Nach wie vor machst du zu viele Formfehler.

ausreichend

Katrin, deine Kommentierung des Textes enthält einige – wenige – korrekte Ansätze; leider bist du über solche Denkansätze aber nicht hinausgekommen. Insgesamt verfährst du sehr sprunghaft. Du solltest dir einen groben Plan machen, bevor du mit dem Schreiben des Aufsatzes beginnst. Einige deiner Einsichten zeigen, dass du bei sinnvollerer Nutzung der Zeit zu besseren Ergebnissen kommen könntest.

schwach ausreichend

Nadine, dein Aufsatz ist relativ lang. Leider enthält er aber nicht genügend analytische Ergebnisse. Oft stellst du nur Behauptungen auf, ohne sie zu begründen. Viele deiner Aussagen bleiben zu oberflächlich, sind widersprüchlich oder unlogisch konstruiert. Demnächst solltest du deine Überlegungen mehr ordnen, bündeln und gedanklich miteinander verknüpfen. Manchmal verlierst du den Überblick über deine Satzkonstruktionen. Da dir sehr viele Rechtschreib- und Zeichensetzungsfehler unterlaufen sind, musste ich zwei Punkte abziehen.

mangelhaft

Manchmal kommt es vor, dass eine Schülerin oder ein Schüler – schon nach kurzer Zeit – ein (fast) leeres Blatt abgibt. Nicht immer hat das mit fachlichem Unvermögen zu tun. Hier ein Formulierungsvorschlag für solche Fälle:

Lieber Tobias, was hier passiert ist, verstehe ich zunächst nicht. Vermutlich hat es weniger mit dem Gegenstand der Klausur und auch nicht so viel mit dem Fach Deutsch zu tun. Wenn du möchtest, können wir uns einmal die Zeit nehmen und überlegen, wie du aus dem „Loch" wieder herauskommen kannst. Du weißt: Nach den Regeln, denen wir hier unterliegen, bleibt vorerst nichts anderes übrig als

ungenügend

Die folgenden Notenbegründungen und Arbeitshinweise wurden für Klausuren der Sekundarstufe II entwickelt. Sie sind vielleicht ausführlicher als üblich. Aber sie machen – auf Dauer gesehen – keineswegs mehr Arbeit, im

Gegenteil. Da dieses Verfahren auf Textbausteinen beruht, erlaubt es eine vergleichsweise präzise und zugleich rasche Beurteilung. Und die Schülerinnen und Schüler, die solche Notenbegründungen und Hinweise erhalten, wissen vielleicht eher, woran sie sind.

Beispiele für Notenbegründungen in der Sekundarstufe II

Liebe Melanie,
du hast dich mit dem Text *kenntnisreich und gründlich* auseinander gesetzt und seine Aussageabsichten dabei *voll* erfasst. Das nötige Kontextwissen hast du *ausführlich und textbezogen* eingebracht. Die Ergebnisse deiner *sehr reflektierten, den Textauszug gedanklich sehr gut rekonstruierenden, materialreichen* Analyse hast du in einer *sinnvollen* Gedankenfolge dargestellt. Dabei hast du eine *meist differenzierte, an wenigen Stellen noch ungeübte* Sprache verwendet. Die im Unterricht erarbeiteten Aspekte der Textgestaltung hast du *bis auf eine Ausnahme angemessen* umsetzen können. Den Aufsatztyp, der sich aus der Aufgabenstellung ergibt, hast du *genau* getroffen.

Note: 1−

Dein persönliches Arbeitsprogramm für die nächste Zeit:
Du kannst dich verbessern, indem du
● einige Bereiche der *Zeichensetzung* (z. B. Komma bei der wörtlichen Rede) übst (Titelliste bei mir erhältlich). (10)*.

Lieber Tobias,
du hast dich mit dem Text *teilweise gründlich* auseinandergesetzt und seine Aussageabsichten dabei *zufriedenstellend* erfasst. Das nötige Kontextwissen hast du *noch ohne eine gedankliche Verknüpfung mit der Textvorlage* eingebracht. Die Ergebnisse deiner *den Text im Kern treffenden, gedanklich aber z. T. noch zu wenig entfalteten und zugespitzten* Analyse hast du in einer *weitgehend angemessenen, an mehreren Stellen jedoch noch sprunghaften* Gedankenfolge dargestellt. Dabei hast du eine *z. T. saloppe, aber auch die Fachterminologie sinnvoll nutzende* Sprache verwendet. Die im Unterricht erarbeiteten Aspekte der Textgestaltung hast du *zufriedenstellend* umsetzen können. Den Aufsatztyp, der sich aus der Aufgabenstellung ergibt, hast du *im Wesentlichen* getroffen.

Note: 3−

Dein persönliches Arbeitsprogramm für die nächste Zeit:
Du kannst dich verbessern, indem du
● übst, den Anforderungen des verlangten *Aufsatztyps* (noch) besser zu entsprechen (vgl. Lehrbuch); (0)
● übst, mehr *Textbelege* zu verwenden und die zitierten Textstellen intensiver auf einen übergeordneten Gedanken zu beziehen; (3)

---

* Die Ziffern beziehen sich auf die Liste der Fehlerbereiche (→ S. 235)

- übst, analytische Einzelergebnisse *gedanklich besser miteinander zu verknüpfen* und Überleitungen zu formulieren, sodass ein Text „wie aus einem Guss" entsteht (Übungsmaterial zu gedanklichen „Gelenkstellen" bei mir erhältlich); (6b)
- einige Bereiche der *Zeichensetzung* (z. B. Komma bei HS/NS) übst (Titelliste bei mir erhältlich); (10)
- das Verfahren des *Zitierens* noch einmal übst (Titelliste bei mir erhältlich); (12)
- vor Abgabe den Aufsatz *intensiver auf Fehler durchsiehst.* (14)

Lieber Andreas,
du hast dich mit dem Text *nur ansatzweise* auseinandergesetzt und seine Aussageabsichten dabei *nicht immer genau genug* erfasst. Das nötige Kontextwissen hast du *leider nicht* eingebracht. Die Ergebnisse deiner *zu sehr auf einige Aspekte reduzierten, oft zu wenig auf den Punkt gebrachten, z. T. auch von der Textvorlage abschweifenden, z. T. auch redundanten* Analyse hast du in einer *manchmal eher stichpunktartigen, z. T. sprunghaften* Gedankenfolge dargestellt. Dabei hast du eine *nicht immer klare, syntaktisch z. T. defizitäre, die Fachterminologie leider zu sehr ausklammernde* Sprache verwendet. Die im Unterricht erarbeiteten Aspekte der Textgestaltung hast du *in Ansätzen* umsetzen können. Den Aufsatztyp, der sich aus der Aufgabenstellung ergibt, hast du *teilweise* getroffen. Punktabzug wegen zu vieler Formfehler.

Note: 5

Dein persönliches Arbeitsprogramm für die nächste Zeit:
Du kannst dich verbessern, indem du
- übst, Texte (noch) gründlicher und umfassender zu *analysieren*; (1)
- übst, mehr *Textbelege* zu verwenden und die zitierten Textstellen intensiver auf einen übergeordneten Gedanken zu beziehen; (3)
- dich in Hausaufgaben und Unterrichtsgesprächen gezielt darum bemühst, die im Unterricht erarbeiteten analytischen *Fachbegriffe* (noch) intensiver und präziser anzuwenden; (4)
- durch das studierende Lesen entsprechender Fachtexte dein *Darstellungsvermögen* verbesserst (Lektüreempfehlungen für die Bibliothek bei mir erhältlich); (5)
- übst, analytische Einzelergebnisse *gedanklich besser miteinander zu verknüpfen* und Überleitungen zu formulieren, sodass ein Text „wie aus einem Guss" entsteht (Übungsmaterial zu gedanklichen „Gelenkstellen" bei mir erhältlich); (6b)
- bei der Verknüpfung von Aussagen mehr auf die *logische Schlüssigkeit* achtest (Übungsmaterial bei mir erhältlich);
- Übungen machst, um die Genauigkeit und Variation des *Ausdrucks* zu verbessern (→ z. B. Schüler-Duden „Die richtige Wortwahl"); (8)
- einige Bereiche der *Rechtschreibung* (z. B. das/dass, Groß- und Kleinschreibung) übst (Titelliste bei mir erhältlich); (9)

- einige Bereiche der *Zeichensetzung* (z. B. Komma nach Apposition) übst (Titelliste bei mir erhältlich); (10)
- einige Bereiche der *Grammatik* (z. B. Satzbau, Kasus) übst (Titelliste bei mir erhältlich); (11)
- insgesamt die Klausur zu Hause besser *vorbereitest*; (13)
- vor Abgabe den Aufsatz *intensiver auf Fehler durchsiehst*. (14)

Das Verfahren

Diese Übungshinweise sind einer Liste entnommen, in der zentrale Fehlerbereiche zusammengestellt sind, die in Klausurtexten der Sekundarstufe II auftauchen. Die Angaben beruhen auf einer genauen Diagnose von Klausurtexten, die zu Beginn eines Kurses geschrieben wurden. Man verschafft sich damit einen Überblick, welche Defizite wie häufig im Kurs vertreten sind und welche gemeinsamen Übungen sinnvoll sind. Zugleich wird deutlich, welche speziellen Fehlleistungen bei einigen Schülern vorliegen.

Viele Bereiche (z. B. Rechtschreibung oder Zeichensetzung) können in der Sekundarstufe II nicht mehr ausführlich im Unterricht thematisiert werden, sie müssen deshalb individuell nachgearbeitet werden. Dazu sollte man Auflistungen von Übungsmaterialien zur Verfügung stellen.

Es ist aus Gründen der Arbeitsökonomie sinnvoll, bei der Korrektur der ersten Klausur in einem Kurs die „Liste der Fehlerbereiche" neben die Klausurbögen zu legen und auf einem Notizblatt für jeden Schüler lediglich die am rechten Rand stehenden Zuordnungsziffern zu notieren. Am Bildschirm werden dann die entsprechenden Textelemente eingegeben.

Diese intensive Diagnose und Beratung eines Kurses kostet zu Beginn einige Zeit. Nachher ergibt sich jedoch eine Zeitersparnis, da Kopien der ersten Klausurbeurteilungen aller Schüler einschließlich der Übungstipps bei der Korrektur der folgenden Klausuren auf dem Schreibtisch liegen können. Man überprüft dann nur noch, welche der Defizite inzwischen (weitgehend) behoben sind; diese Bereiche werden in der Auflistung gestrichen und bei folgenden Beurteilungen nicht mehr mit ausgedruckt.

Wer dieses Beurteilungsverfahren wählt, benötigt die folgenden Bausteine: Ein *Basistext* ist Grundlage aller Notenbegründungen. In ihn werden die der jeweiligen Note entsprechenden Formulierungen aus den *Bausteinen Notenbegründung* für jeden Schüler eingefügt. Daran schließt sich für jeden Schüler individuell eine Auswahl aus der Liste der *Fehlerbereiche* an. Das folgende Beispiel zeigt, wie diese Textelemente formuliert sein können.

Basistext Notenbegründung

Liebe/r ...,
du hast dich mit dem Text (I) auseinandergesetzt und seine Aussageabsichten dabei (II) erfasst. Das nötige Kontextwissen hast du (III) eingebracht. Die Ergebnisse deiner (IV) Analyse hast du in einer (V) Gedankenfolge dargestellt. Dabei hast du eine (VI) Sprache verwendet. Die im Unterricht erarbeiteten Aspekte der Textgestaltung hast du (VII) umsetzen können. Den Aufsatztyp, der sich aus der Aufgabenstellung ergibt, hast du (VIII) getroffen.

Note: ...

Bausteine Notenbegründung

Liebe/r ...,
du hast dich mit dem Text (I)
Note 1 sehr gründlich/kenntnisreich/umfassend/sehr kompetent
    2 gründlich/kompetent
    3 teilweise gründlich/teilweise kompetent/in einiger Länge/jedoch nicht umfassend
    4 nur ansatzweise/knapp/eher nur punktuell
    5 in spekulativer Weise/nicht gründlich genug/nicht ausreichend
auseinandergesetzt und seine Aussageabsichten dabei (II)
Note 1 voll/sehr gut
    2 gut/weitgehend
    3 zufriedenstellend/im Kern/z. T. jedoch in Form nicht abgesicherter Behauptungen/jedoch nicht vielschichtig genug/jedoch nicht immer genau genug
    4 öfters nicht genau/nicht immer überzeugend/in Form nicht abgesicherter Behauptungen
    5 kaum/nicht ausreichend
erfasst. Das nötige Kontextwissen hast du (III)
Note 1 umfassend/vielschichtig/korrekt/in sachdienlicher Weise/immer mit Blick auf den Text
    2 ziemlich umfassend/in mehreren Ansätzen
    3 ziemlich umfassend, aber ohne die nötige gedankliche Verknüpfung mit der Textvorlage/z. T. ohne verarbeitende Gedanken
    4 nur ansatzweise/nicht umfassend genug/nur in knappen Thesen/ nicht intensiv genug/eher platt parallelisierend
    5 nicht
eingebracht. Die Ergebnisse deiner (IV)
Note 1 durchweg plausiblen/sehr reflektierten/eigenständigen/durch viele Textbelege abgestützten/den Text gedanklich sehr gut rekonstruierenden und deutenden/materialreichen/vielschichtigen/substanziellen/ präzisen/kritisch wertenden/zielgerichteten/schlüssigen/informativen

2   meist reflektierten .../den Text gedanklich meist gut durchdringenden,
    aber nicht erschöpfenden/Details gut einordnenden
3   im Kern treffenden, aber z. T. lediglich reproduktiven/z. T.
    kurzatmigen/
    z. T. unklaren/nicht ganz fehlerfreien/z. T. jedoch zu knappen/manch-
    mal zu wenig gedanklich zugespitzten/gedanklich nicht immer genü-
    gend entfalteten/manchmal etwas abschweifenden, von der Textvor-
    lage gelösten/z. T. den Sachverhalt verkürzenden/manchmal
    pauschalisierenden/manchmal unklaren/nicht intensiv genug kom-
    mentierenden/konzeptionell zu wenig geschlossenen/auf einordnende
    Kommentierung z. T. verzichtenden/hier und da auf deutende Detailar-
    beit verzich-
    tenden
4   in weiten Teilen zu wenig reflektierten/meist reproduktiven/oft zu we-
    nig auf den Punkt gebrachten/oft oberflächlichen/öfter abschweifen-
    den, vom Text gelösten/zu wenig durch detaillierte Textarbeit abge-
    stützten/eher summarisch kommentierenden/einige zentrale Aspekte
    ausklammernden/z. T. redundanten/die Textaussage bloß wiederho-
    lenden, aber nicht gedanklich erschließenden/zu wenig um Plausibili-
    tät von Thesen bemühten/eher additiven, den gedanklichen Zusam-
    menhang zu wenig herausarbeitenden/zu wenig abgesicherten/eher
    auf Randaspekte des Textes konzentrierten/formale Strukturen des
    Textes zu sehr ausklammernden/oft kurzschlusshaften/langatmigen/
    öfter fehlerhaften
5   ergebnisarmen/zu oberflächlichen/zu oft abschweifenden/leider ab-
    brechenden/oft spekulativ überzogenen/zu undifferenzierten/plaka-
    tiven/zu sehr auf einen Aspekt reduzierten/phrasenhaften/nicht plau-
    siblen/pauschalisierenden/den Text(auszug) gar nicht treffenden
Analyse hast du in einer (V)
Note 1   sinnvollen/überzeugenden/sorgfältig überlegten/an übergreifenden
         organisierenden Gesichtspunkten ausgerichteten
2   weithin überzeugenden
3   weithin angemessenen, z. T. aber wohl auch ungeplanten
4   z. T. unübersichtlichen/Wiederholungen nicht vermeidenden/nicht im-
    mer sinnvoll geordneten/an mehreren Stellen sprunghaften/z. T. zu we-
    nig vernetzten
5   unübersichtlichen/ziemlich ungeordneten/sprunghaften/inhaltlich
    kaum verbundenen
Gedankenfolge dargestellt. Dabei hast du eine (VI)
Note 1   präzise/differenzierte/Fachterminologie sinnvoll nutzende
2   meist präzise/meist differenzierte
3   nur z. T. präzise/nur z. T. differenzierte/z. T. saloppe/z. T. noch unge-
    übte/nicht immer treffende

4   öfter unpräzise/öfter saloppe/nicht immer klare/Fachterminologie leider nur sparsam einsetzende/im Bereich der Fachterminologie z. T. fehler-
hafte
5   unklare/weitgehend unpräzise/unangemessene/syntaktisch defizitäre
Sprache verwendet. Die im Unterricht erarbeiteten Aspekte der Textgestaltung
hast du (VII)
Note 1   angemessen/sehr gut
       2   meist angemessen/gut
       3   zufriedenstellend/nicht immer korrekt
       4   nur teilweise
       5   nur in Ansätzen/nicht genügend
umsetzen können. Den Aufsatztyp, der sich aus der Aufgabenstellung ergibt,
hast du (VIII)
Note 1   genau
       2   ziemlich genau
       3   im Wesentlichen
       4   nur teilweise/nur im Ansatz
       5   kaum
getroffen.

Liste der Fehlerbereiche

Dein persönliches Arbeitsprogramm für die nächste Zeit:
Du kannst dich verbessern, indem du
- übst, den Anforderungen des verlangten *Aufsatztyps* (noch)
  besser zu entsprechen (vgl. Lehrbuch)   (o)
- übst, Texte (noch) gründlicher und umfassender zu *analysieren*;   (1)
- übst, deine analytischen Ideen (noch) mehr *zu entfalten*;   (2)
- übst, mehr *Textbelege* zu verwenden und die zitierten Textstellen
  intensiver auf einen übergeordneten Gedanken zu beziehen;   (3)
- dich in Hausaufgaben und Unterrichtsgesprächen gezielt darum
  bemühst, die im Unterricht erarbeiteten analytischen *Fachbegriffe*
  (noch) intensiver und präziser anzuwenden;   (4)
- durch das studierende Lesen entsprechender Fachtexte dein
  Darstellungsvermögen verbesserst (Lektüreempfehlungen für die
  Bibliothek bei mir erhältlich);   (5)
- durch eine detaillierte *Schreibplanung* vor Beginn der Niederschrift
  deine Gedanken besser ordnest (Titelliste bei mir erhältlich);   (6)
- lernst, dir die *Zeit* besser einzuteilen;   (6a)
- übst, analytische Einzelergebnisse *gedanklich besser miteinander
  zu verknüpfen* und Überleitungen zu formulieren, sodass ein Text
  „wie aus einem Guss" entsteht (Titelliste bei mir erhältlich);   (6b)
- bei der Verknüpfung von Aussagen mehr auf die *logische Schlüssigkeit*
  achtest (Titelliste bei mir erhältlich);   (7)

- ● Übungen machst, um die Genauigkeit und Variation des *Ausdrucks* zu verbessern (z. B. Schüler-Duden „Die richtige Wortwahl"); (8)
- ● einige Bereiche der *Rechtschreibung* (z. B. ...) übst (Titelliste bei mir erhältlich); (9)
- ● einige Bereiche der *Zeichensetzung* (z. B. ...) übst (Titelliste bei mir erhältlich; (10)
- ● einige Bereiche der *Grammatik* (z. B. ...) übst (Titelliste bei mir erhältlich); (11)
- ● das Verfahren des *Zitierens* noch einmal übst (Titelliste bei mir erhältlich); (12)
- ● insgesamt die Klausur zu Hause besser *vorbereitest*; (13)
- ● vor Abgabe den Aufsatz *intensiver auf Fehler durchsiehst*. (14)

B Schülerinnen und Schüler bewerten den Unterricht

Am Ende eines Schuljahres, wenn Lehrer mit einer Zeugnisnote die Leistungen der Schüler bewerten, mag auch eine Beurteilung in umgekehrter Richtung sinnvoll sein: Die Klasse, der Kurs äußert sich über positive und negative Aspekte des Unterrichts und evtl. auch des Lehrerverhaltens. Eine solche metakommunikativ-bewertende Phase ist auch dann sinnvoll, wenn es im laufenden Schuljahr einmal Sand im Getriebe gibt. Eine Rückmeldung der Schüler kann folgendermaßen organisiert werden:

Positiv und negativ   5–13
Jeder Schüler erhält den unten abgebildeten Arbeitsbogen. In Einzelarbeit sollen alle überlegen, welche positiven und welche negativen Merkmale des Deutschunterrichts für sie im letzten Schuljahr besonders spürbar waren. Diese Merkmale werden dann gewichtet: Die wichtigsten Merkmale werden in den Zeilen 1 notiert, die zweitwichtigsten Positiv- und Negativmerkmale in den Zeilen 2 usw. In einem zweiten Schritt setzen sich Gruppen von fünf bis sechs Schülern zusammen, um sich auf einen gemeinsamen Beurteilungsbogen zu einigen. Dazu tragen sie sich zunächst ihre Einzelbewertungen wechselseitig vor. Die Beurteilungen und ihre Gewichtungen werden anschließend gründlich diskutiert und auf einem neuen Gruppenbogen eingetragen. Zum Schluss werden die Bewertungen aller Gruppen im Plenum vorgetragen und miteinander verglichen. Die Lehrperson hat nun Gelegenheit, zu den Bewertungen Stellung zu nehmen. Gemeinsam mit der Klasse/dem Kurs wird überlegt, ob und wie die positiven

Aspekte des Unterrichts weiter verstärkt und die negativen abgebaut werden können.

Deutschunterricht ...

  positiv

5 ——————————————————————————————

4 ——————————————————————————————

3 ——————————————————————————————

2 ——————————————————————————————

1 ——————————————————————————————

... in diesem Schuljahr

1 ——————————————————————————————

2 ——————————————————————————————

3 ——————————————————————————————

4 ——————————————————————————————

5 ——————————————————————————————

  negativ

Lehrer-Zeugnis 7–13

Die Lehrperson bittet alle Schüler des Kurses/der Klasse, den unten abgebildeten Bogen anonym auszufüllen und am Ende der Stunde an einem vereinbarten Ort in der Klasse zu hinterlassen. Natürlich gehört einiger Mut dazu, sich mit den Schülerurteilen zu konfrontieren. Wird die Beurteilung einige Tage vor Schuljahresende angeregt, so können Sie in der Folgestunde auf einige Ergebnisse noch näher eingehen.

Zeugnis

für Lehrer/in _____

im Schuljahr _____

Wie ich den Unterricht beurteile:

positiv	1	2	3	4	5	6	negativ
vielseitig							eintönig
anschaulich							zu abstrakt
zügig							schleppend, langatmig
ruhige Arbeitsatmosphäre							zu viel Unruhe
man weiß, um was es geht							man verliert den Überblick,
überfordert die Schüler							unsystematisch
geht auf Schülerinteressen							unterfordert die Schüler
ein							klammert Schülerinteressen
							aus

Wie ich das Verhalten des Lehrers/der Lehrerin beurteile:

positiv	1	2	3	4	5	6	negativ
freundlich							unfreundlich
baut Ängste ab, ist verständnisvoll							verbreitet Angst, ironisch, zynisch, putzt Schüler herunter
ausgeglichen							
ruhig							launisch
gerecht							hektisch
bezieht alle ein							ungerecht, bevorzugt einige
geduldig							autoritär
objektiv/neutral							ungeduldig
sicher							voreingenommen
nimmt Rücksicht auf Einzelne und die Klasse/den Kurs							unsicher
hilfsbereit							zieht den Unterricht stur durch
gut vorbereitet							nicht hilfsbereit
gewissenhaft, an der Sache interessiert							unvorbereitet uninteressiert
lässt sich kritisieren							rechthaberisch
ist tolerant							will seine/ihre Meinung durchsetzen
kann sich in der Klasse/im Kurs Respekt verschaffen							Klasse/Kurs tanzt ihm/ihr auf der Nase herum

Wenn du es für sinnvoll hältst, kannst du hier deinen Namen eintragen:

_____

Feedback-Brief   5–13

Jeder Schüler schreibt der Lehrperson einen Brief, in dem ein ernst gemeinter Rat, ein Lob und eine Rüge notiert werden. Diese Rückmeldungen sind oft fallbezogen, während das Lehrer-Zeugnis zu systematisch zusammenfassenden Urteilen anregt. Beide Verfahren können also kombiniert werden.

Tiere als Metaphern   5–13

Die Schüler werden aufgefordert, die Lehrperson als ein Tier zu malen. Dabei sollen sie sich genau überlegen, welches Tier sie warum auswählen und in welcher Körperhaltung sie es darstellen. Die Zeichnungen können anschließend erläutert werden. Dabei werden die verschlüsselten Botschaften der Zeichnungen wohl nur zum Teil zur Sprache kommen.

Votum-Ei   5–13

Wenn Lehrer sich am Ende einer Unterrichtsreihe danach erkundigen, wie diese bei den Schülern angekommen ist, beteiligen sich oft nur wenige Schüler an solchen bewertenden Gesprächen, denn viele trauen sich nicht, der Lehrperson offen etwas Kritisches zu sagen. Als Ergänzung eines solchen Gesprächs bietet es sich deshalb an, ein Feedback mit einem „Votum-Ei" einzuholen. Dazu gehen zwei oder drei Blätter mit einem Votum-Ei durch die Reihen. Jeder macht auf einem der Eier ein Kreuz. Für die Anbringung der Kreuze gilt:

- Kreuze im Eigelb bedeuten, dass einem die Unterrichtsreihe alles in allem gut oder sehr gut gefallen hat.
- Kreuze im „Weißen" des Eis heißen, dass die Reihe insgesamt als gut bewertet wird, dass aber doch auch viele negative Aspekte aufgetreten sind.
- Kreuze in der „Schale" besagen, dass der Unterricht zu ertragen war, aber nicht sehr anregend gewirkt hat.
- Kreuze außerhalb des Eis signalisieren, dass man die Reihe alles in allem für unbefriedigend gehalten hat.

Die Ergebnisse werden von der Lehrkraft gesichtet und können Anlass eines neuen Gesprächs sein, wenn sich deutliche Abweichungen vom bisherigen Gesprächsverlauf ergeben.

C   Tipps für Notenbegründungen im Abitur

Schriftliche Abiturarbeiten

Bei Notenbegründungen im Abiturverfahren ist zu beachten, dass sie sich nicht mehr direkt an die Schüler richten – diese dürfen ihre Arbeiten erst einige Jahre später einsehen –, sondern an Zweitkorrektoren, Mitglieder von Prüfungskommissionen und evtl. Behördenvertreter, die die Arbeiten sowie ihre Bewertung kontrollieren. Die Begründungen sind daher ganz unpersönlich gehalten; vom Prüfling ist in der dritten Person die Rede.

Mündliches Abitur

Als Prüfer, als Fachbeisitzer und als Vorsitzender einer Prüfungskommission im mündlichen Abitur ist man oft in der Verlegenheit, in einer Pause zwischen stressigen Prüfungen oder am Ende eines Prüfungsmarathons nach manchmal langwierigen Prozeduren der Notenfindung das Ergebnis in knappen Formulierungen zusammenfassen zu müssen. Wenige Sätze müssen die Note möglichst adäquat ausdrücken und dabei verschiedene Begründungsebenen treffen. In solchen Situationen sind Formulierungen wie die folgenden hilfreich.

Bemerkungen zum Schülervortrag

Vortragsweise/Darstellungsleistung
- Der Vortrag ließ einen sinnvollen Aufbau erkennen; die Analyseergebnisse wurden gedanklich schlüssig vorgetragen.
- Die Schülerin/der Schüler hat die Gedanken flüssig und geordnet/stockend vorgetragen.
- Sie/er konnte den Vortrag nicht (hinreichend systematisch) aufbauen. Zum Beispiel traten viele Wiederholungen auf. Gedankengänge wurden abgebrochen und (nur in einigen Fällen) später wieder aufgegriffen.
- Sie/er verwendete häufiger saloppe Formulierungen; öfter fehlten fachliche Präzisierungen.
- Der Vortrag zeigte ein (zu wenig/nur teilweise) differenziertes Ausdrucksvermögen.
- Der Prüfling verfügte (nicht) über eine sachgerechte Fachterminologie.

Verstehensleistung

- Interpretationsthesen/analytische Ansätze wurden schlüssig aus Textbelegen heraus entwickelt.
- Die Textaussage wurde im Kern erfasst und zum Teil auch detailliert in eigenen Worten reformuliert, sodass ein hinreichendes Verständnis des Textes nachgewiesen werden konnte.
- Die analytischen Ansätze wurden gedanklich (zum Teil) sorgfältig entwickelt. Die Schülerin/der Schüler kam über eine Paraphrase des Textes kaum hinaus; eine eigenständige gedankliche Verarbeitung war nur in Ansätzen erkennbar.
- Sie/er stellt ein (ausgeprägtes) kritisches Urteilsvermögen unter Beweis.
- Sie/er konnte kaum kritische Distanz zu dem vorgelegten Text aufbauen. Der Vortrag war nicht in allen Teilen/zu wenig/durchgängig auf die Themenstellung bezogen. Zum Teil wurde nur „Wissensgepäck abgeladen", das mit der Aufgabenstellung kaum in Zusammenhang zu bringen war.
- Eine gründliche/nicht sehr intensive/nur dürftige Textarbeit führte zu vielfältigen/einigen tragfähigen/ganz wenigen analytischen Ergebnissen.
- Die Kennzeichnung einiger/vieler Textelemente war fachterminologisch korrekt.
- Die Analyse ließ die nötige fachterminologische Präzision in einigen Fällen/ oft vermissen.

Bemerkungen zum Prüfungsgespräch

Gesprächsfähigkeit

- Die Schülerin/der Schüler zeigte sich sehr/nur bedingt gesprächsfähig. Fragen wurden sofort/nur selten/manchmal nicht erfasst und gedanklich verarbeitet.
- Sie/er antwortete nur stockend. Es waren viele Hilfen nötig.
- Nachweis von Kenntnissen und Einordnungskompetenz
- Um zu Ergebnissen zu kommen, waren viele Nachfragen notwendig. Mehrfach kam die Schülerin/der Schüler nicht/erst nach mehrmaligem Nachfragen/dann allerdings sofort zum Kern der Sache.
- Das Gespräch lässt auf lückenhafte/umfangreiche/ausgezeichnete Sachkenntnisse schließen.
- Zu den gestellten Fragen entwickelte der Prüfling gut abgesicherte/problematische/ziemlich ungesicherte/spekulative Thesen, die auch auf Nachfrage hin nicht weiter entfaltet und begründet werden konnten.
- Sie/er trug eine differenzierte und kritische Stellungnahme vor.
- Zum Teil fehlte die gedankliche Bündelung und Zuspitzung von Einzelaussagen.

D   Referendargutachten

Wer an einer Ausbildungsschule arbeitet und regelmäßig Referendarinnen und Referendare zugewiesen bekommt, muss nach dem Ausbildungsunterricht für das zuständige Seminar ein Gutachten verfassen. Häufig treten hier Unsicherheiten auf, was Kriterien und Wertmaßstäbe der Beurteilung und die Gestaltung des Gutachtens anbetrifft. Die folgenden Formulierungs- und Gestaltungsvorschläge können hilfreich sein, um ein solches Gutachten zügig und qualifiziert zu verfassen.

(Name und Ort der Schule)

Gutachten

über den Ausbildungsunterricht der
Studienreferendarin/des Studienreferendars:
Fach:
Klasse/Kurs:
Zeitraum:
Wochenstunden:
Unterrichtsgegenstände:

Bei der Vorbereitung, Durchführung und Reflexion des Unterrichts hat Frau/Herr (Name) fachlichen Standards *in ganz besonderer Weise/in besonderer Weise/durchgängig/fast durchgängig/in den meisten Fällen/öfters/ab und zu* entsprochen. Bei der Erstellung didaktischer Konzepte, bei Materialbesorgungen, bei der Auswahl von Texten und Lernverfahren zeigte sie/er ein *außerordentlich hohes/ sehr hohes/hohes/mittleres/noch steigerbares/noch nicht ausreichendes* Maß an Selbstständigkeit und ein *hervorragendes/besonderes/überdurchschnittliches/mittleres/teilweise nachlassendes/zu geringes* Engagement.

Frau/Herr (Name) konnte Lernziele ihres/seines Unterrichts *weiträumig/in größeren Einheiten/in kleineren Stundensequenzen/nur von Stunde zu Stunde/selten* planen und zugleich *zielgerichtet und flexibel, Schülerbeiträge sinnvoll integrierend vielschichtige/zielgerichtet vielschichtige/im Prinzip zufriedenstellend, wenn auch noch etwas unkoordiniert die nötigen/nur teilweise die nötigen/erst gegen Ende der Unterrichtsreihe* Grundlagen für eine Klassenarbeit/Klausur schaffen. Bei seiner/ihrer Unterrichtsplanung hat er/sie Lernvoraussetzungen der Schülerinnen und Schüler *immer sorgsam/angemessen/meist angemessen/öfters/noch zu selten* berücksichtigt.
Ihre/seine Fähigkeiten, mit Stundenplanungen und mit dem Agieren im Unterricht die Leistungsbereitschaft der Schülerinnen und Schüler zu wecken bzw. zu verstärken, sind *hervorragend/bemerkenswert/durchschnittlich/noch entwicklungsfähig.*

Frau/Herr (Name) ist *in ganz besonderer Weise/in besonderer Weise/meistens/ab und zu/noch nicht hinreichend* in der Lage, das gesamte Leistungsspektrum der Klasse/des Kurses zu berücksichtigen und Schülerinnen und Schüler unterschiedlichen Leistungsvermögens zu fördern. Ihr/ihm gelingt es *regelmäßig/sehr oft/oft/öfters/ab und zu,* den Unterricht methodisch zu variieren und damit das Interesse der Schülerinnen und Schüler an den Lerngegenständen zu stabilisieren oder zu steigern.

Schülerbeiträge kann sie/er *immer/in befriedigender Weise/öfters/ab und zu/nicht hinreichend* produktiv und flexibel ins Unterrichtsgespräch integrieren. Ihm/ihr gelang in den Unterrichtsphasen, in denen es notwendig war, *regelmäßig/meistens/teilweise/eher selten/selten* eine angemessene Ergebnissicherung des Gelernten.

In Bezug auf die Sozialstruktur der Lerngruppe, auf die Gruppendynamik und auf Unterrichtsstörungen zeigte sie/er eine *außergewöhnliche/besondere/gute/angemessene/meist angemessene/noch entwicklungsbedürftige* Sensibilität und Reflexionsfähigkeit.

Auf die Lernpotenziale und -probleme einzelner Schülerinnen und Schüler konnte sie/er *sehr konstruktiv/konstruktiv/meist konstruktiv/ab und zu/noch nicht hinreichend* eingehen.

Sie/er konnte die Arbeitsfähigkeit der Lerngruppe *regelmäßig und durchgängig/ regelmäßig und meist durchgängig/in den meisten Fällen/teilweise/noch nicht hinreichend* herstellen, wobei zu berücksichtigen ist, dass es sich um eine *lernwillige/im Prinzip lernwillige/nicht immer lernwillige/öfters unkonzentrierte/schwierige* Gruppe handelt.

Zur Lerngruppe hat sie/er insgesamt ein *sehr freundliches und von viel Sympathie und Verständnis geprägtes, zugleich aber auch um Sachlichkeit bemühtes/freundliches und von Sympathie geprägtes, zugleich aber auch um Sachlichkeit bemühtes/eher neutrales/eher angespanntes/in einiger Hinsicht belastetes/belastetes* Verhältnis entwickelt.

Schriftliche und mündliche Schülerleistungen kann Frau/Herr (Name) *stets plausibel/meist plausibel/in der Regel plausibel/öfters plausibel/noch nicht immer plausibel/ kaum plausibel* bewerten.

Klassenarbeiten und Klausuren kann sie/er *fachlich hervorragend/fachlich angemessen/im Prinzip angemessen/in weiten Teilen/teilweise/noch nicht* korrigieren.

Bei ihrer/seiner Unterrichtstätigkeit war Frau/Herr (Name) *immer in höchstem Maße/immer sehr/immer/in der Regel/meistens* zuverlässig.

(Ort, Datum)   (Name, Fachlehrer/in)

Durchschrift erhalten:

(Ort/Datum)   (Name, Studienreferendar/in)

Höhepunkte im Jahr

Viele Monate ist man in Alltagsgeschäfte versunken, mit Unterrichtsvorbe-
reitungen, Klassenarbeiten und Klausuren beschäftigt, aber irgendwann –
spätestens mit der nächsten Kursfahrt – steht ein besonderes Ereignis vor
der Tür. Die Lehrer- oder die Schulkonferenz hat es beschlossen und die
Fachlehrer sollen sich etwas einfallen lassen. Im folgenden Kapitel finden
Sie Ideen und Materialien, mit denen Sie solche außergewöhnlichen fachlichen Herausforderungen gelassener angehen können.

9 Projekte und Fahrten

A Lesenacht, Jugendbuchwoche, Filmnacht

Lesenacht 5

Die Schmökernacht wurde als eine Methode der Leseförderung in der
Schule vielfach erprobt. Ein denkbares Verfahren: Alle oder einige Parallelklassen der Jahrgangsstufe 5 treffen sich nach dem Abendessen in der
Schulbibliothek bzw. in Klassenräumen, in denen unterschiedlichste Bücher ausgestellt sind.

Spielregeln:

- Jeder kann lesen, was er will und solange er will.
- Keiner darf beim Lesen gestört werden.
- Jeder darf Kontakt mit Mitschülerinnen und Mitschülern aufnehmen,
  um sich Lesetipps zu holen, Gespräche über eine gerade interessieren-
  de Textstelle zu führen, Lesetipps zu geben usw.
- Jeder darf jederzeit schlafen. Es sollte Schlafmöglichkeiten in mehreren
  Räumen der Schule geben.

Die Deutschlehrkräfte und/oder Klassenlehrer sind anwesend. Oder die Mentoren aus der Oberstufe organisieren die Schmökernacht. Eventuell erscheint um Mitternacht ein Schmökergeist. Am Morgen bereiten Eltern in der Schule ein gemeinsames Frühstück für alle Beteiligten.

Zielkonflikt: Das ungewohnte Zusammensein mit den Mitschülern in der Nacht weckt Interessen an Interaktionen, die in Gegensatz zu dem individuellen Versinken im Leseprozess stehen können.

Generelle Erfahrung: Allen Schülern wird die Schulbibliothek auf ungewohnte Weise intensiv vertraut, viele Schüler schmökern vieles, der Wert des Lesens wird durch das Verfahren unterstrichen und Autoren, Texte und das Lesen selbst werden zum Diskussionsgegenstand. Das Ganze macht den Schülern viel Spaß. Der organisierenden Schülervertretung, den Lehrkräften und den Eltern wird organisatorisches Geschick, etwas Humor und Verzicht auf Schlaf abgefordert. Die örtliche Presse berichtet gerne über solche Schmökernächte. Als Fazit der Aktion kann eine Lesenacht-Hitliste zusammengestellt und in der Schule ausgestellt werden.

(Aus: Gerd Brenner/Hans Jürgen Kolvenbach: Jugendbücher. In: Franz Hebel (Hrsg.): Lesen Darstellen Begreifen. Lehrerhandbuch. A 5, Berlin 1993, S. 153)

Jugendbuchwoche   5–10

In einer Woche werden mehrere Veranstaltungen rund um das Buch angeboten. Damit kann u. a. auf das Angebot der Schülerbücherei hingewiesen werden. Ein thematischer Schwerpunkt ist oft sinnvoll, da die Woche sonst kein Profil gewinnt. Erreicht werden sollen Schüler verschiedener Altersstufen, evtl. auch ihre Eltern und Verwandte. Kollegen anderer Fachrichtungen können ebenfalls angesprochen werden.

Manchmal liegt es nahe, die Jugendbuchwoche zeitlich mit dem „Tag des Buches", einem wichtigen landesweiten Gedenktag (z. B. dem Jahrestag der Bücherverbrennung im Jahr 1933), der Frankfurter bzw. Leipziger Buchmesse oder mit regionalen Veranstaltungen zu kombinieren. Dies verschafft zusätzliche Aufmerksamkeit. Als Kooperationspartner kommen die lokale Jugendarbeit, Kirchengemeinden, Gewerkschaften (GEW), Bibliotheken, Volkshochschulen und sonstige außerschulische Bildungseinrichtungen sowie Buchhandlungen in Frage. Je aufwendiger das Programm ist, desto frühzeitiger muss die Planung einsetzen.

Eine Buchwoche kann folgende Elemente umfassen:

● *Schreibwerkstatt:* Jugendliche werden angeregt, selbst Texte zu schreiben.

● *Bücher-Tauschbörse:* Zu vorher bekannt gegebenen Zeiten können die Teilnehmer Bücher, die sie bereits gelesen haben und abgeben wollen, gegen andere eintauschen.

● *Spielfilme:* Viele Jugendbücher sind inzwischen verfilmt worden (→ S. 141 ff.). Einige dieser Filme können bei Landesfilmstellen oder anderswo besorgt und in das Programm der Buchwoche aufgenommen werden. Zusätzlich können Filmangebote der Stiftung Lesen (→ S. 40) gezeigt werden.

● *Buchausstellungen:* Thematische Zusammenstellungen von Neuerscheinungen, aber auch von wichtigen älteren Titeln (als preiswerte Taschenbuchausgaben) können von lokalen Buchhandlungen erstellt werden. (Weitere Tipps → „Anregungen zur Leseförderung", S. 37 ff.)

● *Thematische Ausstellung:* Falls ein Schwerpunktthema gewählt wurde, kann dazu eine Ausstellung arrangiert werden, die – angesichts der vielen Bücher – vor allem ein visuelles Angebot sein sollte. Hier bietet sich eine Kooperation mit den Kollegen des Faches Kunst an.

● *Lesung:* Ein Jugendbuchautor wird in die Schule eingeladen (→ „Schriftsteller-Lesungen", S. 256).

● *Lesenacht* (→ S. 244 f.)

Die Deutsche Lesegesellschaft und die Stiftung Lesen (→ S. 40) bieten Hilfen zur Gestaltung einer Jugendbuchwoche an.

Filmnacht   8–13

Nach wie vor ist für Jugendliche der Film ein besonders attraktives Medium. In manchem Keller oder Jugendzimmer findet – von Cliquen arrangiert – eine Videonacht statt, in der freilich oft Filme gesehen werden, deren künstlerischer Wert fragwürdig ist. Bieten Pädagogen Filmnächte an, so sollten sie die von Jugendlichen selbst entwickelten Formen der Geselligkeit aufgreifen (vgl. Waldmar Vogelgesang: Jugendliche Video-Cliquen. Eine ethnographische Analyse. In: deutsche jugend – Zeitschrift für die Jugendarbeit, 7–8/1992, S. 326–334). In einer Filmnacht suchen Jugendliche in der Regel ein Gruppenerlebnis; sie wollen zusammen Spaß haben oder sich mit besonderen Herausforderungen konfrontieren, die in der Gruppe leichter zu bewältigen sind als in einer monologischen Rezeptionssituation. Entsprechend werden die Filme ausgewählt. An dieser Auswahl sollten die

Schüler maßgeblich beteiligt sein. Um eine intensive Gruppenkommunikation um die Filme herum zu ermöglichen, können Filmnächte in Kleingruppen (evtl. mehrere mit bis zu zehn Schülern) organisiert werden. Über die Filmrezeption hinaus sollte die Filmnacht eine Reihe von Angeboten machen, die eine Feten-Atmosphäre aufkommen lassen. Als Ort der Veranstaltung eignen sich am besten Hütten oder auch Schulräume, in denen anschließend ein paar Stunden geschlafen werden kann.

B   Ideen für Projekttage und Schulheimaufenthalte

Exkursion   5–13
In der Nähe fast jeden Schulstandortes gibt es literarische Gedenkstätten und Ausstellungen, die in ein Projekt einbezogen werden können. Einige von ihnen bieten spezielle Programme für Klassen an.

Unsichtbares Theater   8–13
Das „Theater der Unterdrückten" von Augusto Boal operiert u. a. mit dem „Unsichtbaren Theater". Es heißt so, weil es für die Zuschauer zunächst nicht als Theater erkennbar ist; diese wähnen sich in einer Ernstsituation, in der sie sich irgendwie verhalten müssen. Zwei Beispiele:

Beispiel 1: „Ist das Thema der Szene z. B. ‚Die neue Armut in Deutschland', ist ein Supermarkt natürlich hervorragend geeignet, um etwa einen Akteur vor den Lebensmittelregalen vor Hungersschwäche zusammenbrechen zu lassen: Aufgrund seiner Arbeitslosigkeit hat er kein Geld, sich Lebensmittel zu kaufen. Was machen die Umstehenden mit ihren aus den Regalen genommenen Lebensmitteln? Ein angeblicher Freund des Zusammengebrochenen, dem das alles offensichtlich peinlich ist, bittet Umstehende, dabei zu helfen, seinen Freund ohne viel Aufsehen hinauszuschleppen" (Mike Büttner: Kommunikation und Konfrontation: das Unsichtbare Theater. In: Bernd Ruping (Hrsg.): Gebraucht das Theater! Die Vorschläge von Augusto Boal. Remscheid 1991, Bundesvereinigung Kulturelle Jugendbildung, S. 108–115; hier S. 112).

Beispiel 2: „Die Jungen und Mädchen betraten … ein Lokal. Demonstrativ steuerten die Mädchen als Erste auf einen Tisch zu, die Jungen trotteten hinterdrein. Dann rückten die Mädchen den Jungen die Stühle zurecht, die sie für sie ausgesucht hatten, natürlich erst nachdem sie (die Mädchen) ihnen (den Jungen) aus den Mänteln geholfen hatten, die sie zu diesem Zweck heute angezogen hatten. Die Mädchen tranken ein Bier, die Jungen nippten mit schmalen Lippen an einer Limo. Umsitzende Lokalbesucher wurden aufmerksam, bekamen – angesichts dieses Rollentauschs – große Augen oder grinsten. Nach den ersten Auftritten zeigten einige Gruppenmitglieder Mut für weitere Rollentausch-Varianten: Sie versuchten die Rollen von Herr und Knecht auszuwechseln. Wer in eine Gaststätte geht, so stellten sie fest, spielt die Herrenrolle; er lässt sich bedienen wie einst die Adeligen von ihrer Dienerschaft. Der Unterschied ist nur, dass man sich nicht im eigenen Haus bedienen lässt (das wäre zu teuer); außerdem hat man meist nur einen einzigen Bediensteten zur Verfügung: die zuständige Bedienung. Die Jugendlichen fingen an, die Herr/Knecht-Rollen zu verfremden. Ein Junge stand auf, als die Bedienung mit ihrem Tablett um die Ecke bog, lief ihr entgegen, begrüßte sie freundlich und machte Anstalten, die Limo, die sie servieren wollte, selbst zu tragen. Die Bedienung war verdutzt" (Gerd Brenner/Franz Grubauer (Hrsg.): Typisch Mädchen? Typisch Junge? Persönlichkeitsentwicklung und Wandel der Geschlechterrollen. Weinheim/München 1991, S. 94 f.).

Das „Unsichtbare Theater" ist reizvoll, weil es
- auf mehreren Ebenen mit Zuschauern „spielt";
- die Zuschauer mehr als in anderen Theaterformen aktiviert, sie durch situative Arrangements zum intensiven Nachdenken bringt und zum Mithandeln veranlasst;
- eine intensive Kommunikation auslösen kann;
- in die alltägliche Öffentlichkeit einer Stadt (Marktplatz, Supermarkt, Straßenbahn usw.) hineingetragen werden kann;
- auf kurze, aber wirkungsvolle Auftritte beschränkt werden kann.

Bei der Vorbereitung solcher Auftritte im Rahmen des „Unsichtbaren Theaters" sollten die folgenden Fragen geklärt werden:
- Welches Thema soll behandelt werden?
- An welchem Ort kann das Thema am besten umgesetzt werden?
- Ist dieser Ort überschaubar?
- Welcher Handlungskern soll gewählt werden?
- Wie viele Akteure werden dabei benötigt?
- Wie viele andere sichern die Szene ab?
- Welche Reaktionen der „Zuschauer" sind zu erwarten?
- Wie kommt man am gegebenen Ort aus der „Szene" wieder heraus?
- Ist eine akzeptable Form der Beendigung zu erwarten?

Bei der „Aufführung" müssen natürlich Gesetze eingehalten und solche
„Inszenierungen" vermieden werden, die gewaltsame Entwicklungen erwarten lassen. Den optimalen Ablauf eines „Unsichtbaren Theaters" beschreibt Büttner so:

„Der Beginn der Szene ist oft kein Problem. Ein öffentlicher, außergewöhn-
licher Vorfall weckt die Neugier und Sensationsgier der Zuschauer, da der
Vorfall als real wahrgenommen wird. Ist die Aufmerksamkeit für die Szene
geweckt, sollte der Zuschauer ins Spiel einbezogen werden: entweder
durch direktes Ansprechen oder durch provozierende Handlungen, die ihm
ein Nicht-Eingreifen unmöglich machen. Dem Zuschauer darf dabei selbst-
verständlich keine Angst eingeflößt werden. Er soll vielmehr Mut schöpfen
und Hemmschwellen zum Handeln überwinden" (Mike Büttner, ebd.,
S. 114).

Ein Agieren im „Unsichtbaren Theater" fällt Schülern außerhalb des eigenen Wohnumfeldes, also z.B. während eines Schulheimaufenthaltes,
leichter.

Weitere Ideen

Für Projekttage u. Ä. finden Sie weitere Ideen im Kapitel „Deutsch-Projekte
in der Kommune oder Region" (→ S. 253 ff.), klassenübergreifend sind auch
Vorlesewettbewerbe (→ S. 260 ff.).

C Fahrten auf den Spuren der Dichter

Auf Klassen- und Kursfahrten können Schüler auch die „literarische Topo-
graphie" des deutschsprachigen Raumes erkunden. Zwei prominente Ziele
seien hier exemplarisch vorgestellt. Die deutsche Literatur hat sich jedoch
nicht nur in wenigen Zentren abgespielt und es kann durchaus lohnend
sein, auch einmal die sogenannte Provinz zu erkunden. Am Zielort können
neben Besichtigungen auch literarische Spaziergänge und Erkundungen
mit kleinen Zusammenstellungen literarischer Texte stattfinden. Bei längerfristiger Planung lässt sich auch der Unterricht gezielt auf Kurs- und
Studienfahrten hin anlegen. Touristische Informationen zur einzelnen Städten und Regionen liefern Tourismus-Marketing-Gesellschaften (z.B. www.
tourismus-baden-wuerttemberg.de).

Ludwigsburg/Marbach/Stuttgart

Dichter mit besonderer Verbindung zu diesen Städten: Georg Rudolf Weck-
herlin/Johann Valentin Andreae/Justinus Kerner/Friedrich Schiller/Chris-
tian Friedrich Daniel Schubart/Eduard Mörike/Ludwig Uhland/Wilhelm
Hauff/Gustav Schwab/Georg Herwegh/Wilhelm Raabe/Robert Musil/Her-
mann Lenz/Günter Herburger/Hanns-Josef Ortheil.

Notizen aus der Literaturgeschichte: Ludwigsburg am Neckar gilt als
„schwäbische Poetenwiege". Kerner, das Haupt der Schwäbischen Dichter-
schule, wirkte hier; Schiller und Mörike wuchsen hier auf. Schubart war
Musiklehrer am Ludwigsburger Hof.

Stuttgart hatte bereits im 15. Jahrhundert einen humanistisch aktiven Fürs-
tenhof. Im 17. Jahrhundert war es ein Zentrum barocker Literatur (Weck-
herlin, Andreae) und ein Standort englischer Komödianten. Schiller studierte hier Jura und Medizin. Schubart war hier Theaterdirektor. Später
entwickelte sich in der Stadt die „Schwäbische Schule" der Romantik (Uh-
land, Schwab, Hauff, Mörike). Mörike war längere Zeit Literaturlehrer in
St. Herwegh; Raabe lebte hier längere Zeit; Musil studierte hier Maschinen-
bau.

Marbach ist heute mit dem Deutschen Literaturarchiv ein zentraler Ort
germanistischer Forschung. Hier lagern die gesammelten Schätze der
deutschen Literatur- und Geistesgeschichte, darunter Nachlässe von Dich-
terinnen und Dichtern, handschriftliche Entwürfe wichtiger literarischer
Werke, Totenmasken verstorbener Geistesgrößen usw., eine Bibliothek mit
einer halben Million Bänden und rund 950 literarischen und germanistischen Zeitschriften.

Tipps für eine Litera-Tour – Ludwigsburg: Geburtshäuser von Mörike, Kerner, dem Maler David Fr. Strauß, Wohnhäuser von Schiller und Schubart;
Kulturzentrum im Städtischen Museum (Bilder, Handschriften und Bücher
von Kerner, Mörike u.a.); Ludwigsburger Schlossfestspiele.

Marbach: Schiller-Geburtshaus (Ausstellung), Schiller-Nationalmuseum
(Darstellung der großen Gestalten der klassischen Literatur in ihrem geis-
tesgeschichtlichen Kontext; ständige Ausstellungen zu Autoren des 18. bis
20. Jahrhunderts, u.a. Wieland, Schubart, Schiller, Hölderlin, Kerner, Uh-
land, Mörike, zur literarischen Arbeit des Cotta-Verlages; umfangreiche
Sammlung zur Literatur des 20. Jahrhunderts, gegliedert nach Schulen
und Zentren; Hesse-Archiv); Deutsches Literaturarchiv (Forschungsstätte
für neuere deutsche Literatur); Literaturmuseum der Moderne (erbaut von
David Chipperfield, Dauerausstellung aus der Sammlung des 20. Jahrhun-

derts mit Manuskripten von Kafka, Döblin, Rilke und Heidegger, „Der Steppenwolf" und „Emil und die Detektive" im Original); in der Nähe: Schloss
Solitude (Standort der von Schiller besuchten Militär-Pflanzschule).
Stuttgart: Württembergisches Staatstheater (Großes und Kleines Haus,
Theater im Depot), Altes Schauspielhaus; Komödie im Marquardt; Theater
tri-bühne, Theater der Altstadt; Theaterhaus Stuttgart; Figurentheater
Stuttgart; Stadtgeschichtliche Sammlungen Wilhelmspalais (Mörike-Aus-
stellung); Hoppenlau-Friedhof. In der Nähe: Calw und Maulbronn; Jagst-
hausen mit Schlossmuseum in der Götzenburg (Geburtshaus Götz von Ber-
lichingens mit Quellen zu Goethes Dramatisierung).
Unterkunft: Jugendgästehaus/Jugendherberge Ludwigsburg.
Literaturhinweise: Albrecht Bergold/Friedrich Pfäfflin: Schillers Geburtshaus in Marbach am Neckar. Marbach 1988; Horst Brandstätter/Jürgen
Hohlwein (Hrsg.): Dichter sehen eine Stadt. Stuttgart 1989; Waltraud und
Friedrich Pfäfflin: Der Hoppenlau-Friedhof zu Stuttgart als Literarisches
Denkmal. Marbach 1991; Irene Ferchl: Stuttgart. Literarische Wegmarken
in der Bücherstadt. Stuttgart 2000; Hermann Lenz: Stuttgart. Portrait einer
Stadt. Frankfurt/M. 2003; Hartmut Müller: Mörike in Schwaben. Stuttgart
1991 (Klett Literaturreisen); Hartmut Müller: Der Neckar. Stuttgart 1994
(Klett Literaturreisen).

Weimar

Dichter mit besonderer Verbindung zu Weimar: Christoph Martin Wieland/
Johann Gottfried Herder/Johann Wolfgang Goethe/Friedrich Schiller/Fried-
rich Hölderlin/Heinrich von Kleist/Jean Paul/Hoffmann von Fallersleben/
Friedrich Nietzsche/Carl Sternheim/Georg Kaiser/Marie-Luise Kaschnitz.
Notizen aus der Literaturgeschichte: Weimar, die Stadt, in der die verfas-
sungsgebende Versammlung der ersten deutschen Republik tagte („Weimarer Republik"), ist eine der am meisten besuchten europäischen Litera-
tur-Metropolen. Bereits im 17. Jahrhundert, im Zeitalter des Barock, war
die Stadt ein geistiges Zentrum. Hier gründete 1617 Ludwig von Anhalt-
Köthen (Mitglied der Florentiner Accademia della crusca) die erste deutsche Sprachgesellschaft, den einflussreichen „Palmenorden", auch „Frucht-
bringende Gesellschaft" genannt. Früh wirkten hier bereits fürstliche
Mäzene und bürgerliche Dichter zusammen. In der „Weimarer Klassik"
war die Stadt kultureller Mittelpunkt Deutschlands. Goethe kam 1775 auf
Einladung des Herzogs Carl August nach W. und blieb der Stadt bis zu seinem Tod im Jahr 1832 schöpferisch verbunden. Zwischen 1770 und 1830

wirkten hier auch Schiller, Wieland und Herder. Besonders produktiv war
der Freundschaftsbund von Goethe und Schiller. So ging das Jahr 1797 als
„Balladenjahr" in die Literaturgeschichte ein (Goethe: Der Zauberlehrling;
Schiller: Die Kraniche des Ibykus; u. a.). Hoffmann von Fallersleben dichte-
te hier das „Deutschlandlied" und „Maikäfer flieg". Marie-Luise Kaschnitz
machte in der Stadt eine Buchhändlerlehre, bevor sie – auf den Spuren
Goethes – nach Rom übersiedelte. Im 20. Jahrhundert wurde das Weimarer
Bauhaus weltberühmt; es beeinflusste auf Jahrzehnte die Architektur
weltweit.

Tipps für eine Litera-Tour: Herzogin-Anna-Amalia-Bibliothek (einstige
Zentralbibliothek der deutschen Klassik, von Goethe geleitet, umfasst heute über eine Million Bände); Goethes Wohnhaus (am Frauenplan; Museum,
u. a. Arbeitszimmer des Dichters, Bibliothek); Goethes Gartenhaus; Schiller-
haus (Wohnhaus Schillers; Museum); Wieland-Museum (im Wittumspalais);
Herderhaus; Deutsches Nationaltheater; Historischer Friedhof (mit Goethe-
und Schiller-Gruft); Nietzsche-Archiv (Gedenkstätte).

Weitere Sehenswürdigkeiten: Ständige Bauhaus-Ausstellung; Bauwerke
des Bauhaus-Architekten Henry van de Velde (sein Wohnhaus; Villa Dürck-
heim); Stadtschloss (Kunstsammlungen, u. a. Ikonen, Kunst des Mittelalters
und der Renaissance); Deutschritterhaus; Cranachhaus; Museum für Ur-
und Frühgeschichte Thüringens; Autonomes Kulturzentrum. In der Nähe:
Schloss Belvedere (Rokokomuseum); Gedenkstätte des ehemaligen KZ Bu-
chenwald; Kyffhäuser-Denkmal (Monument nationalistischen Deutschtums
mit jährlich fast einer halben Million Besuchern).

Unterkunft: Jugendherberge „Germania; Jugendherberge „Am Poseck-
schen Garten"; Jugendherberge „Jugendgästehaus Maxim Gorki"; Jugendherberge „Jugendgästehaus Am Ettersberg".

Literaturhinweise: Thomas Kopfermann/Dietrich Steinbach: Weimar – Jena. Epochenzentrum um 1800. Stuttgart 1993; Effi Biedrzynski: Goethes
Weimar. Das Lexikon der Personen und Schauplätze. Zürich/München
1993; Paul Raabe: Spaziergänge durch Goethes Weimar. Zürich 1990; Ingrid und Lothar Burghoff: Reisen zu Goethe. Stuttgart 1988; dies.: Reisen
zu Schiller. Stuttgart 1989; Gitta Günther/Manfred Salzmann: Weimar –
Zentrum der Klassik. Ostfildern o. J.; Annette Seemann (Hrsg.): Weimar –
ein Reisebegleiter, Frankfurt/M. 2004; Thomas Mann: Lotte in Weimar. (div.
Ausgaben).

10 Ideen zur Öffnung der Schule

A Deutsch-Projekte in der Region

Immer wieder sieht sich die Schule dem Vorwurf ausgesetzt, sie sei zu abgehoben, zu lebensfern, zu sehr abgeschottet vom Geschehen in ihrem sozialen Umfeld. Gerade im Deutschunterricht bieten sich viele Möglichkeiten, diesen Vorwurf zu entkräften, indem sich der Unterricht in die Stadt, die Gemeinde oder die Region hinein öffnet. Hier einige Vorschläge dazu:

Projekte für einzelne Klassen und Kurse

Zeitung   8–10

- Im Rahmen eines Unterrichtsvorhabens zum Thema „Zeitung" wird ein Zeitungsredakteur/eine Zeitungsredakteurin in die Schule eingeladen, um über das Berufsfeld zu informieren und die jeweilige Zeitung vorzustellen. (Gibt es im Einzugsbereich der Schule konkurrierende Blätter, sollten – nacheinander – Redakteure mehrerer Blätter zu einem Gespräch gebeten werden.)
- Die Klasse besucht im Rahmen einer Unterrichtsreihe zu diesem Thema die Lokalredaktion einer Zeitung.
- Die Klasse/der Kurs vereinbart mit einer Lokalzeitung, dass – in einer einmaligen Aktion oder öfter – eine Seite der Wochenendausgabe mit Schülertexten (erzählenden Texten, Gedichten) gestaltet wird.

Radio   8–10

Die Klasse/der Kurs besucht im Rahmen eines Unterrichtsvorhabens zum Thema „Rundfunk" das Studio eines lokalen Rundfunksenders. In den letzten Jahren haben sich in vielen Regionen Lokalradios entwickelt, sodass die Anreise oft nicht sehr aufwendig ist. Auch mit Redaktionen solcher Radiosender kann vereinbart werden, dass Texte von Schülern publik gemacht werden.

Ausstellung   5–13

Die Lehrperson vereinbart mit der Stadt- oder Gemeindeverwaltung, mit einer Bank, mit Geschäften oder einer Buchhandlung, dass interessante Texte von Schülern öffentlich präsentiert werden. Hierbei kann mit dem Fach Kunst kooperiert werden.

Theater   5–8

Kleine Theaterstücke oder Szenen, die in der Klasse einstudiert worden sind, werden in Kindergärten, Jugendhäusern, bei Veranstaltungen von Pfarrgemeinden, in Altenheimen usw. vorgeführt. Der Erlös wird (in Teilen) für einen guten Zweck gespendet.

Dialekt   8–13

Schüler erhalten den Auftrag, mit einem Kassettenrekorder auf die Suche nach Leuten zu gehen, die den Dialekt der Gegend noch richtig beherrschen. Diese werden gebeten, einige Dialektwörter zu nennen und zu erklären, die ihrer Meinung nach vom Aussterben bedroht sind. Das Bandmaterial wird im Unterricht gemeinsam angehört und in eine Unterrichtsreihe zum Thema „Sprachgeschichte" eingebracht.

Rallye   7–10

An einem Wandertag findet eine Rallye statt, an deren Stationen Suchtexte in Form von selbst verfassten Schilderungen bzw. Beschreibungen verwendet werden. Darin werden markante Gebäude und Landschaftselemente der Region möglichst anschaulich dargestellt. Diese Punkte sind von einer Vorbereitungsgruppe vorher angefahren und beschrieben worden. Am Rallye-Tag soll die Vorbereitungsgruppe diese Beschreibungen an den Suchstationen gut verstecken. Sie erhält dazu eine halbe Stunde Vorsprung. Die Lehrperson fährt mit der Hauptgruppe. Für den Fall, dass die Klasse von den Beschreibungen nicht auf den anzusteuernden Ort schließen kann, hat sie von der Vorbereitungsgruppe eine Ortsangabe „im Klartext" erhalten, die in einem verschlossenen Umschlag steckt. Dieser darf jedoch erst nach eingehender Prüfung der zugehörigen Beschreibung (mind. 15 Minuten) geöffnet werden. Die Vorbereitungsgruppe darf an einem von ihr selbst gewählten Ziel jede halbe Stunde, die die Hauptgruppe überfällig ist, auf Kosten der Klassenkasse ein Eis essen oder ein Getränk bestellen.

Stadterkundung   5–8

Die Schüler werden am Schulort in Gruppen auf Erkundungsreise geschickt. (Dabei können evtl. Eltern oder ältere Schüler als Aufsicht beteiligt werden.) Die Erkundung kann folgende Elemente umfassen:

● In einem Stadtplan sind mehrere Kreuze eingezeichnet. An diesen Stellen sind markante Bauwerke oder sonstige Sehenswürdigkeiten zu finden. Diese sollen so interessant und genau wie möglich beschrieben werden. Die Gruppen, die die besten Beschreibungen zurückbringen, erhalten die meisten Punkte.

● Die Gruppen sollen für zehn Cent etwas möglichst Originelles kaufen und darüber auch noch eine möglichst originelle Quittung vorlegen, deren Text sie zusammen mit der Verkäuferin/dem Verkäufer entwerfen sollen.

● Die Gruppen betätigen sich als Reporterteams und bringen in Erfahrung, wie die älteste Bürgerin und der älteste Bürger des Ortes heißen, wer hinter einigen Straßennamen steckt (lokale Straßennamen, die nach Personen benannt wurden) und wo der Ortsname herkommt.

● Die Gruppe soll mit älteren Einheimischen reden, sich interessante Ereignisse erzählen lassen, die früher einmal in dem Ort stattgefunden haben, und einige ausgewählte Ereignisse nach Ende der Erkundung für alle wiedergeben.

Weitere Ideen in: Gerd Brenner/Martin Nörber (Hrsg.): Jugendarbeit und Schule. Kooperation statt Rivalität um die Freizeit. Juventa, Weinheim/ München 1992.

Klassen- und schulübergreifende Projekte

Einige Projekte lassen sich nur im Rahmen einer ganzen Schule oder in Kooperation mit anderen Schulen verwirklichen. Hier ein Vorschlag:

Wettbewerb „Jugend schreibt"   8–13

In mehreren Städten und Regionen sind inzwischen solche Wettbewerbe durchgeführt worden. Mit ihnen sollen Kinder und Jugendliche motiviert werden, einiges von dem aufzuschreiben, was sie bewegt. Als Orientierung können Themen oder auch Textsorten (Lyrik, Limerick, Kurzgeschichte, Brief usw.) vorgegeben werden.

Eine solche Aktion sollte, wenn sie zum ersten Mal durchgeführt wird, nicht zu viele Träger umfassen und sich auf wenige Schulen und evtl. Jugendhäuser beschränken. Sinnvoll ist eine Kooperation mit den zuständigen Stellen der Kommune (Kulturamt usw.).

Der Wettbewerb wird in einer Gemeinde, Stadt oder Region öffentlich ausgeschrieben. Die Ausschreibung muss Angaben darüber enthalten, ob Textsorten oder Themen vorgegeben werden, welchen Umfang die einzureichenden Arbeiten maximal haben dürfen, an wen sie bis zu welchem Zeitpunkt zu schicken sind und was mit den Texten weiter geschieht (Beur-

teilung durch eine Jury, Preisverleihung, Veröffentlichung aller oder ausge-
wählter Texte in einer Broschüre usw.).

Die Jury sollte sich nicht der Tortur aussetzen, die Preisträger in eine Rang-
folge zu bringen (erster, zweiter Sieger usw.); vielmehr sollte sie eine ganze
Reihe von Texten auswählen, die durch eine intensive gedankliche Verarbeitung des Themas, besondere Sprachkraft oder kreative Strukturierung
auffallen. Als Preis kann z.B. ein Seminar angesetzt werden, bei dem alle
Eingeladenen ihre Texte zusammen mit Grafikern, einem Buchhersteller,
Leuten von den lokalen Zeitungen, evtl. einem Verlagslektor druckreif machen. Die Texte können dann in der Wochenendbeilage einer Zeitung, in
Einzel- oder Sammeldrucken veröffentlicht und evtl. in lokalen Buchhandlungen angeboten werden.

B   Schriftsteller-Lesungen

Viele Schriftstellerinnen und Schriftsteller – besonders Kinder- und Ju-
gendbuchautoren – sind bei längerfristiger Planung bereit, zu Lesungen
und Werkstattgesprächen in Schulen zu kommen. Es empfiehlt sich, solche
Veranstaltungen auch für Parallelklassen anzubieten, damit die Kosten für
die eigene Klasse möglichst niedrig gehalten werden können. Allerdings
sollte die Gruppe der Zuhörer nicht zu groß sein. Meist lesen Autoren nicht
gerne vor großen Gruppen, da sie dann oft davon ausgehen müssen, dass
ein Großteil der Schüler gar nicht oder nur oberflächlich auf den Gegenstand der Lesung vorbereitet worden ist.

Lesungen und Werkstattgespräche können über den Bödecker-Kreis
(→ S. 40 f.) organisiert und zum Teil auch finanziert werden. Die Kontakt-
aufnahme erfolgt über die Landesverbände, die sich um die Schulen in ihrem Zuständigkeitsbereich kümmern. Sie übernehmen auch etwa die Hälfte des Honorars für eine Lesung, das sich im Schnitt auf etwa 150 Euro
beläuft. Die zusätzlichen Fahrtkosten für den Autor lassen sich in Grenzen
halten, wenn – über den jeweiligen Bödecker-Kreis organisiert – weitere
Schulen in der Nähe eine Lesung anbieten. Die Bödecker-Kreise nehmen
Lehrern dabei auch leidige organisatorische Arbeiten wie die Einladung
des Schriftstellers, den Vertragsabschluss oder Terminvereinbarungen ab.
Der Bundesverband der Friedrich-Bödecker-Kreise bietet eine Autorenda-
tenbank mit biografischen und bibliografischen Angaben zu über 300 Autoren aus dem deutschsprachigen Raum an und vermittelt auch Wander-
ausstellungen.

Über Lesungen aus eigenen Werken hinaus können Schriftsteller auch in anderer Weise tätig werden; sie können z. B.:

● mit den Schülern Texte besprechen, die diese selbst geschrieben haben;

● am Beispiel eines eigenen „work in progress" den Schülern die Entstehung eines Buches transparent machen und Entscheidungen thematisieren, die beim Schreiben eines Buches vom Autor getroffen werden müssen.

Literaturhinweise: Autorenverzeichnis des Bundesverbandes der Friedrich-Bödecker-Kreise e.V., Mainz (regelmäßige Neuauflagen, Bezug: Bundesverband der Friedrich-Bödecker-Kreise, Fischtorplatz 23, 55116 Mainz, www.Boedecker-Kreis.de); Cem Özdemir (Hrsg.): Abenteuer Vorlesen. Ein Wegweiser für Initiativen. Edition Körber-Stiftung. Hamburg 2002 (Bezug: Körber-Stiftung, Kurt-A.-Körber-Chaussee 10, 21033 Hamburg, www.edition-koerber-stiftung.de).

C Wettbewerbe für Schüler

Manchmal sind Schüler und Lehrer so richtig stolz auf ein gelungenes Produkt ihrer Arbeit. Besonders wenn in Projekten gearbeitet wird, ist die Motivation oft so stark und die Prozesslogik des Arbeitens über Wochen hinweg manchmal so zwingend auf ein Produkt hin angelegt, dass viele vom Ergebnis schließlich positiv überrascht sind. Und öfter taucht dann die Frage auf: Ist das etwa nur für uns selbst interessant? Sollte man damit nicht an die Öffentlichkeit gehen? Dabei geht es nicht darum, mit schulischen Produkten den Profis in verschiedenen beruflichen Feldern Konkurrenz zu machen. Aber es ist durchaus sinnvoll, in der Öffentlichkeit deutlich zu machen, was mit den begrenzten schulischen Mitteln alles zustande kommen kann.

Die folgenden Hinweise verdeutlichen, dass es in Deutschland inzwischen eine Fülle von Foren für besondere schulische Leistungen gibt, die zur Veröffentlichung – und oft auch zur weiterführenden Beratung – einladen.

Wettbewerb „Jugend und Video"   5–13

Das Bundesministerium für Familie, Senioren, Frauen und Jugend (BMFSFJ) stiftet jährlich einen Preis „Jugend und Video". Eine unabhängige Jury aus Jugendlichen und Medienfachleuten schlägt Videofilme zur Auszeichnung vor. Dafür steht ein fünfstelliger Euro-Betrag zur Verfügung. Zur 1990 abgeschlossenen dreijährigen Pilotphase des Preises schrieb der Pressedienst des BMFSFJ: „Die Erwartungen an diesen Wettbewerb, junge Menschen zur aktiven Video-Arbeit anzuregen, sie zu befähigen, sich mithilfe des Mediums Video kreativ-gestalterisch auszudrücken sowie ihre Fantasie und Kommunikationsfähigkeit zu entfalten und weiterzuentwickeln, sind in vollem Umfang erfüllt worden." Für den Wettbewerb zugelassen sind selbst produzierte Videos, die nicht älter als ein Jahr sind. Im allgemeinen Wettbewerb gibt es keine Beschränkungen zu Thema, Genre oder Video-System. Zusätzlich werden jährlich Sonderthemen ausgeschrieben. Die Preisträgervideos werden auf Festivals im In- und Ausland gezeigt und in den Medienverleih aufgenommen.

Mit der Organisation und Durchführung des jährlichen Wettbewerbs ist das Kinder- und Jugendfilmzentrum in der Bundesrepublik Deutschland, Küppelstein 34, 42857 Remscheid, betraut (www.kjf.de). Das Zentrum verschickt Informationen und Dokumentationen früherer Wettbewerbe.

Schüler-Film-Festival „up and coming"   5–13

Dieser Nachwuchswettbewerb für Film, Video und Multimedia findet alle zwei Jahre statt. Schülerinnen und Schüler, Jugendliche und Studierende bis zum Alter von 27 Jahren sind eingeladen, ihre Arbeiten einem großen Publikum zu präsentieren. Der Wettbewerb steht unter der Schirmherrschaft des Bundespräsidenten und wird vom Organisationsbüro „Bundesweites Schülerfilm- und Videozentrum e.V." betreut. Kontakt: www.up-and-coming.de.

Schüler machen Theater   5–13

An diesem Wettbewerb können alle Theater spielenden Gruppen im Schüleralter teilnehmen. Sein Ziel ist es, dem Schülertheater in Deutschland Auftrieb zu geben und ihm neue Spielformen zu erschließen. Die Bewerber sollen einen Bericht über ihre Theaterarbeit einsenden. Die Organisatoren legen Wert darauf, dass die Stücke eine eigene Weltsicht der jungen Schauspieler, Regisseure und Verfasser erkennen lassen und nicht einfach „nachgemachtes Theater" darstellen. Eine Jury aus Theaterkritikern, Spiel- und Theaterpädagogen wählt zehn interessante, experimentelle Produktionen aus. Die Gruppen werden zu einem mehrtägigen Festival nach Berlin eingeladen, dem „Theatertreffen der Jugend"; die Reise ist kostenlos. Nach ihrer Aufführung in Berlin soll sich jede Gruppe der Diskussion stellen. Den Teilnehmern werden täglich Theaterwerkstätten, Diskussionen, Kolloquien und Feste angeboten. Ausrichter ist: Berliner Festspiele GmbH, Theater-treffen der Jugend, Budapester Str. 50, 10787 Berlin, www.theatertreffen-der-jugend.de.

Bundeswettbewerb „Schüler schreiben"   5–13

Im Auftrag und mit Mitteln des Bundesministeriums für Bildung und For-schung veranstaltet die Berliner Festspiele GmbH (s.o.) seit 1986 jährlich ein „Treffen junger Autoren". Seit 1987 wird es bundesweit ausgeschrie-ben. Im Kuratorium des Wettbewerbs sitzen Vertreter der Kultusministe-rien der Länder sowie von Organisationen, die sich um die Förderung der kulturellen Jugendbildung bemühen. Am Wettbewerb beteiligen können sich alle Schüler ab dem zehnten Lebensjahr. Der eingereichte Text soll möglichst nicht mehr als fünf Schreibmaschinenseiten umfassen. Aus ein-gereichten Arbeiten wählt eine Jury mehrere Dutzend Autoren aus, die für eine öffentliche Lesung ihrer Texte nach Berlin eingeladen werden. Für Reise, Unterkunft und Verpflegung entstehen den Teilnehmern keine Kos-ten. Prämierte Arbeiten werden in einer Anthologie veröffentlicht, die allen Bewerbern zugesandt und über einen Verlag allen anderen Interessierten zugänglich gemacht wird (s.u.). Bei den „Treffen junger Autoren" werden – neben den Lesungen – auch Workshops, Gespräche und Begegnungen mit Fachleuten angeboten. Kontakt: www.treffen-junger-autoren.de.

Schüler machen Lieder   5–13

Bei diesem Wettbewerb, der seit 1984 veranstaltet wird und sich an Schü-ler ab dem 5. Schuljahr richtet, sollten Sie mit einem Musiklehrer kooperie-ren. Es können sich Gruppen bis zu sechs Teilnehmern beteiligen. Eingereicht werden können musikalische Kompositionen, bei denen Text und Musik von den Bewerbern selbst gedichtet und komponiert sein müssen. Muttersprachliche Texte werden bevorzugt. Alle Formen des Liedes sind zugelassen. Eine Reihe von Gruppen wird zum „Treffen junge Musik-Szene" nach Berlin eingeladen. Die Reise ist für die Teilnehmer kostenlos. Der Wettbewerb wird vom Bundesminister für Bildung und Forschung, der Bundesvereinigung Kulturelle Jugendbildung, dem Verband deutscher Musikschulen, dem Verband deutscher Schulmusikerzieher, dem Arbeitskreis für Jugendliteratur und von Kultusministerien der Länder gefördert. Veranstalter: Berliner Festspiele GmbH, Treffen junge Musik-Szene, Budapester Str. 30, 10787 Berlin, www.treffen-junge-musik-szene.de.

Vorlesewettbewerb des deutschen Buchhandels   6

Träger dieses seit 1959 existierenden Wettbewerbes, der für die 6. Klassen aller Schularten jährlich neu ausgeschrieben wird, ist der Börsenverein des deutschen Buchhandels. Der Wettbewerb soll Kinder anregen, sich über schulische „Pflichtlektüren" hinaus mit Büchern zu beschäftigen. Er möchte bei denen, die vorlesen, und denen, die zuhören, die Lust am Lesen fördern und gleichzeitig auf die Vielfalt der Kinder- und Jugendliteratur hinweisen. Bundesweit werden sämtliche Schulen zur Teilnahme an dem Wettbewerb aufgefordert; insgesamt beteiligt sich etwa ein Drittel der Schulen. Angesichts der vielen Teilnehmer ist die Wettbewerbsorganisation hierarchisch: Auf Klassenentscheide, für die alle Schulen Beurteilungsbögen und sonstige Hilfen zugeschickt bekommen, folgen Schulentscheide. Weiter geht es mit Stadt- bzw. Kreis-, Landesentscheiden und dem Bundesentscheid. In den Schulen nehmen in der Regel die Deutschlehrer die Bewertung vor. Auf den anderen Ebenen sind auch Bibliothekare, Buchhändler, Schulamts- und Elternvertreter sowie Sieger von vorhergehenden Wettbewerben beteiligt. Es gibt Urkunden, Plaketten, Buchpreise und Bücherschecks. Zentrale Anschrift: Börsenverein des Deutschen Buchhandels, Großer Hirschgraben 17–21, 60311 Frankfurt/Main (→ S. 40)

Plattlesewettbewerb   5–13

Viele Schüler beherrschen den Dialekt ihrer Gegend nicht mehr. Andere jedoch wachsen durchaus noch „zweisprachig" auf. In manchen Regionen Deutschlands werden für diese Schüler schulübergreifende Plattlesewettbewerbe organisiert. An der Organisation sind oft die Redaktionen von Heimatbuchverlagen beteiligt.

Das lesende Klassenzimmer   5–8
Mit wechselnden Themen wird der Wettbewerb „Das lesende Klassenzimmer" jährlich neu ausgeschrieben. Veranstalter ist der Börsenverein des
deutschen Buchhandels (s. o.). Teilnehmen können ganze Schulklassen bis
zum 8. Schuljahr. Die Schüler sind aufgerufen, Literatur zu einem angegebenen Jahresthema zu lesen und das Gelesene in einer frei gewählten
Form kreativ in eine Gemeinschaftsarbeit umzusetzen. Zum Beispiel kann
geschrieben, gemalt oder gebastelt werden. Film- und Tonkassetten sind
allerdings ausgeschlossen. Der Wettbewerb beginnt jeweils im Oktober und
läuft bis zum Internationalen Kinderbuchtag des Folgejahres (2. April). Als
Preise winken Bücher, Bücherschecks und Autorenlesungen. Außerdem erhält jede teilnehmende Klasse eine Urkunde und einen Dokumentations-
almanach zum Wettbewerb. Aufgrund der Zusammenarbeit der Veranstalter mit dem Buchhandel haben die Klassen z. T. Gelegenheit, Schaufenster
zu gestalten. Die Teilnehmerzahl schwankt jährlich zwischen 600 und
2000 Klassen. Der Wettbewerb wird von den Kultusministerien der Länder
unterstützt und gefördert. Zu jedem Wettbewerb erscheint ein Lehrerheft
mit methodisch-didaktischen Einführungen und Lesetipps.

Pädagogisch sinnvolle Wettbewerbe mit ihren aktuellen Ausschreibungen
und Konditionen findet man unter: www.wegweiser-buergergesellschaft.
de/Foerderpreise/index.php und www.bundeswettbewerbe.de . Informiert
wird auf den ständig aktualisierte Datenbanken z. B. zu folgenden Fragen:
Wann findet welcher Wettbewerb zu welchem Thema satt? Welche Förder-
preise sind ausgeschrieben? Die erste Datenbank ist nach Wettbewerbs-
fristen gegliedert, die zweite nach Themenschwerpunkten.

D Schnupperstunde für Tage der offenen Tür

Seit Jahren sind Werbeveranstaltungen für Viertklässler und deren Eltern
ein besonders sensibler Einsatzbereich für Deutschlehrer insbesondere
von Gymnasien, Gesamtschulen und Realschulen. Aus der Sicht der Schul-
leitungen geht es an Tagen der offenen Tür darum, die Schule herauszuput-
zen und Einblicke in interessante Lernangebote zu eröffnen. Um das Fach
Deutsch kommt man dabei nicht herum, denn schließlich gehen die meisten Bereiche, die in den Grundschulzeugnissen auftauchen (Rechtschreibung, Lesen, Aufsatz usw.), in der Klasse 5 im Fach Deutsch auf. Zugleich
sind die Schüler aber stärker an neuen, bislang unbekannten Fächern

(Physik, Biologie usw.) interessiert als an bekannten. Ist über die Sprach-
wahl noch nicht entschieden worden, so gibt es in der Regel einen besonderen Ansturm auf die Angebote in Englisch, Latein, Französisch usw.
In dieser Situation ist es nicht leicht, in einer meist nur kurzen Zeitspanne
(20 bis 30 Minuten) mit völlig unbekannten Schülern einen Unterrichts-
kontakt im Fach Deutsch herzustellen und dabei auch noch die zuschauen-
den Eltern zu begeistern. Mit dem folgenden Programm ist dies mehrfach
gelungen.

Probeunterricht: „Kettenpantomime"

Nach der Begrüßung von Schülern und Eltern bittet die Lehrperson die
Viertklässler, sich an den bereitgestellten Tischen im Zentrum des Klassen-
raumes niederzulassen. Die Eltern sitzen in einem äußeren Karree und
schauen zu, was nun geschieht. Die Lehrperson erklärt den Kindern einlei-
tend, dass das Fach Deutsch in der Klasse 5 viele Lernbereiche der Grundschule miteinander verbinden wird: Lesen, mündlichen Sprachgebrauch,
schriftlichen Sprachgebrauch und Rechtschreiben. Sie weist dann darauf
hin, dass auch andere Bereiche wie das Theater und der Film eine Rolle
spielen werden.
„Das, was ich nun mit euch machen möchte, hat u. a. mit Theater zu tun,
aber auch mit Schreiben und Sprechen. Es gibt eine Art des Theaters, die
auf Worte verzichtet: die Pantomime." Die Lehrperson erklärt kurz, was eine Pantomime ist, und bittet fünf bis sechs Kinder, für ein Pantomimen-
Spiel die Klasse zu verlassen und auf dem Flur zu warten. Sie werden vor-
gewarnt, dass es bei ihren bald folgenden Auftritten aus einem für sie
unerklärlichen Grund erhebliches Gelächter geben könne, dass aber keineswegs sie persönlich Anlass des Lachens seien, dass sie nicht „ausge-
lacht" würden.
Die Lehrperson ruft dann einen weiteren Schüler nach vorne und führt eine kurze Pantomime vor, und zwar das Wickeln eines Babys. Der Schüler,
der alles aus der Nähe mitverfolgen konnte, hat nun die Aufgabe, die Pantomime an den nächsten, der von draußen hereingerufen wird, möglichst
in allen Einzelheiten weiterzugeben. Während er die Pantomime möglichst
genau wiederholt, soll ihn der Schüler von draußen aufmerksam
beobachten.
Die Kette setzt sich fort, indem immer einer von draußen hinzukommt und
der Vorgänger das zuvor Gesehene zu wiederholen versucht. Dabei kommt
es zunehmend zu meist lustigen Missverständnissen und Abwandlungen

der ursprünglichen Pantomime. Um diesen Effekt zu verstärken, kann den
von draußen hereingerufenen Schülern gesagt werden,

● sie hätten etwas weniger Zeit als der Vorgänger oder
● es stehe etwas mehr Zeit zur Verfügung, sodass das Gesehene ausgestaltet werden könne.

Jeder soll sich einen Reim auf den gesehenen Ablauf machen und sich mer-
ken, welche Handlung er nach der eigenen Vorstellung vorgeführt hat. Ist
die Kette beim Letzten angekommen – und das Lachen der Zuschauer auf
dem Höhepunkt –, werden alle vom Ende her aufgerufen zu erklären, was
sie denn da vorgeführt haben. Dabei sind Erklärungen wie „Ich habe einen
Kuchen gebacken" oder „Ich habe Salat gelesen und einen Wurm aus dem
Fenster geworfen" zu erwarten. Zum Schluss wird den Mitspielern erklärt,
was die ursprüngliche Pantomime darstellte.

Die Lehrperson erklärt dann: „Im wirklichen Leben passiert manchmal etwas Ähnliches. Hier im Spiel war das lustig; im wirklichen Leben ist das
manchmal gar nicht so lustig. Wie nennt man das, wenn etwas bei anderen
ganz anders ankommt, als es ursprünglich gemeint war?" Die Schüler können sich dann miteinander und mit der Lehrperson kurz über „Gerüchte"
unterhalten. Wie entstehen sie? Wie fühlen sich diejenigen, die davon be-
troffen sind? Warum erzählen Leute Gerüchte weiter?

Anschließend kann die Lehrperson die Kinder noch anregen, das Spiel zu
beschreiben. Vor Beginn der Stunde hat sie dazu die Stichpunkte (Perso-
nenzahl, Raum, Vorbereitung, Ablauf, Ziel) an die Tafel geschrieben. Nun
fordert sie die Schüler auf zu überlegen, wie viele Personen mindestens benötigt werden, um eine Kettenpantomime spielen zu können, ob es eine
Höchstgrenze gibt, wie die Räumlichkeiten beschaffen sein müssen, wie
das Spiel vorbereitet werden muss, wie die Regeln für den Ablauf formuliert werden können und was wohl das Ziel des Spieles ist. Nach einer fragend-entwickelnden Klärung kann ein Kind die Regeln für das Spiel mithilfe der Stichworte an der Tafel zusammenfassen.

Damit ist der Probeunterricht beendet. Es ist – in ersten Ansätzen – Theater
gespielt, ein Sachverhalt mündlich erörtert und ein Ablauf beschrieben
worden. Anschließend steht die Lehrperson Eltern und Schülern für Fragen zur Verfügung, die erfahrungsgemäß hauptsächlich die Lerngegen-
stände der Klassen 5 und 6 betreffen.

11 Jahreszeitliches

A Ideen für Weihnachtsprogramme

In Fortführung von Grundschultraditionen wünschen sich die Klassen 5 und 6 oft schulische Weihnachtsfeiern. Deutschlehrer sind dabei in besonderer Weise gefragt: Ein kleines Weihnachtsstück soll einstudiert, Gedichte oder Erzählungen sollen vorgetragen werden. Alternativen werden von Schülerinnen und Schülern selten vorgeschlagen. Dazu einige Ideen:

Aktualisierung   5–10

Im Unterricht kann versucht werden, die Weihnachtsgeschichte des Neuen Testaments zu aktualisieren. In einem Gespräch wird zunächst nach zeitgenössischen Parallelen zu der Situation gesucht, in der sich Maria und Josef vor und während der Geburt Jesu befanden. Jeder Schüler schreibt dann eine Aktualisierung. Ausgewählte Texte können bei einer Weihnachtsfeier vorgetragen werden. Hier ein Beispiel:

Weihnachten 92

Es begab sich aber zu unserer Zeit, dass Mate und Ivanka aus Bosnien flohen, da die Regierung befahl, Mate als Soldat einzusetzen. Nach langen Irrfahrten kamen sie nach Österreich, von wo aus sie abgeschoben wurden, obwohl Ivanka schwanger war. Als aber die Zeit ihrer Niederkunft gekommen war, fanden sie endlich Unterschlupf in einer überfüllten Turnhalle in Berlin-Lichterfelde. Umgeben von vielen Menschen sowie Hunden und Katzen gebar sie einen Sohn, dem sie den Namen Goran gab. Trotz aller Strapazen kamen die Eltern nicht zur Ruhe: Als Mate eines Tages vom Sozialamt zurückkehrte, traf er je einen Abgesandten des Roten Kreuzes, des Caritasverbandes und des Malteser-Hilfsdienstes. Sie brachten dem Kind eine Packung Windeln, eine Babydecke und einen Schnuller dar. Da aber ein paar haarlose Deutsche Angst vor einer Ausländerschwemme hatten, drohten sie öffentlich, alle ausländischen Babys umzubringen. Voll Panik ergriffen Mate und Ivanka die Flucht in der Hoffnung auf einen real existierenden Weltfrieden. Und wenn sie nicht gestorben sind, dann flüchten sie noch heute ...

(Der Text wurde von Jugendlichen der Pfarrei „Heilige Familie" Berlin/ Lichterfelde entworfen.)

Dokumentation 7–10

In einem arbeitsteiligen Weihnachtsprojekt werden Dokumente zusammengetragen und bei einer Weihnachtsfeier ausgestellt.

Geschenke: Die erste Arbeitsgruppe befragt Geschäftsleute: Welche Weihnachtsgeschenke haben Sie in diesem Jahr besonders häufig verkauft? Wie interpretieren Sie dieses Kaufverhalten? Warum kaufen die Leute diese Waren gerade zu Weihnachten?

Geschenke des letzten Jahres: Die zweite Gruppe befragt Mitschüler: Was habt ihr im letzten Jahr zu Weihnachten geschenkt bekommen? An was erinnert ihr euch noch? Was ist aus den Geschenken des letzten Jahres geworden?

Weihnachtswerbung: Diese Arbeitsgruppe untersucht die Frage: Wie wird das Weihnachtsfest in der Werbung genutzt, um Käufer anzulocken? Sie schneidet Werbeanzeigen aus Illustrierten und Zeitungen aus und macht Fotos von Werbeflächen in der Stadt, über die ihrer Meinung nach diskutiert werden sollte.

Gottesdienste: Weihnachten gehen viele Menschen in die Kirche. Die vierte Arbeitsgruppe besucht Pfarrer verschiedener Konfessionen und fragt sie, welche besondere Einsicht sie den Gläubigen in diesem Jahr mit auf den Weg geben wollen. Die Gruppe kann die Geistlichen evtl. um interessante Texte bitten.

Weihnachtserlebnisse: Die fünfte Arbeitsgruppe fragt ältere Leute aus dem persönlichen Umfeld nach ihren schönsten Weihnachtserlebnissen. Die Erzählungen werden mit Kassettenrekorder aufgenommen. Einige werden abgeschrieben. Liegen gute Aufnahmen vor, können diese auch während einer Weihnachtsfeier in einer Ecke des Raumes oder in einem Nebenraum abgespielt werden.

Wünschewürfel 5–8

Während der Weihnachtsfeier werden zwei große, aus Karton gebastelte und mit Papier beschichtete Würfel herumgegeben. Auf dem einen können Eltern und Lehrer, auf dem anderen Schüler „Weihnachtswünsche" notieren. Die Würfel gehen mehrmals durch den Raum, weil nachher alle lesen wollen, was notiert worden ist.

B   Verrücktes und Satirisches für Karneval

Im Karneval macht es Spaß, einmal so richtig aus der Rolle zu fallen, aus den Bahnen der Gewohnheit herauszuspringen, in völlig andere Kleider und damit in andere Rollen zu schlüpfen, schlummernde Talente zu entdecken und auch einmal das ganz „Verrückte" zu wagen. Es fördert die Vorstellungskraft, wenn man einmal „ein ganz anderer" ist. Im lustigen Rahmen kann vieles riskiert werden, was man im Alltag nie wagen würde. In vielen Schulen und Klassen finden Karnevalsveranstaltungen statt. Leider kommen sie vielerorts über die Vorführung vorgefertigter, gekaufter Kostüme und über Playback-Shows nicht mehr hinaus. Hier sind einige Anregungen für Karnevalsfeiern in den Klassen 5 bis 7, bei denen die Eigenaktivität der Schüler im Vordergrund steht.

Verkleidungen

Schon einige Wochen vor der Karnevalsfeier erhalten die Eltern der Schüler eine Mitteilung, dass eine Verkleidungsaktion geplant ist. Dafür sollen sie (möglichst ausgefallene) Kleidungsstücke, alte Unterhosen von Großmüttern und -vätern, Tücher, Hüte, Schirme, Schuhe, Aktentaschen usw. zur Verfügung stellen. Die Schüler erscheinen zur Karnevalsfeier ganz ohne Verkleidung. Zu Beginn der Feier werden alle mitgebrachten Verkleidungsgegenstände in großen Kisten deponiert oder auf Tischen (Hüte) ausgelegt. In kleinen Gruppen zu drei oder vier Schülern machen sich nun alle über die Kisten her, probieren vieles aus und stellen nacheinander für jeden ein möglichst interessantes Kostüm zusammen. Dabei können bewusst Rollen getauscht werden (Jungen in Frauenkleidern und umgekehrt; junge Leute als „Alte"). Die Kleider werden angezogen (durchaus auch in der falschen Reihenfolge, also z. B. Unterhosen über Hosen), Hüte werden aufgesetzt, Schirme und Taschen in die Hand genommen. Zusätzlich können die Gesichter geschminkt werden. Sind die „Kreationen" fertig, werden sie allen präsentiert und einzeln oder in Gruppen mit einem Fotoapparat festgehalten. Anschließend kann ein Rundgang durch die Schule, den Ort oder den Stadtteil stattfinden.

Tütenmasken

Aus Einkaufstüten fertigen die Schüler in Gruppen lustige, grimmige, bedrohliche oder chaotische Masken an. Dazu werden die Henkel der Tüten abgeschnitten und die Werbeaufdrucke mit Papier überklebt. Mit Stiften

werden zunächst Löcher für Augen und Mund markiert und ausgeschnit-
ten. Anschließend stellen die Schüler mit Tuschefarben, Buntpapier, Stoff-
resten, Luftschlangen, Elementen von Eierschachteln usw. mithilfe von
Klebstoff Maskenkreationen her. Diese werden auf Fotos festgehalten und
evtl. ebenfalls in der Öffentlichkeit vorgeführt.

Zeitungskreationen
Gruppen zu je vier bis fünf Schülern werden mit Stapeln alter Zeitungen in
verschiedene Räume geschickt. Sie haben die Aufgabe, aus diesen Zeitungen ein besonders ausgefallenes Kostüm herzustellen und anschließend
mit einem möglichst witzigen Kommentar zu präsentieren. Jede Gruppe
erhält als Hilfsmittel lediglich einen Tacker mit Heftklammern. Jeweils einer in der Gruppe stellt sich als Modell zur Verfügung und lässt sich mit
glattem, gerolltem, geschichtetem, gefaltetem oder geknülltem Papier ein
„Kostüm" oder einen „Anzug" anpassen. Bei einer abschließenden Moden-
schau werden die Kreationen wortreich angepriesen. Die beste Gruppen-
vorführung erhält einen Preis. Alle Kreationen werden fotografisch festgehalten.

Ein Vortrag siamesischer Zwillinge

Zwei Schülerinnen oder Schüler wachsen zusammen wie ein siamesisches Zwillingspaar: Sie stellen sich dicht hintereinander (die größere Person vorn) und verschwinden in einer übergroßen Jacke, die verkehrt herum angezogen wird. Dazu sollte die vordere Person die Arme auf dem Rücken verschränken; und die hintere ihre Arme nach vorn in die Jackenärmel stecken, sodass es aussieht, als gehörten die Arme zur vorderen. Der Kopf der hinteren Person sollte unter der Jacke verschwinden. Die vordere Person trägt nun etwas Karnevalistisches vor, während die hintere mit ihren Armen eine dazu passende, intensive Gestik veranstaltet. Lustig wird es, wenn es zu Koordinationsproblemen kommt und die Gesten immer einige Sekunden zu spät kommen.

Dekorationsidee: geladene Luftballons

Prall aufgeblasene Luftballons werden an wollenen Kleidungsstücken gerieben. Drückt man sie dann leicht mit der Reibefläche an die Zimmerdecke, bleiben sie haften, da sie elektrisch aufgeladen sind. Nach längerer Zeit fallen sie wieder herunter.

Luftballon-Lehrer

Aufgeblasene Luftballons werden in Gruppen mit (angemaltem) Papier, Wolle usw. zu Lehrerköpfen gestaltet. Dabei sollen markante Lehrerinnen und Lehrer der Schule nachgebildet werden. Mit diesen Köpfen wird ein Rennen veranstaltet. Über eine Strecke mit Hindernissen (Tisch, Schnur usw.) soll jeder Mitspieler einen der Köpfe durch die Luft transportieren. Am leichtesten geht das, wenn man den Ballon leicht prellt. Die „Köpfe" dürfen nicht auf die Erde fallen (Minuspunkte). Die Spieler laufen einzeln; ihre Zeit wird gestoppt. Der Sieger darf sich drei „Lehrerköpfe", die ihm am besten gefallen, mit nach Hause nehmen.

Ein Lehrer-Phrasen-Laufsteg

Die Schüler sammeln in Gruppen typische Phrasen bestimmter Lehrer. Für die Karnevalsveranstaltung versuchen einige, sich wie ein Lehrer oder eine Lehrerin zu verkleiden. Sie laufen mehrfach über einen „Laufsteg" und geben dabei typische Phrasen der Lehrpersonen von sich. Dabei sollen möglichst auch die Gesten und die Mimik der karikierten Personen nachgeahmt werden.

Kettenpantomime

Dieses Spiel (→ „Schnupperstunde", S. 262) strapaziert die Lachmuskeln.

C Abschied nehmen

Jahrelang hat man mit der Klasse/dem Kurs zusammengearbeitet. Und dann naht das Ende. Das Auseinandergehen angemessen zu gestalten ist nicht einfach. Besonders schwierig ist die Trennung, nach der man sich in der Regel völlig aus den Augen verliert: das Schuljahresende nach der 12/13 oder nach der 10. Wie lassen sich solche Trennungssituationen bewältigen? Hier einige Vorschläge, die z.T. auch dann realisiert werden können, wenn man z.b. eine Klasse 7 oder 8 abgibt, die Schülerinnen und Schüler also noch an der Schule bleiben.

Was ich dir immer mal sagen wollte

In der vorhergehenden Stunde hat die Lehrperson darum gebeten, zur heutigen Stunde eine ungestempelte Briefmarke für einen Brief mitzubringen. An einem Platz auf dem Schulgelände, an dem sich alle gut konzentrieren können (großer Raum, Schulgarten usw.), schreibt nun jeder einen Brief. Er soll an eine Person in der Gruppe gerichtet sein. Man kann sich z.b. für etwas bedanken, für das es bisher in der Klasse oder im Kurs noch keinen Dank gegeben hat; man kann wichtige gemeinsame Erlebnisse in Erinnerung rufen usw. Bevor alle zu schreiben beginnen, wird bekannt gegeben, dass der Brief anschließend verschlossen und frankiert werden soll. Abgeschickt wird er erst in einigen Wochen, also mitten in den bald beginnenden Ferien. Damit keine Briefe verloren gehen, sammelt die Lehrperson alle ein und verspricht, die Briefe alle an einem Tag einzuwerfen: als die letzte Klassen- oder Kurspost.

Kassette

Jeder bringt eine Tonkassette mit. Die Lehrperson besorgt mehrere Kassettenrekorder mit Aufnahmemöglichkeit. Kleinere Gruppen von vier bis fünf Schülern nehmen einige Kassetten anderer an sich, setzen sich zusammen und sprechen zum Abschied möglichst persönlich gehaltene Bemerkungen „auf Band". Mögliche Satzanfänge:
- Weißt du noch, als du …
- Weißt du noch, als … und du …
- Vielleicht werde ich demnächst einen deiner Sprüche vermissen, z.B. …

- Als ich dich zum ersten Mal im Kurs/in der Klasse gesehen habe, da dachte ich ...
- Weißt du noch, wie wir einmal furchtbar gelacht haben, als ...

Während der eine spricht, bedienen die anderen die Technik oder überlegen sich, was sie sagen wollen. Sind alle vorliegenden Kassetten besprochen, werden sie gegen die einer anderen Gruppe getauscht. Das geht so lange, bis alle Kassetten besprochen sind. Auch die Lehrperson kann sich eine Kassette besprechen lassen. Die „letzten Sätze" der Kurs- oder Klassenkameraden werden erst zu Hause abgehört.

Zwiebel

Dieses Verfahren erlaubt persönliche Gespräche zu zweit. Die Gruppe setzt sich in einem ausreichend großen Raum in zwei konzentrisch angeordnete Stuhlreihen. Die Stühle stehen so, dass sich jeweils zwei Personen paarweise gegenübersitzen. Etwa drei, vier Minuten lang hat jedes „Paar" Zeit, sich voneinander zu verabschieden. Dabei kann es gehen um

- gemeinsame Erfahrungen an der Schule und in der Gruppe („Weißt du noch, als ..."),
- bisher Unausgesprochenes („Was ich dir immer mal sagen wollte ...")
- die eigene Rolle in der Gruppe („Ich habe den Eindruck, in letzter Zeit hast du die Rolle des ... gespielt."),
- Zukunftspläne („Was willst du denn nun in den nächsten Jahren machen?"),
- Zukunftsfantasien („Ich stelle mir vor, dass du in zehn Jahren ...").

Nach drei, vier Minuten sagt die Lehrperson Bescheid, dass die Zeit gekommen ist, im äußeren Kreis einen Platz nach links weiterzurücken.

Zehn Jahre später

Jeder – auch die Lehrperson – schreibt seinen Namen auf einen Zettel, knüllt ihn zusammen und wirft ihn in eine Schachtel. Anschließend zieht jeder ein „Los" und macht sich Gedanken über die gezogene Person. Was wird sie in zehn Jahren beruflich machen? Wie und mit wem wird sie leben? Was werden ihre Anschauungen, ihre Erfahrungen, ihre Träume sein? Anschließend findet ein Rollenspiel statt: Bei einem Klassentreffen in zehn Jahren stehen jeweils drei bis fünf Personen zusammen und erzählen sich etwas voneinander (Stehtisch, Theke in einer Kneipe). Vorweg gibt jeder bekannt, welche Person er darstellt.

Klassentagebuch

An manchen Schulen gibt es die Tradition, Klassentagebücher zu schreiben. Diese Praxis kann in den letzten vier Wochen vor Ende des Schuljahres intensiviert werden. Dabei schreibt jeder Schüler eine gemeinsame Erinnerung möglichst genau und detailliert auf. Die Erinnerungen werden in den letzten gemeinsamen Stunden vorgelesen und sind dann Gesprächsanlass.

Besondere Herausforderungen

Mit einigen Herausforderungen sind Deutschlehrer nur an wenigen Tagen im Jahr konfrontiert. Dennoch – oder gerade deswegen – erfordern sie eine besondere Vorbereitung und spezifische Gestaltungsideen. Gewappnet sein muss man z. B. für Elternsprechtage, die „tote Zeit" nach den Zeugniskonferenzen, die Aufgabe, eine Fachkonferenz zu leiten, die Bitte einer Schülerin, in ihr Freundschaftsbuch oder ihr Poesiealbum zu schreiben, aber auch für manche überraschende Vertretungsstunde. Im Folgenden finden Sie dazu einige schnell erschließbare Anregungen.

12 Ideen für Stunden außer der Reihe

Auch Vertretungsstunden, Stunden vor den Ferien oder einfach Unterrichtsphasen, in denen Schüler wie Lehrer den Eindruck haben, es müsse einmal etwas außer der Reihe passieren, lassen sich sinnvoll für das Fach Deutsch nutzen. Hier einige Vorschläge und Materialien, mit denen Sie solche Stunden produktiv gestalten können. Ein Teil des Materials kann sicherlich auch in den regulären Unterricht einbezogen werden.

A   Überraschungskoffer für Vertretungsstunden

„Es tat mir wohl, wenn Schüler der Unter- und Mittelstufe sich gegenseitig darauf aufmerksam machten, dass ich mit meinem ‚Überraschungskoffer' auf ihren Klassenraum zustrebte (‚Er hat den Koffer dabei!'). Mit großer Geste stellte ich ihn dann auf das Pult oder einen der Schülertische. Ein Schüler soll das Schloss öffnen, ein zweiter darf – möglichst verdeckt – eine Minute in ihm kramen. Dann fordere ich ihn auf, einen der Gegenstände daraus zu entnehmen. Der Gegenstand wird hochgehalten und dann herumgereicht."

So beschreibt der Geschichtslehrer Harm Mögenburg seine Lösung für ein Problem, das auch Deutschlehrer regelmäßig betrifft: die Vertretungsstunde. Gerade im Fach Deutsch sind Unterrichtsvertretungen oft problematisch. Der Unterricht der Fachkolleginnen und -kollegen entwickelt sich oft in ganz verschiedene Richtungen; z.b. werden Lektüren durchgearbeitet, die man selbst gar nicht kennt. In solchen Fällen ist es fast unmöglich, sich mit einer Vertretungsstunde in laufende Unterrichtsreihen einzuschalten. Wie aber dann die Stunde sinnvoll gestalten? Harm Mögenburg schlägt für solche Fälle vor, sich einen Ideenkoffer mit einer Reihe von Büchern und Gegenständen anzulegen, die bei Schülerinnen und Schülern besonderes Interesse wecken. Ein solcher Koffer ist im Übrigen für alle in irgendeiner Weise besonderen Stunden geeignet.

Mögliche Bücher und Texte für einen „Überraschungskoffer"

Mit allen Wassern gewaschen   5–13

Duden 11. Redewendungen. Wörterbuch der deutschen Idiomatik. Mannheim u. a. 2002

Der Band lädt zu vielfältigen sprach- und kulturgeschichtlichen Entdeckungsreisen ein. Sein Reiz besteht darin, dass bekannte sprichwörtliche Redensarten – über 10000 insgesamt – auf ihre Ursprünge zurückgeführt werden, was nicht selten zu überraschenden Einsichten führt. Das Lesevergnügen eignet sich besonders deshalb für Vertretungsstunden, weil es sich jeweils um kurze Eintragungen handelt, sodass ziemlich viele Schüler eine Redensart ihrer Wahl zur kulturgeschichtlichen Aufklärung vorschlagen können. Es empfiehlt sich, die Schüler zunächst Ersatzformulierungen für eine vorgeschlagene Redensart finden zu lassen (semantische Klärung) und sie dann über die Herkunft der Redewendung ausführlich spekulieren zu lassen. Erst danach wird die entsprechende Eintragung vorgelesen. Die gedankliche Auseinandersetzung mit den sprachlichen Phänomenen ist dann meist sehr intensiv, was dazu beiträgt, die im Deutschunterricht oft vernachlässigten idiomatischen Wendungen wieder stärker im aktiven Sprachschatz zu verankern. Da es manchmal nicht auf Anhieb gelingt, die interessantesten Eintragungen zu finden – natürlich gibt es auch viele wenig ergiebige Seiten –, ist es sinnvoll, zunächst einige besonders reizvolle Redensarten parat zu haben.

Beispiele für den Einstieg (kursiv gesetzt die Stichworte, unter denen die Redewendungen aufgeführt sind):

Redewendungen und ihre Herkunft

---

mit allen *Wassern* gewaschen sein

„Diese Wendung bezog sich ursprünglich auf Seeleute, die schon mit dem Wasser verschiedener Ozeane in Berührung gekommen sind, also weit gereist und daher sehr erfahren waren."

verflucht und zugenäht

Die Redewendung geht möglicherweise „auf ein altes Studentenlied zurück, das von einem Studenten erzählt, dessen Freundin von ihm schwanger wird. Daraufhin hat der Student in diesem Lied seinen ‚Hosenlatz verflucht und zugenäht'."

Weitere Beispiele:

auf *Draht* sein	wie *geschmiert* laufen
jdn. auf *achtzig* bringen	Dreck am *Stecken* haben
jetzt schlägt's *dreizehn*	aus dem *Lamäng*
jdm. durch die *Lappen* gehen	sich wie ein *Lauffeuer* verbreiten
vom *Leder* ziehen	jdm. auf den *Leim* gehen
toi toi toi	kurz vor *Toresschluss*
mit jdm. *Tuchfühlung* halten	in die *Vollen* gehen
etw. auf *Vordermann* bringen	jdm. die *Würmer* einzeln aus der Nase ziehen
jdm. ein *X* für ein *U* vormachen	einen *Zahn* zulegen
Zicken machen	

Zur weiteren Vertiefung: Lutz Röhrich: Das große Lexikon der sprichwörtlichen Redensarten. 3 Bde. Freiburg 1994.

Dummer Esel   5–8

Vitus B. Dröscher: Sie turteln wie die Tauben. Hamburg 1988

In dem Buch werden über 250 Sprichwörter mit Mensch-Tier-Vergleichen auf ihren Wahrheitsgehalt untersucht. Die Ergebnisse: Viele Spruchweisheiten, die sich im Deutschen verfestigt haben, stimmen gar nicht mit der Wirklichkeit überein. Bienenfleißig sind Bienen nach unseren Maßstäben z.B. keineswegs, denn sie „arbeiten" nur drei bis fünf Stunden am Tag. Und einen „dummen Esel" gibt es – wendet man die richtigen Vergleichsmaßstäbe an – auch nicht; denn der Esel ist eines der intelligentesten Huftiere. In dem Buch wird Wissenswertes mit Unterhaltsamem verbunden.

Eidam und andere untergegangene Wörter 5–8

Nabil Osman (Hrsg.): Kleines Lexikon untergegangener Wörter.
Wortuntergang seit dem Ende des 18. Jahrhunderts. München 2004

Besonders in Klassen 5 bis 8, in denen ein gesteigertes Interesse an geschichtlichen Kuriosa vorausgesetzt werden kann, stoßen untergegangene Wörter auf Interesse. Nach einer Vorstellung im Unterricht werden manche von einigen Schülern für kurze Zeit wieder in den aktiven Sprachschatz übernommen.

Untergegangene Wörter werden vorgelesen oder an die Tafel geschrieben. Die Klasse kann dann raten, welches aktuelle Ersatzwort verwendet werden müsste. Interessant ist es, den kulturgeschichtlichen Hintergrund der Umschichtung im Vokabular zu betrachten.

Beispiele untergegangener Wörter

Harnprophet	= Arzt	(z. B. von Goethe verwendet; Spottname für Ärzte der alten Schule, die aus dem Harn Krankheiten „ablesen" wollten)
Hälberling	= Bastard	(im 18. Jahrhundert gebraucht für halb = unehelich/nur von einer Seite ehelich)
beiten	= warten	(in vielen mittelhochdeutschen Texten zu finden)
bändig	= zahm	(urspr. auf Jagdhunde bezogen, die man an einem Band/Seil hielt; heute noch in „unbändig")
Duns	= Dumm-kopf	(von engl. *dunce*, von ca. 1750 bis 1800 im Deutschen gebraucht)
Eidam	= Schwieger-sohn	(z. B. von Schiller gebraucht)
erkennen	= mit jdm. schlafen	(z. B. in alten Bibelübersetzungen: Adam erkannte sein Weib Eva und sie ward schwanger; 1 Mos. 4,1)
Geburtsgeile	= Hoden/Eierstöcke	(verschwunden, weil das Wortelement „geil" eine Bedeutungsveränderung mitgemacht hat)
Heimsucht	= Heimweh	(durch den urspr. medizinischen Begriff „Heimweh" ersetzt worden)
Kammer-lauge	= Urin	(Euphemismus; Lauge aus dem Kammertopf/Nachttopf)
Hornung	= Februar	(Monatsbezeichnungen gehen zum Teil auf Karl den Großen zurück; später setzten sich die lateinischen Bezeichnungen durch)
Lenzmonat	= März	
Heumonat	= Juli	
Herbstmonat	= September	
Wintermonat	= November	
Christmonat	= Dezember	

Wo kommt mein Name her?   5–10

Hans Bahlow (Hrsg.): Deutsches Namenslexikon. Familien- und Vornamen nach Ursprung und Sinn erklärt. Frankfurt/M. 1990
Rosa und Volker Kohlheim: Duden. Das große Vornamenlexikon. Herkunft und Bedeutung von über 6000 Vornamen. Mannheim u. a. 2004

Welcher Schüler ist nicht daran interessiert, etwas über die Herkunft seines Vor- oder Familiennamens zu erfahren? Einige Schüler werden mit Lexika ausgestattet, die übrigen Schüler stellen nacheinander bei den „Expertinnen und Experten" ihre Fragen. Sind alle Namen der Klasse geklärt, können die Namen von Verwandten, Bekannten oder Lehrern der Schule angefragt werden. Dabei ist es ratsam, auch auf fremdsprachige Namen eingestellt zu sein. Die Auseinandersetzung mit den Namen ausländischer Schüler – aber auch mit vielen deutschen Namen fremdsprachigen Ursprungs! – kann zur interkulturellen Verständigung beitragen.

Die Namenserkundung kann durch folgende Arbeitsanregungen weiter vertieft werden.

Namen in unserer Klasse

1. Untersucht, wie Spitznamen von Schülern eurer Klasse und eurer Nachbarklassen entstanden sind. Dabei kann euch die folgende Klassifizierung helfen:
    – Methode A: Wortbestandteile aus der Werbung oder aus Firmennamen.
      Beispiele: McCheese, Hanuta.
    – Methode B: Fremdsprachige (meist englische) Wörter, die etwas mit dem Aussehen oder dem Charakter der Person zu tun haben.
      Beispiele: Joky, Fat.
    – Methode C: Verkleinerungsformen mit -chen, -i, -le, -l, oft an eine einzige Silbe des Namens angehängt.
      Beispiele: Michi (für Michael), Hansi, Klausi, Netti (für Jeannette), Danni (für Daniela), Nicki (für Niklas).
    – Methode D: Lustige Verfremdung des Familien- oder Vornamens.
      Beispiele: Melone (statt Melanie), Vollmilch (statt Vollmar), Pfanni (statt Stephanie).
    – Methode E: Bildung eines Gegenteils oder einer Weiterentwicklung.
      Beispiele: Süß (zu Sauer), Porno (zu Graf, über Pornograf).
    – Methode F: Analogiebildung.
      Beispiel: Maggi (zu dem Familiennamen Knörr).
    – Methode G: Verdopplung einer Silbe des Namens.
      Beispiele: Kiki (für Kira oder Kirsten), Momo (für Moritz).

- Methode H: Assoziationen mithilfe einer Silbe oder zweier Silben des Namens.
Beispiele: Torte (zu Torsten), Biene (zu Sabine), Bruno (für Bruns), O weh (für Overath).

(Einige der Beispiele wurden folgendem Aufsatz entnommen: Brigitte Seidel: Mit Namen kosen, necken, spotten, schmähen. In: Praxis Deutsch, H. 122, 11/1993, S. 42–49.)

2. Schreibe einen Text über die Vor- und Zunamen eines Mitschülers/einer Mitschülerin. Lass dich von dem folgenden Text anregen.
Bernd: männl., oft als selbst. VN., KoF. zu Bernhard, germ. Männername, zsgs. aus: „Bern" = Bär, germ. *beran + „hard" = kühn, mutig, unerschrocken, stark, germ. *haru, hart wie ein Bär. Ein Wunschname.
Jenzsch: sorb., doppelter Diminutiv zu Johannes, griech. und lat. PN., geht zurück auf hebr. „Jehohanan", zusg. aus: „Jeho(wa)" = Gott + „hanan" = gnädig sein. Ein Wunschname. – Trost der Etymologie: Das bärenstarke kleine Johannesschen, dem Gott gnädig sei. Ja!Ja!Ja!Ja!
(Aus: Bernd Jentzsch: Von der alten Lust sich aufzubäumen. Leipzig 1992)

3. Schreibt Anagramme zu Namen in der Klasse/im Kurs.
Beispiele: Der Barockdichter Christoffel von Grimmelshausen nannte sich u. a. German Schleifheim von Sulsfort, der Schriftsteller (Hans) Magnus Enzensberger legte sich als Herausgeber eines Buches den Namen Serenus M. Brezengang zu.

Das ist ja gar nicht deutsch!   5–10

Duden 7. Das Herkunftswörterbuch. Die Etymologie der deutschen Sprache. Mannheim u. a. 2001

Mit diesem Buch kann u. a. auf interessante Weise die Internationalität des deutschen Wortschatzes demonstriert werden: Im Deutschen gibt es viele Wörter, die einen fremdsprachigen Ursprung haben. Umgekehrt sind viele deutsche Wörter bis in die jüngste Zeit in fremde Sprachen gelangt. Die Auseinandersetzung mit dem Buch kann wie ein Fragespiel aufgezogen werden; allerdings werden die Schüler bei den meisten Wörtern nur mehr oder weniger begründete Vermutungen anstellen können. Hier einige Beispiele, die sich für dieses Fragespiel eignen (die Informationen gehen z.T. über die Angaben im oben aufgeführten Duden-Band hinaus):

Aus welcher Sprache kommt das Wort?

Fenster	(lateinisch: fenestra)
Annonce	(französisch: annonce)
Fritten	(französisch: pommes frites)
Tomate	(mexikanisch/spanisch: tomate)
Zucker	(indisch: sarkara, über das Arabische sukkar und Italienische zucchero ins Deutsche)
Sirup	(arabisch: sarab = Trank)
Roboter	(tschechisch: robot = Fronarbeit)
Pudding	(englisch: pudding = Pudding, aber auch Wurstsorte, z. B. black pudding = Blutwurst)
Schokolade	(Eingeborenensprache Mexikos, über span.: chocolate ins Deutsche)
Alkohol	(arabisch: al-kuhl = Antimon, Salbe zum Schwarzfärben der Augenlider)
Curry	(tamilisch: kari; über das Englische ins Deutsche gelangt)
Butter	(lateinisch: butyrum)
Kusine	(französisch: cousine)
dolmetschen	(türkisch: tilmac = Mittelsmann)
Kirche	(griechisch: kyriaké)
Chips	(englisch: chip)
Schule	(lateinisch: scola)
Bungalow	(indisch/Hindi: bangla; über das Englische ins Deutsche gelangt)
Oldtimer	(amerikanisches Englisch für: alter Mensch; falsch eingedeutscht)
Showmaster	(deutsch; das Wort existiert im Englischen nicht; falsche Übertragung)
modern	(lateinisch: modernus)
Frisör	(französisch: frisoir = Brenneisen; Frisör auf Franz.: coiffeur)
bravo	(italienisch: bravo; urspr. Beifallsruf in der Oper)
Känguruh	(austral. Eingeborenensprache; über engl. kangaroo ins Deutsche gelangt)
Zelle	(lateinisch: cella)

Aus welcher Sprache kommt das Wort?

Schlamassel	(aus dt.: schlimm; und jiddisch: masol = Schicksal)
Düsen-Jet	(englisch: jet = Strahl, Düse; Düsen-Jet heißt also „Düsen-Düse"; überflüssige Verdoppelung)
salopp	(französisch: salope = Schlampe)
Shampoo	(indisch/Hindi; über das Englische ins Deutsche gelangt)
malochen	(hebräisch; über das Jiddische ins Deutsche gelangt)
Match	(englisch: match)
Schach	(persisch: sah = König)
Sport	(englisch: sport, urspr.: disport, aus dem Lateinischen)
Detail	(französisch: détail)
Slogan	(keltisch; über das Englische ins Deutsche gelangt)
Pyjama	(indisch/Hindi; über das Englische ins Deutsche gelangt)
Sofa	(arabisch: suffa = Ruhebank)
Mob	(englisch: mob, aus latein.: mobile vulgus = erregbare Menge)
Streik	(englisch: to be on strike = streiken)
Regel	(lateinisch: regula)
Lift	(englisch: to lift = hochheben)
Balkon	(italienisch: balcone)
Analyse	(griechisch: anallyein = auflösen)
Team	(englisch: team)
Brief	(lateinisch: breve)
Happy End	(kommt im Englischen so nicht vor; dort heißt es: happy ending)
Schal	(persisch: sal; über das Englische ins Deutsche)
Keyboard	(englisch: keyboard, urspr. Tastatur eines Klaviers)
Hit	(skandinavisch; über engl.: to hit = treffen ins Deutsche)
Keller	(lateinisch: cellarium)
Bank	(italienisch: banco)
Smoking	(englisch: Rauchen; falsche Übertragung; engl. Entsprechung: dinner-jacket)
Bikini	(Südseesprache; über das Amerikanische ins Deutsche gelangt)

Aus welcher Sprache mögen diese Wörter kommen – und was könnten sie bedeuten?

l'ersatz	Französisch	(Malzkaffee oder Kunsthonig)
le kirsch	Französisch	(Kirschwasser)
crauti	Italienisch	(Sauerkraut)
scherzare	Italienisch	(scherzen)
snitsel	Türkisch	(Schnitzel)
schnitzel	Englisch	(Wiener Schnitzel)
weltanschauung	Englisch	(Weltanschauung)
spec	Italienisch	(Speck)
smearcase	amerik. Englisch	(Schmierkäse, falsche, an der Lautung orientierte Übertragung)
valzer	Italienisch	(Walzer)
stoccafisso	Italienisch	(Stockfisch)
kindergarten	Englisch	(Kindergarten)
blitz	Englisch	(Blitzkrieg, schwerer Luftangriff, schnelle Erledigung: Let's have a blitz on the washing-up!)
leitmotiv	Englisch	(Leitmotiv in der Musik)
frankfurter	Englisch	(Würstchen)
rucksack	Englisch	(Rucksack; sprich: racksäck)
dackshunds	Englisch	(Dachshunde; sprich: däkshunds)
schmaltz	Englisch	(Kitsch)
schmaltzy	Englisch	(sentimental)
schnapps	Englisch	(Schnaps)
abseil	Englisch	(to abseil = sich abseilen)
lieder	Englisch	(Lieder; sprich: liede)
Neanderthal	Englisch	(primitiver Mensch; a political Neanderthal)
strafe	Englisch	(im Tiefflug angreifen; sprich: ßtraaf oder ßträif)
pretzel	amerik. Englisch	(Salzbrezel)
kraut	Englisch	(Deutscher)

Gut gelungene Schülerzeitungen aus den letzten Jahren 5–13

Wie alle Periodika sind Schülerzeitungen kurzlebige Produkte. Das ist schade, denn sie enthalten oft interessante Schülertexte. Über Jahre gesammelt, sind besonders einige Rubriken solcher Zeitungen (z.B. Lehrersprüche) für jüngere Schüler von großem Interesse. Manchmal motiviert das Präsentieren älterer Ausgaben der Schülerzeitung dazu, an einer neuen Ausgabe mitzuarbeiten.

Lustige Texte aus dem Schulalltag 5–13

Hier können ausgefallene Entschuldigungen (Namen eingeschwärzt), und zwar sprachlich misslungene ebenso wie provokative und verschmitzte, zusammengestellt werden. Einige Beispiele:

> Sehr geehrter Herr X,
> wegen plötzlich auftauchender Übelkeit bitte ich Sie
> mein Fehlen am 11. 3. zu entschuldigen.

> Sehr geehrter Herr X,
> mein Sohn C. konnte wegen Kopfzerbrechen an Ihrem
> Kurs vom 26.9. nicht teilnehmen.

> Sehr geehrter Lehrkörper,
> ich bitte Sie, mein Fernbleiben von den Unterrichtsveranstaltungen nach der
> sechsten Stunde am Mittwoch, dem 7. 3., zu entschuldigen, da mir aufgrund
> ständig auftretender Assoziationen mit der bevorstehenden Leistungskursklausur der Magen nicht wohl gesonnen war.

> Sehr geehrte Frau X,
> im Zusammenhang mit der Zerstörung eines Stuhles spende ich der Schule
> 40 €. Der Verwendungszweck ist der Schule freigestellt.

B Provokationstexte für Gespräche

Die folgenden Texte sprechen konflikthafte Situationen an, in denen man sich nicht so ohne weiteres auf die eine oder andere Seite schlagen kann. Sie legen Differenzierungen nahe und schließen vorschnelle Lösungen aus. Mit den nachfolgenden methodischen Vorschlägen werden die Schülerinnen und Schüler in die Position von Beratern versetzt, die sich ein eigenes Urteil bilden müssen. Bevor sie jedoch angeben können, wie sie sich zu den geschilderten Fällen stellen wollen, müssen sie genauer die Lebenslagen, Beweggründe und Ziele der Personen bzw. Figuren studieren, um die es in den Texten geht. Nachdem sich jeder einzeln ausführlich mit dem vorgelegten „Fall" auseinandergesetzt hat, können die Ausarbeitungen vorgelesen bzw. vorgeführt und als Einstieg in ein Gespräch genutzt werden.

Mögliche Arbeitsaufträge

- Schreibe ... einen Brief, in dem du ihm/ihr/ihnen einen Rat gibst. Begründe deinen Rat ausführlich.
- Überlege dir, was du ... in einem Telefongespräch sagen würdest. Suche dir einen Partner/eine Partnerin in der Klasse. Führt ein Rollenspiel vor, in dem ihr miteinander telefoniert.
- Zu zweit seid ihr Augenzeuge des beschriebenen Vorfalls. Bereitet ein Rollenspiel vor, in dem ihr so tut, als würdet ihr den Vorfall *live* kommentiert.

Texte für die Klassen 5 bis 7

Simon

Simon liegt im Bett und kann nicht einschlafen. Ihm war, als wäre jemand in den Schrank gehuscht und hätte sich dort versteckt. Er geht zu seinen Eltern und sagt: „Bei mir ist jemand im Schrank, ich glaub, ein Dieb." „Ach Quatsch", sagt die Mutter, „dein Schrank ist dafür viel zu klein." Und der Vater: „Du bist doch schon ein großer Junge, nun zeig mal, dass du keine Angst mehr hast." Simon legt sich wieder in sein Bett. Da er immer den Schrank beobachten musste, kann er wieder nicht schlafen; er geht zu seinem Bruder und erzählt, was vorgefallen war. Dieser nimmt sogleich einen Stock, reißt die Schranktür auf und schlägt zu, so fest er kann. Dann schläft Simon ein.

(Aus: Hajo Bücken (Hrsg.): Das Fremde überwinden. Offenbach 1991, S. 62)

Arbeitsanregungen:
- Brief an/Telefonat mit der Mutter/dem Vater.
- Erzähle von ähnlichen Ereignissen, die du selbst erlebt hast.

Eine Nachtigall

Eine Nachtigall wurde krank und konnte nicht mehr singen. Da sagten die Spatzen: „Die ist nicht krank, die ist nur faul." Das verletzte die Nachtigall und sie begann wieder zu singen. „Hatten wir nicht Recht?", fragten die Spatzen. Die Nachtigall aber fiel vom Baum und war tot; das Singen kostete sie zu viel Kraft. Da sagten die Spatzen: „Warum muss sie auch singen, wenn sie krank ist?"

(Aus: H. Bücken, ebd., S. 54)

Arbeitsanregungen:
- Brief an/Telefonat mit der wiederauferstandenen Nachtigall.
- Erzähle von ähnlichen Ereignissen, die du selbst erlebt hast.

Texte für die Klassen 8 bis 13

Karriere, Kinder und ein Mann

Angela ist 17 Jahre alt. Sie ist Chefredakteurin einer Schülerzeitung und besucht ein Gymnasium in einer Kleinstadt in Südbayern. Angela ist eine sehr gute Schülerin. Wenn sie darauf angesprochen wird, errötet sie.

Bist du nicht gern die beste Schülerin deiner Klasse, Angela?

Ja, doch. Schon. Nur. Es ist nicht so einfach.

Wie meinst du das? Tust du sehr viel dafür?

Auch. Aber nicht unbedingt. Mathe und Naturwissenschaften sind meine Lieblingsfächer.

Aha.

Ja, das hört sich irgendwie blöd an. Ich weiß.

Wieso blöd?

Ja, Streber. Sind ja auch nicht gerade typische Mädchen-Fächer. Aber das finde ich gerade gut. Ich will Ärztin werden.

Was ist daran nicht so einfach, die beste Schülerin der Klasse zu sein?

Es gibt viel Konkurrenzdruck unter uns in der Klasse. Von den Jungen wie von den Mädchen. Aber mehr noch von den Mädchen. Die Jungen meiden mich eher. Die wollen mit mir nicht in Konkurrenz gehen. Die ziehen andere Mädchen vor.

Was für Mädchen?

Ja, so, die eben in Fächern gut sind, die die Jungen nicht so mögen. Deutsch und Kunst und so. Der Junge ist dann eben ein ganz toller Typ in Mathe und seine Freundin ist nicht besser als er. Eher schlechter. Sie kann aber da gut sein, wo er keinen Bock drauf hat. Eben Kunst oder Sozialkunde.

Hast du einen Freund?

Nein. Noch nicht.

Du möchtest noch keinen?

Ich möchte schon heiraten und auch Kinder haben. Aber ich möchte auch Ärztin sein. Chefärztin in einem Krankenhaus vielleicht. Das kann ich mir alles vornehmen, und das möchte ich auch erreichen. Aber ich kann ja den zukünftigen Vater meiner Kinder nicht mit einplanen. Das weiß ich.

Warum nicht?

Ich weiß nicht, ob ein Mann das mitmacht. Ob er sich mit mir die Arbeit mit den Kindern teilt, meine ich.

Ob er damit einverstanden ist, dass dein Beruf für dich auch zu deinem Leben gehört?

Ja. Ganz genau. Für mich eben auch. Genauso wie für ihn. Aber Kinder will ich auch auf jeden Fall haben. Kinder und meinen Beruf. Ehe wäre natürlich sehr schön. Ich möchte nicht auf etwas verzichten müssen. Männer verzichten ja auch nicht auf Kinder, nur weil sie ihren Beruf haben.

Wie willst du es machen?

Ich kann mich nur beeilen. Sehr guten Schulabschluss, Studium, schnell Karriere machen, eine Position bekommen, die mir sicher bleibt. Dann mit 30 Jahren Kinder, zwei Kinder schnell hintereinander. Und dann mit 35, 36 weiter Karriere.

Glaubst du, das schaffst du?

Ich muss es schaffen.

Warum?

Ich möchte nicht nur Hausfrau und Mutter sein. Okay, es gibt bestimmt Frauen, die das gerne machen. Ich möchte aber auch nicht nur die tolle Karrierefrau sein und keine Familie haben. Ich mag Kinder. Ich kann mir gar nicht vorstellen, keine Kinder haben zu wollen.

Du bist ja selbst fast noch ein Kind.

Na ja. Ich bin jetzt 17 geworden. Obwohl. Irgendwie stimmt es auch. Ich mag diese Karrierefrauen nicht so gern, die keine Kinder haben wollen.

Gibt es Vorbilder für dich?

Für das, was ich vorhabe? Eigentlich nicht. Nein. Die Feministinnen nicht. Die sind ja eben gegen die Ehe, glaube ich. Aber ich bin nicht gegen die Ehe. Ich fürchte eben nur, dass eine Fulltime-Krankenhaus-Chefärztin mit zwei Kindern nicht geheiratet wird. Und Männer, Väter, die für ihre Kinder zu Hause bleiben und dadurch ihre Frau im Beruf unterstützen, solche Männer kenne ich nicht. Da gibt es auch keine Vorbilder. Bei mir im Gymnasium sind die Jungen alle Machos. Das wollen die auch sein. Und viele Mädchen finden das gut. Besser als so langweilige Softies.

Du willst alles?

Wie?

Erfolg im Beruf, zwei wunderbare Kinder und einen richtigen Mann.

Ja. Stimmt genau. Und jetzt sagen Sie mir bitte nicht, dass das nicht geht!

(Mit Angela sprach Viola Roggenkamp, aus: „Die Zeit" vom 27.11.1993)

Arbeitsanregungen:

● Brief an/Telefonat mit Angela.

● Brief an/Telefonat mit einem „Macho" an Angelas Schule.

Zahlen oder aussteigen

Der Sechsunddreißiger ist ein Schnellbus. Erste Klasse also. Die kürzeste Fahrt kostet 3,60 Mark. Man steigt gern ein. Der Sechsunddreißiger bedient die Hamburger Elbvororte.

An der Grenze zwischen St. Pauli und Altona steigen zwei Personen zu, eine ältere Dame mit flottem Hut und vornehmer Blässe und ein junger Farbiger in ab-

getragenen Turnschuhen und abgewetzter Windjacke. Gemeinsam haben sie schon viele Minuten auf den Bus gewartet, der sich, wie so oft nachmittags, verspätet hat.
Der Busfahrer lässt die Dame anstandslos passieren. Vom farbigen Fahrgast verlangt er die Fahrkarte. Das ist nun Pech. Seine Monatskarte gilt nicht zur Rushhour zwischen 16 und 18 Uhr. Laut Fahrplan hätte der Bus aber lange vor 16 Uhr an der Haltestelle sein müssen. Der Fahrer reagiert scharf. „Ihre Karte gilt jetzt nicht. Sie müssen den Bus verlassen", bestimmt er. Der Fremde versteht nicht recht. „Verlassen Sie den Bus!" Der Finger zeigt nach draußen. Die Geste wird verstanden. Die Fahrt kann weitergehen. Sie könnte.
„Dann müssen Sie mich auch rauswerfen. Ich habe die gleiche Monatskarte", verlangt nun die Dame mit der vornehmen Blässe. Der Fahrer schluckt. Er glaubt ihr nicht. Fragt nach einer Pause höflich: „Darf ich bitte Ihre Karte sehen?", wohl hoffend, dass dies nicht wahr sein möge. Doch sie hat Recht.
Nun will, nun muss er Gerechtigkeit walten lassen. Sonst gilt er womöglich als Ausländerfeind. In fast entschuldigendem Ton sagt er: „Sie müssen jetzt bezahlen oder aussteigen." Doch die Dame denkt gar nicht daran. Erstens: Wäre der Bus pünktlich gewesen, hätte die Monatskarte gegolten. Zweitens: „Sie können gern meine Adresse haben, aber zahlen tue ich nicht." Es geht ihr keineswegs ums Geld. „Hier mein Personalausweis" – freundlich, aber bestimmt streckt sie das amtliche Papier vor. Verspätungen habe die Verkehrsgesellschaft zu verantworten. „Ich kann morgen selbst zum Verkehrsverbund gehen", macht sie einen Vorschlag zur Güte. Der Fahrer lehnt ab, nicht ahnend, dass er damit seine letzte Chance zum Einlenken verpasst.
Er stellt den Motor ab, ruft die Zentrale. Die ruft zurück und meint auch: Entweder sofort bezahlen oder sofort aussteigen. Hinten wird es langsam unruhig. „Fahren Sie sofort weiter, ich brauche meine Fähre", drängt eine Frau. „Die da vorne soll endlich aussteigen", findet ein Herr. „Wie heißt der Mann in der Zentrale, ich zeig ihn an wegen Freiheitsberaubung!", ruft ein anderer. Die, die ihre Fähre haben will, zählt kurz durch: „Wir sind neunzehn. Wenn jeder zwanzig Pfennig zugibt, können wir die Fahrkarte für die Dame zahlen." Die will aber nicht.
Draußen fließt der Verkehr vorbei. Der Fahrer hält über Sprechfunk die Verbindung und verkündet jeweils die letzten Anordnungen der Zentrale, denen er sich unterwirft, nach hinten: „Jetzt wird die Polizei geholt", sagt er siegessicher, und wenig später: „Die Dame muss für den gesamten Betriebsschaden aufkommen." Der ist nun schon erheblich: Mittlerweile ist der Anschlussbus, auch verspätet, aufgelaufen. „Tür auf, Tür auf, Tür auf!", skandieren einige der Eingeschlossenen. Der Fahrer zögert einen Moment. Doch dann lässt er die Mitteltür aufspringen – die aufgebrachte Menge stürzt hinaus und rettet sich, wie Schiffbrüchige aufs herbeigeeilte Rettungsschiff, in den Anschlussbus.
Endlich, nach langem Warten, ein Polizeiwagen. Zögernd kommen die Streifenbeamten heran. Was sie da erwarten mag, können sie nicht sogleich überblicken. Sie sehen: einen leeren Bus, zwei ruhige Insassen, die ihre Argumente

längst ausgetauscht haben. Der Mann in Uniform, ganz Routine, nimmt erst mal die Personalien auf, zuerst die des Busfahrers. „Sie heißen?" Währenddessen macht seine Kollegin in Uniform der Dame mit Hut einen salomonischen Vorschlag: „Wissen Sie was? Wir fahren Sie dahin, wo Sie aussteigen wollten." Der Peterwagen mit der Dame und ihren diversen Einkaufstüten auf dem Rücksitz fährt schneidig los. Der Sechsunddreißiger dampft schwerfällig hinterdrein. „Da ist man ein guter Bürger", erklärt die Dame den Beamten, „und dann möchte man nicht so behandelt werden." Und: „Es ist sicher kein Zufall, dass er gerade den Ausländer gefragt hat. Na, vielleicht hat er schon mal schlechte Erfahrungen mit Ausländern gemacht."

Sie kommt kaum noch dazu, zu erzählen, dass sie seit neuestem, wie von der Umweltbehörde in einer Postwurfsendung vorgeschlagen, als gute Bürgerin ihre Gartenabfälle kompostiert, da ist man auch schon vor ihrem Haus. Drei Haltestellen weiter. Die Frau in Uniform hält die Tür des Peterwagens auf. Die Dame steigt aus und bedankt sich. Der Führer des Fahrzeugs der Linie 36 braust derweil in seinem leeren Bus grußlos an ihr vorbei.

Sie war im Recht – das wurde später amtlich festgestellt. Wie eine Sprecherin des Verkehrsunternehmens einräumte, bestand für den Busfahrer eine Beförderungspflicht.

(Reiner Scholz, aus: „Die Zeit" vom 21. 8. 1993)

Arbeitsanregung:

Der Text kann etwa bis auf das letzte Drittel vorgelesen werden. Dann folgt ein Brief an/Telefonat mit dem Busfahrer/der „Dame". Nach einem ausführlichen Gespräch über die vorgetragenen Positionen wird der Rest vorgelesen.

Vor oder zurück?

Langsam steure ich den Wagen durch die enge Gasse von geparkten Fahrzeugen vor unserem Haus. Ich bin schon ein gutes Stück in Richtung Wienerstraße vorangekommen, als von vorne ein BMW einbiegt und mir nun schnell und lichthupend entgegenkommt. Wir kommen voreinander zum Halten. An ein Aneinander-Vorbei ist nicht zu denken. Das ungeschriebene Gesetz heißt, derjenige, der den kürzeren Weg zum nächsten Ausweichplatz hat, muss zurück. Der BMW gegenüber ist voll besetzt mit Jugoslawen. Ich kenne sie flüchtig. Sie wohnen zwei Häuser weiter in einem vom Bezirksamt zugewiesenen Hotelzimmer. Meistens basteln sie an ihren Autos herum, machen Startversuche, lassen den Motor aufheulen. Jetzt gestikulieren sie im Wagen gegenüber, hupen, lichthupen, ich soll zurück. BMW-Fahrer, Machotypen, schießt es mir durch den Kopf. Ich stelle den Motor ab, zwinge mich zur Ruhe. Der Beifahrer steigt aus und kommt rückwärtswinkend auf mich zu. „Zurück, zurück", er zeigt mir, wo ich hinfahren soll. Hinter den Jugoslawen kommt ein zweites Fahrzeug zum Halten.

Ich verhandle mit dem Beifahrer des BMW und versuche anzuzeigen, dass für
sie der Weg zurück viel kürzer ist. „Nix Deutsch, nix Deutsch, zurück, zurück,
fahren jetzt", fällt mir der Jugoslawe ins Wort. Der Fahrer des zweiten Wagens
kommt heran, ein Türke. „Was willst du", fragt er mit düsterer Miene. Die Wut
steigt hoch. „Mit dir rede ich doch gar nicht", sage ich, lasse ihn links liegen und
verhandle weiter mit dem Jugoslawen. Der dreht sich um, ruft etwas zum Auto.
„Was eh, was", fragt der Türke drohend und neigt sich zu meinem Fenster herunter. Ich steige aus, schiebe ihn zur Seite. Er ist kleiner als ich. Ich gehe zum
Fahrer des BMW, rede auf ihn ein. „Nix Deutsch, nix Deutsch", sagt er und deutet auf den Beifahrer. Aus dem Augenwinkel sehe ich, dass sich ein Menschen-
auflauf gebildet hat. Lachende Gesichter, fremde Sprachen. „Du musst zurück",
ruft mir Bas, unser Hausmeister, zu und lacht. Yoldas, der Türke aus dem vierten
Stock, grinst: „Zurück", deutet er mit sichtlicher Freude. Wo kommen all diese
Leute auf einmal her, frage ich mich? Im Café an der Ecke hängen sie aus Fenster
und Tür. Ich erkenne den Gemüsehändler, Sahin, den Besitzer des Fotogeschäfts,
Türmer, den Friseur. Sie alle sind sich einig, der Deutsche muss zurück. Bas'
Sohn kommt auf mich zu. „Du musst zurück, du sein im Recht, aber ist besser
so." Der Türke aus dem zweiten Wagen redet pausenlos auf mich ein. Sein Kopf
ist hochrot, die Augen weit aufgerissen. Ich gehe zurück zum Wagen. Sie folgen
mir. „Polizei holen", schießt es mir durch den Kopf. Intuitiv weiß ich, wer dann
Recht bekommt. Ich steige ins Auto. „Lass doch", sagt Karin, „das hat doch keinen Sinn. Fahr zurück." Ich starte den Wagen, stoße zurück, mache Platz. Ein
Gefühl der Unterlegenheit. Mit aufheulenden Motoren schießen die zwei Fahr-
zeuge an mir vorbei, hochmütig, mich keines Blickes mehr würdigend, die Fahrer. Meine Nachbarn lachen und winken. Mir ist nicht nach Lachen zumute.
„Scheiß Ausländer", klebt es mir auf der Zunge. Ich schlucke diesen bitteren
Satz. „Wenn das Deutsche gewesen wären, hättest du keinen Platz gemacht,
stimmt's?", fragt Karin. „Wahrscheinlich", antworte ich. „Ich bin zurückgefah-
ren, weil es Ausländer waren und weil sie alles andere als Ausländerfeindlichkeit
gewertet hätten." „Männergeschichten", sagt Karin kopfschüttelnd. Für sie ist
das Thema damit beendet.

(Aus: Wolfgang Laschka/Bund Deutscher Pfadfinder (Hrsg.): Multikulturelle
Jugendarbeit. Verlag Jugend & Politik, Frankfurt/M. 1990, S. 10–11)

Arbeitsanregung:
Live-Kommentar in einem Rollenspiel. Zuschauer kommentieren das
Geschehen.

C   Wer war's? – Autoren-Suchspiel

Dieses Spiel kann in den Klassen 9 bis 13 in Vertretungs- und sonstigen Einzelstunden eingesetzt werden. Eine andere Möglichkeit ist, ein umfangreicheres Unterrichtsvorhaben daraus zu machen: Die Schülerinnen und Schüler lesen sich arbeitsteilig in die Biografien von Autoren und Autorinnen einer Epoche oder mehrerer literarischer Epochen ein und stellen pro Stunde einen Autor per Kurzreferat und Beispieltext vor. In den folgenden Wochen beginnen die Unterrichtsstunden ab und zu mit dem Ratespiel „Wer war's?".

Wer war's? – I
Als er erwachsen war, setzte er sich hin und schrieb einen berühmten „Brief an den Vater". Unter der einengenden, zerstörerischen Wirkung, die von diesem Vater ausging, hat er zeit seines Lebens gelitten. In dem Brief heißt es: „Für mich als Kind war alles, was du mir zuriefst, geradezu Himmelsgebot, ich vergaß es nie, es blieb mir das wichtigste Mittel zur Beurteilung der Welt, vor allem zur Beurteilung deiner selbst, und da versagtest du vollständig. Da ich als Kind hauptsächlich beim Essen mit dir beisammen war, war dein Unterricht zum großen Teil Unterricht im richtigen Benehmen bei Tisch. Was auf den Tisch kam, musste aufgegessen, über die Güte des Essens durfte nicht gesprochen werden – du aber fandest das Essen oft ungenießbar; nanntest es ‚das Fressen'; das ‚Vieh', wie du die Köchin nanntest, hatte es verdorben. (...) Man musste Acht geben, dass keine Speisereste auf den Boden fielen, unter dir lag schließlich am meisten. Bei Tisch durfte man sich nur mit Essen beschäftigen. Du aber putztest und schnittest dir die Nägel, spitztest Bleistifte, reinigtest mit dem Zahnstocher deine Ohren. Bitte, Vater, verstehe mich recht, das wären an sich vollständig unbedeutende Einzelheiten gewesen, niederdrückend wurden sie für mich erst dadurch, dass du, der für mich so ungeheuer maßgebende Mensch, dich selbst an die Gebote nicht hieltest, die du mir auferlegtest. Dadurch wurde die Welt für mich in drei Teile geteilt, in einen, wo ich, der Sklave, lebte, unter Gesetzen, die nur für mich erfunden waren und denen ich überdies, ich wusste nicht warum, niemals völlig entsprechen konnte, dann in eine zweite Welt, die unendlich von meiner entfernt war, in der du lebtest, beschäftigt mit der Regierung, mit dem Ausgeben der Befehle und mit dem Ärger wegen der Nichtbefolgung, und schließlich in eine dritte Welt, wo die übrigen Leute glücklich und frei von Befehlen und Gehorchen lebten."

Wer war's? – II

Er war ein rebellischer Jugendlicher. Zunächst wollte er Prediger werden; auf eine lauschende Gemeinde, so stellte er es sich vor, wollte er mit der Macht des Wortes wirken. Er wurde in eine strenge Lateinschule gegeben, in der er sich auf ein theologisches Seminar hätte vorbereiten können, um dann später in das berühmte „Tübinger Stift" einzutreten. Aber dann kam alles anders. Der Landesherr zwang den Vater, einen Offizier, den begabten Sohn einer neu gegründeten Militärschule zu überlassen. Dort wollte sich der Herrscher seine zukünftigen Diener heranziehen. In jener Zeit war der Wille des Despoten Befehl. Der dreizehnjährige Junge musste in eine ihm fremde Umgebung, in der alles, vom Zöpfeflechten am Morgen bis zum Abendgebet im großen Schlafsaal, auf das Kommando von Offizieren zu geschehen hatte. Über die Jahre wurde in ihm der Drang nach Freiheit immer stärker. In der Umgebung der Militärschule, zwischen schulischem Drill, Fecht- und Reitübungen hat der Jugendliche sein erstes Drama geschrieben. Als Regimentsmedikus setzte er dieses Doppelleben fort, bis sein Stück am Mannheimer Nationaltheater mit großem Erfolg aufgeführt wurde. Damit wurde er der geistige Führer einer revolutionär gesinnten Jugend. Der Herzog verlangte von ihm, dass er bei Strafe der Dienstentlassung keine Stücke mehr schreibe. Der junge Autor floh aus dem Herrschaftsbereich des Despoten – mittellos, aber frei.

Wer war's? – III

Seine Jugend fiel in einen verheerenden Krieg. Als Jugendlichen setzte man ihn als Flakhelfer, schließlich als Panzerschützen ein. Auch in den Jahren danach war das Leben hart: „Die Unbedenklichkeit des Neunzehnjährigen", schrieb er später, „machte es mir im Winter 1946/47, diesem Winter ohnegleichen, in dem die Frierenden hungerten und die Hungernden im Bett froren, möglich, alles auf eine Wunschkarte zu setzen: Bildhauer wollte ich werden; doch die Kunstakademie Düsseldorf hatte wegen Kohlenmangels geschlossen. Also ließ ich mich vorerst in zwei Grabsteinbetrieben" – die hatten damals viel zu tun – „als Steinmetz und Steinbildhauer ausbilden. Mit Arbeiten in Sandstein, Marmor und Muschelkalk, die verschollen sind, und mit Porträtzeichnungen alter Männer, die ich im Caritas-Heim Düsseldorf-Rath, meinem Schlafplatz in einem Zehnbettzimmer, gezeichnet hatte, schaffte ich zum Wintersemester 1948/49 die Aufnahme in die Akademie." Die Bildhauerei hat er nie aufgegeben. Bekannt aber wurde er einige Jahre später mit Dramen, berühmt dann mit Romanen. Darin hat er an der Sprache genauso geduldig gemeißelt wie vorher an Steinen.

Wer war's? – IV
Der Junge wuchs in einer wohlhabenden Familie auf. Der Vater hatte vor, ihn in einen anständigen bürgerlichen Beruf zu bringen; er sollte Jura studieren. Aber der Sohn studierte kaum, während er das Geld der Familie mit vollen Händen ausgab. Zumindest befasste er sich kaum mit der Juristerei, wohl aber mit anderen Dingen, die ihn später weltberühmt machen sollten. Als er mit 16 Jahren als Student nach Leipzig zog, um dort die Rechte zu studieren, mietete der selbstbewusste, etwas altkluge junge Herr gleich mehrere Zimmer, während andere Studenten in kleinen „Buden" hausen mussten. Er studierte das Leben und war kränklich. Einige Zeit später studiert er dann in Straßburg – wieder alles Mögliche und nur ganz wenig Juristerei. Weiterhin ist er sehr empfindlich und versucht sich abzuhärten. Nachts geht er auf Friedhöfen spazieren, um seine Angst zu bekämpfen. Er steigt auf das Münster und schaut in die Tiefe, um sein Schwindelgefühl zu verlieren. Aber er bleibt sensibel, sein Leben lang. Eine Doktorarbeit – wie vom Vater gewünscht – bringt er in Straßburg nicht zu Stande. Ersatzweise schließt er seine nicht sehr intensiven Studien der Rechtswissenschaften mit einer Prüfung ab, die es ihm immerhin erlaubt, sich als Anwalt niederzulassen. Bereits in dieser Zeit hat er viel lieber Gedichte geschrieben als juristische Erörterungen.

Wer war's? – V
In ihrem Leben war sie immer wieder krank. Im Münsterland als Spross eines Adelsgeschlechts lebend, fehlte es ihr eigentlich an nichts. Dennoch schrieb sie als Siebzehnjährige in einem Brief, sie leide an „Auszehrung". Als sie zwanzig war, hatte sie ein Augenleiden und durfte längere Zeit nicht lesen. „Ich sitze eigentlich den ganzen Tag und faulenze", schreibt sie, „denn ich darf nichts tun wie Stricken und Klavier spielen, das Erstere tue ich fleißig, aber mit großer Langeweile, und was das Letztere anbelangt, so wird man das ewige Fantasieren doch endlich müde, wenn man nicht nach Noten spielen darf." Alles, was sich in der Welt ereignete, ging ihr sehr nahe. Besonders Unglücksfälle beschäftigten sie. „Ein Zeitungsartikel, ein noch so schlechtes Buch, das von diesen Dingen handelt, ist im Stande, mir die Tränen in die Augen zu treiben ..., dann ist meine Ruhe und mein Gleichgewicht immer auf längere Zeit gestört." In solchen Phasen entstehen Gedichte und Erzählungen. Eine davon, viel besser geschrieben als die Meldung, auf der sie fußt, ist heute noch Schullektüre.

Wer war's? – VI
Nur 23 Jahre wurde er alt – und doch einer der berühmtesten Dichter seiner Epoche. Als junger Student in Jena kannte er viele Geistesgrößen seiner Zeit persönlich, ging fast täglich mit ihnen um. Das zentrale Ereignis seiner Jugend war jedoch der Tod seiner erst fünfzehnjährigen Braut Sophie. Der junge Dichter

flüchtet sich vom Licht ins Dunkel, vom Tag in die Nacht. Hier kann er seine „Sehnsucht nach dem Tode" empfinden und in Verse bringen: „Abwärts wend ich mich/Zu der heiligen, unaussprechlichen/Geheimnisvollen Nacht –/Fernab liegt die Welt,/Wie versenkt in eine tiefe Gruft,/Wie wüst und einsam/Ihre Stelle!/Tiefe Wehmut/Weht in den Saiten der Brust./Fernen der Erinnerung,/ Wünsche der Jugend,/Der Kindheit Träume,/Des ganzen, langen Lebens/Kurze Freuden/Und vergebliche Hoffnungen/Kommen in grauen Kleidern,/Wie Abendnebel/Nach der Sonne/Untergang." Unentwegt denkt er an seine tote Geliebte und schreibt weiter: „Muss immer der Morgen wieder kommen?/ Endet nie des Irdischen Gewalt?/Unselige Geschäftigkeit verzehrt/Den himmlischen Anflug der Nacht?/Wird nie der Liebe geheimes Opfer/Ewig brennen?" Nicht lange danach ist er in ewiger Nacht.

Wer war's? – VII
In seinen letzten Schuljahren hat er sich öfters und intensiv mit der Frage des Selbstmords beschäftigt. In einem Aufsatz schrieb er über den Freitod im alten Rom: „Ihnen drohte nicht Schmach, nicht Schande (...), ihnen traten nicht die strafenden Gesetze des Vaterlandes entgegen. Sie hatten die freie Wahl und sie wählten den Tod." Immer wieder stellte sich der Schüler die Frage, was denn der freie Wille des Einzelnen sei. Der Freitod, so schien es ihm, war eine Möglichkeit, dem Festgelegtsein durch Umwelt und Abstammung zu entkommen, die Freiheit zu beweisen. Das Christentum sah er kritisch. Ablehnend stand er der Vorstellung gegenüber, das Leben des Menschen sei eine Prüfung Gottes, in der er sich zu bewähren habe. Dazu schrieb er: „Dieser Gedanke war mir immer sehr anstößig, denn ihm gemäß wird das Leben nur als Mittel betrachtet; ich glaube aber, dass das Leben selbst Zweck sei ...". Er konnte nicht akzeptieren, dass er für fremde Zwecke leben sollte. Das brachte ihn in Opposition zu den Machthabern, die andere für ihre Zwecke leben lassen wollten. In Kampfschriften und Dramen nahm er den Kampf auf. Aber leider währte sein Leben nur kurz.

Lösungen:
I   Franz Kafka (vgl. Franz Kafka: Er. Frankfurt/M. 1966, S. 133ff.)
II   Friedrich Schiller (das erwähnte Stück ist „Die Räuber"; vgl. Lisa Heiss: Wider die Tyrannen! Schillers Jugend 1773–1782. München 1987)
III   Günter Grass (Zitat aus Günter Grass: Vier Jahrzehnte. Göttingen 1991)
IV   Johann Wolfgang Goethe (vgl. Richard Friedenthal: Goethe. Sein Leben und seine Zeit. München 1968)
V   Annette von Droste-Hülshoff (gemeint ist „Die Judenbuche")
VI   Novalis/Friedrich von Hardenberg
VII   Georg Büchner (vgl. Hans Mayer: Georg Büchner und seine Zeit. Frankfurt/M. 1972, S. 42ff.)

D   Fragen für Vier-Ecken-Raten

Das Spiel „Vier-Ecken-Raten" ist in den Klassen 5 bis 7 sehr beliebt. In der
Klasse 8 erlahmt meist das Interesse, weil keine geeigneten (schwierigeren)
Fragen mehr zur Verfügung stehen. Die folgenden Fragenkataloge erlauben es, das Spiel bis in die Klassen 8/9 fortzusetzen. Die Regeln: Je ein
Schüler stellt sich in eine Ecke. Die Lehrperson – oder auch ein Schüler –
stellt eine Frage. Wer diese zuerst richtig beantwortet, darf zu einer der
beiden nächstliegenden Ecken vorrücken und die Person, die sich dort befindet, aus dem Spiel werfen. Wer eine unrichtige Antwort gibt, darf die
Frage nicht noch einmal beantworten. Wenn alle vier Mitspieler die Frage
nicht beantworten können, dürfen andere aus der Klasse – nach einer fest
vereinbarten Zeit (z. B. 20 Sekunden) – die richtige Lösung sagen. Sie dürfen sich dann in eine freie Ecke stellen. Das Spiel ist zu Ende, wenn nur
noch ein Spieler übrig ist.

Wie heißen diese Schriftsteller mit Vornamen?	
Goethe (Johann Wolfgang)	Kafka (Franz)
Storm (Theodor)	Droste-Hülshoff (Annette von)
Schiller (Friedrich)	Seghers (Anna)
Bachmann (Ingeborg)	Hölderlin (Friedrich)
Brecht (Bertolt)	Fontane (Theodor)
Kleist (Heinrich von)	Heine (Heinrich)
Mann (Thomas, Heinrich, Klaus)	Hauptmann (Gerhart)
von der Vogelweide (Walter)	Hofmannsthal (Hugo von)
Böll (Heinrich)	Rilke (Rainer Maria)
Kirsch (Sarah)	Lasker-Schüler (Else)
Grass (Günter)	Claudius (Matthias)
Eichendorff (Joseph von)	

Die folgenden Fragen können mit fachunspezifischen Fragen gemischt
werden.

Von wem stammen die folgenden Werke?

Die Räuber (Friedrich Schiller)

Erlkönig (Johann Wolfgang Goethe)

Max und Moritz (Wilhelm Busch)

Die Bürgschaft (Friedrich Schiller)

Alice im Wunderland (Lewis Carroll)

Rumpelstilzchen (aufgez. v. Jacob und Wilhelm Grimm)

Die Vergeltung (Annette von Droste-Hülshoff)

Momo (Michael Ende)

Vom Löwen, Fuchs und Esel (Martin Luther)

Die letzten Kinder von Schewenborn (Gudrun Pausewang)

Die Waage der Baleks (Heinrich Böll)

Kinderkreuzzug (Bertolt Brecht)

ottos mops (Ernst Jandl)

Robinson Crusoe (Daniel Defoe)

Der Wolf und das Schaf (Gotthold Ephraim Lessing)

Wilhelm Tell (Friedrich Schiller)

Pippi Langstrumpf (Astrid Lindgren)

Faust (Johann Wolfgang Goethe u. a.)

Wie lautet ein anderer Fachbegriff für das folgende Wort?

persönliches Fürwort (Personalpronomen)

3. Fall/Wemfall (Dativ)

Mehrzahl (Plural)

weiblich (Femininum)

Mitlaut (Konsonant)

Zeilensprung (Enjambement)

Reihe von Hauptsätzen (Parataxe)

Nebensatzart, die mit „nachdem" beginnt (Temporalsatz)

Eigenschaftswort (Adjektiv)

Selbstlaut (Vokal)

Gegenwartsform des Verbs (Präsens)

lustige Verfremdung eines Textes (Parodie)

besitzanzeigendes Fürwort (Possessivpronomen)

Wirklichkeitsform (Indikativ)

Grundform des Verbs (Infinitiv)

Nebensatzart, die mit „der/die/das" beginnt (Relativsatz)

männlich (Maskulinum)

Steigerung (Klimax)

von Einheimischen gesprochene regionale Form der Sprache (Dialekt)

Satzgefüge, bestehend aus Haupt- und Nebensätzen (Hypotaxe)

Zukunftsform des Verbs (Futur)

1. Steigerungsform des Adjektivs (Komparativ)

Verhältniswort (Präposition)

Nebensatzart, die mit „weil" beginnt (Kausalsatz)

2. Steigerungsform des Adjektivs (Superlativ)

Nebensatzart, die mit „wenn" beginnt (Konditionalsatz)

...

Welchen Fachbegriff verwendet man, wenn ...

● etwas gesagt wird und das Gegenteil ist gemeint?   (Ironie)
● in einem Drama eine Figur allein auf der Bühne
  ist und spricht?   (Monolog)
● eine Verbform „er hatte gefunden" heißt?   (Plusquamperfekt)
● mehrere Wörter in einer Gedichtzeile mit dem
  gleichen Laut beginnen?   (Alliteration)
● in einer Gedichtzeile auf eine unbetonte Silbe
  regelmäßig eine betonte folgt?   (Jambus)
● das Reimschema abab vorliegt?   (Kreuzreim/
                                                              Wechselreim)

● in einem Gedicht einige Zeilen öfters wiederholt
  werden?   (Refrain)
● ein Wort nicht in der eigentlichen, sondern in
  übertragener Bedeutung verwendet wird?   (Metapher)

Wie lautet der richtige Konjunktiv?

Setze das folgende Wort in den Konjunktiv, der bei strenger Handhabung der Regeln bei der Verwandlung von direkter in indirekte Rede verwendet werden müsste. Wird Konjunktiv I oder Konjunktiv II verwendet?

Indikativ	*Konjunktiv*
er geht	er gehe (I)
sie gehen	sie gingen (II)
sie schwimmen	sie schwömmen (II)
es schwimmt	es schwimme (I)
sie findet	sie finde (I)
ihr findet	ihr fändet (II)
sie haben gefunden	sie hätten gefunden (II)
er hat getragen	er habe getragen (I)
es wird gefunden	es werde gefunden (I)
wir werfen	wir würfen (II)
ich ziele	ich zielte (II)
wir verlieren	wir verlören (II)
ich verliere	ich verlöre (II)...

Variation: Vier-Ecken-Chaos mit Sprichwörtern
Bei dieser Variation des Vier-Ecken-Spiels kann fast die ganze Klasse teilnehmen. Die Lehrperson unterteilt vier Sprichwörter in jeweils sechs Teile
(insgesamt 24 Teile). Alle Elemente werden auf Zettel geschrieben, gemischt und so aufgeteilt, dass vier Stapel entstehen (je sechs Elemente auf
einen Stapel).
Vier Gruppen von je sechs Schülern stellen sich in die vier Ecken des Raumes. Jede Gruppe erhält einen Stapel von sechs Zetteln; jeder in der Gruppe nimmt einen davon. Mit Beginn des Spiels murmelt jeder das Wort bzw.
die Wörter, die sich auf dem eigenen Zettel befinden, vor sich hin.
Jeweils einer aus jeder Gruppe kann nun seinen Platz verlassen, von Ecke
zu Ecke gehen und versuchen, aus dem Gemurmel aller Gruppen ein Sprichwort zu identifizieren. Sobald er meint, eines gefunden zu haben, schreibt
er es auf und gibt es mit Nennung der eigenen Gruppe bei der Spielleitung
ab. Die Gruppe, die nach einer vereinbarten Zeit die meisten richtigen
Sprichwörter erkannt hat, gewinnt. Für falsche Angaben wird ein Punkt
abgezogen.
Eine Variation, die das Spiel erleichtert: Sobald ein Sprichwort richtig identifiziert worden ist, wird es von der Spielleitung laut verlesen. Die Spieler,
die Elemente aus diesem Sprichwort zu murmeln hatten, verstummen.

Beispiel 1:					
Man/	soll/	den Tag/	nicht vor/	dem Abend/	loben.
Je/	später/	der Abend,/	desto/	schöner/	die Gäste.
Ein/	Advokat/	und ein/	Wagenrad/	wollen/	geschmiert sein.
Wie/	die Alten/	sungen,/	so/	zwitschern/	die Jungen.
Beispiel 2:					
Was du/	nicht willst,/	das man/	dir tu,/	das füg auch	keinem an- dern zu.
Keine/	Antwort/	ist/	auch/	eine/	Antwort.
Arm ist/	nicht, wer/	wenig/	hat,/	sondern wer/	viel bedarf.
Arm/	oder reich,/	der Tod/	macht/	alle/	gleich.

Beispiel 3:

Nach/	getaner/	Arbeit/	ist/	gut/	ruhen.
Der Arme/	kennt	Ver-	besser/	als der/	Reiche.
	seine/	wandten/			
Auf-/	geschoben/	ist/	nicht/	auf-/	gehoben.
Vier/	Augen/	sehen/	mehr/	als/	zwei.

Beispiel 4:

Was der/	Bauer/	nicht/	kennt,/	das isst/	er nicht.
Im/	Becher/	ersaufen/	mehr/	als im/	Meer.
Hunde,/	die am/	meisten/	bellen,/	beißen/	am
					wenigsten.
Wer/	immer	sich	den	wir/	erlösen.
	strebend/	bemüht,/	können/		(Goethe)

Beispiel 5:

Den/	höchsten/	Sieg/	erringt,/	wer sich/	selbst
					bezwingt.
Ist das/	Bier im/	Manne,	der/	Verstand/	in der
		ist/			Kanne.
Wenn	Blinde	Blinden	so fallen/	beide/	in die
der/	den/	führt,/			Grube.
Jeder	hat ein	vor dem	es kommt/	nur auf/	die Entfer-
Mensch/	Brett/	Kopf,/			nung an.

Weitere Beispiele finden Sie in: Duden 11. Redewendungen. Wörterbuch der deutschen Idiomatik. Mannheim u. a. 2002

E   Blitzlichter zur Berufswahl

Was kann ich mit dem, was man im Deutschunterricht lernt (lernen könnte), in der Berufswelt überhaupt anfangen? Bis weit in die Sekundarstufe II hinein fällt vielen Schülerinnen und Schülern eine Antwort auf diese Frage schwer. Die folgenden Kurzinformationen bieten Schülern der Klassen 9–13 erste Orientierungen und regen zur Diskussion an. Sie machen deutlich, dass sich sprachliche Kompetenz auf ganz unterschiedliche Weise beruflich nutzen lässt.

Nicht aufgeführt sind die eher literaturwissenschaftlich geprägten Berufe (Deutschlehrer/in, Hochschullehrer/in für Germanistik, Feuilleton-Redakteur/in, Buchhändler/in); diese sind den Schülerinnen und Schülern noch am ehesten bekannt und können vorweg angesprochen werden.

Zum Verfahren: Die Kurztexte werden vorgelesen; nach jedem Vortrag werden die aufgelisteten Fragen gestellt. Am Ende kann die Frage aufgeworfen werden, ob sich jemand mit einem der vorgestellten Berufe näher befassen möchte. Eventuell lässt sich ein Kontakt vermitteln.

Kurzinformationen – Berufe mit Bezug zum Fach Deutsch

Fragen

● Wie heißt wohl die Berufsbezeichnung?
● Wo ist diese Person wohl angestellt?
● Würde dir ein solcher Beruf Spaß machen?
● Welche Handlungsmöglichkeiten dieses Berufs findest du besonders interessant?
● Was stört dich an diesem Beruf?

Person A
Ich sitze in meinem Büro oder reise umher, um Kontakte mit Autorinnen und Autoren aufzubauen. Jedes Jahr arbeite ich mit einer ganzen Reihe von Leuten intensiv zusammen: am Telefon, brieflich, auf Buchmessen, in Büros, bei Arbeitsspaziergängen. Die Bücher, die dabei herauskommen, erscheinen dann in unserem Verlag. Ich berate die Leute, wie sie ihre Manuskripte so weiterentwickeln oder kürzen können, dass sie sich als Buch gut verkaufen lassen. Dabei brauche ich Verhandlungsgeschick und eine gute Spürnase für das, was die Käufer von Büchern wünschen. Natürlich muss ich auch sicher mit der Sprache umgehen und Formulierungen verbessern können.

Lektor/in in einem Verlag

Person B
Schon in der Schule habe ich gerne Texte für die Schülerzeitung geschrieben und ich fand es gut, wenn nachher über sie gesprochen wurde. Heute muss ich mir immer ganz genau überlegen, welche Wirkungen ich mit meinen Texten erzielen will. Ich bin bei Vorstandssitzungen dabei, zum Teil auch bei vertraulichen Gesprächen. Ich weiß sehr viel von dem, was in unserem Unternehmen passiert. Veröffentlicht wird natürlich lange nicht alles. Der Vorstand vertraut darauf, dass ich die Informationen, die nach draußen gehen, geschickt auswähle und aufbereite. Um gezielt zu informieren, veranstalte ich Pressegespräche, zu denen ich Journalisten einlade. Ich verfasse Presseerklärungen, die regelmäßig an viele Rundfunk-, Fernseh- und Zeitungsredaktionen gehen. In der Stellenausschreibung, auf die hin ich mich beworben habe, stand: „Wir erwarten von Ihnen eine einschlägige journalistische Ausbildung und die Fähigkeit, komplexe Sachverhalte mündlich und schriftlich schnell auf den Punkt zu bringen."

Pressesprecher/in einer großen Firma/eines Verbandes/einer Behörde

Person C

Ich bin schon immer gerne ins Ausland gereist. Seit einigen Jahren lebe ich jetzt in Deutschland. Wir „reden mit Politikern in Bonn, Schweinebauern in Templin, Skinheads in Bochum oder Stammtischgästen am Prenzlauer Berg. (Wir) übermitteln Nachrichten, analysieren Eindrücke, schreiben Features und Portraits". Wir reisen viel und treffen uns dann immer wieder in der Hauptstadt und tauschen unsere Eindrücke aus, bevor wir unsere Berichte an die Heimatredaktionen durchgeben. Manchmal meldet sich ein heimischer Verlag und wünscht, dass ich ein Buch schreibe über das Land, aus dem ich seit Jahren berichte.

Auslandskorrespondent/in einer Zeitung

(Unter Verwendung eines Textauszugs aus Elisabeth Wehrmann: Ihre Story ist Deutschland. Aus: „Die Zeit" vom 3. 12. 1993)

Person D

Von meiner Sorte gibt es viele Tausende; 70 % der Journalisten arbeiten so ähnlich wie ich. Wenn ich morgens um zehn ins Büro gehe, weiß ich nie genau, was mich am Tag erwartet. Wichtige Ereignisse in der Stadt sind oft nicht vorhersehbar. Oft habe ich für den späten Vormittag allerdings schon einen Termin vereinbart: Ein neues Fabrikgebäude wird eingeweiht; in der Stadtverwaltung gibt es ein Kontaktgespräch, das für einen längeren Artikel wichtig ist. Um 14 Uhr ist Redaktionskonferenz: Wir schauen unser Produkt vom Vortag kritisch an und planen die Ausgabe für den nächsten Tag. Inzwischen sind die Meldungen gesichtet, die das Faxgerät ausgedruckt hat. Nachmittags schreibt dann jeder seine Texte, immer wieder unterbrochen von neuen Ereignissen, Anrufern, die uns interessante Informationen zustecken, und vielen anderen, deren Informationen wir kaum verwenden können. Um 18 Uhr sollten die Texte für die nächste Ausgabe dann fertig sein. Gibt es abends Sportereignisse oder politische Diskussionen, dann geht auch schon mal der Abend drauf. Dafür gibt es später Freizeitausgleich. Schon in jungen Jahren habe ich einen Rat befolgt: „Nutzen Sie jede Gelegenheit zu schreiben – und sei es im örtlichen Anzeigenblättchen." Das hat mir geholfen, im Journalistenberuf Fuß zu fassen. Die meisten Zeitungen verlangen solche Vorerfahrungen, wenn man ein Volontariat machen will.

Lokalredakteur/in einer Tageszeitung

Person E

Im Deutschunterricht haben wir das viel zu wenig geübt: Wörter und Sätze witzig abändern; interessante Formulierungen, einen treffenden Ausdruck finden. Jetzt brauche ich das jeden Tag. Unser Job ist es, Sprüche zu kreieren, die den Leuten nicht mehr aus dem Kopf gehen. Unsere Kunden sind zwar hauptsächlich auf gute Bilder und Kurzfilme angewiesen. Aber die Sprache ist auch ganz wichtig. Manchmal blödeln wir in einem stundenlangen Palaver mit Kolleginnen und Kollegen herum, bis wir mehr oder weniger zufällig eine Formulierung finden, die Erfolg verspricht. Dann wird ein Konzept für den Kunden entworfen und das Projekt ist entscheidungsreif.

Werbetexter/in

Person F

In der Anzeige, auf die hin ich mich beworben habe, stand, man erwarte von mir flexible Intelligenz, Terminsicherheit, Fingerspitzengefühl im Umgang mit Menschen und praktische Erfahrungen im Kochen und Backen. Weiter hieß es da: „Absolute Sicherheit in Orthografie und Interpunktion wird erwartet, ebenso Sicherheit im Umgang mit der deutschen Sprache und die Fähigkeit, komplexe Abläufe einfach und anschaulich zu formulieren." Gute Allgemeinbildung sollte ich ebenfalls mitbringen, außerdem musste ich die englische Sprache beherrschen. Heute bin ich für eine Zeitschrift und eine Buchreihe verantwortlich. Ich verbessere Texte, die uns geschickt werden, und schreibe zum Teil selbst welche. Ab und zu fahre ich auf Messen und Tagungen, um mir Neuigkeiten im Bereich Kochen und Backen anzuschauen.

Redakteur/in für den Bereich Essen und Trinken in einem Verlag

Person G

Schon in der Schule hat es mir Spaß gemacht, englische Romane zu lesen, den Formulierungen der Autorinnen und Autoren bis in feinste Nuancen nachzugehen und mir zu überlegen, wie sich das wohl auf Deutsch anhören würde. Heute ist das mein Beruf. Inzwischen kenne ich mich in fast allen Stillagen der deutschen Sprache so gut aus, dass ich bei der Übertragung englischer Originaltexte nach einigem Probieren meist den passenden Ton finde. Aber manchmal ist es schwer, den Ausgangstext zu kapieren. Dann vertelefoniere ich Unsummen, um z. B. ein paar Zeilen amerikanischen Südstaatenslangs zu entwirren. Oft lese ich sehr viel, damit ich die Hintergründe von Büchern genauer verstehen kann. Die Aufträge kommen meist von Verlagen. Sehr viel verdienen kann man in diesem Beruf nicht. Aber es ist schon interessant, die Werke bekannter ausländischer Autoren auf Deutsch nachzudichten.

Übersetzer/in

Person H

Täglich bin ich im Radio zu hören, neuerdings auch manchmal im Fernsehen zu sehen. In der Regel spreche ich Nachrichtentexte, werde aber öfter auch für Hörspiele engagiert. Ab und zu arbeite ich bei Synchronisationen ausländischer Filme und bei der Herstellung von Werbefilmen mit. Im Rundfunkstudio ist immer nur meine Stimme gefragt, weniger mein Gesicht. Meine Aussprache war schon immer klar; bereits in der Schule konnte ich Texte gut sinngemäß vortragen. In der Sprecherausbildung habe ich das weiter gründlich trainiert.

Nachrichtensprecher/in

Person I

Ich habe den schönsten Beruf, „den ich mir vorstellen kann. Ständig ergeben sich neue Situationen, kein Problem gleicht dem anderen. Das Buch ist eben eine besondere Ware. Es ist ein kombiniertes Produkt, ist inhaltlich intellektuell oder literarisch, ist ein ästhetisches Werk, wird mit viel Arbeit und modernster Technik hergestellt, braucht Fantasie für Werbung und Vertrieb und ist nicht zuletzt etwas Ökonomisches mit dem Zwang zur Rentabilität. Dieses Kombinieren der verschiedenen Faktoren Literatur und Wissenschaft, Kunst, Ästhetik, Technik und wirtschaftliche Organisation interessiert mich ganz besonders, macht den eigentlichen Reiz dieser unternehmerischen Tätigkeit aus."

Verleger/in

(Unter Verwendung einer Äußerung von Manfred Beltz Rübelmann in: Günter Holm (Hrsg.): Anfänge. 150 Jahre Julius Beltz. 1841–1991. Weinheim 1991, S. 211)

Person J

„Mich weckten meine Kinder. Ich hörte, wie sie sprachen. Entdeckte ihre Erzählweise, wie sie fantasierten, mogelten, wie sie redend mit ihrer Umgebung umgingen (...) (Ich) achtete auf die Wörter und Redewendungen, die sie aus dem Kindergarten und aus der Schule mitbrachten. Das war eine andere Sprache als die meine, oft witzig und frech in ihren Verkürzungen, mitunter grob, doch stets sehr dinglich und nah. Die ersten Versuche, für Kinder zu schreiben, unternahm ich mit meinen Kindern. Ich hörte ihnen zu, buchstabierte ihnen nach. Dabei fiel mir auf, wie unterschiedlich wir den Tag verbrachten, dass wir geradezu in zwei Welten lebten, verhältnismäßig wenig voneinander erfuhren." Seitdem habe ich viele Bücher geschrieben: für Kinder und auch für Erwachsene.

Schriftsteller/in

(Unter Verwendung einer Rede von Peter Härtling in: Günter Holm, ebd. S. 195)

Person K

Schon als Schüler habe ich mit dem Theater angefangen. Man muss Spaß daran haben, den Menschen etwas zu zeigen. „Es geht nicht darum, sich selbst darzustellen. Es geht um eine Entdeckungsreise, darum, eine Geschichte zu erzählen; zu wissen, wie man eine Geschichte erzählt; zu erklären, warum eine Geschichte wichtig (...) ist, und die mysteriöse Tatsache zu rechtfertigen, dass man auf einer Bühne steht, etwas erzählt oder zeigt und Leute sich in einem Saal versammeln."

Schauspieler/in

(Unter Verwendung einer Interview-Äußerung von Patrice Chéreau in: Emmanuel Bohn/Siegmar Schröder (Hrsg.): Theater des Zorns und der Zärtlichkeit. Bielefeld 1988, S. 69)

Weitere Berufe mit Bezug zum Fach Deutsch

- Lektor/in an einer ausländischen Universität (Sprachkurse usw. im Fach Deutsch)
- Beamter/Beamtin im höheren Auswärtigen Dienst (besonders in Kulturabteilungen der Botschaften)
- Mitarbeiter/in von Goethe-Instituten und anderen Kultureinrichtungen im Ausland
- Dramaturg/in am Theater oder an Fernseh- und Rundfunkanstalten
- Kommunikationsberater/in und -trainer/in (meist freiberuflich)
- Computerlinguist/in
- Phonetiker/in (u.a. im klinischen Bereich)

13 Die Tage nach der Zeugniskonferenz

Wenn für die Schülerinnen und Schüler (hoffentlich) alles überstanden ist, erreicht die Belastung der Lehrerinnen und Lehrer noch einmal einen Höhepunkt. Die Tage zwischen Zeugniskonferenz und Zeugnisausgabe (letzter Schultag) stellen eine besondere Herausforderung dar, und zwar besonders für diejenigen, die ihr Amt weiterhin ernst nehmen und nicht einen Videofilm nach dem anderen zeigen wollen. Die Noten stehen fest; die Schüler erwarten besondere Angebote. Was also tun? Im Folgenden finden Sie einige Unterrichtsvorschläge für diese schwierigen letzten Tage des Schuljahres.

A Kommunikationsspiele

Lustige Namensänderung   5–7

Jeweils zwei oder drei Schüler setzen sich zusammen und versuchen, die Namen einiger Mitschüler abzuändern. Dabei sollten zwei Regeln beachtet werden:

1. Die tatsächlichen Namen müssen in den Abwandlungen noch erkennbar bleiben.
2. Die Abwandlungen sollten einen lustigen Effekt haben und evtl. sogar besondere Eigenschaften der Personen zum Ausdruck bringen.

Die Schüler schreiben nacheinander ihre besten Ideen an die Tafel. Die Klasse rät, wer gemeint ist. Eventuell können als Anregung einige der folgenden Abwandlungen vorgelesen werden, die in einer Klasse 7 entstanden sind. Hier einige Beispiele:

Aus	Denise Kurtulus	wurde	Elise kurz vorm Kuss
	Dennis Hamm		Tennis Ball
	Philipp Spönemann		Wipp-Wapp Stöhnemann
	Pascal Montforts		Pascha Mondfurz
	Simone Nienhaus		Zitrone nie aus dem Haus
	Susi Behrend		Busi Verheerend
	Jana Stiels		Lama des Nils
	Thomas Reintjes		Hohl Aas Schweintjes

Tippwörter-Wettbewerb   5–10

Einem Schüler werden die Augen verbunden oder zugehalten. Mit einem Bleistift tippt er in einer Zeitung auf fünf verschiedene Wörter. Diese werden bekannt gegeben. Innerhalb von zehn Minuten müssen alle einen Text schreiben, in dem diese Wörter auf sinnvolle Weise vorkommen. Die vorgelesenen Texte werden in unterschiedlicher Lautstärke beklatscht. Wer den meisten Beifall bekommen hat, darf ein weiteres Spiel auswählen.

Was machst du in den Ferien?   5/6

Einige Schüler führen in einer möglichst ausladenden Pantomime vor, was sie in den Ferien alles tun wollen. Der Rest der Klasse „übersetzt" jeweils.

Komposita-Kette   5/6

Mit Komposita, die aus zwei Substantiven bestehen, sollen Gruppen von Schülern in einer vorgegebenen Zeit (z. B. zehn Minuten) eine möglichst lange Schlange schreiben. Dabei können Fall und Numerus eines Substantivs gewechselt werden (z. B. Tag > Tages).

Reisegepäck   5–10

Bei diesem Spiel sind zunächst nur die Lehrperson und zwei bis drei Schüler eingeweiht. Die Spielleitung erklärt: „Ihr sagt gleich, was ihr in den Ferien macht; und wenn ihr wegfahrt, dann zählt bitte auf, was ihr alles in den Koffer packt. Gebt Begründungen für alles, was ihr in den Koffer hineintun wollt." Einige Schüler, die mitspielen wollen, verlassen zunächst den Raum.

Dann wird der Erste aufgerufen. Er nennt ein Reiseziel und fängt an, über den Kofferinhalt zu sprechen. Aus zunächst unerklärlichen Gründen wird er aber schon bald unterbrochen. Die Spielleitung und die eingeweihten Schüler erklären, dass er diesen Gegenstand auf keinen Fall mitnehmen könne und dass er etwas anderes nennen solle. Der Hintergrund ist: Spielleitung und Eingeweihte lassen nur solche Gegenstände zu, deren Anfangsbuchstaben mit denen des Vor- oder Zunamens des Reisewilligen übereinstimmen.

Verraten wird von diesem Spielprinzip zunächst natürlich nichts. Damit die Befragten schneller auf den Trichter kommen, können die Eingeweihten auf Gegenstände hinweisen, die mitgenommen werden können. Dabei dürfen auch ganz verrückte Begründungen für die Mitnahme gegeben werden. Ein Beispiel für den Fall, dass die Schülerin Lisa Meyer heißt: „Nein, Lisa, das musst du wohl zu Hause lassen. Aber eine Leuchtröhre kannst du mitnehmen. Vielleicht geht in eurem Hotel eine kaputt. Oder eine Motorsäge; damit kannst du die Bettpfosten absägen, wenn du nicht gerne so hoch schläfst." Helfen diese Tipps nicht, so können schließlich mehrere Gegenstände zusammenfassend aufgezählt werden: „Lisa, du kannst natürlich einen Lippenstift mitnehmen, deine Lieblingsplatten, die Leuchtröhre und Limo." Durch die Reihung und den Alliterationseffekt müsste die Schülerin spätestens an dieser Stelle das Spielprinzip durchschauen. Nun wird der nächste Spieler hereingerufen.

Knotenspiel   8–13

Zum Schluss des Schuljahres geben sich noch einmal alle die Hand, und zwar auf eine lustige Weise. Jeweils acht bis zwölf Schüler stellen sich zunächst in einem Kreis auf. Sie gehen dann einige kleine Schritte aufeinander zu, bis sie eng zusammenstehen. Alle heben die Arme, schauen dann auf den Boden, recken die Arme zur Seite und nach vorne. Schließlich greift jeder zwei fremde Hände – den Kopf weiterhin gesenkt, sodass man nichts sieht. Der Spielleiter achtet darauf, dass nicht drei oder noch mehr Hände aneinandergeraten. Greifen alle Hände ineinander, werden die Bündel wieder aufgelöst, indem die Schüler langsam auseinandergehen, ohne die Hände loszulassen. Die Gruppe darf jetzt wieder nach oben sehen, um zu erkennen, welcher Knoten aus Armen sich gebildet hat. Ihre Aufgabe besteht darin, durch Übereinander- und Hindurchsteigen den Knoten zu entwirren, ohne dass die Hände jemals losgelassen werden. Meist gelingt dies, wobei ein Kreis entsteht. Öfter bilden sich auch zwei Kreise. Das Entwirren

des Knotens bringt viel Spaß und Aufregung und führt zu einem Höchst-
maß an Konzentration auf die gemeinsame Aufgabe.

B Buchstabenspiele

Edmund Wild

Ein-Vokal-Sätze   **5–8**

Zu einem vorgegebenen Vokal schreibt jeder Schüler einen möglichst langen (sinnvollen) Satz ins Heft, dessen Wörter nur diesen Vokal enthalten.
Hier einige Beispiele:

> Kalt Bachbad macht wach.
> Iss nie im Imbiss indisch!
> Knut ruft uns zu: „Nur Mut!"
> Der Lehrer fegt den Dreck weg.
> Wortlos kocht Otto Obst, obwohl voll Zorn.

Der Buchstabe regiert   **5–8**

Innerhalb einer vorgegebenen Zeitspanne (3 bis 5 Minuten) sollen die
Schüler folgende Aufgaben schriftlich lösen.

Der Buchstabe regiert

- *Langer Satz:* Bilde einen Satz, in dem kein Buchstabe doppelt vorkommt.
  Der längste Satz gewinnt.
- *Kurzer Satz:* Bilde einen Satz, in dem alle Buchstaben vorkommen.
  Der kürzeste Satz gewinnt.
  Beispiel: Quiz-Boy Max kurvt ja pfeilgeschwind.
- *Namensatz:* Bilde einen Satz, in dem die Buchstaben deines Namens die
  Anfangsbuchstaben der Wörter bilden.
  Beispiel: Isst niemand gern Eis? INGE
- *Vokalsatz:* Bilde einen Satz, in dem die Wörter mit den fünf Vokalen
  beginnen.
  Beispiel: Alle essen inzwischen Obst unmäßig.
- *nf-Endung:* Suche Wörter mit der Endung nf.
  Beispiele: fünf, Senf, Hanf, Genf
- *Doppelvokal:* Suche Wörter mit Doppelvokalen. Beispiele:
  aa Aachen, Aal, Aar, Aas, Haar, Maar, Maas, Maat, paar, Paar, Saal, Saat,
     Staat, Waage
  ee Beere, Beet, Fee, Galeere, Geest, Heer, Kaffee, Klee, Lee, leer, Lorbeer,
     Meer, Reede, Reep, scheel, Schnee, See, Seele, Speer
  oo Boot, Moor, Moos, doof, Zoo
- *Gleicher Anfang:* Suche möglichst viele Wörter, die (z. B.) mit N, n beginnen.

C Raten und Reimen

Edmund Wild

Persönlichkeiten raten 5–10

Der Name einer bekannten Persönlichkeit wird verdeckt an die Tafel geschrieben. Die Schüler stellen so lange Fragen, die nur mit Ja oder Nein beantwortet werden dürfen, bis der Name erraten ist.

Variation: Es können auch die Namen von Ländern, Städten, Flüssen, Gebirgen usw. geraten werden.

Schüler raten 5–10

Die Lehrperson gibt zunehmend genaue Informationen über einen Schüler der Klasse. Hat jemand die Person erkannt, notiert er den Namen und die Nummer der entscheidenden Information. Wer hat die niedrigste Nummer?

Schüttelreime 8–10

Nachdem einige Schüttelreime vorgelesen wurden, finden die Schüler eigene Reime. Hier einige Beispiele:

Des Lebens Auftakt
ist der Taufakt.

Ein ungeübter Kindermund
tut Wahrheiten nicht minder kund
als einer, der vom Leben alt,
und seine Weisheit eben lallt.

Die Esslust gilt's
im Nu zu zähmen,
wenn die Gefahr droht
zuzunehmen.

Heut wird der Jäger
pirschen kaum,
liegt lieber unter'm
Kirschenbaum.

Vor nichts graust
es dem Bademeister,
selbst in die dickste Made beißt er.

Des Schülers Geist,
auch wenn er munter ist,
er produziert halt doch mitunter Mist.

„Die Schule wirkt von außen trist!",
sagt einer, der noch draußen ist.
Doch kaum, dass er jetzt drinnen ist,
sieht er, sie ist auch innen trist.

Der Redner bang,
dass man es wagen sollte,
vor ihm zu äußern,
was er sagen wollte.

Weil Bäume sie in Menge hatten,
schliefen sie stets in Hängematten.

Beim Zahnarzt in den Wartezimmern,
da hört man nicht nur Zarte wimmern.

14 Hilfe – ich bin Fachvorsitzender!

A Das ganze Aufgabenspektrum

Die Fachkonferenzen Deutsch, die in jeder Schule mindestens einmal im Jahr stattfinden, wählen in der Regel für die Dauer eines Jahres einen Vorsitzenden. Sein Aufgabenspektrum umfasst:

- Vorbereitung und Leitung der nachfolgenden Fachkonferenz(en);
- Verwaltung des Fachetats (u.a. Teilnahme an der Etatkonferenz der Schule, Buchbestellungen, Signieren neuer Titel für die Fachbibliothek usw.);
- laufende Übersicht über Anzahl und Zustand der Lehrmittel im Fach Deutsch und evtl. Vorbereitung von Lehrbuchbestellungen;
- Erledigung aller Anfragen und Aufträge der Behörde, sofern sie das Fach betreffen;
- Weiterleitung von Verlags- und sonstigen Informationen.

Nicht überall geübte Praxis:

- Vorbereitung der Lehrbuchausgabe zu Beginn des Schuljahres;
- Betreuung der Abteilung Deutsch in der Schulbibliothek (kann in der Fachgruppe delegiert werden);
- Besuch von Fachtagungen und Fortbildungen mit anschließender Berichterstattung (kann in der Fachgruppe delegiert werden);
- Aufarbeitung fachspezifischer Probleme für Fachkonferenzen;
- Schlichtung in fachspezifischen Streitfällen (zwischen Kollegen, z.B. Drittkorrektor im Abitur; zwischen Lehrern und Schülern).

Bevor man sich zum Vorsitzenden wählen lässt, sollte man sich genau darüber informieren, wie das Aufgabenspektrum des Fachvorsitzenden Deutsch an der eigenen Schule aussieht. Von Schule zu Schule weicht die Praxis oft stark voneinander ab.

B Den Fachetat vertreten

In vielen Schulen ist es üblich, dass in den Etatkonferenzen alle Fächer jährlich gleich hohe Pauschalen für eine Aktualisierung der Fachbibliothek zugewiesen bekommen. Diese Pauschalen sind in der Regel nicht sehr hoch. Gleichzeitig wird das große Geld im Rahmen von Etatposten vergeben, auf die traditionellerweise insbesondere die Naturwissenschaften Zugriff haben – hier werden teure Investitionen getätigt (Messgeräte, Computer usw.). An den hohen Summen, um die es dort oft geht, partizipieren Fächer wie Deutsch oder die Fremdsprachen meist nicht.

Obwohl in Deutsch in der Regel die meisten Unterrichtsstunden erteilt werden, ist das Fach finanziell auf Sparflamme gesetzt. „Ihr braucht doch nur Bücher", heißt es oft. Dabei wird geflissentlich übersehen, dass auch germanistische Bücher inzwischen sehr teuer sind und dass ein Fach wie Deutsch für seine Bibliothek erheblich mehr Titel benötigt als z.B. ein naturwissenschaftliches Fach – denn das Fach lebt schließlich vom Buch. Laufend angeschafft werden sollten:

● literarische Neuerscheinungen,
● neuere Werkinterpretationen,
● Lehrerhandreichungen aller Art
● und auch Standardwerke, die in der Fachbibliothek noch nicht vorhanden sind.

In vielen Schulen gibt es außerdem – für die Hand des Lehrers, der sich informieren will – Lektüresammlungen (insbesondere neuere Kinder- und Jugendbücher), die laufend ergänzt werden müssen.

Der Finanzbedarf ist also groß, der Finanzrahmen dagegen oft eng. Ein Ausweg ist, sich mit geringen jährlichen Pauschalen nicht zufrieden zu geben und an dem „Pokern" während der Etatkonferenzen mit Selbstbewusstsein teilzunehmen. Meist bestehen durchaus Möglichkeiten, Sonderanträge zu stellen, die höhere Summen erschließen. Solche Anträge müssen freilich besonders begründet werden. Am günstigsten sind Beschlüsse, die in regelmäßigen Abständen Sonderzuteilungen für das Fach vorsehen. Ein solcher Antrag muss nur einmal durchgesetzt werden; später kann dann immer wieder darauf zurückgegriffen werden. Hier ein Beispiel:

> Die Fachgruppe Deutsch bittet um Bestätigung des Beschlusses der Etatkonferenz vom ..., wonach der Fachgruppe alle drei Jahre 500 Euro für Sonderanschaffungen zufließen sollen. Die Mittel werden benötigt, um wichtige literarische Titel aus den letzten Jahren, Werkinterpretationen, Lehrerhandreichungen, ergänzende Medien usw. zu einer Reihe häufig im Unterricht gelesener Werke der deutschsprachigen Literatur sowie wichtige Nachschlagewerke anzuschaffen. Folgende Titel werden in nächster Zeit benötigt:
>
> (Hier sollte eine Liste der Bücher und Medien angefügt werden, die mit dem beantragten Geld bestellt werden sollen.)

C   Schulbuchbestellungen

Oft sind die Bücher für eine Jahrgangsstufe unterschiedlich alt, da – angesichts knapper Mittel – in den vorangegangenen Jahren immer nur die unbedingt nötigen Mengen angeschafft worden sind, während alle noch brauchbaren Bände erneut ausgegeben wurden. Die Lehrbuchbestellung ist deshalb kompliziert.

Das folgende Beispiel zur Verwaltung der Lehrmittel betrifft die Sekundarstufe I. Die Liste muss jährlich aktualisiert werden. Die Aufstellung verschafft einen Überblick darüber, wie viele Bände eines Lehrbuches in jedem Jahrgang bei der Schulbuchbestellung berücksichtigt werden müssen. Zugleich erlaubt sie, mit dem Verwalter des Lehrbuchetats eine längerfristige Anschaffungsstrategie abzusprechen.

Liste zur Verwaltung der Lehrbuch-Bestände

Fach:	Deutsch				
Buchtitel:	_____				

Anzahl d. Schüler im kommenden Jahrgang	Zurzeit in Gebrauch			Noch brauchbare Bestände (Reserve)	In diesem Jahr neu anzuschaffen (Mindestanzahl/ wünschenswerte Anzahl)
	im 1. Jahr	im 2. Jahr	im 3. Jahr		
_____ Jg. 5	_____	_____	_____	_____	_____/_____
_____ Jg. 6	_____	_____	_____	_____	_____/_____
_____ Jg. 7	_____	_____	_____	_____	_____/_____
_____ Jg. 8	_____	_____	_____	_____	_____/_____
_____ Jg. 9	_____	_____	_____	_____	_____/_____
_____ Jg. 10	_____	_____	_____	_____	_____/_____

Die Jahrgangsstärken sind in der Regel im Schulsekretariat zu erfahren. Bei der Berechnung des Bedarfs ist zu beachten, dass Lehrbücher manchmal in den Eigenanteil der Eltern fallen; d. h., in diesem Fall müssen die Bücher nicht von der Schule gestellt werden, sondern werden von den Eltern gekauft. In der Regel entscheidet der Verwalter des Lehrmitteletats der Schule darüber, welche Bücher in welchen Jahrgängen in den Eigenanteil fallen.

An vielen Schulen werden die Eigenanteil-Mittel für die Jahrgangsstufen 9 und 10 nicht für Schulbücher, sondern für Lektüren im Fach Deutsch eingeplant, da in der Regel mehrere und teurere Ganzschriften gelesen werden.

15 Hilfe – die Eltern kommen!

A Vorbereitung auf Elternsprechtage

Elternsprechtage nahen oft schneller als erwartet. Mitten in einer Arbeitswoche kommt ein Tag auf einen zu, der ausgefüllt ist mit Elterngesprächen der unterschiedlichsten Art. Die Erwartungen der Eltern sind vielfältig. Deshalb gilt es, sich für eine Reihe von Eventualitäten vorzubereiten. Neben

- Notenbuch,
- Klassenbuch und Ergebnislisten der Klassenarbeiten (falls der Deutschlehrer auch Klassenlehrer ist),
- evtl. den Lehrbüchern, die im Unterricht verwendet werden,

kann der Deutschlehrer mit sich führen:

- Leseempfehlungen, besonders für die Klassen 5 bis 7,
- Titellisten von Selbstlernhilfen in den Bereichen Rechtschreibung und Grammatik für den Fall, dass bei einigen Schülern Nachhilfe angesagt ist.

Angesichts der Vielzahl von Schülern, um die es bei einem Elternsprechtag meist geht, empfiehlt es sich, über das Notenbuch hinaus personenbezogene Notizen mitzubringen. Dazu ein Tipp: Für jede neue Klasse wird – schon lange vor den Elternsprechtagen – ein Heft angelegt, in dem jeder Schüler eine Seite erhält. Hier werden ab und zu positive Aspekte notiert, die den Eltern gegenüber erwähnt werden könnten, aber auch Probleme, die ein Schüler macht. Bei der Korrektur von Klassenarbeiten kann man hier besondere Fehlerschwerpunkte notieren, die den Eltern mitgeteilt werden können. Auch wichtige Informationen, die man bei Elternsprechtagen erhält, lassen sich hier kurz festhalten.

B Lektüreempfehlungen

Eltern erwarten von Deutschlehrern z.T. auch Unterstützung, wenn es darum geht, Kinder und Jugendliche an zentrale kulturelle Aktivitäten, z.B. das Lesen von Büchern, heranzuführen. Sie können sich darauf einstellen, indem Sie zum Elternsprechtag einige Kinder- und Jugendbücher mitbringen, die Sie in letzter Zeit privat oder in Klassen gelesen und für gut befunden haben. Die Eltern können die Bücher in die Hand nehmen, sich über die Leseanreize informieren lassen, die in diesen Titeln stecken, und sich kurz bibliografische Notizen machen. Oft sind Eltern für solche Hinweise dankbar. Dies trifft besonders für solche Eltern zu, deren Kinder „nicht mehr lesen" wollen.

Zusätzlich kann man Listen mit Buchempfehlungen anbieten, entweder selbst zusammengestellte oder solche, die von entsprechenden Fachorganisationen herausgegeben worden sind. Hier einige Veröffentlichungen mit Buchempfehlungen:

Deutscher Jugendbuchpreis
Die Auswahlliste erscheint jährlich und wird im Auftrag des Bundesministeriums für Familie, Senioren, Frauen und Jugend vom Arbeitskreis für Jugendliteratur (→ S. 40) herausgegeben. Sie enthält Bücher der „Auswahlliste zum Deutschen Jugendliteraturpreis" der jeweiligen letzten drei Jahre.

Buchempfehlungen der Stiftung Lesen
(→ S. 40)

Empfehlungen der Schülerbücherei
An einigen Schulen gibt es auch Empfehlungslisten der eigenen Schülerbücherei. Sie haben den Vorteil, dass die Schüler kostenlos an diese Bücher herankommen. Eine solche Liste kann man mit den Eltern durchgehen und mit ihnen überlegen, wie der betreffende Schüler auf bestimmte Titel hin-

gewiesen und wie er bei der Ausleihe und beim häuslichen Lesen der Bücher unterstützt werden kann. Im Gespräch mit den Eltern lässt sich oft genauer als im Unterrichtsgespräch ermitteln, wo Interessenschwerpunkte des einzelnen Schülers liegen könnten.

C Was machen gegen Defizite?

Die Beratung von Eltern, deren Kinder im Fach Deutsch Defizite aufweisen, sollte gut vorbereitet sein. Im Folgenden zunächst eine Orientierungshilfe für Eltern, die danach fragen, wie verschiedene Möglichkeiten der Hilfe (Nachhilfelehrer, Lernhilfe in Buchform) zu bewerten sind. Das Blatt kann während des Elternsprechtages kopiert bereitliegen und evtl. mit den Eltern durchgesprochen werden. Die am Schluss angekündigte Bücherliste sollte anhand von Verlagskatalogen aktuell zusammengestellt und in der folgenden Zeit dann ab und zu ergänzt werden.

Nachhilfelehrer oder Buch? – Entscheidungshilfe für Eltern

Liebe Eltern,
wenn Ihre Tochter/Ihr Sohn Kenntnislücken hat, dann gibt es grundsätzlich zwei Möglichkeiten, um aus dem „Tief" herauszukommen.

1. Nachhilfestunden
Vorteile:
● Eine Expertin/ein Experte kann sich im persönlichen Gespräch bemühen, die Wissenslücken Ihrer Tochter/Ihres Sohnes zu schließen.
● Unsicherheiten können direkt geäußert, Fragen sofort geklärt werden.
● Ihre Tochter/Ihr Sohn kann ganz individuell beraten werden.
● In vielen – nicht in allen – Fällen können Sie dabei auf das pädagogische Geschick der Nachhilfelehrerin/des Nachhilfelehrers bauen.

Nachteile:
● Nachhilfestunden sind zeitlich oft ziemlich unflexibel und an feste Tages- und Wochenzeiten gebunden. Ihre Tochter/Ihr Sohn muss vereinbarte Termine auch dann einhalten, wenn es gerade nicht sinnvoll erscheint, wenn anderes im Vordergrund steht, wenn die Aufmerksamkeit erschöpft ist (z. B. in der 7. oder 8. Schulstunde) – der Lerneffekt also eher gering ist.
● Nachhilfestunden sind auf die Dauer sehr teuer.
● Schließlich kommt nicht jede Schülerin/jeder Schüler damit zurecht, dass da – neben dem Lehrer – eine weitere Person sitzt, die laufend Belehrungen erteilt.

2. Selbstlernhilfen

Inzwischen haben mehrere Verlage Bücher zum Selbststudium entwickelt, die sich speziell an Schülerinnen und Schüler mit Kenntnislücken richten. Meist wird ein Lösungsheft mitgeliefert.

Vorteile:
- Ihre Tochter/Ihr Sohn kann den Zeitpunkt für Übungen selbst bestimmen. Übungsphasen können zeitlich ganz an dem persönlichen Tages- und Wochenrhythmus ausgerichtet und auf Zeiten konzentriert werden, in denen die Aufnahmefähigkeit besonders groß ist. Mit einer Lernhilfe kann man auch einmal am Sonntagmorgen um 9, abends um 21 Uhr oder sogar im Zug „pauken".
- Diese Form der Selbsthilfe ist vergleichsweise preiswert. Ein Buch, in dem man mehrere Wochen lang arbeiten kann, kostet oft nur so viel wie eine einzige Nachhilfestunde.
- Da die Schülerin/der Schüler sich mithilfe eines Lösungsheftes selbst kontrollieren kann, entfällt die Konfrontation mit einem „besserwissenden" Nachhilfelehrer – eine Situation, mit der mancher Jugendliche seine Probleme hat.
- Man hat zusätzlich alles schwarz auf weiß: Meist enthalten die Lernhilfen viele Regel- oder Merkkästen, die wiederholendes Lernen erleichtern.
- Die Lernhilfen sind oft motivierend gestaltet.

Nachteile:
- Bei ungeklärten Fragen, die über das angebotene Übungsmaterial hinausgehen, gibt es keinen Ansprechpartner.
- Wenn das Lösungsheft zu früh hinzugezogen wird, lässt der Lerneffekt deutlich nach.
- Die Selbstlernhilfen enthalten manchmal nicht genug Übungsmaterial, um Defizite nachhaltig aufarbeiten zu können.
- Manchen Schülern fällt das Lernen ohne persönlichen Kontakt schwer.

Was ist nun besser?
- Diese Frage kann nicht generell beantwortet werden, denn dazu sind die Probleme und die Personen, um die es geht, zu verschieden. Prüfen Sie, welche Vor- und Nachteile eines Nachhilfelehrers bzw. einer Lernhilfe für Sie und Ihre Tochter/Ihren Sohn in besonderem Maße zutreffen, und entscheiden Sie dann!

Wie geht es weiter?
Eine Liste mit Lernhilfen gebe ich Ihrer Tochter/Ihrem Sohn auf Nachfrage gerne mit. Telefonnummern von Lehrern bzw. (älteren) Schülern, die Nachhilfestunden erteilen, kann ich Ihnen ebenfalls nennen. Sollten Sie sich für eine Lernhilfe oder Nachhilfe entscheiden, gebe ich Ihnen nach einigen Wochen gerne Auskunft darüber, ob sich Erfolge einstellen.

16 Schon wieder ein Poesiealbum!

Gerd Brenner und Rolf Keuchen

A Sentenzen und Reimereien

Wer über sich selbst nicht lachen kann,
der ist fürwahr ein armer Mann.
Und jene, die zum Freund ihn machen,
die Armen haben nichts zum Lachen.

Wenn durch einen Menschen
ein wenig mehr Glück und Wahrheit,
ein wenig mehr Licht
und Liebe in der Welt war,
hat sein Leben einen Sinn gehabt.

Willst du glücklich sein im Leben,
trage bei zu andrer Glück;
denn die Freude, die wir geben,
kehrt ins eigne Herz zurück.

Nur wer überhaupt nichts macht,
macht keinen Fehler.

Setz dich immer auf die Arbeit,
dann läuft sie dir nicht davon.

Geh nicht nur die glatten Straßen,
geh Wege, die noch niemand ging,
damit du Spuren hinterlässt
und nicht nur Staub.

Zweifle nicht an dem,
der dir sagt,
er hat Angst,
aber hab Angst
vor dem,
der dir sagt,
er kennt keinen Zweifel.
Erich Fried

Verschenke aus all deinen Tagen
eine stille Stunde an dich.
Die jedem Besinnen entsagen,
verlieren sich.

Die Ordnung ist die Lust der Vernunft –
aber die Unordnung ist die Wonne der Fantasie.

Erfahrung
ist eine stachelige
Frucht.
mexikanisch

Es ist leichter, Fehler zu finden –
als keine zu machen.

Wer auf jede
Wolke achtet,
wird nie
eine Reise machen.
italienisch

Reiß den Faden der Freundschaft
nicht allzu rasch entzwei;
wird er auch neu geknüpfet,
ein Knoten bleibt dabei.

Es gibt nichts Gutes –
außer man tut es.
Erich Kästner

Es ist nicht genug zu wissen,
man muss es auch anwenden;
es ist nicht genug zu wollen,
man muss es auch tun.
                Johann Wolfgang von Goethe

Fürchte dich nicht vor dem
langsamen Vorwärtskommen,
fürchte dich nur
vor dem Stehenbleiben.

chinesisch

Lieber ein kluger Tadel
als ein dummes Lob.
                russisch

Wer sich an andre hält,
dem wankt die Welt.
Wer auf sich selber ruht –
steht gut!
                Paul Heyse

Ideale sind wie Sterne:
man kann sie nicht erreichen;
aber man kann sich nach ihnen orientieren.
                Carl Schurz

Irrtümer haben ihren Wert,
jedoch nur hier und da.
Nicht jeder, der nach Indien fährt,
entdeckt Amerika.
                Erich Kästner

Beide schaden sich selbst:
der zu viel verspricht
und der zu viel erwartet.
                Gotthold Ephraim Lessing

Wer mit dem Leben spielt,
kommt nie zurecht.
Wer nicht sich selbst befiehlt,
bleibt immer Knecht.
                Johann Wolfgang von Goethe

Die wirklich Großen
übersehen die Kleinen keineswegs.
                Carl Sandburg

B Freundschaftsbücher – Standardfragen und witzige Antworten

In vielen Klassen gibt es kaum noch traditionelle Poesiealben. Üblicher sind inzwischen Bücher, in denen die Mitschüler in vorgegebenen Rubriken ihre Haarfarbe, ihre Größe, ihren Lieblingssänger eintragen und viele andere Angaben machen sollen, die oft zu sehr klischeehaften und an Modewellen orientierten Äußerungen führen. Aus dem Schema solcher Bücher kann man in witziger Weise ausbrechen. Hier einige Beispiele:

Lieblingsfilm:	Hurra, die Schule brennt!
Lieblingsbuch:	Die gesammelten Geschichten der Klasse 5a.
Lieblingsstars:	Die Schauspielerinnen und Schauspieler unserer Theater-AG.
Keinen Spaß machen mir:	Stapel von Klassenarbeiten.

Personenregister

Sachregister